目录

1　绪论
第一节　学前教育学的内涵与外延 / 3
第二节　作为学科的"学前教育学"的发展 / 9
第三节　学前教育学和幼儿园教师教育 / 17
第四节　本书的设计思路与内容结构 / 22

27　第一章　学前教育是什么
第一节　学前教育的内涵与外延 / 29
第二节　学前教育的任务、价值、发展 / 40
第三节　学前教育的特征与原则 / 57

71　第二章　学前教育中的儿童
第一节　儿童发展及其在学前教育中的地位 / 73
第二节　学前教育中的儿童观 / 80

99　第三章　学前教育中的教育者
第一节　学前教育中的教育者概述 / 101
第二节　幼儿园教师的专业标准与专业成长 / 117

137　第四章　学前教育中的家庭
第一节　家庭及家庭学前教育概述 / 139
第二节　学前教育机构与家庭学前教育的合作 / 155

165　第五章　学前教育目的
第一节　学前教育目的的基本理论 / 167
第二节　我国学前教育目标 / 178
第三节　我国学前教育目标的实施 / 187

199 第六章 学前教育机构的环境
第一节　学前教育环境的基本问题 / 201
第二节　幼儿园环境创设 / 210

233 第七章 学前教育内容及其实施
第一节　学前教育内容概述 / 235
第二节　我国学前教育的内容及其实施 / 248

271 第八章 儿童游戏与学前教育
第一节　儿童游戏概述 / 273
第二节　游戏在幼儿园中的应用 / 288

297 第九章 学前教育评价
第一节　学前教育评价的基本理论 / 299
第二节　学前教育评价的实施 / 314

331 第十章 学前教育中的社区与小学
第一节　学前教育与社区的合作 / 333
第二节　学前教育与小学的衔接 / 345

365 第十一章 学前教育管理
第一节　学前教育管理的基本问题 / 367
第二节　幼儿园管理 / 379

393 参考文献

398 后记

高等院校学前教育专业规划教材
"十一五"浙江省重点教材建设项目

学前教育
Xueqian Jiaoyu

概论
Gailun

主　编　朱宗顺

副主编　甘剑梅　秦元东
　　　　粟高燕

参　编　林剑影　王玉生
　　　　黄亨奎　张文桂
　　　　刘雄英　靳　岑
　　　　李玲玲

高等教育出版社·北京

图书在版编目（CIP）数据

学前教育概论 / 朱宗顺主编. — 北京：高等教育出版社，2015.3（2019.12重印）
ISBN 978-7-04-041289-5

Ⅰ. ①学… Ⅱ. ①朱… Ⅲ. ①学前教育—概论 Ⅳ. ①G610

中国版本图书馆CIP数据核字(2014)第244953号

内容简介

本书由绪论和十一章主题内容组成，涵盖了学前教育理论和实践领域的学科发展、儿童、教师、学前教育目的与内容、环境、家庭、社区、幼小衔接、游戏、学前教育评价、学前教育管理等基本问题。本书全面把握并吸收学前教育理论研究的最新成果，根据学前教育学科群的发展变化，将通用的教材名称《学前教育学》调整为《学前教育概论》。本书充分反映国内外学前教育实践的变化，强化了幼儿园教师、学前儿童游戏、学前教育评价、学前教育管理等研究领域的内容，并注重学前教育理论与普通教育理论的有效衔接。本书对幼儿园教师专业标准和幼儿园教师资格考试标准做了深入分析，呼应了国内新的教师资格证考试改革的需要。

本书可作为高等院校学前教育专业本、专科学生教材，也可作为学前教育工作者的参考用书。

策划编辑	刘晓静
责任编辑	刘晓静
书籍设计	张申申
责任校对	刁丽丽
责任印制	刘思涵

出版发行	高等教育出版社
社址	北京市西城区德外大街4号
邮政编码	100120
印刷	山东鸿君杰文化发展有限公司
开本	787mm×960mm 1/16
印张	25.25
字数	410千字
购书热线	010-58581118
咨询电话	400-810-0598
网址	http://www.hep.edu.cn
	http://www.hep.com.cn
网上订购	http://www.landraco.com
	http://www.landraco.com.cn
版次	2015年3月第1版
印次	2019年12月第3次印刷
定价	39.00元

本书如有缺页、倒页、脱页等质量问题，请到所购图书销售部门联系调换
版权所有　侵权必究　物料号　41289-00

绪论

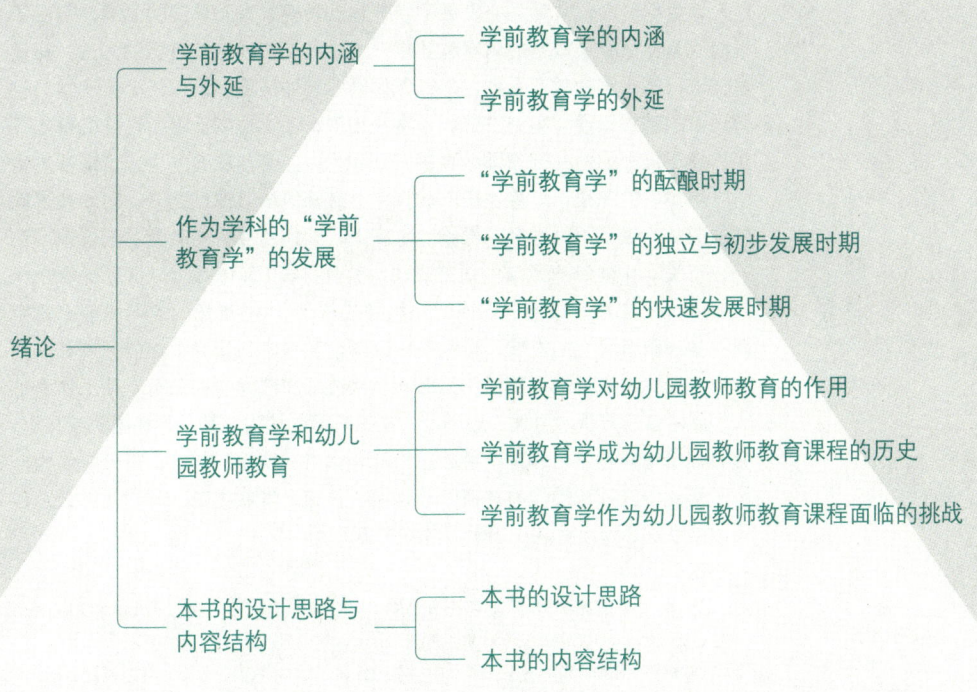

▶ **学习目标**

1. 了解学前教育学、学前教育理论的概念，学前教育学的外延，作为学科与课程的学前教育学的发展史。
2. 理解学前教育学的学科性质、价值与任务，学前教育学作为幼儿园教师教育课程面临的挑战。
3. 运用所学的学前教育学内涵、任务的相关知识分析其对幼儿园教师教育的作用。

▶ **引言**

有位幼儿园教师在学习了《学前教育学》一书后写道：这段时间，我看了《学前教育学》，学到了许多学前教育的相关知识，颇有感受。我知道了学前教育的实施形式和各种实施形式的特点，学前教育理论发展的过程，知道了幼儿园教师应具备的基本学前教育观有儿童观、教育观、教师观，对学前教育目标、学前儿童身心发展的特征与教育要求有了更深的了解，明白了学前儿童全面发展教育的内容和要求，也学到了实现这些目标的方法，知道怎样进行幼儿园的教育活动，怎么做好幼儿园的环境创设，还学会了学前教育评价的基本原理和实施方法。① 客观地说，上述文字反映了这样的基本事实：在当代中国幼儿园教师教育的实践中，以"学前教育学"或"幼儿教育学"等命名的课程，一直是学前教育专业必修的核心课程之一，对幼儿园教师的成长产生了不同程度的影响。事实上，国外幼教机构教师的培养也不例外，有关幼儿教育② 领域的研究或幼儿教育科学（Science of Early Childhood Education）也常常成为"训练幼儿教师的基础"。③ 当然，随着学前教育实践和学前教育研究的发展，特别是伴随学前教育学科研究视域的拓展和学前教育专业课程设置的调整，作为面向已经或即将成为学前教育专业工作者的人们展示该领域基本原理、原则、方法等内容的课程，其名称和内容结构等，都面临着重新思考与构建的挑战。为此，本书"绪论"部分，将分析作为一个学科或研究领域的学前教育学的含义、价值、发展逻辑、与幼儿园教师教育的关系等，为读者进一步学习做好准备。

---

① 冰冰.《学前教育学》读后感[EB/OL]. [2011-03-06]. http://blog.sina.com.cn/s/blog_6506ba5e0100pklf.html.
② 在没有特别指明的情况下，本书中"学前教育""幼儿教育"等概念可以通用。相关概念的解释，参阅本书第一章。
③ Eeva Hujala. The Development of Early Childhood Education as an Academic Discipline in Finland Nordic [J]. Early Childhood Education Research, vol.1, No.1, 2008: 18.

第一节　学前教育学的内涵与外延

在我国，学前教育作为一个学习与研究领域，具有自己的学科基础，即学前教育学。那么，学前教育学的含义是什么？它在实践中又包含哪些具体内容呢？

一、学前教育学的内涵

内涵是概念的基本特征和本质属性。学前教育学的内涵就是要回答学前教育学是什么的问题，这是理解学前教育专业的学科基础的前提。

（一）学前教育学内涵的界定

学前教育学是以学前教育现象和问题为对象，以揭示学前教育的一般原理、原则与方法为目的的研究领域。"学前教育学"是我国学前教育理论和实践领域使用频率很高的一个概念。

学前教育学的内涵要点有三个方面：第一，学前教育学在本义上属于一个学术研究领域。就动态而言，是人类社会诸多研究活动之一，因而具有研究活动的特质，即具有适合本领域的研究模式与方法，具有由观念、思想、理论等历史地积淀而成的本领域的知识与话语的体系。第二，学前教育学有自己的研究对象，即以学前教育现象和问题为研究对象，它不仅要研究由幼儿、幼儿园教师、幼儿园课程、游戏、托幼机构环境等学前教育现象诸要素内部和外部的关系，而且要研究随时代变化而出现的学前教育实践中的问题。第三，学前教育学有自己的使命。作为研究活动，学前教育学的基本使命在于描述、解释学前教育现象与问题，因而，揭示学前教育的一般原理、原则与方法是其基本目的。当然，正如马克思所言，以往"哲学家只是以不同方式解释世界，问题在于改造世界"，[1] 因此，只是认识和解释学前教育还远远不够，学前教育学还逻辑地肩负着指导和改造学前教育实践的使命。

（二）学前教育学的特征

学前教育学作为一个研究领域，具有以下特征：第一，理论性与实践性融合。理

---

[1] 马克思,恩格斯. 马克思恩格斯选集（第1卷）[M]. 北京：人民出版社，1995：55.

论诉求无疑是所有研究领域的追求目标，学前教育学也不例外，因此，理论特性是学前教育学理应具有的基本特性，尽管古今中外学前教育研究活动中的理论建构水平参差不齐，但这并不能否认学前教育学的理论特性的存在。当然，学前教育学的研究对象主要是现实的学前教育实践领域，是作为社会活动之一的学前教育的生活世界，必然要对丰富的幼儿保育和教育的问题给予指导。因此，理论性和实践性的融合是学前教育学的特征。第二，基础性和应用性兼备。学前教育学要解释和描述学前教育现象的各个基本要素及其相互关系，回答学前教育现象是什么的问题，具有基础性；同时，学前教育学也必须对丰富的学前教育实践中的问题给以说明和解决，具有应用性。

（三）学前教育学的价值

1. 认识价值

研究工作的首要任务是认识世界，发现规律和原理。学前教育学的基本使命就是描述、解释、说明学前教育现象和问题，揭示出本领域的基本原理、原则、方法，乃至一般经验，这就是学前教育学的认识价值所在。其具体认识任务可概括为以下四点：第一，研究学前教育现象各要素的内部结构；第二，研究学前教育现象各要素之间的关系；第三，研究学前教育现象同其他社会现象之间的关系；第四，研究不同时空条件、不同层面的学前教育实践经验。学前教育学认识任务的多样性，决定了本领域研究视阈的广阔性、丰富性、层次性。

2. 实践价值

认识世界最终有助于改造世界，对学前教育丰富而多样化的认识，能够变为指导与改造学前教育实践、解决托幼机构日常保教中的问题的力量，这是学前教育学实践价值的体现。由于实践中的问题千差万别，具有个性的丰富性、场域的特殊性，因此，学前教育学实践价值的实现，决定了构成学前教育学的观念、理论等内核具有多样性、差异性。

由此可见，从事与学前教育相关工作的人员，既要充分发挥学前教育学的认识价值，提升学前教育研究的水平，彰显学前教育学的理论特性；又要重视发挥学前教育学的实践价值，提升对学前教育实践指导的能力，展现学前教育学的实践特性。当然，学前教育学的两方面价值是相互影响的，学前教育学的认识价值发挥越好，其实践价值实现程度就越高；反过来，学前教育学的实践价值发挥到位，其认识价值也就有了更好实现的坚实基础。不过，上述学前教育学价值的分析更多的是从逻辑和应然角度出发得出的结论，而从实然状态来看，当今学前教育学面临着来自理论和实践两个方面的批评，陷入理论水平不高、实践指导力不强的双重困境。毫无疑问，解决这一实然困境的出路不在于否认学前教育学理应具有的双重价值，恰恰在于不断增强发挥学前教育学的认识与实践价值的自觉性和能力。"理论在一个国家的实现程度总是决定于理论满足这个国家的需要程度"，① 从这个意义上说，学前教育学的认识与实践价值实现能力的提升，取决于学前教育学的研究能否更好地解释与解决鲜活的学前教育现象与问题。

二、学前教育学的外延

"学前教育学"这一概念可以指一个学科，也可以是一门课程及相应的教材。同时，"学前教育学"这一概念还与"学前教育理论"等概念有密切关联。

（一）作为一个学科的学前教育学

学科是用于区别研究领域和知识类别的范畴，从学科发展与分化角度看，学前教育学是教育学科发展分化的结果，是作为教育学科的分支而存在的。

教育学作为一个学科，肇始于中外古代思想家们对教育问题进行的思考与总结工作。1632年，夸美纽斯《大教学论》的出版，标志着教育学科独立。1806年，赫尔巴特《普通教育学》的出版，推动了教育学科学化，他也被誉为西方科学教育学的奠基人。② 此后，尽管仍然有强烈质疑"教育学"是一门学科的声音，③ 但"教育学"已成为一个学科群是不争的事实。国务院于2011年公布的《学位授予和人才培养学科目录》中，"教育学"被列为13个学科门类之一，"教育学"一级学科名下分列"教育学原理""课程与教学论""教育史""比较教育学""学前教育学""高等教育学"等10个二级学科。

---

① 马克思，恩格斯. 马克思恩格斯选集（第1卷）[M]. 北京：人民出版社，1995：11.
② 伊丽莎白·劳伦斯. 现代教育的起源和发展[M]. 纪晓林，译. 北京：北京语言学院出版社，1992：200.
③ 华勒斯坦. 学科·知识·权力[M]. 刘健芝，等，译. 北京：生活·读书·新知三联书店，1999：43.

> 资料卡片：教育学科的分化
>
> 从19世纪末20世纪初开始，教育学一方面逐步与其他有关学科结合，产生了一系列新的教育学科，如教育哲学、教育社会学、教育经济学、教育卫生学、教育管理学、教育统计学、教育法学、教育工艺学、教育未来学、比较教育学、教育史、教育心理学等；另一方面，它本身又逐步分化为许多相互联系的不同教育学科，如课程论、教学论、德育原理、各科教学法以及根据不同教育对象分化发展的幼儿教育学、普通教育学、高等教育学、成人教育学、家庭教育学、工程教育学、军事教育学、职业教育学、特殊儿童教育学等。①

"学前教育学"作为教育学科大家庭的一员，其研究对象广泛，既要研究学前教育现象诸要素的特征、要素之间的关系，也要分析因时而变的学前教育问题的成因及其解决之道。因此，根据研究对象和任务的差异，学前教育学可相对细分为学前教育原理、学前儿童发展、幼儿园课程、学前教育史、学前比较教育、学前教育管理等次级领域。学前教育原理主要研究学前教育领域的基本问题，学前儿童发展主要研究学前儿童发展的各维度、影响因素、特征等，幼儿园课程主要研究托幼机构的课程设置、设计与实施等问题，学前教育史主要研究学前教育发展的历程、经验，学前比较教育主要研究各国学前教育发展的异同及规律，学前教育管理主要研究学前教育宏观和微观的管理问题。每一个领域都从不同角度，对学前教育的现象和问题展开研究，不断丰富学前教育学的知识体系。虽然一般认为学前教育学是教育学科中较早独立出来的学科领域，② 但它仍然还比较年轻，其学科体系、理论水平、学术规范等，都还亟须完善。

（二）作为一门课程及其教材的学前教育学

在我国，"学前教育学"除用于指称学科名称之外，有时还用以指代学前教育专业

---

① 顾明远. 教育大辞典（第1卷）[M]. 上海：上海教育出版社，1990：80-81. 题目是编者所加。
② 王建华. 学前教育学、普通教育学、高等教育学与教育学关系刍议：兼论教育学的未来[J]. 学前教育研究，2007（4）：4.

的一门核心课程及其教材。"学前教育学"作为学前教育专业的一门核心课程，是根据学前教育专业人才培养的要求，对学前教育学科各分支领域的知识进行选择、重组，向学习者介绍有关学前教育的基本原理、原则、方法、政策、措施等，其名称通常用"学前教育学"，有时也用"幼儿教育学""学前教育概论""幼儿教育概论"等，我国近现代还使用过"幼稚教育概论"等名称。而作为教材的"学前教育学"就是将上述课程的内容加以编辑、出版，相应地，教材名称大多使用《学前教育学》，也有使用《幼儿教育学》《学前教育概论》《幼儿教育概论》等名称的。

作为学科的"学前教育学"和作为课程、教材的"学前教育学"是有区别的。第一，作为课程、教材的"学前教育学"，既要以作为学科的"学前教育学"所累积的知识体系为依据，同时也要关照学前教育的实践和人才培养的需要。第二，作为学科的"学前教育学"以阐释学前教育的原理、原则、方法，建构本领域的知识体系为目的；而作为课程、教材的"学前教育学"的目的在于教学而非知识体系的建构，旨在向学习者介绍学前教育领域的基本原理、原则、方法以及具体的政策、措施等。当然，二者也有联系。没有作为学科的"学前教育学"，就不可能有作为课程、教材的"学前教育学"；反之，没有作为课程、教材的"学前教育学"，则学前教育学科的研究成果只能停留于书斋之中，而不能变为推动学前教育实践变革的现实力量。

（三）学前教育理论

学前教育理论是有关学前教育现象和学前教育问题的比较系统、规范的解释性或解决性陈述。由于学前教育学对学前教育现象和问题的研究均要通过语言表达出来，因此，"学前教育理论"成为建构"学前教育学"大厦的基石，有时甚至可以成为"学前教育学"的代名词，一部"学前教育学"的发展史，主要就是各种"学前教育理论"传承衍生、变革创新的历史。

组成理论的陈述往往是由一组概念、范畴、推理、判断等构成的有关现象或问题的表达、表述、命题。解释性陈述是关于现象和问题是什么的表达，而解决性陈述是关于做什么、怎么做的表述。由于陈述的风格、规范与方法不同，各种理论必然呈现不同的类型，也有水平高低之别。从这个角度来看，用一个标准来评判学前教育理论的做法是不可取的。

根据学前教育理论的性质，可以把学前教育理论大致分为以下三种类型：第一，学前教育的科学理论。一般应用实证的研究方法，描述、解释、说明学前教育"是什么"的问题。比如，有关学前儿童生理和心理发展的理论，就包含了较多的科学理论的成分。第二，学前教育的哲学理论。主要应用哲学思辨的方法，通过理性分析，从价值与规范角度，陈述学前教育"应该是什么"。如关于学前儿童的人性分析、课程的价值判断等，就具有较多的哲学理论的成分。第三，学前教育的实践理论。从学前教育实践经验的总结出发，概括出各类学前教育活动的具体行为准则、方法、措施等，陈述学前教育"应该做什么、应该怎么做"。如关于某个具体的幼儿园游戏的指导、某一特定幼儿园环境的创设方法、常规的培养措施、家园合作的方法等，就更多地具有实践理论的特点。学前教育学的这三种理论类型往往不能截然分开，在某一学前教育理论中，常常既有科学理论的成分，也有哲学理论和实践理论的成分。

人类社会自从有了对婴幼儿的保育和教育活动，就开始有了对学前教育的思考与陈述，不过大多体现为各种零碎的观念而非较为系统的理论建构。从学前教育学的发展来看，从来不缺有关学前教育的陈述，缺少的是经过系统化建构的学前教育理论。而在各种建构起来的学前教育理论中，只有那些广为传播、形成流派、影响深远的学前教育理论，才能充分体现并实现学前教育学的理论和实践价值。

资料卡片：德国教育家布列钦卡论教育理论

有许多证据表明，在原始文化中，人们就开始思考教育问题。在迄今为止的任何时代，人们不仅规定了人究竟应该怎么样，规定了人的理想状态，而且也在不断寻找能对人尽可能逼近所设定人格理想目标发生影响的手段或方法。在这个过程中，有关教育行动的规则被制定出来，并不断流传下去。而那些早先非系统性的有关教育的思想逐步被加工成为有关教育艺术的理论或流派，被加工成所谓"艺术理论"，并被冠以了"教育学"的名称。

教育学的艺术理论通常也被看成"教育理论"，其目标在于归纳和总结那种表现为教育行动前提的有用知识。这种知识首先涉及两个问题领域：一是应该要达到的目的，二是达到上述目的的相应手段。而只有在人们充分认识所要施加影响的对象时，才能够对其所选择手段的合适与否发表意见。由此，教育学就被分为有关教育目的的理论、有关教育方法和组织形式的理论以及有关受教育者的理论。①

第二节　作为学科的"学前教育学"的发展

"学前教育学"作为学科或学术研究领域，其发展主要体现为各种有关学前教育的观念、思想和理论的演进，大致可分为以下三个阶段：

一、"学前教育学"的酝酿时期

作为学科的"学前教育学"在19世纪以前处于酝酿期，其特点是，生活于这一时期的中外先哲们，对婴幼儿保育和教育实践的相关问题展开了不同角度、程度各异的思考，留下了丰富的相关论述，为"学前教育学"的独立发展奠定了久远而深厚的基础。

在中国古代，这种酝酿主要体现为各个朝代的思想家们关于胎教、童蒙教育、家庭教育的丰富论述。西汉贾谊主张实行胎教，提倡对儿童及早教育。南北朝时期的颜之推留下传世名作《颜世家训》，注重家庭教育，并总结了以下儿童家庭教育的经验：及早施教、以身作则、严慈相济、一视同仁等。南宋朱熹则为儿童编写《童蒙须知》，主张小学"学其事"，通过格言、故事等教给儿童道德观念，学习基本行为规范。明代王守仁对压抑儿童的传统教育方法提出批判，主张儿童教育要顺应童子之情，倡导以生动活泼的方法教导儿童，以歌诗、习礼、读书作为儿童学习的内容。

在西方，柏拉图、亚里士多德、昆体良等古希腊、古罗马的思想家们，虽然没有

---

① 沃尔夫冈·布列钦卡. 教育科学的基本概念：分析、批判和建议[M]. 胡劲松，译. 上海：华东师范大学出版社，2001：1.有删节，题目是编者所加。

专门的学前教育著作,但在他们的相关著作中也有大量关于婴幼儿教育的论述。柏拉图在《理想国》中倡导儿童公养公育,并最早论述了儿童优生问题;他主张幼儿教育的内容应该包括讲故事、音乐、绘画、体育、游戏,在西方教育史上首次对儿童游戏作了理论分析。亚里士多德主张教育是国家的事业,也讨论了儿童优生问题,提倡对儿童进行体、智、德、美的和谐教育。亚里士多德将婴幼儿教育分为两个时期:0—5岁是身体发育的关键时期,教育以游戏为主;5—7岁,以养成良好的习惯为主,可进行适当学习。

文艺复兴时期的思想家们则从人文主义的立场出发思考了学前教育问题。著名人文主义学者伊拉斯谟,在《幼儿教育论》(1529年)(又译《论男孩早期的自由教育》)中,阐述了其对儿童及早教育的主张。他认为儿童在7岁以前应该在家里接受教育,家长要关心儿童的健康和身体发展,如适度的游戏、新鲜的空气、良好的生活习惯,还应教授一些基础知识,培养良好的行为举止和生活习惯;伊拉斯谟反对中世纪教会的"原罪"观,主张教育儿童必须考虑儿童的特点。文艺复兴时期有关学前教育最具代表性的论述是由捷克教育家夸美纽斯完成的,他撰写并出版的《母育学校》(1633年),被誉为第一本"系统论述学前教育的专著",[①]他还为儿童编写识字课本《世界图解》(1658年)。夸美纽斯充分肯定儿童的价值,把0—6岁儿童的教育纳入其充满民主色彩的学制系统的第一阶段。他主张:每个家庭就是一所母育学校,0—6岁的儿童进母育学校,母亲就是教师;教育内容包括体育、智育和德育,还详细论述了各方面教育的内容和方法。由于《母育学校》主要阐述家庭学前教育问题,因此,还不能视为学前教育学科独立的标志。

启蒙运动时期的思想家们高举理性、自由、平等、博爱的旗帜,或直接或间接地对学前教育展开了积极思考。法国思想家、教育家卢梭以其旗帜鲜明的"自然教育"深深影响了后世教育理论的发展。卢梭提出应该把儿童当儿童看待,他根据年龄特点把受教育者分为婴儿期(0—2岁)、儿童期(2—12岁)、少年期(12—15岁)和青年期(15—20岁);他主张:婴儿期以身体养护和锻炼为主,而儿童期主要进行感觉教育。瑞士教

---

① 吴式颖. 外国教育史教程[M]. 北京:人民教育出版社,1999:198.

育家裴斯泰洛齐献身于贫民儿童教育事业，倡导并实施爱的教育，主张教育心理学化，强调教育要适应儿童身心自然发展要求，提出并阐述了要素主义教育理论；他主张儿童应该尽早教育，通过对自己独生子的观察、教育，实践了他的幼儿教育主张。裴斯泰洛齐虽然没有创建独立的学前教育理论体系，但他的教育实践和理论思考，对福禄培尔等人的学前教育理论的形成，产生了巨大影响。

二、"学前教育学"的独立与初步发展时期

19世纪至20世纪中叶，"学前教育学"独立并得到初步发展。其特点是，随着社会化学前教育的发展，"学前教育学"有了独立的身份，一些有影响的学前教育家及其理论，形成声势浩大的理论流派，影响广泛而持久。

英国空想社会主义活动家欧文首先建立幼儿学校，展开了相关理论思考，在学前教育学独立过程中的作用不容忽视。欧文认为，为1—6岁儿童设立幼儿学校是儿童性格形成和性格教育的需要，有助于改善工人幼小子女的处境，也是建立新社会的第一步。他主张：幼儿学校应该有游戏场、教室、实物标本等设施与材料；教育内容应兼及体育、智育、德育、音乐和舞蹈，以促进幼儿全面发展。欧文虽然不是专门的学前教育研究家，但他创建的幼儿学校及其理论思考，在怀尔德斯平等人的继承与推动下，成为欧美19世纪上半叶学前教育理论与实践的主流模式，对"学前教育学"的独立产生了重要影响。

"学前教育学"的独立是由德国教育家福禄培尔完成的。福禄培尔于1840年将其建立的幼儿教育机构正式命名为"幼儿园"，并因此被誉为"幼儿园之父"。福禄培尔围绕幼儿园的建立与运作，撰写并发表了大量论文。1861年，兰格将福禄培尔生前发表的15篇有关幼儿园教育的论文汇集出版，取名《幼儿园教育学》，成为世界上第一本以"幼儿园教育学"命名的著作，可视为"学前教育学"独立的标志。福禄培尔的学前教育理论主要体现在他的《人的教育》《幼儿园教育学》等作品中。他认为：教育的任务是使人们自由自觉地发展和表现其本质，即上帝的精神；教育应是容忍的、顺应的、保护性的、防御性的。他将儿童的发展分为婴儿期、幼儿期、少年期和青年期四个阶段。其中，婴儿期的主要任务是养护，重视感官发展；幼儿期主要是生活时期，身体养护和保育减少，

智育活动加强，游戏、说话成为幼儿生活的基本要素。他主张给缺乏幼儿教育知识的父母提供教育内容和方法的指导，并广泛建立专门的幼教机构——幼儿园；他认为幼儿园教育的基本原则是自我活动，并设计了由"恩物"、游戏和作业组成的幼儿园课程体系。19世纪下半叶，在福禄培尔追随者的推动下，世界各国掀起了学习、实践福禄培尔学前教育理论的热潮，形成了蔚为壮观的福禄培尔学前教育理论流派，直到20世纪初，这股热潮才减退。但福禄培尔理论在学前教育领域的影响并未完全消失，即使在当今的学前教育理论和实践中，福禄培尔的学前教育理论仍然可见。

意大利教育家蒙台梭利推动了学前教育学的初步发展。蒙台梭利于1907年在罗马创办"儿童之家"，1909年，出版了《蒙台梭利法》（又名《儿童之家的科学教育方法》），总结"儿童之家"的学前教育方法，提出了一套学前教育的理论。她认为：3岁前是儿童的生理和心理胚胎期，儿童具有吸收性心理，儿童发展具有敏感时期，儿童的成长是其内潜在的生命在发展，而环境在儿童成熟中也有重要作用。基于她对儿童发展的认识，蒙台梭利认为自由和工作是学前教育的基本原则，为此，应为儿童提供"有准备的环境"，即适合儿童自由发展的、适宜的环境；她为儿童设计了一套教具，并利用教具对儿童开展肌肉、感官、日常生活技能和初步读写算等方面的练习。蒙台梭利的学前教育理论在19世纪下半叶和20世纪初，在各国广泛传播，蔚然成为蒙台梭利学前教育理论流派，继福禄培尔之后，推动已有独立身份的"学前教育学"初步发展。

奥地利哲学家、教育家鲁道夫·斯坦纳创立的"华德福教育理论"是这一时期推动学前教育理论初步发展的重要组成部分。斯坦纳潜心人类精神的研究，创立了"人智学"（anthroposophy）。1919年，斯坦纳在德国建立第一所华德福学校，此后，包括华德福幼儿园在内的华德福教育理论及其实践模式，在世界许多国家和地区广泛传播。斯坦纳认为人类具有身体、心灵和精神三种属性，教育目标是促进人的身体、心灵和精神三方面和谐而平衡发展；他提出人的成长需经历0—21岁的三个七年发展阶段才能逐渐完善，0—7岁是意志发展时期，通过模仿学习，主要任务是健全和平衡身体。这一阶段要遵循的基本原则是使周围的情感、观念和思维持续作用于儿童，为此，要给儿童树立模范的榜样。他重视游戏、玩具对儿童的作用，但他反对精致完美的玩具，主张提供简易能刺激儿童想象的玩具；他反对幼儿园采用机械呆板的教育方式，认为过度智力开发的倾向导致引入抽象的游戏和只适用于成人心理的活动，使儿童长大后变得不快乐。① 斯坦纳还认为，幼儿园无法代替家庭能给予的细心照料，家庭能为幼儿提供充分的关爱和安全②。

在"学前教育学"的初步发展过程中，杜威的教育理论发挥了重要作用。杜威以实用主义哲学为基础建立其教育理论体系，他主张：教育即经验的改组或改造、教育即生长、教育即生活、学校即社会，教育要以儿童为中心，基本方法是"做中学"。杜威对教育本质的看法、对教育和社会联系的强调、对儿童中心的肯定，给学前教育理论的发展带来了影响。在美国，以杜威的实用主义教育理论为指导，产生了以布莱恩等为代表的进步主义学前教育思想及其实践，主张对儿童发展开展实证研究，重视学前教育与生活的联系，在肯定福禄培尔学前教育理论合理部分的同时，也试图否定其恩物主义和象征主义的不足。③

在我国，陶行知、张雪门、陈鹤琴等人深受杜威理论的影响，于20世纪20至40年代，学习借鉴国外学前教育理论，探索中国化的学前教育理论，推动了中国现代学前教育学的发展。其中，陈鹤琴在杜威、陶行知影响下提出的"活教育"理论对中国现代学前教育学的发展影响最大，其"活教育"理论主要观点如下④：第一，活教育的目的在于"做人，做中国人，做现代的中国人"，后来进一步提出要"做世界人"。第二，活教育的课程在于"大自然大社会都是我们的活教材"。第三，活教育的方法是"在做中学，做中教，做中求进步"。

促使"学前教育学"得到初步发展的还有苏联以马克思主义为指导而形成的苏联社会主义学前教育理论，代表人物是克鲁普斯卡娅、乌索娃、福辽莉娜等。克鲁普斯卡娅主张：社会主义苏联的学前教育应该为劳动人民服务，必须坚持培养共产主义新人的目标；苏联学前教育的首要任务是关心儿童的身体健康、重视卫生保健工作，第二项任务是培养儿童共产主义道德基础。她强调知识和知识体系在学前时期的重要性，认为教学

---

① 黄慧娟. 鲁道夫·斯坦纳教育思想与实践研究 [D]. 福州：福建师范大学，2010：60-69.
② 吉尔伯特·蔡尔兹. 做合适人的教育：斯坦纳教育理论和实践 [M]. 王荣亭，译. 北京：世界出版社，2012：78.
③ 周采，杨汉麟. 外国学前教育史 [M]. 北京：北京师范大学出版社，1999：233.
④ 陈鹤琴. 陈鹤琴全集（第5卷）[M]. 南京：江苏教育出版社，1991：16.

不能只重视形式；认为游戏在学前时期具有重要意义。乌索娃认为：教学在学前儿童发展过程中具有重要意义，但教学必须要有组织、有计划地实施；教学内容应经过专门的选择和组织，把知识内容和学前教育学大纲组成一个体系。福辽莉娜主张通过绘画、泥工等活动发展儿童的创造性，她为学前各年龄段儿童制定了造型活动教学的示范性大纲。苏联学前教育理论以其鲜明的政治主张为标志，重视学前教育机构的教学工作是其特色，对我国新中国成立后学前教育理论的发展产生了影响。

三、"学前教育学"的快速发展时期

20世纪后半叶，"学前教育学"进入快速发展时期，其特点是，多样化的学前教育理论不断产生，学前教育研究的专业组织广泛建立，学前教育学的跨学科性进一步凸显。

1. 多样化的学前教育理论不断产生

受当代哲学、心理学、脑科学、社会学等学科发展的影响，先后出现了新行为主义、人本主义、结构主义、多元智能等各种各样的学前教育理论建构及其实践方案。主要包括：

（1）受新行为主义影响的学前教育理论，注重对儿童行为的强化、干预。学前特殊儿童的早期行为干预领域和一些学前教育方案的制订，如美国"开端计划"（Head Start）中的一些学前教育课程方案就是在新行为主义理论指导下设计的。

（2）受人本主义心理学影响的学前教育理论，注重儿童的个性与全面发展。亚伯拉罕·马斯洛描述了人所具有的生理、安全、归属、自尊、自我实现等不同层级的需要，并说明基本需要满足的重要性。受人本主义心理学影响，该学前教育理论注重儿童权利和教育内容的人本化、个性化，注重儿童基本需要的满足。20世纪70年代，学前课程从偏重于智力培养向注重儿童个性发展、全面发展转变，从学科中心向多样化转变，就是受到人文主义影响的结果。

（3）受精神分析理论影响的学前教育理论，注重儿童早期经验的价值。弗洛伊德强调早期经验和家庭对个人发展具有重要影响，为理解并实现学前教育的价值提供了新的思路。而埃里克森则强调人的发展要从各自文化的独特状态来理解，将人的发展分为八个心理社会阶段,其中,学前儿童要经过基本信任/不信任(0—1岁)、活泼自主/害羞怀疑(1—3岁)、自动自发/退缩内疚(3—6岁)三个阶段,每个阶段都有自己的矛盾,该学前教育理论对每一个阶段学前儿童的教育与发展提出了有针对性的解决措施。

(4)受结构主义影响的学前教育理论,强调学习者的主体活动。在结构主义理论中,皮亚杰的认知发展理论和维果茨基的"社会建构理论"对学前教育理论影响很大,皮亚杰提出的儿童认知结构、儿童认知发展的四个阶段在学前教育理论领域具有广泛影响。美国的戴维·韦卡特于1970年创立的"高瞻课程"(High/Scope)就是以皮亚杰的认知发展理论为基础,建立起的一种颇具特色的幼儿认知发展课程。

(5)受社会生态系统理论影响的学前教育理论,强调各种外界环境对儿童发展的共同作用。布朗芬布伦纳认为,儿童发展是周围多层次环境关系的复杂系统,从内而外,儿童是在微观系统、中间系统、外在系统、宏观系统和动态变化系统五个相互依存、相互影响的复杂系统中成长的。① 受这一理论启发,学前教育理论关注并研究如何利用围绕在学前儿童周围的各种环境的作用。

(6)受多元智能理论影响的学前教育理论,强调儿童智力发展的多样性。美国心理学家霍华德·加德纳提出智力包括语言-言语、逻辑-数理、音乐-节奏、视觉-空间、身体-动觉、自知-自省、交往-交流、自然-观察者八个维度,创立了"多元智能理论"。该理论为认识儿童的智力发展带来了新的视角,影响了学前教育课程方案的制订,成为学前教育理论关注的热点。美国较有影响的早期学习方案"光谱方案"(Preject spectrum)就是受多元智能理论的影响而开发的。

(7)受"全纳教育"理论影响的学前教育理论,注重学前特殊儿童的融合教育。全纳教育又称"融合教育",是20世纪90年代兴起的一种教育思潮。全纳教育主张学校面向所有学生开放,不论其是否存在身心障碍,学校都要为所有学生提供最适合的教育,使每一位学生都得到最大限度的发展。② 受"全纳教育"思想影响,学前教育领域出现了"学前全纳教育"(或学前融合教育)的理论与实践。如美国特殊儿童教育委员

---

① 劳拉·E.贝克.儿童发展[M].吴颖,等,译.5版.南京:江苏教育出版社,2002:37.
② 雷江华,方俊明.特殊教育学[M].北京:北京大学出版社,2011:129.

会特殊幼儿部（Disability Early Children，简称DEC）和美国幼儿教育协会（National Association for the Education of Young Children，简称NAEYC）均致力于推广"学前融合教育"，提出重视儿童个别化教育、为特殊儿童提供与发展相适应的教育经验、鼓励对儿童评估与课程选择紧密联系等主张，还探索出全融合、半融合、反融合等多种实施形式。①

上述这些当代学前教育理论往往具有丰富、多样的其他学科理论背景，对学前教育理论和实践的影响也是综合、多元而非单一的。比如当代影响很大的意大利瑞吉欧学前教育、美国的发展适宜性学前教育实践，都反映了上述多种学前教育理论的影响；兴起于20世纪70年代末，在美国颇有影响的幼儿园创造课程（creative curriculum for preschool），明确地将马斯洛、埃里克森、皮亚杰、维果茨基、加德纳、斯米兰斯基等人关于儿童发展、幼儿游戏、脑科学研究等方面的成果，列为这一幼儿园课程模式背后的理论基础。②

2. 学前教育研究的专业组织广泛建立

专业的学前教育研究组织的建立，是"学前教育学"迅速发展的重要标志。早在20世纪20年代，英美等发达国家就开始建立有学前教育理论和实践工作者参与的专业协会，英国幼儿教育协会（British Association for Early Childhood Education）成立于1923年，美国幼儿教育协会成立于1926年。第二次世界大战后，学前教育专业组织建立的范围进一步扩大、专业化进一步加强。1948年，世界学前教育组织（World Organization for Early Childhood Education，简称OMEP）成立，该组织是与联合国教科文组织有咨询关系的非政府机构，主要从事收集和传递各国、各地区的学前教育信息，推动和促进与学前儿童教育有关的研究，举办专业性研讨会等专业工作。1960年，俄罗斯联邦在教育科学院系统内建立学前教育研究所，内设学前早期儿童教育、学前儿童教育、实验教学法、年龄心理生理学、美育和体育实验室等部门，这是世界上第一个专门

---

① 周念丽. 学前融合教育的比较与实证研究 [M]. 上海：华东师范大学出版社，2008：25.
② Diane Trister, Laura J Colker, Cate Heroman. Creative Curriculum for Preschool [M]. 4th ed. Washington, DC: Teaching Strategies, Inc, 2002: 1-14.

的国家级学前教育研究所。① 中国在1979年建立中国教育学幼儿教育研究会，1992年改名为"中国学前教育研究会"，下设学前儿童健康教育、游戏与玩具、学前教育管理研究、幼儿园课程与教学、学前社会教育、学前教育教师发展等专业委员会。此外，当代"学前教育学"专业化研究组织发展的另一个标志是，围绕学前教育学的专业学位教育从中等专科、高等专科发展到了本科、硕士研究生和博士研究生，专业学习体系的完善成为当代学前教育学日益成熟的重要标尺。

3. 学前教育学的跨学科性日益凸显

当代学前教育学的研究主体日益多元化，研究的范围日益拓展，学前教育学的跨学科性愈加凸显。可以看到，无论是在学前教育学的酝酿阶段，还是在其独立和初步发展阶段，从事学前教育研究的主体主要是哲学、教育学、心理学等领域的研究者，如欧文、福禄培尔、蒙台梭利、杜威、陶行知、张雪门、陈鹤琴等均是这样的身份，体现了学前教育学的跨学科特性。而到了当代，学前教育学研究的主体有所扩大，除了传统的研究主体外，神经科学家、儿科医生、儿童精神科医生、经济学家，以及社会学、管理学、政策研究等领域的研究者，也纷纷加入到学前教育的研究阵营中，学前教育学的跨学科特性进一步得到强化。这意味着越来越多的来自其他学科领域的学者加入学前教育学的研究领域，标志着学前教育学科迈入快速发展轨道。

第三节　学前教育学和幼儿园教师教育

学前教育学是幼儿园教师教育的专业理论源头和专业课程设计的出发点，具有重要意义。

一、学前教育学对幼儿园教师教育的作用

学前教育学以学前教育现象和问题为研究对象，它必然成为幼儿园教师或其他从事

---

① A. B. 查包洛塞兹，T. A. 马尔科娃. 学前教育学原理[M]. 李子卓，等，译. 北京：人民教育出版社，1984：11.

学前教育工作的专业人员所必须学习和了解的内容。学前教育学对已经或即将成为幼儿园教师的教育作用表现在：第一，通过对学前教育现象的含义、结构、特征、价值、历史等的研究，帮助学习者确立从事学前教育工作的合理态度、立场与价值观。第二，通过对幼儿发展、幼儿园教师、幼儿园课程、幼儿园环境等构成学前教育现象的要素内部与外部关系的研究，帮助学习者掌握学前教育特别是幼儿园教育的基本观念、理论、政策、方法的相关知识。第三，通过对学前教育实践问题的研究，帮助学习者了解学前教育的实践现场的操作性情境与要求，初步培养从事学前教育工作的基本能力。

二、学前教育学成为幼儿园教师教育课程的历史

随着现代学前教育制度逐步建立，"学前教育学"获得独立身份并初步发展，"学前教育学"作为幼儿园教师教育一门专业课程的历史在19世纪逐步拉开帷幕。

"学前教育学"成为幼儿园教育的课程，是从培养具备某种特定学前教育理论的托幼教育机构的教师开始的。欧文建立幼儿学校后，即开始用其理论培养幼儿学校的教师。1825年，幼儿学校协会在伦敦成立，委托怀尔德斯平推广、普及幼儿学校，他遂到英国各地宣传幼儿学校的理论和经验，指导幼儿学校的建立，这可视为"学前教育学"成为有组织的幼儿园教师教育的课程之滥觞。福禄培尔正式创建幼儿园以后，为了培养幼儿园所需教师，于1849年举办幼儿园教师训练所，开始用其学前教育理论培养幼儿园教师；到19世纪下半叶，英、法、美等国建立福禄培尔协会，推广福禄培尔的学前教育理论，培养各国所需的幼儿园教师。基于同样理由，蒙台梭利创立"儿童之家"并取得成功后，为了推广她的学前教育理论和实践模式，不仅到各国宣传其理论和方法，还从1919年后定期开设国际训练课程班，应用蒙台梭利教学法培训幼儿园教师。至此，以某一学前教育理论作为标志的"学前教育学"作为培养幼儿园教师的课程得到广泛认同。

进入20世纪以来，随着大规模学前教育实践的发展，各国逐步建立了专门培养托幼机构教师的专业或院校，作为课程的"学前教育学"走进制度化的幼儿园教师教育的课程体系之中。但这门课程的名称各异，内容亦不尽相同。共同特点是，这门课程逐步改变了以传授某一特定学前教育理论为主的做法，而更具综合性。一本出版于

20世纪90年代末的美国高校用书《幼儿教育导论》(Introduction to Early Childhood Education)，①包含"幼儿教育引论""幼儿教育目标""认识儿童""教师和技能应用""活动设计概述""婴儿的活动""学步儿的活动""运动技能的活动""创造性艺术的活动""科学活动""感知运动的活动""语言活动""食物活动、进餐和点心""管理幼儿集体""教师－父母关系""世界的儿童"等内容，其结构是以托幼机构实践内容而非某一学前教育理论的逻辑为线索的。

在我国，"学前教育学"是以综合性的"保育法"的名称进入幼儿园教师教育的课程体系中的，其内容也不拘泥于某一学前教育理论观点，而是倾向于综合介绍各种学前教育理论观点与实践方略。1905年天津严氏蒙养院设立保姆讲习所，"保育法"就是其课程之一。1909年，上海公立幼稚舍保姆传习所的张景良等人编辑出版《保姆传习所讲义初集——保育法、儿童心理学》一书，其中，"保育法"部分涵盖了幼稚园之主旨、幼稚园之必要、幼稚园之教育、幼稚园与家庭之联络、保姆之资格、保姆事项、论游戏、论唱歌、谈话、手技、恩物之种类、恩物之理、保育时间、入园年龄与分组法、看护术等16项内容。②用我国当下学前教育专业培养方案的视角来看，上述内容，有些属于作为课程的"学前教育学"及其教材的内容，有的则应归属于学前教育专业的其他课程及其教材中。

从20世纪20年代开始，"学前教育学"就以"幼稚教育"或"幼稚教育概论"等名称成为我国幼儿园教师教育的课程。从20年代末到1949年以前，中国出版的此类著作或教材主要有：张宗麟的《幼稚教育概论》(中华书局1928年版)，王骏声编译的《幼稚园教育》(商务印书馆1928年版，原文为日文版)，张雪门的《幼稚园教育概论》(商务印书馆1931年版)，张宗麟的《幼稚教育》(中华书局1932年版)，张雪门的《新幼稚教育》(上海儿童书店1933年版)，张雪门的《幼稚教育新论》(中华书局1936年版)，樊兆庚的《幼稚教育》(商务印书馆1937年版)等。这些著作或教材的共同特征是强化了作为课程的"学前教育学"的综合性。以张宗麟的《幼稚教育概论》为例，它覆盖了

---

① Verna Hildebrand. Introduction to Early Childhood Education [M]. 6th ed. N. J.: Merrill, an imprint of Prentice Hall, 1997.
② 中国学前教育史编写组. 中国学前教育史资料选（全1册）[M]. 北京：人民教育出版社，1989：116.

当时幼儿教育各方面的内容,包括绪论、我国幼稚教育的由来及现状、幼稚教育的发展史略、幼稚生生活述略、幼稚园课程、实行课程的历程、幼稚园教师、幼稚园的设备、蒙养园幼稚园及小学低年级等。

中华人民共和国成立后借鉴苏联的做法,"学前教育学"正式进入幼儿园教师教育的课程体系之中。1953年,苏联学者苏罗金娜的《学前教育学》被翻译出版,并经中央人民政府教育部指定为当时幼儿师范学校"幼儿教育"一科的代用课本;[①] 1956年颁布的《幼儿师范学校教学计划》中,使用了"幼儿教育学"的名称;同时,高等师范院校的学前教育专业一般开设"学前教育学"。此后,国内学者开始自编中等幼儿师范学校的"幼儿教育学"和高等师范院校的"学前教育学"教材,但受"文化大革命"的影响,自编教材工作中断。直到1989年,由黄人颂主编的我国高等师范院校第一本《学前教育学》才正式出版。该书奠定了我国高校"学前教育学"教材的结构模式,进一步发展了其综合性特点,全书共15章,分别为:"学前教育学的对象、任务及发展""学前教育与社会的关系""学前教育和儿童身心发展的关系""教育目的与学前教育任务""婴儿教育""幼儿体育""幼儿智育""幼儿德育""幼儿美育""幼儿园的游戏""幼儿园的教学""幼儿园与小学的衔接""托儿所、幼儿园与家庭""学前教师及其培训""学前教育的科学研究"。自该书出版以来,我国高校以及中等幼儿师范学校编写的"学前教育学""幼儿教育学"教材如雨后春笋般涌现。近年来,也有作者开始使用"学前教育概论""幼儿教育概论"作为这门课程或教材的名称。

三、学前教育学作为幼儿园教师教育课程面临的挑战

随着学前教育理论和实践的变化,幼儿园教师教育实践模式不断创新,作为学科领域的学前教育学发生了改变,学前教育学作为幼儿园教师教育的课程正面临多方面挑战。

1. 学前教育学科迅速发展带来的挑战

首先,学前教育学科的发展视阈无限广阔。从学前教育学科的发展来看,在其漫长的酝酿期,有丰富的学前教育思想、观念资源的积淀;学前教育学科在确立独立身份并

[①] 陈侠. 介绍"学前教育学"[J]. 人民教育,1953(8):56.

获得初步发展以后,学前教育理论出现流派化,从福禄培尔、蒙台梭利等人的学前教育理论,到苏联社会主义学前教育理论,各自特色鲜明,并伴有独特的实践模式;进入20世纪后半叶以来,学前教育理论日益多元化,研究领域不断深化、细化,研究主体跨学科特色日益凸显。时至今日,作为学科的学前教育学,已远非福禄培尔、蒙台梭利时代由单一理论主导了,已经成为一个研究视阈广阔、跨学科主体共享的庞大研究领域,具有研究空间的无限可能性。

其次,作为幼儿园教师教育的一门专业课程及其教材,"学前教育学"的空间和时间都是有限的。在内容上,一门课程已没有涵盖整个学前教育学科的可能性,更不可能将学前教育学科各领域的认识成果均囊括麾下。从时间来看,一门课程的实施时间是有限的,学习的时间大多只有一个学期,这也就排除了用单独一门课程去包揽整个学科的可能性。

因此,如何处理好学科空间的无限性和课程、教材空间的有限性之间的矛盾,便成为作为课程的"学前教育学"所面临的重要挑战。

2. 学前教育专业发展带来的挑战

首先,作为课程及其教材的"学前教育学"必须遵循专业发展的逻辑。专业位于学科体系与实际社会职业需求的交叉点,[①] 要兼顾学科发展和实际需要两个方面的要求,专业课程的设置同样需要遵循这样的逻辑。因此,"学前教育学"作为课程及其教材,一方面要遵循学前教育学科的知识体系的逻辑,另一方面更要考虑作为幼儿园教师的实际需要,而不能将视阈局限于学前教育学科的视界内。

其次,作为课程及其教材的"学前教育学"必须遵循专业课程的发展趋势。综合化、模块化是当代专业课程设置的共同趋势,前者要求专业课程的设置更加关注学科基础与平台,后者要求课程设置更加精细化。从这个角度来看,当代学前教育专业的课程既要考虑"大教育学"的平台课,又要考虑学前教育学科领域的精细分支与专题,这就使得原本属于作为课程的"学前教育学"的内容,不断被抽离,有"空心化"之虞。比如,当今国内学前教育专业普遍开设学前教育史、幼儿园课程、学前比较教育、学前教

---

① 冯向东. 学科、专业建设与人才培养[J]. 高等教育研究,2002(3):69.

育管理等课程，传统的"学前教育学"这门课程的许多内容，均已被分出，在其他课程之中详细介绍。因此，作为课程及教材的"学前教育学"，该如何重组自身的内容，是一项富有挑战的工作。

因此，如何处理好学科知识逻辑和学前教育实践需要之间的矛盾，是作为课程的"学前教育学"所面临的另一个挑战，任重道远。

第四节 本书的设计思路与内容结构

了解本书的设计思路与结构，有助于学习者更好地学习、掌握本书内容。

一、本书的设计思路

"学前教育学"作为幼儿园教师教育的一门专业核心课程，面临来自学科发展和专业教育变革两方面的挑战，亟须改变。为此，本书的设计将遵循以下两个思路：

1. 考虑课程及其教材的名称调整

在我国幼儿园教师教育领域，无论是作为学科，还是作为课程及其教材，往往共享"学前教育学"之名，这种做法极易造成身份识别的混乱，使人误将作为学科的"学前教育学"和作为课程及其教材的"学前教育学"等同起来。为此，可以将"学前教育学"作为学科的名称，而作为一门专业课程及其教材则另外命名。根据目前已有学者使用"学前教育概论""幼儿教育概论"等做法，本书拟采用"学前教育概论"名称。

2. 考虑课程内容的设计与组织

在尽可能充分反映学前教育学科发展成果的同时，还要考虑到幼儿园教师教育专业课程的分化与衔接，避免内容重复；同时，要更加注重幼儿园教师的实际需要，满足我国自 2011 年底开始实施的新的幼儿园教师资格考试标准的要求，增强针对性。

二、本书的内容结构

本书从"构成学前教育现象的要素及其关系"这个逻辑出发，联系学前教育的实际需要，确定由以下内容组成：

"绪论"，主要讨论学前教育学的内涵、价值、外延，介绍学前教育学科的发展历程，分析作为课程的"学前教育学"面临的挑战，并介绍本书的内容结构。

第一章"学前教育是什么"，讨论学前教育概念的内涵、外延、特征、任务、意义，分析学前教育的发展历程，讨论学前教育和社会之间的关系。

第二章"学前教育中的儿童"，介绍儿童发展的含义、基本特点，分析学前儿童和学前教育的关系，讨论儿童观的内涵、发展历程，分析科学儿童观的内容。

第三章"学前教育中的教育者"，介绍学前教育者的概念、类型、意义，分析幼儿园教师角色、权利与义务，分析幼儿园教师的专业标准、专业成长的理论、路径和策略。

第四章"学前教育中的家庭"，介绍家庭、家庭教育的含义、意义及相关理论，分析家庭对学前儿童发展的作用及作用方式，分析家园合作的含义、价值、内容、途径、方法。

第五章"学前教育的目的"，讨论学前教育目的的内涵、外延、理论基础、价值取向、构成要素，讨论我国幼儿园教育各层次的目标。

第六章"学前教育机构的环境"，讨论学前教育机构环境的概念、意义、类型，介绍学前教育环境的理论基础，分析学前教育机构环境的构成要素、创设策略、应用方法。

第七章"学前教育内容及其实施"，介绍学前教育内容的含义、结构、选择依据，分析幼儿园保教的内容及其要求，讨论幼儿园教育德、智、体、美等教育内容的含义、实施原则、途径、基本方法。

第八章"儿童游戏与学前教育"，介绍游戏的内涵、外延、相关理论，讨论游戏对儿童发展的价值，分析幼儿园游戏的特点、类型、设计与指导策略。

第九章"学前教育评价"，介绍学前教育评价的内涵、外延、价值、理论基础，分析幼儿园教育评价的原则、基本方法、过程、策略。

第十章"学前教育中的社区与小学"，分析幼儿园与社区合作的含义、意义、相关理论、实施途径与策略，分析幼小衔接的含义、意义、相关理论基础、实施原则、策略。

第十一章"学前教育管理"，介绍学前教育管理的含义、类型、价值、理论基础，分析相关法规，讨论幼儿园班级管理的含义、意义，分析幼儿园班级管理的原则、途径、方法。

以上各章内容相互衔接。"绪论"为全书定位。第一章从解释"学前教育是什么"入手，厘清本书的最核心概念。第二章至第四章，讨论作为学前教育活动的主体性要素，即儿童与教育者，并把家庭作为独特的主体性要素，放在一起讨论。第五章至第十一章，讨论学前教育活动的各类教育措施。

▶ 小结

学前教育学是以学前教育现象和问题为对象，以揭示学前教育的一般原理、原则与方法为目的的研究领域；学前教育学作为一个研究领域，兼具理论性与实践性、基础性和应用性；学前教育学具有认识和实践两方面的价值。从外延来看，学前教育学既可以是指一门学科，也可以是幼儿园教师教育的一门专业核心课程及其教材。

学前教育理论是有关学前教育现象和学前教育问题的比较系统、规范的解释性或解决性陈述；学前教育理论可分为科学理论、哲学理论和实践理论三种理论类型；学前教育理论是构成"学前教育学"大厦的基石。

作为学科的"学前教育学"经历了漫长的酝酿期；19世纪至20世纪中叶，是其独立并得到初步发展的时期；20世纪下半叶以来，学前教育学科进入快速发展时期。作为一门课程，学前教育学对幼儿园教师教育具有重要作用，它是伴随国内外幼儿园教师教育的发展而逐步建立起来的，其名称在国内外差异很大。从学前教育学科的发展和幼儿园教师教育的需要来看，"学前教育学"作为一门课程面临挑战，改变势在必行，任重道远。

▶ 思考与实践

1. 名词解释：学前教育学、学前教育理论
2. 思考学前教育学的内涵、价值与外延。
3. 梳理学前教育学科的发展轨迹及特征。
4. 理解学前教育理论的含义、类型。
5. 学前教育学作为幼儿园教师教育的专业课程面临的挑战有哪些？

6. 搜集材料，比较国内外学前教育专业的学前教育理论课程的异同。

7. 设计问卷，调查幼儿园教师对学习和研究学前教育学的态度。

▶ **延伸阅读**

1. 黄人颂．学前教育学［M］．北京：人民教育出版社，1989．（第一章）

该章介绍了学前教育学的含义、任务、对象与发展。

2. 虞永平，王春燕．学前教育学［M］．北京：高等教育出版社，2012．（第一章）

该章介绍了学前教育、学前教育学的含义、产生与发展。

3. 沃尔夫冈·布列钦卡．教育科学的基本概念：分析、批判和建议［M］．胡劲松译．上海：华东师范大学出版社，2001．（第一章）

该章对"教育"的内涵进行了多角度的语义分析。

4. 劳拉·E.贝克．儿童发展［M］．吴颖，等，译．5版．南京：江苏教育出版社，2002．（第一章）

该章详细分析了儿童发展研究主体、发展的历史、理论流派。

5. 刘晓东，卢乐珍．学前教育学［M］．南京：江苏教育出版社，2004．（第一章、第十五章、第十六章）

第一章介绍了百年中国学前教育学的发展历史。第十五章介绍了学前教育的研究范式和方法。第十六章介绍了未来中国学前教育学的发展方向。

6. 朱宗顺．学前教育原理［M］．北京：中国广播电视大学出版社，2011．（第三章）

该章从学前教育理论流派的角度，分析了现当代国内外主要的学前教育理论及其思想。

第一章

学前教育是什么

>> 内容导航

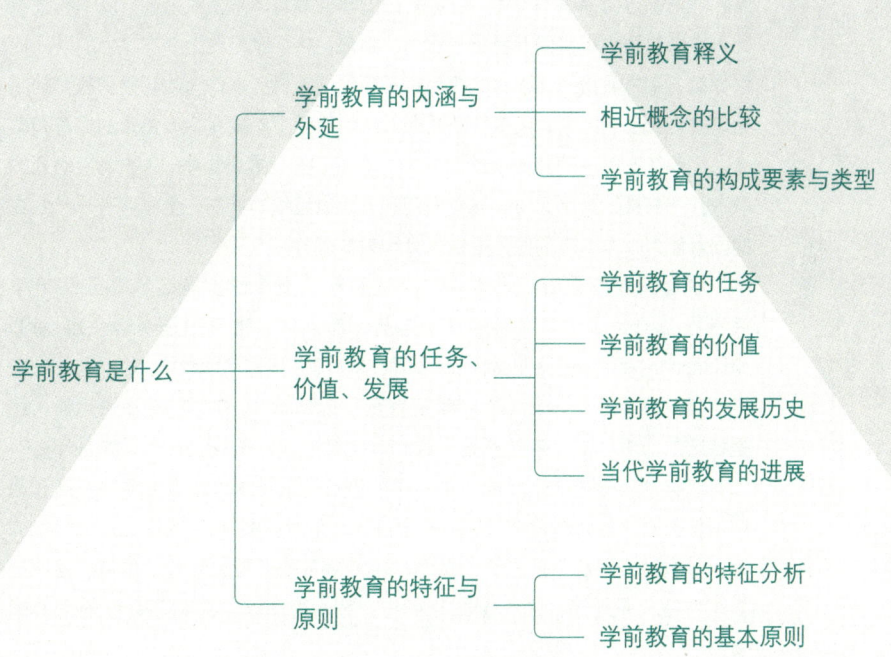

▶ **学习目标**

1. 了解学前教育及相关概念的异同、学前教育的构成要素。
2. 理解学前教育的含义，学前教育的基本类型、主要任务、特征，学前教育的发展历史与当代发展特征。
3. 运用学前教育的价值与原则，分析学前教育实践中的现象与问题。

▶ **引言**

　　2006年年底，联合国教科文组织发布了一份有关全球学前教育的监测报告，题为《全民教育全球监控报告（2007年）——增强基础：幼儿保育和教育》。该报告指出：学前教育是对从出生到入小学前的儿童的生存、生长、发展和学习等方面提供的支持，世界各国的学前教育体系主要为3岁以下和3岁到入小学前两个年龄组儿童提供服务；目前，各国政府在为3岁以上的幼儿提供保教方案方面扮演了积极的角色，70%的国家将3岁作为幼儿接受教育的起始年龄，在发达国家，大多数幼儿在入小学前至少能接受2年免费的保育和教育；但为3岁以下幼儿提供的服务相对有限，在发展中国家，3岁以下幼儿的教育和保育被认为是父母、私营部门和非政府组织的责任，全球仅有一半左右的国家能为3岁以下的幼儿提供保育和教育服务。[①]

　　联合国教科文组织报告中的上述资料，不仅初步描绘了截至2006年底世界各国学前教育发展的基本态势，而且更为重要的是明确使用early childhood care and education（简称ECCE）来指称"学前教育"。这一信息促使我们必须思考一个问题："学前教育"是一个不证自明的普适性用法，还是特定的历史与文化中的称谓？进一步还需追问：学前教育所指的是什么？它有怎样的历史与文化发展轨迹？学前教育有别于其他教育活动的特点和原则是什么？这些问题无疑是任何一个打算从事学前教育工作的人必须懂得的。为此，本章将围绕学前教育的概念、组成要素、类型、任务、价值、发展历史、特征、原则等，进行全面分析与介绍，帮助读者深刻领会学前教育的实质。

---

① 朱宗顺. 全民教育视野中的全球幼儿教育：全民教育全球监测报告（2007年）对全球幼儿教育的关注[J]. 幼儿教育：教育科学版，2007（1）：44-45.

第一节　学前教育的内涵与外延

教育是有目的地影响人的社会活动，"培养人"是其本质特征。教育和社会的政治、经济、文化等相互影响，它是伴随人类社会的发展而逐步发展的，同人类社会的历史共始终。广义的教育始于人类社会形成之初，而家庭教育、学校教育，则是人类文明发展的结果。教育会随时代变化而呈现差异，也会因地域、对象等的不同而有不同的类型。从地域来看，教育可分为中国教育、美国教育、英国教育等；从年龄来看，教育可分为从婴儿到老年的不同阶段的教育。学前教育正是按照受教育对象的年龄所组成的教育链条的起始点。在当代社会，以幼儿园为代表的学前教育似乎正成为司空见惯的社会现象。但学前教育的内涵究竟是什么，所指为何物？其含义和所指有没有轨迹可循？作为专业的学前教育工作者，我们对此必须厘清。

一、学前教育释义

学前教育是对出生至入小学前的儿童所实施的教育的总称，是当代国民教育体系的重要组成部分。在中文语境里，学前教育有时也被称为"幼儿教育""早期教育""幼稚教育"。从世界范围看，学前教育是一个具有历史和文化界域的概念，不同时代、不同国家或地区，对该年龄阶段儿童的教育的形式、内容甚至命名，并不完全一致，存在着多样性甚至歧义性。

从字面来看，中文"学前教育"是由"学前"和"教育"复合而成的。前者是限定后者的，指明这种教育是针对入学前的儿童或学前儿童而实施的，它不同于儿童上小学以后的教育。当然，这一限定也易让人产生"前"教育甚至"非"教育的联想，有自贬学前教育身份和价值的隐忧。在英文语境中，过去常用来指称儿童在进入正式学校前所受教育的单词是 preschool，而现今西方的研究者认识到，preschool 存在贬低这一年龄阶段重要性、轻视发生在这一年龄阶段儿童生活中大量重要学习的可能性，出现了用 Early Childhood Education（简称 ECE）代替 preschool 的趋势。[①] 此外，西方国家、国

---

① Verna Hildebrand. Introduction to Early Childhood Education [M]. 6th ed. N. J. : Merrill, Prentice Hall, 1997: 5.

际组织也用 Early Childhood Education and Care（简称 ECEC）或 Early Childhood Care and Education（简称 ECCE）指称出生至入小学前儿童的保育和教育。

除了字面所体现出的多样性外，"学前教育"这一概念还有着内核的复杂性、包容性，这表现在以下两个方面：

（1）虽然学前教育的对象是出生至入小学前的儿童或学前儿童，但什么时候才算入小学，或学前儿童的起止年龄段如何确定，尚未有统一规定，实践中的操作模式是多样的，因而，学前教育概念的内核是复杂的。在我国，《中华人民共和国义务教育法》规定：年满6周岁的儿童应入小学接受义务教育，条件不具备的可以推迟到7周岁。这意味着，我国目前的学前儿童是指0至6岁或7岁的儿童。而在欧美各国，儿童进入法定义务教育学校的起始年龄是5岁至8岁。据统计：2007年，美国有8个州规定儿童5岁入学接受义务教育，而规定6岁、7岁、8岁入学的州分别是22个、18个、2个。[1] 这意味着，欧美国家的学前儿童是0至5岁或0至8岁的儿童。就法定学前教育机构的起始年龄来看，有的从3岁开始，有的从婴儿、学步儿甚至胎儿期开始，当然，不同年龄段婴幼儿的教育方式差别会很大。所以，从对象来看，我们可以在广义上将出生到入小学之前的儿童都视为学前教育的对象，但是，各国入小学的起始年龄各异，学前教育因对象年龄的差异而具有了复杂性。

（2）学前教育中的"教育"涵盖了"保育"和"教育"两方面的内容，而不仅是我们通常所熟悉的学龄阶段"教育"内容。毫无疑问，"学前教育"是"教育"的属概念，它必然具备我们通常理解的教育是有目的地影响或培养人的社会活动的全部特征，但它又具有特殊性，这表现为学前教育内在地对儿童的保育（care）有着独特要求。所谓保育就是对个人日常生活的看护、照料。从逻辑上看，儿童的成长需要得到成人对其生活的照料，这是人类发展的通例，保育因此理所当然地是培养人的教育活动应有的内容，但现代学前儿童的教育实践却普遍存在忽视儿童保育的"去保育"倾向。同其他年龄段儿童相比，学前儿童处于身体发展的关键时期，自我照料能力的发展刚刚起步，特别需

---

[1] Sheila B. Kamerman, Shirley Gatenio-Gabel. Early Childhood Education and Care in the United States: An Overview of the Current Policy Picture [J]. International Journal of Child Care and Education Policy, 2007, Vol. 1（1）: 25.

要成人对其日常生活给予适当看护与照顾，唯其如此，方能确保学前儿童健康成长。所以，从学前教育的内容来看，除了一般意义上"去保育"的教育（education）外，还需要特别注重保育，需要对学前儿童的营养、健康、卫生等方面给予照料与帮助。当今国际上普遍将学前教育称为"ECCE"和"ECEC"，明确将"保育"包含于"学前教育"的概念之中，就体现了学前教育内容的丰富性与包容性的特质。当然，对于如何处理与协调"学前教育"概念中"保"与"教"的角色，仍存在不同看法，需要学前教育工作者思考并探索适宜的办法。

二、相近概念的比较

在我国学前教育研究和实践领域，"幼稚教育""幼儿教育""早期教育"等常与"学前教育"互换使用，这些概念一般情况下可以通用，但也有差别。

1. 幼稚教育

幼稚教育是我国近现代用来指称"学前教育"的概念。张雪门在1933年出版的《新幼稚教育》中解释："幼稚教育是指2足岁到6足岁这一段时间的教育而言。"[①] 到了20世纪40年代，陈鹤琴更直言"幼稚教育就是指学龄前儿童的教育"。[②] 从张、陈二人的解释来看，"幼稚教育"的含义与今天的"学前教育"概念没有区别。中华人民共和国成立后，中国大陆用"学前教育"取代"幼稚教育"，幼稚教育只出现在有关学前教育的历史文献中，在台湾、香港、澳门地区，"幼稚教育"一词仍在使用。

2. 幼儿教育

从字面看，"幼儿教育"应该是对"幼儿"所实施的教育，即对3—6岁儿童的教育。《教育大辞典》释义为：幼儿教育是3至6岁儿童的教育，属于学前教育的一个阶段。[③] 因此，从外延来看，幼儿教育至多是学前教育的一个阶段，不能包含全部学前教育领域。鉴于目前我国学前教育的主体是招收3—6岁幼儿的幼儿园，而幼儿园招收儿童在向3岁前推延，故使用"幼儿教育"指代"学前教育"，或二者交叉使用，有其合

---

① 中国学前教育史编写组. 中国学前教育史资料选（全一册）[M]. 北京：人民教育出版社，1989：195.
② 中国学前教育史编写组. 中国学前教育史资料选（全一册）[M]. 北京：人民教育出版社，1989：169.
③ 顾明远. 教育大辞典（第1卷）[M]. 上海：上海教育出版社，1990：155.

理性。

3. 早期教育

"早期教育"在我国学前教育领域也有很高的使用频率。从字面看,"早期教育"与"学前教育"的区别在"早期"一词上面。宽泛地讲,整个学前期均可视为儿童早期,当今国际上的 early childhood 实际就是我国的"学前儿童",从这个角度说,"学前教育"和"早期教育"可交叉使用。就我国的学前教育实践而言,长期以来关注的重点是3—6岁阶段幼儿的教育,对3岁前儿童的教育关注不足,因此,为了强调3岁前儿童保育和教育的重要性,常常用"早期教育"来指3岁前儿童的保育和教育,有时候也将这一年龄阶段儿童的教育称为"乳婴教育"。可见,"早期教育"和"学前教育"两个概念的关系更复杂,能否互换使用,要根据语境而定。

总之,在学前教育领域,概念的使用是复杂的,学习者应辨清概念背景,不可盲目混用。本书根据中国学术和实践领域的一般惯例,用"学前教育"来指代与学前儿童的教育和保育相关的活动。当然,在特定背景下,也可使用上述其他相关概念。

三、学前教育的构成要素与类型

(一)构成学前教育现象的基本要素及其关系

事物和现象总是由一些基本要素组成的。教育是培养人的社会活动,是人类社会诸现象之一,由教育者、受教育者和教育措施三个基本要素有机联系而成。[①]"学前教育"作为"教育"的属概念,理当遵循教育现象构成的逻辑,其基本构成要素也可分为学前儿童、学前教育者、学前教育措施。

1. 受教育者:学前儿童

受教育者是教育现象存在的前提,学前教育中的受教育者是学前儿童。所谓学前儿童是指学前教育活动中参与保育和教育活动并直接吸收其影响的学龄前儿童。学前儿童包括胎儿、新生儿、婴儿、幼儿等不同阶段的孩子,是构成学前教育现象的前提性要素,是学前教育理论研究的基本领域之一。把握作为学前教育中的受教育者的学前儿

---

① 王道俊,王汉澜. 教育学(新编本)[M]. 北京:人民教育出版社,1999:29-30.

童，要注意以下三点：

（1）学前教育因学前儿童而存在。学前儿童的存在及其发展要求的客观性，决定了学前教育现象是客观的、必然的，是人类社会及其教育所无法超越的。

（2）学前儿童决定学前教育现象的构成形式。学前儿童跨越多个年龄段，不同年龄阶段的学前儿童有不同的身心特点，他们所需要的保育和教育的形式、内容等也必然有异，这就会构成不同形式的学前教育现象。一般而言，孩子出生后到进入社会化的学前教育机构之前，主要在家庭中接受保育和教育；随着年龄增长，他们开始进入各类社会化的学前教育机构，会受到来自专门机构、传媒、家庭等多方面的学前教育影响。

（3）研究学前儿童是认识学前教育现象的重要任务。只有全面认识、理解不同年龄段以及不同场景下学前儿童的学习与发展特点，才能完整、准确地认识学前教育现象，所以，学前儿童是学前教育学的重要研究领域，作为未来的专业学前教育工作者，必须全面把握该领域的研究成果。

2. 教育者：学前教育者

教育者是教育现象存在的要件之一，学前教育现象的产生同样离不开学前教育者。所谓学前教育者是指学前教育活动中直接或间接承担设计、组织、实施、评估保育和教育工作职责的人，是构成学前教育现象的保障性要素，也是学前教育理论中的又一重要研究领域。把握学前教育中的学前教育者，也要注意以下三点：

（1）学前教育者是学前教育现象存在的保障性要素。虽然学前教育现象因学前儿童这个前提要素而存在，但这并不意味着有了学前儿童，学前教育现象就可以自为、自然地出现。胎儿、婴幼儿有时没有人教也会习得相应的经验，除非这种自然习得的情境是成人有目的地提供的，否则，这只能视为自然生长，而非教育。只有当学前儿童在父母、教师等各类学前教育者有目的的支持和引导下发展身体、获得经验、增长知识的时候，学前教育现象才能出现。所以，没有学前教育者的存在，就不可能有学前教育现象产生。

（2）学前教育者有一个长长的谱系。从承担学前儿童保教责任的重要程度看，父母和家庭中的重要成员、学前教育机构的教师和保育人员等，直接承担保教工作，是主要的学前教育者；家庭亲友、邻居、社区成员、教育部门管理者等学前儿童成长的相关责任者，承担间接的保教责任，可视为次要的学前教育者或相关的学前教育者。从学前儿童保教实施的场所看，可分为父母、家庭保姆等家庭学前教育者，幼儿园教师、保育员等学前教育机构的学前教育者，政府管理人员、媒体工作人员等其他社会学前教育者。在众多学前教育者中，学前教育机构的教师和保育员，父母和家庭其他成员，是最重要的学前教育者，是学前教育者的主体，要充分发挥这些学前教育者的作用。

（3）认识学前教育现象必须研究学前教育者。学前教育者作为学前教育现象的保障性要素，制约着学前教育活动的水平、质量，因此，要认识学前教育现象，就要将不同背景、不同类型的学前教育者活动的一般原理以及它们之间的互动规律，作为重要的研究任务，这同时也是未来专业学前教育工作者所必须学习和研究的内容。

3. 教育措施：学前教育措施

教育措施是构成教育现象的中介要素，学前教育现象同样离不开作为中介的学前教育措施。所谓学前教育措施是学前教育现象中支持、联结学前儿童和学前教育者以使保育和教育工作得以展开的一切中介因素，是构成学前教育现象的中介性要素，同样是学前教育理论研究的重要内容。把握学前教育中的学前教育措施，可从以下三个方面入手：

（1）学前教育现象的形成离不开中介性要素的支持。如果没有得到相应的学前教育措施的支持，成人和儿童互不相干，就不可能构成学前教育现象。相反，通过一定的保育和教育措施，借助相应的活动内容、活动途径、活动形式等，学前儿童和学前教育者才能有机联系在一起，在互动中共同构建起学前教育现象。从这个意义上说，作为中介性要素的学前教育措施，也是学前教育现象形成的决定性力量之一。

（2）学前教育措施包括学前教育内容和学前教育手段两方面。学前教育内容即学前教育现象中"保"和"教"的内容，是学前教育者和学前儿童借以互动、共同运用的物质和精神资源。如学前儿童进餐、点心、睡眠、盥洗等日常生活所需的物质资源，学前儿童身心发展所需的体、智、德、美诸领域的经验、知识等精神资源。由于不同时空条件下学前儿童的学习与发展所需要的资源不同，学前教育者的立场各异，因此，需要并选择什么样的学前教育内容、如何选择学前教育内容等，都有自身的逻辑规定性，是学前教育研究的重要内容。

学前教育手段是指学前教育现象中确保学前儿童和学前教育者借助"保"和"教"

的内容展开互动的相关条件、途径与方法。它包括：具体的保育教育活动开展所需的材料、场地、方式、方法、策略等微观层面的学前教育手段，如开展创造性游戏所需要的场地、材料、指导策略等；学前教育机构、家庭和其他社会性学前教育场所所必备的一般性设施、设备、制度等中观层面的学前教育手段，如幼儿园的房屋、大型游戏设施、晨间接待制度等；各类保障学前教育实施的政策、法规等宏观层面的学前教育手段，如教育部2001年颁布的《幼儿园教育指导纲要（试行）》等。

（3）学前教育措施的研究空间广阔。由于学前教育措施由多种因素组成，其构成是复杂的、多面的，再加上学前教育措施和学前教育现象另外两个要素之间具有错综复杂的互动关系，所以，对学前教育措施各个领域的研究，为学前教育学开拓了具有无限性的广阔研究空间。只有深入研究学前教育措施的方方面面，从根本上认清学前教育现象，才能为成为合格学前教育工作者提供支持。

4. 学前教育要素之间的互动关系

虽然学前教育现象可以简单分为三个基本要素，但这三个基本要素不是孤立的，而是相互联系的，正是因为有三者之间的紧密互动，才构成活生生的学前教育现象，组成丰富多彩的学前教育生活。这三个基本要素之间存在以下四类基本互动关系：

（1）学前儿童和学前教育者之间的相互关系，这是学前教育现象中两个重要主体间的联系，是学前教育现象中最重要的互动关系。学前儿童和学前教育者互为主体，学前儿童是学习与发展的主体，学前教育者总是居于组织和主导的地位，二者相互依存与制约。

（2）学前儿童和学前教育措施之间的相互关系。学前儿童对学前教育措施的影响保持一定的选择与吸收的主动性，而学前教育措施又会制约学前儿童选择与吸收的范围、层次、水平。

（3）学前教育者和学前教育措施的相互关系。学前教育者对学前教育措施进行选择、设计和利用，而一定的学前教育措施又会成为学前教育者既定的选择、设计和利用的背景。

（4）学前儿童、学前教育者和学前教育措施三者间的相互关系。学前教育现象三个基本要素中，两两互动关系的水平与结果，会制约与第三方的互动关系，从而构成不同水平、不同质量的学前教育现象。比如，学前教育者与学前儿童互动良好，会给二者各自与学前教育措施的联系带来正面影响，从而有助于良性学前教育现象的形成。相反，若学前儿童和学前教育者之间互动不畅，势必会给二者与学前教育措施的互动带来不利影响，从而不利于良性学前教育现象的形成。

总之，学前儿童是学前教育现象中的前提性要素，居于主动地位，学前教育者和学前教育措施的影响只有通过学前儿童主动选择和吸收才能发挥作用。学前教育者一般居于主导地位，起着组织、领导的作用，但是这种地位和作用能否发挥，完全取决于他们能否尊重并发挥最为核心的学前儿童的主动性，还取决于他们对学前教育措施选择与利用的水平。学前教育措施起中介性支持作用，处于被运用的地位；但学前教育措施对学前儿童和学前教育者个体而言，不是随心所欲的处置对象，而可能是确保二者作用发挥的"地基"，也可能是阻碍二者作用发挥的"瓶颈"。三个基本要素之间是一种复杂的互动关系，这决定了学前教育现象的复杂性。

（二）学前教育的类型

学前教育的三个基本要素有多种不同的组合形式，从而形成多种学前教育类型。从不同年龄的学前儿童来分，可分为胎教、婴儿和学步儿教育、幼儿教育。从学前教育者来分，可分为专业的学前教育、非专业的学前教育。从学前教育措施来分，可分为学前儿童健康教育、学前儿童语言教育、学前儿童科学教育、学前儿童社会教育、学前儿童艺术教育，也可分为学前儿童的体育、德育、智育、美育等，还可分为家庭学前教育和社会学前教育等。本书重点讨论以下几种学前教育类型。

1. 家庭学前教育

家庭学前教育是由父母、其他家庭成员或者专门聘请的家庭保姆在家中对学前儿童实施的保育和教育活动的总称，是人类社会自家庭产生以来就出现的一种重要的学前教育形式。

家庭学前教育具有独特的组成要素与优势。从组成要素来看，家庭的幼年子女是受教育者，父母、其他家庭成员或者家庭保姆是学前教育者，家庭生活场景是学前教育实施的基本场地，日常生活是主要的保教内容。在这种形式的学前教育中，由于学前儿童同父母及其他家庭成员之间具有血缘关系，家庭生活场景及内容是基本的教育措施，因此，家庭学前教育具有场景自然真实、能亲近学前儿童等独特优势。

家庭学前教育具有不可替代性。就个人的发展而言，家庭学前教育是每一个人成长过程中必经的一种学前教育形式。从学前教育发展历史来看，家庭学前教育始于家庭的产生，直到近代社会学前教育机构产生以前，家庭学前教育一直是学前教育的主要形式；机构化学前教育产生后，家庭学前教育的地位仍然不可替代，依然是当代学前教育的重要形式之一，它和其他学前教育形式一起，共同构成完整的学前教育体系。

因此，学前教育工作者要重视研究家庭学前教育的原理、原则和方法，以充分发挥家庭学前教育的功能，更好地支持学前儿童的健康发展。

2. 社会学前教育

社会学前教育是在家庭以外的社会场所、由其他社会人员对学前儿童所实施的保育和教育活动的总称，是学前教育另一个重要的基本形式。

社会学前教育具有独特的要素特征。从学前教育者来看，可以是专业的学前教育工作者，也可以是承担一定学前儿童保教责任的非专业甚至非专职的人员。从学前教育的实施场所来看，可以是专门化的学前教育机构，也可以是媒体、其他社会组织等非专门化的部门。与家庭学前教育相比，学前儿童要同不具血缘亲情的社会人员、家庭以外的社会场所等要素一起互动，因此，学前儿童天然地对社会学前教育具有一定的疏离性，这是所有的社会学前教育必须面对并需要解决的困境。

社会学前教育有两种基本形式。一种是专门化的学前教育机构实施的学前教育。包括原始社会专职的儿童公育，近现代社会出现的幼儿园、托儿所、日托中心等专业化的学前教育机构。原始的儿童公育虽然是专门的，但还谈不上专业性，只有近现代学前教育机构出现，学前教育机构的专业化才起步。到了当代，社会学前教育机构日益多种多样，其专业性不断加强。另一种是其他社会组织、机构所实施的学前教育。诸如大众媒介、社会团体、政府机构等，虽然不以学前教育为专职，但它们结合自己的工作，也开展一些与学前儿童的保育和教育相关的工作，如电视台播出儿童保教节目等。

在这两种形式中，专门化的学前教育机构是社会学前教育的主要形式。专门化的学前教育机构产生于近代，是工业革命的产物。欧文于1816年创办"幼儿学校"，标志着专门化的社会学前教育正式建立。1840年，福禄培尔正式将其建立的幼儿教育机构命名为"幼儿园",将社会学前教育推向新一阶段。专门化的学前教育机构有经过训练的专业人员,有设计得当的设施设备,有精心组织的保教内容,具有家庭学前教育和其他形式的社会学前教育所没有的专业化优势,因此,它从产生以来就成为社会学前教育的主要形式。到当代,其影响日增,几乎成为学前教育的代名词。

3. 学前特殊教育

学前特殊教育是为有特殊教育需要的学前儿童所提供的保育和教育的总称,它既是学前教育的组成部分,也是特殊教育的起点阶段。

有特殊教育需要的学前儿童的普遍存在及其权利的不可剥夺性,决定了学前特殊教育存在的必要性。首先,有特殊教育需要的学前儿童或学前特殊儿童的存在是普遍的、客观的。由于遗传、环境等因素的影响,身心异常的特殊人群自古迄今普遍存在,从身体、心理残疾,到行为、情绪问题,再到禀赋、资质超常,类型繁多且十分复杂。20世纪六七十年代后,随着民权思想的发展,学术界和社会上开始用"特殊教育需要儿童"取代对各种特殊儿童的"歧视性"称呼。从特殊教育的理论研究和实践模式看,有特殊教育需要的学前儿童可以分为三类,包括感官、肢体、语言、智力、病弱及多重障碍构成的残疾儿童,行为障碍、情绪障碍、自闭症、孤儿等组成的问题儿童,超常儿童。其次,有特殊教育需要的学前儿童有平等接受保育和教育的权利。人人享有接受教育的权利,这是现代社会公认的基本原则。有特殊教育需要的学前儿童虽然具有身体和心理等方面的异常特征,但这不能成为剥夺其保育和教育权利的借口。最后,有特殊教育需要的学前儿童的保育和教育,需要采取一些特别的支持性措施才能实现。由于有特殊教育需要的学前儿童具有身心发展的缺陷或不足,因此,不能简单套用身心正常的学前儿童的教育和保育措施,而必须依据普通学前教育的一般模式,综合采用一些特殊的支持方式、措施、内容、办法来实施,这就是学前特殊教育。

学前特殊教育对有特殊教育需要的学前儿童能起到早发现、早干预的作用,支持他们在发展的关键时期最大限度地减轻身心障碍所带来的消极影响。学前特殊教育的实施途径主要有三种:一是在各类特殊教育、康复和医疗机构中,对学前特殊儿童开展学前特殊教育。二是在家庭中实施,通过家长的积极参与、社会支持与帮助,让儿童在家中接受学前特殊教育服务。三是开展学前全纳教育,即让有特殊教育需要的学前儿童在普通学前教育机构中，和普通孩子一起接受教育，并辅以相应的个别化辅导与训练。这种模式因为源于对儿童平等权利的尊重与保护，是未来学前特殊教育的发展方向。

4. 中国学前教育机构的主要类型

（1）幼儿园

幼儿园是我国目前学前教育机构最主要的形式。1903 年的湖北幼稚园是我国创办的第一所公立幼儿园。到 2013 年底，全国共有幼儿园 19.86 万所，比上年增加 1.73 万所，在园幼儿（包括附设班）3 894.69 万人，比上年增加 208.93 万人；学前教育毛入园率达到 67.5%，比上年提高 3 个百分点。① 1996 年颁布的《幼儿园工作规程》规定：幼儿园是对 3 周岁以上学龄前儿童实施保育和教育的机构，是基础教育的有机组成部分，是学校教育制度的基础阶段。幼儿园一般为 3 年制，亦可设 1 年制或 2 年制，分全日制、半日制、定时制、季节制和寄宿制，有公办、民办之分。公办幼儿园由政府、教育部门和其他公营事业单位创办，发挥主导作用，民办幼儿园发挥重要补充作用。2010 年颁布的《国务院关于当前发展学前教育的若干意见》提出，当前幼儿园发展的方针是：大力发展公办幼儿园，提供"广覆盖、保基本"的学前教育公共服务，同时鼓励社会力量以多种形式举办幼儿园。另外，随着社会对学前教育需求的增强，我国幼儿园的服务范围正在逐步扩大，不少幼儿园开设了招收 3 岁前幼儿的早教班，突破了《幼儿园工作规程》对幼儿园招生的年龄限制。

（2）托儿所

我国的托儿所是为低龄儿童提供保育和教育服务的机构，始创于新中国成立初期。1956 年发布的《关于托儿所幼儿园几个问题的联合通知》规定：招收 4 周岁以下的儿童者为托儿所。到 20 世纪 80 年代，托儿所主要招收 3 岁以前的婴幼儿。当前，随着幼儿园服务范围的扩大，托儿所和幼儿园的招生对象重叠，出现了将托儿所和幼儿园职能合并的"托幼一体化"的趋势；同时，伴随其他 3 岁前儿童保教机构的出现，托儿所的发展面临挑战。考虑到 3 岁前的婴儿和 3 岁后的幼儿对保育和教育的需求是有差异的，因

---

① 教育部. 2013 年全国教育事业发展统计公报［N］. 中国教育报，2014-07-05（2）.

此，托儿所能否一体并入幼儿园仍有待研究。

(3) 学前班

学前班是我国 20 世纪 70 年代末出现的一种招收 5 至 6 岁或 7 岁的学前儿童的学前教育机构。学前班开始主要出现在农村，由乡镇、村或私人举办，可单独设立，也可附设在小学。到了 20 世纪 90 年代，学前班进一步扩展到城市。1991 年颁布的《关于改进和加强学前班管理的意见》规定："学前班是对学龄前儿童进行教育的一种组织形式。在现阶段，它是农村发展学前教育的一种重要形式；在城市，则是幼儿园数量不足的一种辅助形式。"近年来，因为学前班出现的"小学化"等问题，一些地方提出取消学前班或者将学前班改为幼儿园。从改善学前教育质量的角度看，这些主张是合理的，但在我国城乡学前教育发展尚不平衡的情况下，学前班仍有其存在的合理性。

(4) 早教中心

早教中心是我国 20 世纪 90 年代开始出现的、主要为 3 岁前儿童服务的新型学前教育机构，其形式多样、名称各异，性质以民办为主。其中，引进国外婴幼教育品牌在国内创办加盟连锁店，是新型早教中心发展的重要形式。早教中心的出现，主要是因为我国为 3 岁前儿童服务的公办托儿所较少，幼儿园招收的早教班规模有限，而社会需求又很大。有研究者估计中国早教是一个 20 亿~100 亿元的"旭日东升"的市场，[1] 于是，民间、私人甚至国外早教机构，纷纷创办各色早教中心。这类机构存在的问题是，商业化色彩太浓，服务年龄、内容等缺乏统一规范。从未来发展来看，亟待专业机构、政府管理部门介入，以促进其健康发展。

第二节　学前教育的任务、价值、发展

教育活动的基本任务是育人。学前教育作为教育活动的组成部分之一，有哪些具体任务，具有怎样的价值，其发展的基本轨迹如何，是增强学前教育工作者理性实践与思

---

[1] 彭梅芳. 我国幼儿早教市场特许经营模式的研究 [D]. 北京：北京交通大学，2006：19.

考的必备思想基础。

一、学前教育的任务

社会需要是学前教育的催生剂。自人类产生，为了个体的发展和种族的延续，就需要养育和教育年幼儿童，学前教育遂有产生的客观理由。随着社会发展，贵族阶层为了有时间从事休闲活动，劳工阶层为了有时间参加劳动，学前教育的社会需求愈加强烈。因此，满足上述两种社会需要，成为学前教育的双重任务。

（一）通过保育和教育，促进学前儿童的发展

家族、种族的生息繁衍，始于儿童自出生就开始的成长，而初生的婴儿身体稚嫩，离不开成人的照顾、培养。因此，学前教育的首要任务就是通过不同形式的保育和教育，确保学前儿童身心获得适宜、健康的发展。虽然不同时代、不同社会对学前儿童发展的要求不同，学前教育的内容和形式各异，但一般而言，促进学前儿童发展的任务包括以下两项工作：第一，对学前儿童开展保育工作。学前教育应将对学前儿童身体健康的保护、日常生活的照料放在重要位置，通过看护、照料，为学前儿童身体发育提供健康、卫生的生活环境，保障其身体健康成长。第二，对学前儿童实施初步的体、智、德、美诸方面的教育。学前儿童的发展包括身体发育、品行养成、知识和智力增进等，身心各方面和谐发展才是健康的标志。要实现这个目的，就必须开展健康、社会、语言、科学和艺术等多个领域的教育，使学前儿童具备运动、认知、语言、情感及社会性、审美等方面的良好态度、基本经验与知识、初步技能。当然，对学前儿童实施的保育和教育工作不是彼此孤立的，而是相互配合、有机结合，共同促进学前儿童健康发展。因此，我国《幼儿园工作规程》明确规定幼儿园的任务之一是："实行保育与教育相结合的原则，对幼儿实施体、智、德、美诸方面全面发展的教育，促进其身心和谐发展。"

（二）承担学前儿童的保教责任，为家长的生活、工作与学习提供便利

学前儿童在离开家庭进入社会学前教育机构之前，主要是在家庭中生活，要靠家长或其他家人的照料，即使进入社会学前教育机构，家长依然要承担同学前教育机构沟通合作、在家中对子女进行保教等任务。因此，自家庭产生以来，家长就是学前儿童保育

和教育的首要责任人。当今家庭结构以核心家庭为主,年轻的夫妇尤其是母亲要担当养育孩子的责任,不同程度影响了生活、工作与学习,给家长带来不小的负担。如果孩子进入社会学前教育机构,保育、教育孩子的部分责任转移到托幼机构,家长至少能够在白天从看护孩子的负担中解放出来,有了从事工作和学习的时间和精力。因此,从古至今学前教育就承担着一定的解放家长、服务家长的任务。当然,这一点在当今家长普遍外出就业的背景下,显得尤为突出,因此,我国《幼儿园工作规程》规定:"幼儿园同时为家长参加工作、学习提供便利条件。"

二、学前教育的价值

价值是客体的功能或属性与主体需要之间的一种特定关系。作为学前教育活动的母体的教育活动具有两项基本规律①:一是教育和个体发展之间具有相互影响、相互制约的本质联系;二是教育和它赖以生存发展的社会现象——诸如政治、经济、文化等——之间同样具有相互影响、相互制约的本质联系。学前教育活动也必然遵循这两项基本规律,从价值的视角来看,学前教育一方面能满足学前儿童发展的需要,具有个体发展价值;另一方面,它能满足社会发展需要,具有社会发展价值。其中,学前教育的个体发展价值是学前教育内在的、本体价值,学前教育的社会发展价值则要通过儿童个体发展价值来实现,具有间接性,是外在的价值。

(一)学前教育具有个体发展价值

学前教育的个体发展价值是指学前教育具有满足学前儿童个体发展需要的属性。适宜的学前教育对学前儿童的发展产生积极影响,能促进学前儿童身心健康、和谐发展。简言之,学前教育的个体发展价值表现在以下两个方面:

1. 学前教育能满足学前儿童个体身体发展的需要

(1)良好的保育工作,能满足学前儿童对营养、健康、卫生等方面的需要。保育是学前教育的主要任务之一,保育工作包括:安排儿童的饮食,注意营养搭配、清洁饮水;制定日常生活的时间表,安排好休息与活动间隔;饭前便后洗手,注意保持儿童个人卫

---

① 朱宗顺. 现代学校教育导论[M]. 武汉:华中理工大学出版社,2000:157-187.

生；保持室内通风、干净、整洁，保持环境卫生；防治疾病、传染病，注意活动中的安全，保持身体健康，等等。这些保育工作既是学前儿童身体健康发展所需要的，也是家庭和学前教育机构的职责所在。因此，无论是家庭，还是学前教育机构，均可通过对孩子的保育，满足学前儿童身体发展的需要。

（2）组织实施体育活动，能满足学前儿童身体发育和体能发展的需要。无论是家庭学前教育还是机构化的社会学前教育，均可以组织学前儿童学习基本的运动技能、参与户外活动、去郊外游玩等，这些活动能培养学前儿童爬、跑、跳、钻、攀、投等基本的运动能力，培养对体育运动的兴趣，养成良好的锻炼习惯，促进学前儿童身体健康发育，逐步增强体能，从而满足学前儿童个体身体健康发展之需。

2. 学前教育能满足学前儿童个体心理健康发展的需要

（1）实施适宜的教育，能满足学前儿童认知发展的需要。学前教育通过多种形式和内容，组织学前儿童观察、探索、体验身边的自然和社会现象，从而获得初步的有关自己、自然和社会的经验、知识，并培养初步分析和解决定问题的能力。这些活动的实施，能促进学前儿童观察、记忆、思维、想象、注意等心理能力的发展，不断提高智力发展水平，从而满足学前儿童认知发展需要，为心理健康发展奠定基础。

（2）实施适宜的教育，能满足学前儿童情感和行为发展的需要。良好的情感和行为习惯的培养，也是学前儿童心理健康发展的需要。在各种学前教育实践中，教育者均会以不同形式组织开展有助于学前儿童情感和行为习惯良性发展的活动。组织学前儿童与同伴合作开展游戏、学习，组织学前儿童开展帮助家长做家务、帮助教师收拾玩教具的活动，组织学前儿童欣赏自然、社会以及艺术作品之美，通过这些活动，帮助学前儿童学习与体验合作、互助、尊重、欣赏等良好的情感与品质，初步养成健康的情感、良好的行为习惯，促进其社会性的发展。

总之，由于学前教育具有影响学前儿童身体和心理健康发展的属性，因此，从理论上说，学前教育也就具有了潜在的学前儿童个体发展的价值。但是，只有在良好、适宜的学前教育实践中，学前儿童才能获得健康、和谐的发展，其个体发展的价值才能真正发挥出来。而学前教育适宜与否，则要取决于能否遵循学前儿童身心发展规律。有关学前儿童和学前教育的关系，本书第二章会有详细讨论。

（二）学前教育的社会发展价值

学前教育的社会发展价值是指学前教育具有满足社会政治、经济、文化等方面发展需要的属性。学前教育和社会发展之间相互影响，学前教育的社会发展价值只是这种相互关系的一面。学前教育通过服务于家长和学前儿童的发展，对社会经济、政治和文化的发展产生间接的影响。学前教育的社会发展价值表现在以下三个方面：

1. 学前教育能满足经济发展的需要

社会的经济活动尤其是生产力发展水平，对学前教育有极大的影响力，它不仅为学前教育产生与发展提供需求动力和物质基础，还影响和制约着学前教育的内容、实施途径与手段等。反过来，社会的经济活动，也需要学前教育的支持与帮助，这就是学前教育的经济发展价值所在。

（1）学前教育通过服务家长从而间接支持经济的发展。第一，通过服务于家长，间接帮助家长就业、家庭增加收入。在当今核心家庭结构的背景下，如果能将养育、教育孩子的工作委托给社会学前教育机构，夫妇二人同时外出就业的比例会提高，家庭收入就会增加，家庭经济压力会减轻。20世纪60年代以后是美国学前教育大发展的时期，而一项研究显示，1975—1999年间，美国6岁以下孩子的母亲参加工作的比例，从38.3%提高到了61.1%。[①] 这从侧面说明学前教育发展促进了美国妇女就业率的提高，产生了服务于家长的效力。第二，生产力会因更多家长能参加劳动而得到提高。学前教育帮助家庭从繁重的学前儿童保育和教育工作中解放出来，为社会提供更多潜在劳动力。劳动力是生产力中最活跃的因素，是促进生产力发展的关键力量。因此，从理论上说，更多的劳动力必然会带来生产的发展和社会财富的增加。这一点，对当今面临老龄化压力而劳动力不足的发达国家而言，显得尤其重要。即使那些从保育、教育学前儿童的工作中解放出来的父母，因自身素质原因而对社会财富的增长影响有限，那么，他们至少可减少对社会资助的依赖，全社会的支出成本会因此减少，这会间接增加社会的财富。第三，父母学习时间增多有助于劳动力素质提升。当社会学前教育承担起部分本应由家庭担负的养育、教育孩子的任务时，年轻的父母们会因照料、教育孩子负担的减

---

① 杰克·肖可夫，戴博拉·菲利普斯. 从神经细胞到社会成员：儿童早期发展的科学[M]. 方俊明，李伟亚，译. 南京：南京师范大学出版社，2007：229.

轻，而有更多时间和精力去学习，参加社交与休闲，从而提高自身的劳动力素质，最终有益于社会生产力的发展。

（2）学前教育通过影响儿童发展从而间接满足经济发展的需要。学前儿童是社会未来的潜在劳动力，但是，要把潜在劳动力转化为现实的劳动力，"成为发达的专门的劳动力就要有一定的教育或训练"。① 潜在劳动力的转化工作从儿童出生就开始了。儿童出生以后，首先会接受家庭学前教育，到了一定的年龄就会进入社会学前教育机构。虽然接受完学前教育的儿童，仍然还不是现实的劳动力，但学前教育为儿童今后进一步转化奠定了坚实基础。一个接受过良好学前教育的儿童，会拥有健康的身体、和谐的身心、初步的知识和经验、良好的行为习惯，对他们进一步成长无疑会有正面作用。美国的佩里学前教育研究（High/Scope: Perry Preschool Study）显示：接受过学前教育的儿童未来能够取得高中以上学历和学位的占77%；而没有接受过学前教育的儿童，这一比例只有60%。该研究还发现，接受学前教育的儿童年届40岁时，投资回报率最高，对儿童每投入1美元可以获得16.14美元的回报，其中，12.90美元回报给社会，个人则获得3.24美元回报；在对社会的回报中，88%源于犯罪减少，4%体现为节省教育开支，7%源于提高收入而来的增值税，1%源于福利开支的减少。② 这说明，学前教育对儿童未来成为优秀的劳动力能产生促进作用，也通过减少社会福利、教育、治安等开支而促经济发展。

2. 学前教育能满足政治发展的需要

社会的政治现象包括政治制度、政治意识形态等，对学前教育的发展有巨大影响力，一定的社会政治背景不仅决定和影响学前教育的领导权与管理体制、学前儿童的受教育权，还会制约相应学前教育的目的与内容。反过来，学前教育也能对社会政治产生影响，具备满足社会政治发展需要的属性。

教育对政治的影响，一般可以通过培养政治家和培养合格公民两个途径来实现。而学前教育能为未来政治家和社会合格公民的培养奠定基础，对政治发展起到间接的影响

---

① 马克思，恩格斯. 马克思恩格斯全集（第23卷）[M]. 北京：人民出版社，1972：175.
② L. J. Schweinhart, J. Montie, Z. Xiang, etc. The High/Scope Perry Preschool Study to Age 40 [EB/OL]. [2009-02-10]. http://www.highscope.org/Content.asp? ContentId=219.

作用。培养学前儿童的良好行为习惯，是学前教育的重要目标，也是影响未来合格公民和政治家的基础。学前儿童通过学前教育机构的保育和教育活动，初步学会与人合作相处，关爱他人，了解集体的重要，学会遵守公共秩序与规范，知道爱护公共物品，萌发热爱家乡、爱国家的意识等。这些初步的行为习惯和思想意识，是一个文明社会合格公民所应具有的基本素质，而政治家首先当然应是一个合格的公民。就此而言，学前教育通过对学前儿童行为习惯、思想意识的初步陶冶，为未来公民和政治家的培养奠定基础，从而间接影响社会政治的发展，以自己的方式满足了社会政治发展的需要。

3. 学前教育能满足文化发展的需要

文化在广义上是人类社会生活实践所积淀的物质、制度和精神等不同层面成果的总和。在狭义上，文化是价值观、道德、知识、信仰、艺术等精神层面成果的总称。① 文化特别是狭义层面的文化对学前教育的发展具有重要影响，它不仅制约学前教育的观念，而且会影响学前教育的内容、手段。当然，学前教育也影响一定社会文化的发展，具有满足社会文化发展需要的属性。

教育通过传播、继承和创新文化，最终影响文化的发展。从文化的传播和继承来看，学前教育引领学前儿童初步体验、认识风俗民情，看读儿歌、童话、古诗、故事，初步认识历史上的英雄人物和简单的科学知识，学说本民族语言等，这实际上是一种民族文化传承的工作。只不过在学前教育阶段，儿童对文化的传承还是初步的，但能为今后进一步地传承文化奠定基础。当今发达国家注重儿童对多元文化的学习，以期他们长大后能够理解、包容他国文化，展现出学前教育具有间接满足文化传承需要的属性。从文化创新来看，世界上不少艺术家，其创作灵感就是源于幼小时期的创作体验；更重要的是，学前教育主要通过活动、游戏实施保育和教育，这有利于促进学前儿童想象力、思维的发展，为儿童未来的文化创新提供了必要的心理条件。

总之，作为主体的社会和学前教育之间是有联系的，社会经济、政治和文化的发展影响和制约着学前教育；同时，学前教育通过直接服务于家长和学前儿童，从而间接影响着社会经济、政治和文化的发展，满足社会政治、经济、文化发展的需要，体现出学

---

① 朱宗顺. 文化安全的误读：兼论儿童教育价值的选择 [J]. 幼儿教育：教育科学版, 2006 (2): 38-42.

前教育的社会发展价值。

学前教育所具有的学前儿童个体发展价值和社会发展价值表明，学前教育具有十分重要的意义，社会必须给予高度关注。20世纪下半叶以来，学前教育的价值逐步为各国政府所认识，纷纷采取有力措施促进学前教育发展。2010年，我国国务院发布《关于当前发展学前教育的若干意见》，明确肯定"办好学前教育，关系亿万儿童的健康成长，关系千家万户的切身利益，关系国家和民族的未来"。这种对学前教育价值和意义的充分认识，必将有力地促进未来中国学前教育迅速而健康的发展。

三、学前教育的发展历史

学前教育作为人类社会的活动现象之一，是随着社会的发展而产生、发展的，经历了原始社会儿童公育、古代家庭学前教育、近代社会学前教育，到现代制度化学前教育的转变。

（一）原始的学前教育萌芽及儿童公育

1. 学前教育的萌芽

有了人类就需要教育，因此可以认定：学前教育的历史同人类社会的历史一样长。人类的历史可以追溯到二三百万年前，学前教育也应萌芽于那时的原始人群对年幼子女的照顾实践中。当然，原始社会没有产生专门的教育活动，不存在现代意义上的学前教育，只是由成人在生活、生产中完成对婴幼儿的保育和教育，是一种非形式化的社会学前教育。从这个角度来说，生活与生产场景成为滋养学前教育萌芽的温床。

2. 儿童公育

原始社会一夫一妻制的家庭尚未形成，儿童往往为氏族公社公有，保教方式即为儿童公养、儿童公育，由氏族公社年长而体弱者在住地统一看护、教育。民族学者对中亚原始部落的考察表明[1]：一个婴孩属于共同喂养并一起看护所有儿童的、该群体的全体母亲们，而不管她们同婴孩的个人关系如何。那时的学前教育内容，除了对低幼儿童的生活照顾以外，主要是开展初步的生产劳动经验、社会生活经验、原始风俗习惯、宗教仪

---

[1] 周采，杨汉麟. 外国学前教育史 [M]. 北京：北京师范大学出版社，1999: 10.

式与知识等教育。

资料卡片：人类学者眼中的原始学前教育

原始人没有学校，他们向儿童和青年传授知识依靠社会的教育。幼儿的教育者自然地是他们的母亲，其他的年长妇女也会给以照顾。年龄稍大的儿童的教育，男孩由男子负责，女孩由妇女负责。在母系制时代男孩由舅父负责，在父系制时代则由父亲或伯叔父负责。

近现代处于原始社会阶段的许多部落，儿童们，尤其是男孩，从很小的时候起就被训练做各种工作。三四岁的孩子就学习打猎、捕鱼、驾驶小船等，七八岁就进行更为复杂的狩猎等活动。孩子们学习忍受饥饿，习惯于耐寒，这对于他们的未来是有好处的。新中国成立前鄂温克人没有学校，对儿童的教育由父母担任。从孩子们记事时起，就通过讲故事、说谜语向他们传授知识，带领他们到森林中去打猎，培养他们独立参加生产和社会活动的能力。[1]

（二）古代的家庭学前教育

1. 家庭学前教育的产生

原始社会末期，婚姻制度发生变化，"对偶婚制""一夫一妻制"逐步出现，稳定的家庭逐步建立。随着家庭的建立，儿童"公养公育"的体制被打破，养育年幼孩子成为家庭的责任，家庭学前教育遂产生。在古代社会，没有何时入小学的统一规定，一般家庭的孩子在入正式学校前，都会在家庭中受到父母、其他长辈、年长的兄弟姐妹等的照料，并在家庭生活中学习初步的生活知识、社会知识，养成行为习惯。

2. 家庭学前教育的特殊形式

古代皇室、贵胄以及地位较高家庭的学前教育不同于普通家庭的学前教育，出现了家庭学前教育的特殊形式，即聘请专职人员在宫廷或家中对年幼子女实施保育和教育。

---

[1] 林耀华. 原始社会史[M]. 北京：中华书局，1984：387.

古代埃及的皇族子弟，年幼时由专门的乳母、奶娘、保姆进行喂养，年龄稍长就要进入宫廷学校学习，这种宫廷学校融学前教育、初等教育于一体，① 内容包括游戏、故事、识字写字、宗教知识等。在古希腊、古罗马，贵族家庭往往聘请家庭教师和保姆对儿童实施家庭学前教育。中国古代帝王、诸侯均注重胎教，并在宫廷中对皇子开展学前教育。汉代《烈女传·周室三母》追记周文王的母亲重视胎教："及其有娠，目不视恶色，耳不听淫声，口不出敖言，能以胎教。"② 西周皇室为子弟在宫中单独辟设"孺子室"，选聘专门的保教人员对皇子实施学前教育，要求这些保教人员具有"宽裕慈惠，温良恭敬，慎而寡言"等良好品质。

家庭学前教育产生以后，成为古代中外各民族学前教育的主要形式。尽管近代专门化的社会学前教育出现后，家庭学前教育的地位有所削弱，但其作为学前教育重要形式之一的身份不会改变。只要家庭这种人类社会的组织形式未来还要存在，家庭学前教育就会永远接续。

（三）近代社会学前教育的兴起

文艺复兴以后，工业革命逐步兴起，大量劳动妇女走出家门到工厂就业，家庭学前教育遂无力单独承担学前教育的任务，在这种情况下，社会学前教育逐步发展起来，形成了家庭学前教育和多种形式的社会学前教育共同承担学前教育责任的格局。

1. 慈善性质的儿童保护和养育设施的产生

近代社会学前教育发端于17世纪后半叶欧洲各国慈善性贫民婴幼儿保护和养育设施。③ 1696年，英国贸易殖民地委员会提出了为3岁的贫民儿童设立托儿性质学校的建议。1763年，俄国的别茨考伊创办莫斯科教养院，收容包括2—7岁儿童在内的弃子、孤儿。1770年，法国牧师奥柏林创设编织学校，在农忙季节招收3—6岁幼儿。1801年，法国慈善家、教育家帕斯特莱在巴黎创办慈善性质的育儿院。1802年，德国慈善家巴乌利勒仿照帕斯特莱的做法，创办保育所，招收1—5岁的劳动家庭的孩子。到了19世纪初，欧美主要工业化国家都出现了各种形式的慈善性贫民育儿设施，以救济、看护缺乏

---

① 唐淑. 学前教育史 [M]. 北京：人民教育出版社，2007：245.
② 喻本伐. 中国幼儿教育史 [M]. 郑州：大象出版社，2000：28-29.
③ 周采，杨汉麟. 外国学前教育史 [M]. 北京：北京师范大学出版社，1999：87.

照料的贫民家庭幼儿为目的,重心在保育,适当兼顾教育。这类设施成为现代偏重于对儿童实施保育的各类机构的前身。

2. 幼儿学校的建立与传播

1800年,英国空想社会主义活动家欧文为改善工人生产、生活条件,在苏格兰新拉纳克棉纺厂为工人子弟创办学校,其中包括招收2—5岁幼儿的幼儿学校,免费入学。1816年,欧文把这些教育机构合并为"性格形成学院"。欧文创办的幼儿学校,以把幼儿培养成为德智体全面发展的"新人"为目标,不同于偏重生活照料的慈善育儿设施,标志着社会学前教育机构正式建立。怀尔德斯平进一步推广了幼儿学校在英国的规模。欧文于1824年在美国印第安纳州建立"新和谐村",将幼儿学校带到美国。德国的幼儿学校出现在1835年。19世纪二三十年代,在欧美各国兴起了"幼儿学校运动",幼儿园兴起后幼儿学校的影响力有所下降,但在一些国家仍然作为重要的社会学前教育形式而存在至今。

3. 幼儿园的建立与推广

幼儿园的建立是近现代社会学前教育的转折。1837年,德国教育家福禄培尔在勃兰根堡创办"发展幼儿活动本能和自发活动的机构",招收工人和手工业者的孩子入学,使用自己设计的"恩物"开展游戏教学。1840年,福禄培尔将该机构命名为"幼儿园",正式确立了"幼儿园"这一社会学前教育模式,被誉为"幼儿园之父"。福禄培尔将幼儿教育机构命名为幼儿园具有象征意义:幼儿园意为幼儿的花园,在这一特殊的花园里,儿童是植物,教师为园丁,通过合理的教育,儿童就能像植物一样自然、健康成长。①

福禄培尔的幼儿园建立以后,由于他支持当时德国的进步活动,德国的普鲁士当局于1851年颁布幼儿园禁令,直到1860年才取消。但与此同时,在其他国家,幼儿园得到迅速传播。幼儿园首先传入英国,英国第一所幼儿园于1851年在伦敦建立;1855年,幼儿园传入法国;1855年,德国移民在威斯康星州创立德语幼儿园;1860年,波士顿出现美国第一所英语幼儿园;1860年,俄国出现第一所幼儿园;1876年,东京女子师范学校附属幼儿园建立;1903年,我国第一所公立幼儿园在武昌建立。从19世纪后半

---

① 吴式颖,任钟印. 外国教育思想通史(第七卷)[M]. 长沙:湖南教育出版社,2002:339.

叶开始，幼儿园得到普遍推广，成为各国社会学前教育的主要形式。

（四）现代学前教育制度化的启动

随着社会学前教育事业的不断发展，各国政府开始管理学前教育，现代学前教育制度初步建立，学前教育逐步走上制度化发展的轨道。其特点是政府支持、创办学前教育机构，颁布规章制度规范学前教育的发展。

学前教育制度的建立始于法国。1833年，法国颁布《基佐法案》，要求政府管理托儿所；1837年，法国政府发布实施《托儿所管理条例》，将托儿所纳入政府管理体系。1881年，法国颁布《费里法案》，承认学前教育机构为初等教育机构，免除公立托儿所的学费；同年8月，政府将幼儿教育机构的名称改为"母育学校"，沿用至今。

其他国家学前教育制度化也在19世纪末、20世纪初逐步开始。英国从19世纪40年代开始补助幼儿学校；1918年，英国颁布《费舍法案》，将保育学校纳入英国国民教育体系。1873年，美国第一所公立幼儿园在圣路易斯市建立，标志着美国地方政府开始管理学前教育。1899年，日本颁布《幼儿园保育及设备规程》，将学前教育纳入管理范围；到第二次世界大战前，日本建成由幼儿园、保育所组成的双元学前教育体系，前者偏重教育，后者偏重保育。德国在20世纪20年代出台《儿童福利法》等法规，将学前保育和教育机构作为福利设施加以发展。苏联建立后，迅速将学前教育纳入国民教育体系，在20世纪30年代，先后出台《幼儿园教育大纲草案》《幼儿园规程》等，促进了第一个社会主义国家学前教育体系的建立，对中华人民共和国学前教育制度的建立产生了重要影响。

中国学前教育制度化始于20世纪初期。1904年，清政府颁布《奏定蒙养院章程及家庭教育法章程》，这是我国第一个学前教育法规。辛亥革命以后，1912—1913年颁布的《壬子·癸丑学制》将清末的"蒙养院"改名为"蒙养园"，规定入园年龄为未满6岁的儿童。1922年，北洋政府公布《学校系统改革案》（又称"壬戌学制""新学制"），将"蒙养园"改为"幼稚园"，这一名称一直使用到中华人民共和国成立初期；1929年，国民政府教育部公布《幼稚园课程暂行标准》，学前教育课程有了规范标准。中华人民共和国成立后，于1951年颁布《关于改革学制的决定》，将"幼稚园"改为"幼儿园"；1952年，借鉴苏联的经验，制定并颁布《幼儿园暂行规程（草案）》《幼儿园暂行教学纲要（草案）》，由政府主导的中华人民共和国的学前教育制度初步建立。

四、当代学前教育的进展

20世纪中叶以来，在社会变革、科技发展的背景下，学前教育的重要价值逐步为政府所认识，各国加大发展学前教育的力度，学前教育规模、质量得到极大改善。

1. 学前教育成为实现儿童权利的重要议题

学前教育在当代逐步被确认为儿童的权利及其实现的重要内容。1989年，联合国大会一致通过《儿童权利公约》。《儿童权利公约》明确规定：每个儿童均有固有的生命权，"应最大限度地确保儿童的存活与发展"，"儿童有受教育的权利"。[1] 为了确保儿童的存活和发展权，需要从出生开始就对他们的生活进行照料；为了确保儿童教育权的实现，学前儿童的教育必须优先得到落实。1990年，联合国教科文组织召开世界全民教育大会，通过《全民教育宣言》，将扩大学前教育定为全民教育发展目标之一："扩大幼儿的看护和发展活动，包括家庭和社区的参与，尤其要针对贫困儿童、处境不利儿童和残疾儿童的看护和发展活动。"[2] 2004年9月17日，联合国儿童权利委员会将当年大会讨论日的主题定为"儿童权利在幼儿阶段的实现"，专题研讨儿童各项权利在幼儿阶段如何落实的问题。在讨论儿童教育权的时候，委员会给出解释：幼儿时期的教育权利始于出生，并同幼儿最大限度的发展权紧密相连。[3] 可见，学前教育不是慈善家施予幼儿的恩惠，而是社会必须予以保障的儿童的权利，这已经成为当代社会普遍认可的普世价值。

2. 政府通过政策和投入加大发展学前教育的力度

正是在上述观念得到逐步认可的背景下，20世纪60年代以来，各国采取多种措施，加大对学前教育的介入力度，通过制定政策法规、加大投入等措施，大力发展学前教育。

美国为了实现《经济机会法》提出的"向贫穷宣战"目标，于1965年推出"开端

---

[1] 李生兰. 比较学前教育 [M]. 上海：华东师范大学出版社，2000：365，372.
[2] 赵中建. 教育的使命：面向二十一世纪的教育宣言和行动纲领 [M]. 北京：教育科学出版社，1996：28.
[3] Committee on the Rights of the Child. General Comment No.7 (2005): Implementing child rights in early childhood [EB/OL]. [2006-09-20]. http://www2.ohchr.org/english/bodies/crc/docs/AdvanceVersions/GeneralComment7Rev1.pdf.

计划"(Head Start),帮助处境不利家庭的3—5岁儿童接受学前保育和教育;1987年,颁布《开端计划法》(Head Start Act),将该计划置于法律保障之下,并扩大"开端计划"的规模;1994年推出"早期开端计划"(Early Head Start),将服务对象扩大到3岁以前的儿童。美国2010年为"开端计划"投入专项经费约72.35亿美元,从1965年至2010年,总共2 700万学前儿童从中受益。此外,美国还先后颁布《早期学习机会法》(Early Learning Opportunities Act,2000)、《入学准备法》(School Readiness Act, 2003)。据统计,美国联邦政府教育部、卫生和公共服务部为5岁以下儿童提供的诸如"公平开端"(Even Start)、"父母援助计划"(Parental Assistance Program)、"儿童保育发展基金"(Child Care Development Fund)等保育和教育服务项目多达47项。[1]

英国相继出台发展学前教育的相关政策法规,如《普洛登报告》(The Plowdon Report,1967)、《儿童法》(Children Act,2004)、《儿童保育法》(Childcare Act,2006)等。英国于1998年推出的"确保开端"(Sure Start)项目颇有代表性。该项目强调尊重家庭文化背景,注重贫困家庭的"教育自救"。该项目提供的服务主要包括:家访咨询、帮助家长理解和支持幼儿的游戏、分享儿童保育和教育的经验、提供初步的社区健康服务、为有特殊需要的儿童和家长提供支持。到2010年,英国共设有3 500多个确保开端服务中心(Sure Start Children's Center);政府为此投入大量经费,仅2005—2006财政年度用于该项目的拨款就超过15亿英镑。

日本文部省从20世纪60年代开始,先后四次推出"幼儿园教育振兴计划"。1991年公布实施的第三个"幼儿园教育振兴计划"提出:到2001年,让所有希望入园的3—5岁幼儿都能入园。[2] 在2001年发表的第四个"幼儿教育振兴计划"中,政策的注意力已转到提高学前教育的质量方面,注重提高教师素质,加强对社区和家庭养育儿童的支援和提高幼小衔接质量等。[3]

改革开放以来,中国政府不断加大学前教育体制的改革力度,推动学前教育的发

---

[1] 苏珊·纽曼. 学前教育改革与国家防贫困战略:美国的经验[M]. 李敏谊,等,译. 北京:教育科学出版社,2011:225-227.
[2] 霍力岩. 学前比较教育学[M]. 北京:北京师范大学出版社,1995:222-223,131,137-139.
[3] 曹能秀,冯钊. 当前日本幼儿教育改革的新动向[J]. 幼儿教育:教育科学版,2006(2):46-49.

展。20世纪90年代以来,政府先后颁布《幼儿园管理条例》《幼儿园工作规程》《幼儿园教育指导纲要(试行)》等文件,规范学前教育行为。2010年7月,中共中央、国务院颁布《国家中长期教育改革和发展规划纲要(2010—2020年)》,明确提出以政府为主体发展学前教育;同年10月,颁布《国务院关于当前发展学前教育的若干意见》,提出:各级政府要充分认识发展学前教育的重要性和紧迫性,将大力发展学前教育作为贯彻落实教育规划纲要的突破口,作为推动教育事业科学发展的重要任务,作为建设社会主义和谐社会的重大民生工程,纳入政府工作重要议事日程,切实抓紧抓好。2012年,教育部颁布《幼儿园教师专业标准(试行)》、《3—6岁儿童学习与发展指南》,并启动了《学前教育法》的立法工作。至此,我国学前教育迎来了新的、历史性的发展机遇。

3. 学前教育发展的整体水平日益提高

(1)服务于3—6岁儿童的学前教育普及水平提高

联合国教科文组织、联合国儿童基金会等国际组织于2006年联合发布《全民教育全球监测报告》,报告显示:全球70%的国家将3岁作为幼儿接受教育的起始年龄,在发达国家,大多数幼儿在入小学前至少能接受2年免费的保育和教育。[①] 经济合作与发展组织的监测表明:绝大多数欧洲国家都能为3—6岁儿童提供至少2年的免费学前教育,除爱尔兰、荷兰外,普遍将3岁作为接受学前教育的法定年龄;在欧洲以外的该组织成员国中,大多数国家提供从5岁开始的免费学前教育,澳大利亚、韩国和美国的部分州则提供始于4岁的免费学前教育。在我国,据2013年底统计:全国共有幼儿园19.86万所,学前教育毛入园率达到67.5%。但各地不平衡,天津、上海、浙江、江苏、福建等省市学前三年的毛入园率达到90%以上。

(2)3岁前儿童的学前教育日益受到重视

随着3—6岁儿童学前教育的普及,3岁前儿童的保育和教育日益受到重视。《全民教育全球监控报告》显示:超过一半的国家设有为3岁以下婴幼儿提供保育、教育服务的场所;经济合作与发展组织还鼓励成员国为全日制0—3岁保育、教育机构提供津贴;法国在1991—1992年,2岁儿童的入学率就达到34.4%。我国目前也将0—3岁婴

[①] 朱宗顺. 全民教育视野中的全球幼儿教育:全民教育全球监测报告(2007年)对全球幼儿教育的关注[J]. 幼儿教育:教育科学版,2007(1):44-47.

幼儿的保育和教育列为重要的工作目标。2012年，教育部发出《关于开展0—3岁婴幼儿早期教育试点工作有关事项的通知》，要求学前教育三年毛入园率在85%以上的省市区，应积极开展0—3岁婴幼儿早期教育试点，探索发展0—3岁婴幼儿早期教育的模式和经验。

（3）特殊儿童的学前教育受到重视

在普遍重视儿童权利、追求教育民主的背景下，特殊儿童的学前教育普遍受到重视，并提倡以"全纳教育"的方式安置这些特殊儿童。美国的"开端计划"、英国的"确保开端计划"就有效保障了特殊儿童学前教育的实施。在确保特殊儿童的学前教育实施的法规制定方面，1990年，美国颁布《障碍者教育法》，提出了零拒绝、非歧视性评估、免费和适当教育原则、最少受限制环境、合法诉讼原则、家长参与等实施"全纳教育"的原则，要求为0—3岁有能力缺陷的学前儿童提供早期干预和教育，使他们有权享受"个别家庭服务计划"。1997年，美国修订《残障者教育法》，强调要将3—5岁有特殊教育需要的儿童放置在最少限制的环境之中。在我国，特殊儿童的学前教育也开始受到关注，一些经济发达省市出台了为特殊儿童接受学前教育提供经济支持的政策。

（4）学前教育服务形式灵活多样，适应多方面要求

当代学前教育的服务形式多种多样，能灵活满足社会多方面的需求。从学前教育机构的形式看，学前教育包括了幼儿园、托儿所、日托中心、家庭日托、学前班等；从学前教育机构的性质看，有私立的学前教育机构，也有公立的学前教育机构；从职能上看，有偏重保育的，也有偏重教育的，不过，强调保育和教育两种功能的"一体化"，成为当前各国学前教育改革的共同趋势。

资料卡片：美国学前教育服务的多种形式

在美国，学前教育实施途径日益完善，包括了不同的管理部门、主办者、方案类型。具体包括以下形式：

小学低年级（primary grades）：小学1—3年级为6—8岁儿童服务，常常是

公立和私立学校系统的一部分。儿童接受艺术、科学、健康、体育、阅读和数学等方面的教育。

幼儿园（kindergarten）：幼儿园一般是由学校系统主办，为5岁儿童服务。有些公立学校系统为3—4岁幼儿设有前幼儿园（pre-kindergarten）方案。幼儿园方案有全日制和半日制，目的是通过各种活动方案为儿童提供学术、智力、社会、情感以及身体等方面发展的机会，一般不提供完整的保育或综合性的服务。

保育学校（nursery school）：通常为2—5岁儿童服务。服务时间有半日、全日，或者每周两三个上午、下午。主办者包括：宗教团体，父母或市民团体，私人、牟利商业团体等。主要为儿童提供养育和教育服务。

开端计划（Head Start）：联邦政府为低收入家庭的2—5岁儿童创办的综合性服务方案。关注儿童认知、智力、社会性发展，身心健康，营养需要等方面的相关性，特别重视父母和社区的参与，为家庭提供健康、教育、营养和心理等方面的服务也是该方案的一部分。家庭开端（Home Start）是该方案的变种，主要通过家庭访问提高父母的养育能力。

儿童保育（child care）：为父母要参加工作的儿童提供保育服务。有些儿童保育机构为那些要上夜班的父母的孩子提供24小时保育服务。有些儿童保育机构也提供全日制幼儿园的服务方案。儿童保育机构是多样的。有的由教会或其他社区组织主办，有的由牟利商业团体主办。不论是营利或非营利，也不论是地方、州、联邦政府或宗教团体、父母主办，中心工作都是照料儿童，提供教育及社会性、情感和身体等方面发展之需。其中，由父母或其他成人在家庭里面提供保育服务的家庭儿童保育（family child care）是儿童保育的形式之一，但同其他形式的儿童保育相比，具有非正式性。[1]

---

[1] Carol Seefeldt, Nita Barbour. Early Childhood Education: An Introduction [M]. 4th ed. Upper Saddle River, New Jersey: Prentice-Hall, Inc. 1998: 17-18.

（5）学前教育从业者专业水平得到提高

首先，各国对学前教育从业者学历要求提高。全美幼教协会在1994年提出的学前教育专业人员的学历从高中层次一直到博士研究生。其次，普遍建立了幼儿园教师专业资格标准并开始实施资格证制度。但学前教育机构从业者的专业水平仍然有待提高。联合国教科文组织2009年的一项调查发现①：全球80个中低收入国家（不含经济合作与发展组织成员国）中，近1/3国家的学前教育机构的教师有国家教育标准，但仅有1/4的国家报告不足一半的学前教育机构的教师达到了国家标准。在我国，2012年颁布《幼儿园教师专业标准（试行）》，并开始实施新的幼儿园教师资格考试制度，以确保我国幼儿园教师专业水平逐步提高。

第三节 学前教育的特征与原则

学前教育作为人类教育活动的组成部分，它既有教育活动所具有的一般特征，也有基于自身特殊构成要素的独特性；在其有别于一般教育活动的特征的基础上，学前教育活动也具有自身的活动原则。

一、学前教育的特征分析

学前教育属于教育的范畴，在本质上是一种培养人的社会实践活动，具有一般教育现象所具有的社会性、民族性、历史性、迟效性、超前性等特征。但从学前教育现象的构成要素及相互关系来看，学前教育不同于一般的教育现象，具有自己的特征。

（一）启蒙性

学前教育的启蒙性是指学前教育所具有的"开蒙启稚"的特性。从字面看，"蒙"本为附着在其他植物上具有遮蔽作用的寄生草本植物。用在儿童及其教育领域，引申为儿童为自身和外物所蔽而少识浅的蒙稚状态，其发展有待开启与萌发。

---

① ILO. Right beginnings: Early childhood education and educators: Global Dialogue Forum on Conditions of Personnel in Early Childhood Education [M]. Geneva: ILO Publishing, 2012: 33.

启蒙意味着开蒙、发蒙，在教育领域内，最能体现这一特质的是学前教育。首先，学前教育的启蒙性决定于学前儿童自身的特征。学前儿童处于人生初始阶段，对自身以及周边的人、事和自然环境懵懂无知，其身体、行为、经验与知识等方面的成长之门、泉流之源有待开启、萌动。其次，学前教育的启蒙性也决定于学前教育在教育体系中的位置。从"启蒙"的本意来看，就是拿掉遮蔽之物，使种子萌芽。学前教育位于教育链条的第一阶段，学前儿童的成长之门在此时打开。成长之门一旦顺畅打开，未来发展就不可限量。尽管儿童入小学时仍然很稚嫩，但蒙已启、芽已发，启蒙之机已过，此后的教育所要做的是继续呵护、助长。

学前儿童教育的启蒙性要求社会必须从启蒙的立场出发，立足儿童一生幸福、快乐的长远目标，选择适宜的教育内容和方法。把握学前教育的启蒙性，要注意以下三点：第一，尊重与发挥学前儿童的主动性。启蒙不意味着学前儿童本就无能、愚昧，启蒙意味着助其去蔽，助其本有的潜质生发。这就需要尊重学前儿童固有的特性，了解学前儿童个体发展的特征，发挥其主动解蒙去蔽的潜能。第二，准确把握学前教育启蒙性的广度。位于人生发展初始阶段的学前儿童，其身心处于原生状态，成长的种子潜存于婴孩稚嫩的心灵之中，各方面的发展之幕有待开启。因此，对学前儿童的启蒙不能褊狭，务求全面，使其各方面的种子均有雨露滋润、阳光照射的发轫之机。第三，准确把握学前教育启蒙性的深度。学前儿童的启蒙性的深度可从两方面审度：一是务求其正，即所谓"蒙以养正"，发展之门的开启不能偏，要符合学前儿童发展和学前教育的正轨，开启迈上学前儿童发展正道之门。二是务求其畅，对学前儿童的启蒙，不能变成学前儿童后续学习与发展的滞碍，要能呵护、滋润学前儿童继续学习与发展的无穷兴趣，开启学前儿童未来发展的畅达之门。

（二）基础性

学前教育的基础性是指学前教育所具有的奠基特性。"基础"本为建筑房屋的基石，引申为事物的起始点、根基、胚模。总体上讲，教育的使命是育人，为人类社会的发展奠定基石，因而，基础性是教育尤其是基础教育所具有的重要特性。同各类型教育现象相比，学前教育的基础性更加突出。

首先，学前教育是个人发展的基础。在个体的生命历程中，从受孕分娩开始，历经新生儿期、乳儿期、婴儿期、幼儿期、儿童期、少年期、青年期、成年期等阶段,① 其中,新生儿期至幼儿期属于学前教育时期,这是人生成长的基础阶段。而学前儿童要生长、发育,增长知识和经验,就离不开适宜的保育和教育。因此,如果说教育是个人发展的基础的话,那么,学前教育就可以说是个人健康成长的基础之基础。其次,学前教育是整个国民教育体系的基础阶段。国民教育是为本国公民举办的学校教育,一般指义务教育阶段的教育。② 学前教育初兴时期,并未被纳入国民教育体系,不受重视。1837年,法国政府发布《托儿所管理条例》,正式把托儿所纳入中央集权的教育管理体制之中;我国在1904年颁布《奏定蒙养院章程及家庭教育法章程》,学前教育被纳入国民教育体系。在当代各国国民教育体系中,学前教育位于国民教育链条的起点,名副其实地充当了国民教育制度的基石。所以,无论是从儿童个体发展角度,还是从教育体系的角度,基础性在学前教育领域体现得更为突出。

  把握学前教育的基础性,要注意以下三点:第一,把基础性作为学前教育发展的价值取向。一方面,就学前儿童个人发展而言,基础性取向要求保育、教育应着眼于儿童长远发展,而不是只顾眼前利益;要为儿童提供有助于长远发展的关键经验,而非具体知识点的诵记和技能训练;学前教育是培植发展的胚模,而非锻造终极的利器。另一方面,就国民教育体系而言,学前教育的基础性要求家庭、社会尤其是政府部门,只有充分认识学前教育的基础地位,真正把学前教育放在基础的地位,发挥其奠基性作用,才能为全社会的教育大厦和人生旅程打下坚实的基础,最终为社会的发展植入稳固的深层基石。第二,准确把握学前教育基础性的尺度。学前教育的基础性不意味着学前教育应该是浅显稚嫩、不成熟的实践领域,只有真正做到宽广、厚实才堪称基础。就学前教育的基础性而言:宽广意味着学前儿童体智德美各方面的基础均须培植,从身体生长发育、行为习惯养成,到经验与知识的扩充等,学前教育要为儿童发展奠定宽广的基础;厚实是就每一种基础的深度、厚重而言,植基越深越有利,对于运动技能、探索兴趣、良好品行等确定为儿童发展关键经验的东西,不能浅尝辄止、中空虚浮,务求其深。第三,把握保教内容的基础性是实现学前教育基础性的关键。一方面,保育是学前教育内容基

---

① 秦金亮. 儿童发展概论[M]. 北京:高等教育出版社,2008:10.
② 顾明远. 教育大辞典(1)[M]. 上海:上海教育出版社,1990:68.

础性的表现所在，要重视对学前儿童的保育工作。另一方面，保育以外的教育内容应着眼于基础，不论是身体锻炼、知识教学、行为习惯养成，还是美术、音乐等艺术教育，首要的是培养兴趣、濡染基本经验，以便为儿童日后入小学进一步学习奠定基础。当前学前教育领域出现的将小学知识提前到幼儿园的"小学化"倾向，归根结底就是缺乏对学前教育内容基础性的充分认识。

（三）公益性

学前教育的公益性是指学前教育能造福公众、让社会获益的特性。顾名思义，公益就是公共利益、公众福利，与私利、个人利益相对而言。公益性问题源于公共经济学领域对产品性质的讨论。从公共经济学的观点看：私人产品提供的利益具有竞争性和排他性，产品利益只能为拥有者所享有，而不能分割；公共产品具有利益享用的非排他性和非竞争性，"每个人对这种产品的消费，都不会导致其他人对该产品消费的减少"；① 而准公共产品则具有利益外溢性，② 产品利益部分由所有者享有，有私人产品性质，但另一部分则由所有者以外的人共享，也能给社会带来公共利益，如教育、卫生等事业。因此，公共产品、准公共产品所提供的利益，能为大众所分享，至少也能溢出部分由大众共享，具有公益性。

学前教育在人类社会的相当长的时期内，以家庭学前教育的方式存在，因而常常被认为是家庭的事，粘贴在它身上的私人产品和私利性的标签根深蒂固。但就其实质而言，学前教育会给参与活动的儿童、家庭、社会等各方带来利益，既有私人性，更具公共产品的特色，是准公共产品，具有极强的公益性。这体现在以下三个方面：第一，学前教育产生的利益有非竞争性。某人对某件产品的消费不影响他人对该产品的消费，这就是产品利益的非竞争性。对学前教育而言，在某学前教育机构的班级增加一个孩子，对幼儿园的供给者而言，边际成本几乎为零，而已有孩子的消费水平也受影响不大，因此，学前教育的消费具有一定的非竞争性，有共享的成分。第二，学前教育产生的利益有非排他性。从理论上说，任何人都有权享受学前教育。因此，要将某个儿童排除在学前教育的消费群之外，在伦理和法理上均是不允许的，这体现了学前教育的非

---

① 洪银兴，刘建平. 公共经济学导论 [M]. 北京：经济科学出版社，2003：86.
② 胡庆康，杜莉. 现代公共财政学 [M]. 上海：复旦大学出版社，2001：87.

排他性。第三，学前教育具有利益外溢性。通过学前教育，学前儿童的身心得到良好照料、行为习惯得到培养、知识和经验获得初步增长，学前教育的利益首先直接为每个接受学前教育的孩子所享有，这一点确定无疑。然而，身心得到健康发展的学前儿童，最终会通过后续教育走向社会、服务社会，社会最终会享受到良好学前教育的效益。因此，学前教育的消费效用就具有外溢性，个人消费者独占学前教育效用的条件不存在。

把握学前教育的公益性，要注意以下三点：第一，充分认识学前教育公益性具有重要意义。我们的社会尤其是公共权力部门，要改变学前教育只是家庭、父母的责任的观点，认识到社会是学前教育利益分享的重要一方。这种立场的改变，有利于学前教育的发展和社会的进步。18世纪以前，由于视学前教育为家庭的私事，因此，公共权力部门置身事外，是导致学前教育发展缓慢的重要原因。20世纪中叶以来，各国认识到学前教育对经济发展、社会公平有重要作用，学前教育得到了前所未有的良好发展机遇。第二，政府应采取多种措施确保学前教育公益性的实现。公共产品的供给不能遵循或不能完全遵循市场法则，政府应通过生产、采购、补贴等措施参与公共产品的供给，[①]确保公益性实现。学前教育是一种准公共产品，不可能完全依赖私人供给，政府应参与、引导学前教育供给。可供选择的基本方式主要有三种：一是政府举办学前教育机构，以较低价格供给社会公众；二是政府可以向私人机构购买学前教育服务，再以较低价格提供给社会公众；三是政府为每一位学前儿童发放补贴，不论他们是在公立机构还是在私立机构接受学前教育，均可以此补助充抵入园费用。第三，学前教育的公益性不排斥学前教育的私利性。学前教育的利益分享具有一定的排他性和竞争性，儿童及其家庭是学前教育的重要受益方，因此，学前教育具有私人产品的特性，这一点不能回避。肯定学前教育公益性的同时，认识学前教育的私利性，有利于家庭、公共部门和社会共同分担发展学前教育的责任。

（四）生活性

学前教育的生活性是指学前教育具有扎根并贴近学前儿童日常生活的特征。生活是

[①] 袁连生. 论教育的产品属性、学校的市场化运作及教育市场化[J]. 教育与经济，2003（1）：11-15.

人为了生存和发展而展开的各种活动，形式多种多样，如物质生活、精神生活，家庭生活、集体生活，日常生活、非日常生活，等等。教育和生活具有天然的联系。就个人的发展而言，个体是在各种生活活动中展开生命和实现价值的，在这个意义上，诚如杜威所言的"教育即生活"。就个体成长的社会背景而言，既有的生活世界是个人发展先在的基础，是个体及其教育展开的前提。因此，生活性是教育的特征之一，但在各种教育活动中，学前教育更加贴近学前儿童的日常生活，更具有生活性。

学前教育具有突出的生活性，表现在以下两个方面：第一，学前儿童的生活尤其是其日常生活是学前教育内容的主要来源。日常生活是那些能确保社会再生产成为可能的个体再生产要素的集合，吃饭、饮水、睡眠、听母亲讲故事、与同伴游戏等。日常生活活动看似平常，但关乎每个个体的生存。对学前儿童而言，日常生活不仅是生存的前提，而且是他们接受教育、学习与发展的内容。学前儿童也会学习一些自身日常生活经验以外的东西，但日常生活或与日常生活相关的内容是学前教育内容的主要来源，是学前儿童学习的主体内容。第二，学前儿童的日常生活是学前教育的基本途径。学前教育不仅以日常生活为教育内容的来源，而且以日常生活为学前教育活动实施的基本途径，诸如用餐、饮水、睡眠、如厕、盥洗、游戏等极具生活性的场景，就是学前教育的实施途径。

虽然学前教育具有强烈的生活性，但在学前教育的实践领域却常常出现一些脱离、违背学前教育生活性的现象，如学前教育的内容、实施途径等不紧贴学前儿童的日常生活及其经验，偏离学前教育应有的正当性、适宜性。把握学前教育的生活性，要注意以下两点：第一，肯定学前教育的生活性具有重要意义。根据皮亚杰的观点，学前儿童的认知发展处于感觉运动和前运算阶段，他们的思维离不开自身的动作和具体的形象，而生活是个人生命的展开，最能贴近儿童自身的经验、感受，能为他们提供丰富、直观、切身的体验。因此，充分认识学前教育的生活性，依靠、利用日常生活的内容、途径来实施学前教育，符合学前儿童心理发展的特点，对学前儿童的学习与发展最为有利。第二，要充分利用各类生活活动开展学前教育。在学前儿童阶段，满足生理需要的各类物质活动、探究外界事物的初步认识活动、模仿人和物的游戏等是他们最主要的日常生活形式。学前教育要善于充分利用这些日常生活的内容和形式，将学前儿童的保育和教育寓于他们日常生活之中。

二、学前教育的基本原则

学前教育的基本原则是学前教育活动应遵循的行为准则。它既是对学前教育现象各组成要素及相互关系一般原理的把握，也是对学前教育实践经验的抽象与提升。各个层面的学前教育活动应遵循的基本原则主要有以下五项：

（一）遵循学前儿童身心发展规律的原则

遵循学前儿童身心发展规律的原则是指学前教育必须以学前儿童身心发展的年龄特点和个体差异为依据，选择、设计、组织与实施各个层面的保育和教育工作。这一原则的提出有两个依据：第一，依据学前儿童身心发展特点。教育必须依照受教育者的特点来展开，这是任何教育活动所必须遵循的基本规律。学前儿童既处于身心的初始发展阶段，又处于第一个生长发育高峰期。新生儿的脑重只有成人脑重的25%，3岁时婴儿的脑重已达成人脑重的75%，到幼儿期已接近成人脑重；婴儿时期，行走和手的动作得到初步发展，各方面的感知觉初步形成，言语得到发展，情绪不断分化，幼儿时期独立意识增强。学前儿童身心迅速发展的特点，就成为学前教育必须遵循的前提。第二，依据学前教育具有启蒙性、基础性的特点。学前教育的这两个特征要求我们准确把握学前儿童基础和启蒙的底线，不能超越他们的发展水平、违背他们身心发展的可能性；而要把握这样的底线，就必须从他们的身心发展特点出发去确定基础和启蒙的标准。

在现实的学前教育实践中，常常出现许多违背、超越学前儿童身心发展的做法。如要求学前儿童像小学生那样读写汉字、学习英语，有的甚至要求学前儿童参加奥数班等。这些做法违背了学前儿童身心发展特点，会给学前儿童身心健康发展带来损害。因此，在学前教育实践中，必须坚持和贯彻遵循学前儿童身心发展规律的原则。坚持这一原则应做到：第一，准确理解学前儿童的身心发展特点。熟悉学前儿童身心发展规律是自觉遵循规律的前提，作为未来的专业学前教育工作者，要通过儿童发展理论学习和实践观察，认识学前儿童发展的一般特征和个别差异。第二，把学前儿童身心发展规律置于思考学前教育问题的优先位置。无论是宏观的学前教育政策的制定，还是中观的幼儿园工作规划与决策，或者微观的托幼机构具体保育和教育工作的实施，都要考虑学前教育的目的、内容、方法、途径等基本问题，思考这些问题的路径是多样的，但要自觉地将学前儿童身心发展规律置于思考的优先地位。比如，学前儿童保育和教育的目标是什么，采用何种途径，应用哪些方法，应首先考虑不同年龄段学前儿童的身心特点及个体差异，再兼及其他方面的因素，科学设计与实施。

（二）普惠原则

学前教育的普惠原则是指学前教育的利益必须面向所有学前儿童开放，为所有学前儿童所共享，而不能仅仅为少数特殊利益群体所独享。学前教育普惠原则的提出有两点依据：第一，学前儿童享有平等地接受教育的权利。学前儿童具有民族、性别、健康、智力、性格等各种差异性，但他们是平等的个体，有平等地接受教育的权利，这是由现代社会以及现代教育的民主、平等等基本原则所决定的。这一原则决定了任何一个学前儿童都不能以任何借口被剥夺接受学前教育的权利。第二，学前教育具有公益性。公益性意味着学前教育的利益享用不具完全的排他性和竞争性，有着利益外溢的特点，排斥其他人对学前教育的分享既不合理也不可能。因此，学前教育应为所有儿童所享有。

理论上，学前教育的运作应遵循普惠原则，但在现实中，由于种种原因，普惠原则往往没有得到很好的贯彻。那些优质的学前教育资源，常常只有小部分学前儿童能有机会享受，各方面处境不利的学前儿童往往被排斥在优质学前教育资源之外，甚至连接受学前教育的机会也无充分保障。为此，强调学前教育的普惠性原则有助于确保每位学前儿童都能从学前教育受益，从而实现教育的公平与正义，为社会和谐发展提供基础。贯彻这一原则应做到以下两点：第一，保障学前教育机会均等。落实普惠原则，首先应保障每位学前儿童接受学前教育的机会均等。当前，妨碍学前儿童有均等机会接受学前教育的主要障碍包括：一是专门化的社会学前教育机构数量不够，特别是在农村、偏远山区等欠发达地区，受经济条件限制，没有足够数量的学前教育机构，不能保障每位儿童都有接受学前教育的机会，出现"入园难""入园贵"的问题。二是具有身心障碍或残疾的特殊需要学前儿童的教育机会没有保障。受学前教育机构师资条件的制约，托幼机构还不具备接收特殊学前儿童的能力，这些孩子接受学前教育的平等机会无法保障。为此，要通过扩大学前教育机构的规模，创办学前特殊教育机构，保障处境不利儿童接受学前教育机会的实现。第二，扩大优质学前教育资源的覆盖范围。学前教育的普惠原则不仅仅意味着每位学前儿童有机会接受学前教育，而且要求每位学前儿童接受有质量的学前教育。为此，必须逐步扩大优质学前教育资源的覆盖率，逐步实现优质学前教育资源惠及每位儿童的目标。

（三）保教结合原则

学前教育的保教结合原则是指学前教育要将学前儿童的保育和教育两项工作有机结合，保教并重，共促发展。保教结合的原则是由学前儿童发展的特点决定的：第一，学前儿童处于身体发育的关键时期，缺乏生活自理能力，需要成人适当的保育为其健康发展保驾护航。第二，学前儿童的全面发展不会自然完成，只有对他们实施初步的体智德美的教育，才能实现全面、和谐发展的目标。可以说，对学前儿童的发展来说，身心发展不能分割，保育和教育必须并重，保教结合是学前教育理所当然应坚守的原则。

日常工作中，不少学前教育工作者容易出现"重教轻保"的倾向。他们重视或者乐于给学前儿童以知识、品德、技能等方面的教育，但不重视甚至忽视保育工作，误以为教育工作是自己的本业，而保育工作则是保育员的事。这种倾向不仅违背保教结合的原则，而且不利于学前儿童的发展，因为忽视保育工作，必然会给学前儿童的健康带来损害。坚持保教结合的原则必须做到以下两点：第一，保育和教育并重。保育和教育是学前教育的两项基本工作，不能"重此疏彼、偏于一隅"。学前教育应首先承担对学前儿童日常生活的看护与照料的责任，确保他们生活安全、身体健康、习惯良好，为他们的健康成长提供良好的前提条件；在此基础上，再给予启蒙性的经验、初步知识与能力的教育。第二，保育和教育结合。保育和教育是有机联系的，而不能彼此分割。保育工作是学前儿童日常生活的需要，也是实施教育活动的有效途径；反之，对学前儿童的初步知识、经验与能力的教育，也有利于保育的开展，保育依靠并促进着教育。

（四）以游戏为基本途径的原则

以游戏为基本途径的原则是指学前教育活动的开展必须以学前儿童的游戏为实施的基本途径与方法。游戏是学前儿童存在与活动的基本方式，表现为儿童对社会生活的模仿和想象，往往伴有愉悦的情绪体验。在游戏中，学前儿童不仅体验愉悦，激发活动兴趣，而且通过游戏，模仿动作、拓展经验、丰富知识、锻炼能力、型塑习惯，因此，游戏是学前儿童认识世界、增长经验、促进发展的基本活动方式。由于游戏对学前儿童的发展具有重要价值,所以,学前教育可以而且应当坚持以游戏为基本途径的原则,充分发挥游戏在学前儿童成长中的作用,利用游戏来开展学前教育。

贯彻这一原则必须做到:第一,以游戏为实施学前教育的基本方式。在我国学前教育实践中,受教育观念、历史传统等因素的影响,课堂集体教学成为托幼机构开展活动的主要方式,游戏作为基本活动方式的地位常常被削弱。要改变这一做法,确保学前儿童一日生活中有足够的机会和时间参与游戏,确保机构中有足够空间、资源供学前儿童开展游戏,确保每个学前儿童能积极参与游戏,真正把游戏作为学前教育实施的基本方式。第二,将游戏和其他方式相结合。游戏是学前教育的基本途径和方式,而生活活动、课堂集体教学活动等,也是实施学前教育的有效方式,在实践中,应将游戏与其他途径和方式结合。如在精心设计与组织的课堂集体教学活动中,将教学和游戏结合,就能增加学前儿童参与集体教学活动的兴趣,提高课堂教学的效果。

(五)全面性原则

学前教育的全面性原则是指学前教育应发挥家庭和社会各个方面的合力,促进学前儿童身心全面、和谐发展。学前教育全面性原则的提出有两个理由:第一,学前教育包括家庭学前教育和社会学前教育等多种形式,是一个整体,必须注重各个方面学前教育的作用。第二,学前儿童的发展包括身心各个方面,是全面的、整体的,不能割裂,更不能零碎化。

在实践中,学前教育常常被简单地等同于幼儿园教育,被等同于促进学前儿童智力发展的教育,或者等同于教学前儿童识字、练琴等,这些片面的做法违背了学前教育的全面性原则,对学前教育和学前儿童的发展均是不利的。为此,必须认识并坚持学前教育的全面性原则,充分利用和发挥家庭学前教育和社会学前教育的影响,达到促进学前儿童体智德美各方面全面而和谐发展的目标。贯彻这一原则必须做到:第一,整合并发挥各类学前教育的作用。家庭学前教育挟血缘亲情的力量,对学前儿童有广泛、持久、细密的影响力;专门化的社会学前教育机构拥有专业性优势,对学前儿童的影响科学合理、全面而高效;大众媒介等社会组织和机构的社会学前教育,也因其灵活的活动方式,常常通过潜移默化的方式给学前儿童以有益、有效的影响。各种学前教育均有自己影响学前儿童发展的独特方式和优势，必须加以整合，保持影响力的一致性，充分发挥其影响学前儿童发展的合力。第二，以学前儿童身心全面、和谐发展为目标。从个人发展的角度看，学前儿童身心各方面是相互联系的有机而和谐的整体，不可机械割裂、片面发展。这就要求学前教育必须以促进学前儿童全面、和谐发展为目标，不能将学前儿童导向片面、畸形的发展轨道。

▶ 小结

学前教育是对出生至入小学前的儿童所实施的教育的总称，是当代国民教育体系的重要组成部分。

学前教育的基本构成要素为学前儿童、学前教育者、学前教育措施。学前儿童是指学前教育活动中参与保育和教育活动并直接吸收其影响的学龄前儿童，是构成学前教育现象的前提性要素。学前教育者是指学前教育活动中直接或间接承担设计、组织、实施保育和教育工作职责的人，是构成学前教育现象的保障性要素。学前教育措施是学前教育现象中支持、联结学前儿童和学前教育者以使保育和教育工作得以展开的一切中介因素，是构成学前教育现象的中介性要素，包括学前教育内容和学前教育手段两个方面。三个基本要素间存在多种互动关系。

家庭学前教育是由父母、其他家庭成员或者专门聘请的家庭保姆在家中对学前儿童实施的保育和教育活动的总称；社会学前教育是在家庭以外的社会场所、由其他社会人员对学前儿童所实施的保育和教育活动的总称。欧文于1816年创办"幼儿学校"，标志着专门化的社会学前教育正式建立。

学前教育的双重任务是：通过保育和教育，促进学前儿童的发展；承担学前儿童的保教责任，为家长的工作、学习提供便利。

学前教育的个体发展价值是指学前教育具有满足学前儿童个体发展需要的属性，是学前教育内在的、本体价值。学前教育的社会发展价值是指学前教育具有满足社会的政治、经济、文化等方面发展需要的属性，具有间接性，是学前教育的外在价值。学前教育随着社会的发展而产生、发展。当代学前教育发展取得以下新进展：学前教育成为实现儿童权利的重要议题，政府通过政策和投入加大发展学前教育的力度，学前教育发展的整体水平日益提高。

学前教育的启蒙性是指学前教育所具有的"开蒙启稚"的特性。学前教育的基础性是指学前教育所具有的奠基特性。学前教育的公益性是指学前教育能造福公众、让社会获益的特性。学前教育的生活性是指学前教育具有扎根并贴近学前儿童日常生活的特征。

学前教育的五项原则包括：遵循学前儿童身心发展规律的原则、普惠原则、保教结合原则、以游戏为基本途径的原则、全面性原则。

▶ 思考与实践

1. 名词解释：学前教育、家庭学前教育、社会学前教育、幼儿园、学前特殊教育、学前全纳教育
2. 简述我国学前社会教育机构的主要类型与含义。
3. 简述学前教育活动的组成要素及其作用。
4. 简述学前教育的任务。
5. 简述学前教育的历史发展阶段及特点。
6. 简述当代学前教育发展的新进展。
7. 分析学前教育的价值、特点、原则。
8. 分析政治、经济、文化对学前教育的影响。

▶ 延伸阅读

1. 冯晓霞. 世界教育大系·幼儿教育［M］. 长春：吉林教育出版社，2000.（第一、二章）

第一章介绍了世界学前教育发展的历史沿革。第二章介绍了当代幼儿教育理论与实践的发展，并分析了幼儿教育的概念、价值等问题。

2. 洪银兴，刘建平. 公共经济学导论［M］. 北京：经济科学出版社，2003.（第四、五章）

第四章分析了公共产品的概念、特征、供求关系；第五章分析了非纯公共品的定义、特点、供求关系。

3. George S. Morrison. 当今美国儿童早期教育［M］. 王全志，等，译. 8版. 北京：北京大学出版社，2004.（第二章）

该章介绍了影响当代美国学前教育的政策、实践策略以及新的发展动向。

4. 蔡迎旗. 幼儿教育财政投入与政策［M］. 北京：教育科学出版社，2007.（第三章）

该章分析了政府财政干预学前教育的合理性。

第二章

学前教育中的儿童

>> 内容导航

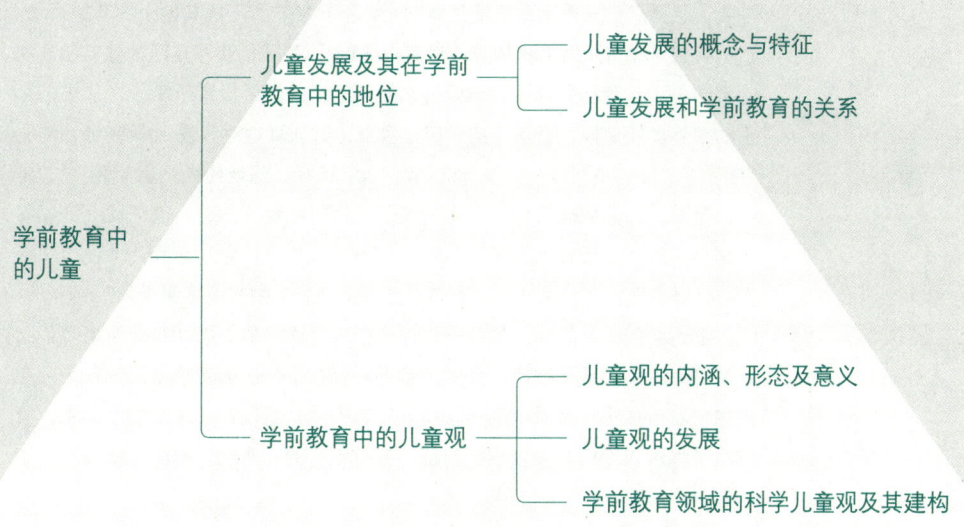

▶ **学习目标**

1. 了解儿童发展的概念与特征、儿童观与不同形态儿童观的内涵、西方儿童观的历史演变过程与特征。
2. 理解儿童发展与学前教育的关系、儿童观不同形态类型之间的关系。
3. 应用儿童观的发展演变特征,分析科学儿童观的内涵及构建的路径。

▶ **引言**

　　晨间活动时,我和孩子们说:"今天上午蔡老师什么活动都不安排,全部由你们自己安排,你们想做什么就做什么。"有个孩子问:"我想玩什么就玩什么吗?"我说:"是的。想玩什么就玩什么!"孩子们将信将疑,"我可以玩大型玩具吗?""我可以玩自己带来的玩具吗?""我可以玩沙子吗?我可以去娃娃家吗?"……于是我又说了一遍:"你们什么都可以玩、可以做,就是要注意两点:一是活动室要注意安全,不要影响、干扰其他小朋友的活动。二是听到早操音乐时要先做操,做完操再玩。"孩子们欢呼雀跃地做自己喜欢的事情去了,我和另外两位教师分别做活动记录。早操音乐响了,孩子们都主动来到操场做操,有两个孩子经过我身边时认真地对我说:"蔡老师,谢谢你们!""什么事谢我呀?""你让我们自己选择,想玩什么就玩什么!""是啊,是啊,谢谢蔡老师!"周围的孩子们都附和着,此时,他们脸上洋溢着幸福与快乐,而我却感到辛酸和愧疚!为什么孩子们会对老师让他们自由选择持怀疑态度?为什么孩子们在自己选择活动后会由衷地感谢老师? ①

　　上述案例中,幼儿园的孩子为什么会形成这样的心态和行为?老师们又是怎样形成了替孩子安排一切的习惯的呢?孩子们怎么看待自己的?老师应该如何看待孩子?蔡老师的做法体现了怎样的儿童观?在本章的学习中,我们将带你深入了解儿童发展的特征,分析不同的儿童观,辨明儿童发展和学前教育的关系。

---

① 蔡伟玲."被安排"与自主性[J].幼儿教育:教育科学版,2012(6):39.

第一节　儿童发展及其在学前教育中的地位

学前儿童是学前教育的三要素之一，儿童发展成为学前教育的起点和目标。那么，儿童发展的含义是什么？它有何特点？儿童发展和学前教育的关系是怎样的？

一、儿童发展的概念与特征

儿童横跨 0 到 18 岁，包含多个发展阶段。在我国教育实践中，0—6 岁被称为学前儿童。学前儿童的发展也遵循儿童发展的一般特征，因此，从事学前教育工作的人必须首先了解儿童发展的特征。

（一）"儿童发展"的概念

发展是事物的一种属性，指"事物由小到大、由简到繁、由低级到高级、由旧质到新质的运动变化过程"。[①] 人也必经这样一个变化的过程，所谓人的发展指的是个体、生理、心理、行为等方面的发育、分化、成熟、变化的过程，既有量的变化，也有质的变迁，可以是量与质的增长，也可以是衰退与消亡。

儿童发展是个体生命发展全程有机而独特的组成部分，指的是儿童从不成熟到成熟的成长阶段，在这一过程中其身心日趋完善和复杂。[②] 儿童发展不同于成人以后的发展变化，它意味着儿童的生理、认知、情感与社会等相互影响与内在联系的各方面由简单到复杂、由低级到高级的变化。儿童发展涉及儿童身心各方面，主要包括生理发展、认知发展、情感和社会发展。其中，生理发展主要涉及儿童躯体的尺寸、身体的比例、外貌与躯体系统功能的变化，大脑的发展，以及生理健康等；认知发展主要涉及儿童各种思维过程与智能的发展，如注意、记忆、问题解决、想象力、创造力等；情感和社会发展主要涉及情感交流、自我认同、情绪的自我控制、人际技能等。[③] 生理发展、认知发展、情感和社会发展三者交相呼应、相互影响与内在联系，共同构成了完整的儿童发展的全貌。

[①] 辞海编辑委员会. 辞海 [M]. 上海：上海辞书出版社，1980：490.
[②] 秦金亮，黎安林，李齐杨，等. 儿童发展通论 [M]. 北京：新时代出版社，2008：2.
[③] 劳拉·E. 贝克. 儿童发展 [M]. 吴颖，等，译. 5 版. 南京：江苏教育出版社，2002：3.

有关儿童发展的研究已成为一个跨学科研究领域，学者们从多学科角度研究儿童的发展问题。具体地说，儿童发展的时间跨度为怀孕至青春期，可划分为五个时期，即出生前期（从怀孕到出生）、婴幼儿期（出生到2岁）、儿童早期（2岁到6岁）、儿童中期（6岁到11岁）、青少年期（11岁到20岁），其中青少年期是儿童期和成年期之间的一座桥梁。①

资料卡片：儿童发展的十大核心观念 ②

1. 人类发展是生物性和经验之间动态的不断相互作用的结果。

2. 社会文化影响人类发展的所有方面，并且体现在育儿信念以及旨在促进健康适应的育儿实践中。

3. 自我调节能力的发展是早期儿童发展的基石，涉及行为发展的所有方面。

4. 儿童是发展的积极参与者，这反映了人类探究和征服环境的内在驱动力。

5. 人类的关系及其之间的相互影响是儿童健康发展的铺路石。

6. 年幼儿童的个体差异很大，这使人们经常很难区分正常差异和成熟性落后、一时性异常和永久性障碍。

7. 儿童发展总是沿着个人的道路展开，发展轨迹具有连续性与非连续性，并且伴随着一系列的重要转变。

8. 人类发展受各种脆弱性和回复力之间不断的相互作用的影响。

9. 早期经验的时机非常重要，但在儿童早期直至成人期，发展中的儿童随时可能受到危险因素的不利影响，并且保护性措施能对他们的发展产生积极作用。

10. 儿童早期，有效干预能改变风险与保护之间的平衡而有利于产生更具适应性的成果，进而改变儿童发展的进程。

---

① 劳拉·E. 贝克. 儿童发展[M]. 吴颖，等，译. 5版. 南京：江苏教育出版社，2002：4.
② Jack P. Shonkoff, Deborah A. Phillips. From Neurons to Neighborhoods: The Science of Early Childhood Development[M]. Washington, D.C.: National Academy Press, 2000: 3-4.

（二）儿童发展的特征

虽然不同年龄阶段儿童的发展有不同的年龄特点，但儿童发展也呈现出一些普遍的特征，这些特征同样会体现在学前儿童身上。

1. 连续性与非连续性

发展的连续性主张和强调儿童发展是一个平稳而连续的不断累积的过程，个体不断增加属于同一类型的技能；而发展的非连续性则主张与强调儿童发展是由不连续的具有质的差异的不同阶段构成，是一个包含着质的飞跃和阶段性变化的过程。

发展的连续性与非连续性问题，是儿童发展的一个基本命题。对此，不同学派历来存在争议。如行为主义、社会学习理论、信息加工学说等均倾向于连续发展，行为主义和社会学习理论认为发展是习得行为的不断增加，信息加工学说也认为发展是儿童的感知、注意和解决问题的技能不断提高；相比较而言，精神分析观、皮亚杰认知发展理论则倾向于非连续发展，精神分析观强调性心理的阶段与心理社会的发展，皮亚杰则强调认知发展的阶段。此外，也有不少理论认为儿童发展是连续性与非连续性兼而有之，如生态学理论、动态系统理论，动态系统理论主张由儿童的头脑、身体、生理与社会世界共同构成的整体系统驾驭着对新技能的掌握，并且这个系统是动态的，认为系统内部始终在发生变化，当系统的各个部分作为一个有机整体协同工作时，阶段式的转变得以发生。[①]

儿童发展的连续性与非连续性问题实质就是儿童发展的量变与质变的关系问题，主张儿童发展的连续性的理论过于强调了儿童发展的量变，而主张儿童发展的非连续性的理论则过于强调了儿童发展的质变。两派观点各自揭示了儿童发展的某一方面特性，而失之于片面，因"事物的发展是量变和质变的辩证统一"[②]。因此，儿童发展是连续性与非连续性的内在统一。具体地说，非连续性使儿童发展呈现出阶段性，即质变；而每一阶段之内的发展则是连续性的，即量变。

2. 普遍性与非普遍性

发展的普遍性认为存在一种普遍的和共同的发展模式，所有儿童都遵循这种共同的发展模式；而发展的非普遍性则认为存在基于儿童和其所处成长环境独特结合基础上的

---

① 劳拉·E.贝克. 儿童发展［M］. 吴颖，等，译. 5版. 南京：江苏教育出版社，2002：11-42.
② 辞海编辑委员会. 辞海［M］. 上海：上海辞书出版社，1980：490.

多种可能的发展模式，不同儿童因其所处成长环境的不同而遵循不同的发展模式。

发展的普遍性与非普遍性问题，也是一个备受争议的儿童发展的基本命题。精神分析观、皮亚杰认知发展理论、信息加工学说、生态学理论等倾向于主张一种发展模式，即发展的普遍性，如皮亚杰认知发展理论提出了认知发展的四个阶段，即感知运动阶段、前运算阶段、具体运算阶段和形式运算阶段，并且假定所有个体的认知发展均经历这四个阶段，当然具体时间会有所不同。相比较而言，行为主义、社会学习理论、生态系统理论、动态系统理论等则更倾向于主张多种可能的发展模式，即发展的非普遍性，如生态系统理论就认为儿童的生物素质与多层次的环境力量结合在一起，以独特的方式塑造着儿童的发展。① 美国塔夫斯大学大卫·亨利·费尔德曼提出了认知发展的"非普遍发展理论"（non-universal theory），该理论的中心假设是"儿童和成人所从事的许多活动是发展性的，而未必是普遍性的"，如学钢琴与掌握经济理论，这两个活动是发展性的，个体需达到一定的抽象思维水平才能胜任，同时又具有非普遍性，因这两项活动并不是每个人都能胜任的，该理论主张"大多数人都是在非普遍性的范畴从事专业的发展"。②

儿童发展的普遍性与非普遍性问题实质即是儿童发展的共性与个性问题，主张发展的普遍性的理论过于强调了儿童发展的共性，而主张发展的非普遍性的理论则相对更强调了儿童发展的个性。两派观点各自揭示了儿童发展某一方面的特性，而失之于片面，因共性与个性之间是内在联系与辩证统一的。因此，即使"非普遍发展理论"的提出者费尔德曼也明确指出："非普遍发展理论与传统发展理论的核心假设并非截然对立，而是加强并扩展了其理论中最有影响的部分（不是全部），试图对儿童的发展作出更好的解释。"③ 总之，儿童发展的普遍性与非普遍性各自揭示了儿童发展的一方面特性，二者之间是相互补充与内在联系的，共同揭示了儿童发展的特性。

3. 线性与非线性

发展的线性强调儿童发展的成长性与前进性，认为发展是一个直线式的和一帆风顺

---

① 劳拉·E. 贝克. 儿童发展 [M]. 吴颖，等，译. 5 版. 南京：江苏教育出版社，2002：41-42.
② 陈杰琦，玛拉·克瑞克维斯基，朱莉·维恩斯. 多元智能的理论与实践：让每个儿童在自己强项的基础上发展 [M]. 方均君，译. 北京：北京师范大学出版社，2004：10.
③ 陈杰琦，玛拉·克瑞克维斯基，朱莉·维恩斯. 多元智能的理论与实践：让每个儿童在自己强项的基础上发展 [M]. 方均君，译. 北京：北京师范大学出版社，2004：10.

的过程；而发展的非线性则强调儿童在发展过程中会遇到不同程度与时间的倒退、停滞或偏离。

发展的线性与非线性问题，也是儿童发展的一个基本命题。相比于研究者在发展的连续性与非连续性、普遍性与非普遍性方面的争议程度而言，研究者在发展的线性与非线性方面的争议相对缓和很多。很少有研究者持简单的线性或非线性观点。不同研究者只是更多关注或揭示了儿童发展的线性或非线性。皮亚杰认知发展理论刻画了个体从感知运动阶段、前运算阶段、具体运算阶段到形式运算阶段逐渐发展的过程，就揭示了儿童发展线性的一面。而苏联心理学家维果茨基则认为个体发展过程并非一帆风顺，而是充满了"危机"，并且分析了危机期的作用，这就关注与揭示了儿童发展的非线性。维果茨基认为发展在经过良好的分化后突然进入"混乱"期，此前已经确立的心理机能模式似乎解体了，而新机能将缓慢地从这种状态中产生。他认为："将暂时性的退化时期看成对发展具有建构意义。这些退化阶段并不是'后退'到此前已经存在的状态（退化到儿童期），而是表明当前心理系统正处于去分化状态——期待接下来会出现新的重新组织，并'跨越'到本质全新的水平上。"[①]

线性与非线性分别揭示了儿童发展的不同特性，二者并非彼此对立，而是内在统一的。具体地说，儿童发展的大方向是前进的、成长性的，即线性；但在此过程中，会遇到不同领域、程度与时间的倒退、停滞或偏离，即非线性。

二、儿童发展和学前教育的关系

教育和儿童发展之间是相互影响的。儿童的发展规律是教育活动展开的依据，而教育是影响儿童发展的关键因素之一，这已成为教育研究的基本共识。学前儿童的发展和学前教育之间同样存在这种相互影响、相互依存的关系。

（一）儿童发展是学前教育的内在依据

儿童发展内在固有的规律性，决定了超前或滞后于儿童发展的教育均是不可取的，学前教育应以儿童发展的规律为内在依据。

---

① J. 瓦西纳. 文化和人类发展 [M]. 孙晓玲, 罗萌, 等, 译. 上海：华东师范大学出版社, 2007: 63.

1. 学前教育应遵循儿童发展的规律

儿童发展有其自身规律,以儿童发展为出发点、核心与归宿的学前教育,必然也应遵循儿童发展的规律。对此,中外教育思想史上已有许多学者取得了共识。16世纪英国一位名为克里索托姆的神父就认为最好的老师会对自己说:"问题不在于我自己理解了,而是怎样才能适应儿童的能力。拉着孩子的手走路,就要放慢到孩子走路的速度;在教学中,必须像保姆用小匙喂孩子吃饭一样,要慢慢地,甚至是一点一点地传授知识。如果对孩子来个倾盆大雨,一次喂一大堆东西,那就会白白费力,而且阻碍其理解。"[1] 教育思想史上以夸美纽斯、裴斯泰洛齐等人为代表的"园丁说"、卢梭的"否定教育论"思想、杜威的"儿童中心论"等均强调学前教育不能超越或滞后于儿童发展,而应以儿童发展的规律为内在依据。

2. 超前教育的批判

超越儿童发展的超前教育或加速发展是不可取的,这已为中外教育思想史上很多学者所认同与证实。美国哈佛大学费歇尔就提出了"成长与发展的非线性动态模式",指出"在某种行为上的不当刺激所导致的短期变化,会对人的整体成长系统产生弥散性的影响,使整体发展脱离平衡状态,并且在接受不当的催早熟刺激的那个领域,产生较为低下的发展水平"。费歇尔还进一步指出,"当成长速率过高涨时,可能导致系统成长的紊乱无序"。因此,"教育和干预所提供的支持性影响应当是适宜有度的,各领域之间的联系和影响应当是适中的,这样才有利于系统的成长、整体的发展"。[2]

3. 滞后教育的批判

滞后于儿童发展的教育同样也是不可取的,这已被"关键期"理论所佐证。奥地利动物学家洛仑兹发现了"印刻"现象,进而提出了"关键期"理论,即认为个体发展的某一时期对某种环境影响特别敏感,并且该种环境影响对这一时期个体发展的方向与进程具有重大作用,而在此时期之前或之后,该种环境影响对个体发展可能不起作用,甚至会起反作用。蒙台梭利也提出了"敏感期"的概念,并且将"敏感期"概念作为学前教育的基础。总之,滞后于儿童发展的教育将或者发挥事倍功半的效果,或者可能不起

---

[1] 伊丽莎白·劳伦斯. 现代教育的起源和发展[M]. 纪晓林,译. 北京:北京语言学院出版社,1992:90.
[2] 刘晓东. 儿童教育新论[M]. 南京:江苏教育出版社,1998:82.

作用，甚至有可能会适得其反。

总之，学前教育从目标确定，到内容选取、时机采择、方法采用等，必须以儿童发展为内在依据，不能超前或滞后于儿童发展，而应尊重儿童发展的次序、时间或速率。这是因为，"儿童心理发展从一个阶段到下一个阶段过渡的最佳速率是由大脑等神经生理系统发育中相应阶段过渡的速率决定的……只有对儿童神经系统发育的速率有所了解以后，我们才能自觉地据此适时地以适宜的丰富的外部文化条件刺激主体，使儿童的精神获得高质量的充分的发展"。①

（二）学前教育是儿童发展的现实条件

儿童发展要受到先天和后天诸多因素的影响和制约，有关影响儿童发展的诸因素及其相互关系的认识历来存在不同观点，如遗传决定论、环境决定论等，但当代的研究者们取得了基本共识，即遗传等先天因素为儿童发展提供了前提，而包括学前教育在内的后天因素则是儿童发展的现实条件。

1. 社会意义的"人"的形成有赖于教育

动物的基因编码具有双重性，一部分是特异的、封闭的，这部分可以遗传；另一部分则是未特化的、开放的，不能遗传，而是需要通过与后天环境的相互作用才能最终完成编码。人的基因编码同样具有双重性，和一般高等动物所不同的是，人的特异性编码部分非常脆弱，开放性编码占绝大部分，并且即使那些特异性本能行为（如进食等）也需要在后天环境中锤炼进而带有了浓厚的文化色彩。总之，"人类个体具有近乎全开放性质的基因编码系统"是教育存在的终极原因。② 因此，儿童先天具有的遗传素质开始时只是一种潜在的抽象的存在，只有通过包括教育在内的后天环境才能现实表达出来，"天性（nature）并非和养育（nurture）相对抗，而是通过养育发挥作用"。③

我国学者叶澜在研究影响个体发展的因素时提出了"二层次三因素论"，将影响人发展的因素分为两种：一是对个体发展的潜在可能产生影响的因素，即"可能性因素"，

---

① 刘晓东，卢乐珍. 学前教育学 [M]. 南京：江苏教育出版社，2004：110.
② 刘晓东. 儿童教育新论 [M]. 南京：江苏教育出版社，1998：67-73.
③ Jack P. Shonkoff, Deborah A. Phillips. From Neurons to Neighborhoods: The Science of Early Childhood Development[M]. Washington, D.C.: National Academy Press, 2000: 41.

又可以分为个体自身条件（包括先天与后天，其中后天指个体在每一阶段已达到的身心发展水平）和环境条件；二是对个体发展从潜在可能转化为现实可能产生影响的因素，即"现实性因素"，主要是发展主体所进行的各种类型的活动。从"二层次三因素论"的视角出发，学校教育被认为是一种包含着特殊个体与特殊环境的特殊活动因素，即三因素的一种特殊的综合。[1] 因此，生物学意义上的"人"必须通过教育，尤其是学校教育，才能成为真正的社会意义上的"人"。

2. 幼儿园主导的学前教育体系是儿童发展的现实条件

儿童发展的实现离不开教育，因此，就学前儿童的发展而言，学前教育是学前儿童发展的现实条件。当然，学前教育能否发挥其充当儿童发展现实条件的作用，取决于能否建立有质量的、完善的学前教育体系。学前教育可划分为家庭学前教育、专门化的机构所实施的学前教育（以幼儿园为代表）、其他非专门化的社会（社区）机构和组织所实施的学前教育，是一个外延范围广泛的系统。目前国内外学者普遍主张与倡导不同类型的学前教育应相互合作，尤其是家庭学前教育与专门机构学前教育应密切合作，即家园合作。在强调各类学前教育相互协调配合的同时，还应正视与强调以幼儿园为代表的专门机构学前教育在儿童发展中的主导作用，这是由机构学前教育的专业性决定的。"主导表现为对发展方向的引导，帮助个体对发展的多种可能性作出判断和价值选择"，因此，专门化的机构学前教育在儿童发展中的主导作用"主要应表现在帮助受教育者选择合适的发展方向上"，其深层含义在于"为人终身的发展奠定坚实的基础，为离开学校后个体的继续发展创造条件"。[2]

第二节　学前教育中的儿童观

儿童观影响或制约着我们对待儿童的态度和行为。不同时代有不同的儿童观，在当代构建什么样的儿童观以及如何构建儿童观，成为学前教育工作者必须思考的重要问题。

---

[1] 叶澜. 教育概论 [M]. 北京：人民教育出版社，1991：207-236.
[2] 叶澜. 教育概论 [M]. 北京：人民教育出版社，1991：237.

一、儿童观的内涵、形态及意义

现实的学前教育工作者一定存在或自觉的或潜意识的儿童观,而如何看待儿童即儿童观问题,会影响和制约人们如何对待儿童,如何开展保教工作。

(一)儿童观的内涵

什么是儿童观?简言之,儿童观是人们对儿童的总的看法和基本观点,[①] 或者说,儿童观是人们试图从哲学层面上对儿童进行的认识总结。

生物学意义上的儿童,作为人类个体生命的初始阶段,自人类产生之日起便存在,并且将一直存在下去。有关诸如儿童是什么、儿童与其他年龄阶段的个体相比有何不同之处等问题的思考,一直或明或隐地存在着,对这些问题的回答便构成了儿童观。但从认识论的角度看,人类将儿童从整个"人"的群体中区分出来作为一个独特群体并赋予一个专有名词"儿童",却是经历了一个漫长的征程,这受到人类主体发育水平的影响与制约。儿童史研究先驱、法国学者菲利普·阿里耶斯认为:中世纪的西方人没有"儿童"的观念,中世纪文明没有感觉到在儿童的世界和成人世界之间的差别,没有发现在孩子和大人之间有一个需要通过启蒙和教育的过渡期,因而也就缺乏这种过渡的概念。[②] 可以说,从教育学的意义看,直到18世纪法国学者卢梭才实现了人类历史上的"儿童的发现"。

儿童处于由国家、家庭(族)、自身等组成的复杂关系体系之中,而不同关系主体的价值取向各异,这就使得儿童观呈现出国家本位、家族本位与个人本位等三种不同的价值取向。[③] 国家本位的儿童观是以国家利益为根本出发点,将儿童看成国家的财富,是国家延续与发展的一种"工具";家族本位的儿童观是以家族利益为根本出发点,将儿童作为家族"私有财产",是家族继承、繁衍和光宗耀祖的"工具";个人本位的儿童观是以儿童利益为根本出发点,打破了儿童对国家或家族的人格依附关系,使儿童成为一个具有自身独特个性的独立的个体。三种价值取向的儿童观中,国家本位的儿童观和家族本位的儿童观均将儿童看作一种满足国家或家族需要的"工具",即强调了儿童的

---

① 刘晓东. 儿童教育新论[M]. 南京:江苏教育出版社,1998:1.
② 俞金尧. 西方儿童研究四十年[J]. 中国学术,2001(4):299.
③ 蔡迎旗. 学前教育概论[M]. 武汉:华中师范大学出版社,2006:73-76.

工具价值，而忽视了儿童的本体价值；个人本位的儿童观则强调了儿童的本体价值而忽视了儿童的工具价值。可以看到，三种价值取向的儿童观的划分有一个假设前提，即儿童的工具价值与本体价值是分离与对抗的，或者说是国家、家族与个人三者利益的矛盾有不可调和性。从人类社会发展的历史来看，国家、家族与个人三者之间经常存在程度不同的矛盾，有时甚至无法调和，但三者之间在根本上却是相互依赖和内在一致的。人类社会发展的历史可以看作是这三者之间矛盾逐渐化解与不断取得一致的过程。因此，三种价值取向的儿童观的划分也只是一定社会阶段的产物，必将随着人类社会的不断发展而逐渐走向融合，最终实现儿童的工具价值与本体价值的内在统一。

（二）儿童观的形态

在特定的历史时期，儿童观会以不同形态呈现出来，而不同形态的儿童观的内容、视角、影响等也会有差异。

1. 儿童观的三种基本形态

根据儿童观所依附主体的不同，儿童观可以划分为社会主导形态的儿童观、学术理论形态的儿童观和大众意识形态的儿童观三种基本的形态类型。[①]

（1）社会主导形态的儿童观

社会主导形态的儿童观是一定社会中的政府机构、法律机构以及其他居于支配地位的人们所持的儿童观，一般以法律、政令、规章等形式加以正式确认，具有一元性、稳定性和强制性。这种儿童观体现了一定社会的基本与主流的价值取向，明确了国家对儿童的根本态度。

（2）学术理论形态的儿童观

学术理论形态的儿童观，亦称理性的儿童观，是哲学、文化学、人类学、心理学、教育学、儿科学等学术研究领域中的研究人员在深入思考和研究的基础上提出并持有的儿童观，一般以著作、论文等形式加以发表与传播，具有系统性、多元性与非强制性。这种儿童观是研究者在一定理论基础上，经过长时间深入研究后提出的，一般阐述较为系统与全面，受一定社会的时代特点、认识水平的影响与制约，表现出较为明显的历史

---

① 虞永平. 幼儿教育观新论[M]. 北京：人民教育出版社，2006：1-6.

演进过程。

（3）大众意识形态的儿童观

大众意识形态的儿童观是社会中广大社会成员所持有的儿童观，是一种最具实际意义的儿童观，一般以实际的儿童教育行为体现出来，具有实感性、差异性和零散性。其中，实感性指观念总是与一定的情境、行为相联系，处于准观念状态。在实践中，广大学前教育工作者在日常保教工作中自觉或不自觉践行的儿童观，就属于这种形态的儿童观。根据儿童观的牢固程度和功效，大众意识形态的儿童观可分为形式性儿童观和实质性儿童观两种。其中，形式性儿童观亦称理念性儿童观，指从观念上把握儿童观的主要内涵，并能用以分析和指导儿童生活和学习过程中自身与儿童关系中的现实问题，这种儿童观经学习就能获得。实质性儿童观亦称功效性儿童观，指不仅能从观念上掌握一定的儿童观，还具有使这种儿童观得以贯彻的内在素养和技能，已成为一种和爱心、责任心、活动组织技能等情感、品质和技能有机结合的一个综合观念。这种实质性儿童观是任何科学儿童观转化为具体教育行为的关键所在，是把握儿童观的实质环节。

2. 不同形态类型儿童观之间的关系

社会主导形态的儿童观、学术理论形态的儿童观和大众意识形态的儿童观之间相互影响并且交织在一起，彼此之间存在着错综复杂的关系，或者一致，或者矛盾。其中，社会主导形态的儿童观对其他形态的儿童观（特别是大众意识形态的儿童观）具有一定的指导作用，但又受其他形态的儿童观（特别是学术理论形态的儿童观）的影响，许多研究者通过参与起草国家相关法律法规、宣传现代儿童观的理念等多种途径，使学术理论形态的儿童观对社会主导形态的儿童观的影响越来越大。

社会主导形态的儿童观和学术理论形态的儿童观唯有通过影响与转化为大众意识形态的儿童观，特别是幼儿园教师的实质性儿童观，才能真正发挥并最终实现对学前教育实践的指导作用。这种影响和转化的过程往往比较漫长，并且经常出现滞后现象，如我国目前社会主导形态的儿童观和学术理论形态的儿童观中已基本确立了现代儿童观的主导地位，但大众意识形态的儿童观，尤其是实质性儿童观中还有很多传统儿童观的成分，如"性别歧视""将儿童视为家庭的私有财产"等。

资料卡片：童年的再现①

总体来看，"童年"这个范畴的定义和维持决定于两种话语：首先，主要为成人而生产出来的关于儿童的话语，它们不仅以学术或专业讨论的形式再现，同时出现在小说、电视节目，以及为社会大众提供生活指南的文学作品中。其次，为儿童而生产出来的话语，以儿童文学、电视节目以及其他媒体等形式再现，这些话语虽然贴着"儿童"的标签却很少由儿童自己制作。

关于"童年"的现代性定义出现于19世纪后半叶，这个时期的特征便是上述两种话语大量涌现。在此期间，儿童被逐渐而有系统地从成人的世界中分离出来，如推行国民义务教育、提高法定结婚年龄等；还有一系列新的社会机构与部门试图监督儿童的福利是否符合广大中产阶级的家庭理想从而确保"国家的健康"。将童年划分为一种独特生命阶段的做法以及将儿童从哈利·亨得立克（Harry Hendrick）所说的"有重要意义的社会活动"中排除出去的做法，均反映在上述两种话语中，并且给予了合理化解释。此外，这一时期也经常被视为儿童文学的黄金时期。

以上这些表明，儿童社会地位更广泛的历史变迁，经常与这种话语激增的现象一起出现。类似现象也曾在16、17世纪发生过，并且现在也正在发生着。

（三）儿童观的意义

儿童观折射着个体、社会对儿童的看法，能反映特定时代儿童观的价值取向，具备良好的儿童观修养，对学前教育工作者有重要的指导意义。

1. 儿童观是学前教育的基础

儿童是学前教育的对象，了解儿童的特点和需要，是开展有效的学前教育的起点与基础。因此，认识儿童便成了学前教育的起点。换言之，儿童观是学前教育的基础。任何人在教育儿童的过程中，都不可避免地自觉或自发地以一定的儿童观为基础。绝大多

---

① 大卫·帕金翰. 童年之死：在电子媒体时代成长的儿童[M]. 张建中，译. 北京：华夏出版社，2005：6-8. 有删改。

数非学前教育专业工作者在教育儿童的过程中,经常是自发地以一定的儿童观为基础。具体地说,他们不清楚何谓儿童观,也从未反思与审视过自己的儿童观,而是根据经验教育儿童,或者说是"跟着感觉走"。与此不同,学前教育专业工作者在教育儿童过程中,必须自觉地以一定的儿童观为基础。他们需要不断反思与完善自己的儿童观,根据现代儿童观的要求理智地教育儿童。

因此,儿童观(尤其是实质性儿童观)是否科学合理在很大程度上影响甚至决定了学前教育的科学性与合理性。这同时也就决定了在理解与研究具体的学前教育过程中,对其背后的儿童观进行研究是基础与核心。换言之,理解与研究儿童观是理解与研究学前教育的起点与核心,是学前教育理论的重要组成部分。

2. 儿童观折射了其所处历史时期的时代精神

时代精神是一个历史时期文化精神风貌的反映与集中体现,寄寓在当时历史时期的哲学、科学、艺术、教育等各个领域中。因此,每个历史时期的儿童观便是当时时代精神在教育领域和儿童研究领域中的体现。正因如此,在分析卢梭的儿童观时,有学者指出,"文艺复兴和启蒙运动对人性、人权、理性的呼唤,使时代精神在关于儿童的观念这一领域中形成了一股势不可挡的发现儿童的思潮……卢梭关于儿童的观念是在这一思潮中孕育的。由于时代和他个人这两方面的因素,他成为这一思潮的弄潮儿,成为时代精神在儿童观方面的代言人。"[1] 因此,透过每个历史时期的儿童观,可以管窥与刻画每个历史时期时代精神的状态。

时代精神是不断演变的,因此某一特定历史时期居于主导地位的时代精神可能是一元的,但必然会在不同程度上留存着前一历史时期的精神资源,同时还会孕育着后一历史时期的时代精神。因此,某一特定历史时期的时代精神往往是一种时代精神主导下的多种时代精神的共存。这就决定了每个历史时期的儿童观也经常是一种儿童观理念主导下的多种儿童观的共存。这在西方文艺复兴时期儿童观的状态中得到了体现与证实。"在文艺复兴时期产生的儿童观是从新人类观中理想的人的形象推导出来的。尽管承认了儿童的自由与兴趣,但是人们并未意识到儿童本身便是具有自身的独特价值的存在;

---

[1] 刘晓东. 儿童教育新论[M]. 南京:江苏教育出版社,1998:10.

也未否定儿童对于双亲的绝对服从关系。因此把儿童作为双亲的所有物来看的儿童观和中世以来的贯穿基督教的'原罪说'的儿童观依然占统治地位。"①

3. 儿童观的变革是学前教育改革的核心

学前教育改革有不同层面，如具体教育行为与教育策略的改革、教育政策与体制的调整、教育理念的更新等，但作为学前教育基础的儿童观的变革才是学前教育改革的核心。具体地说，唯有通过对儿童观，尤其是对学前教育实践具有直接指导与决定作用的实质性儿童观的变革，才可能实现学前教育的根本转变。

但令人遗憾的是，在学前教育改革过程中，经常出现过于关注与强调对诸如教育行为与策略等表层的改革，而不同程度地忽视对儿童观，尤其是实质性儿童观的变革，进而经常出现"新瓶装旧酒"的现象。如20世纪90年代，从美国引入我国的以现代儿童观为基础的幼儿园区域活动，在植入我国以工具主义儿童观为主导的学前教育领域过程中，出现了诸如将区域活动作为变相的分组教学等现象，在根本上误解甚至歪曲了区域活动。究其根源，虽然我们引进并学习了幼儿园区域活动的形式，但主导我们区域活动实践的儿童观却依然是以工具主义儿童观为主。换言之，我国传统文化中工具主义儿童观主导与现代儿童观处于边缘甚至缺失的状态，决定了我国学前教育传统中内在地缺乏幼儿园区域活动的文化基因。因此，学前教育改革的关键与核心是儿童观的变革，是在分析我国传统儿童观的基础上，借鉴西方儿童观中的精华，确立符合我国国情的现代儿童观，并最终将其转化为学前教育相关者的实质性儿童观。

二、儿童观的发展

儿童观是随着社会发展、时代演进而不断变化的，理解儿童观的历史变化，有助于理性、科学的儿童观的形成。以下简要分析中西方儿童观的历史演变。

（一）西方儿童观的演变

西方儿童观的历史演变过程，从一定意义上说就是在批评传统儿童观的基础上，现代儿童观逐渐孕育、发端、奠基与发展的过程。

---

① 刘晓东. 儿童教育新论[M]. 南京：江苏教育出版社，1998：8.

1. 西方现代儿童观的孕育：传统的、旧的儿童观及其批判

"西方现代儿童观的产生和发展既是新时代和新社会对教育提出的一种新的要求，又是对传统的和旧的儿童观的一种批判。"① 在西方发展的历史上，虽然有柏拉图、亚里士多德等思想家对儿童的关注与思考，但社会普遍的做法是"儿童"被成人视为"小大人"，没有被作为一个在兴趣、需要等方面不同于成人的独特群体加以区别与重视。在教会统治的中世纪，在普遍信奉人生而有罪的"原罪"观念的背景下，儿童自然也具有"原罪"，此时儿童观的主流是"儿童生而有罪"。

14—15世纪的文艺复兴时期，"人性、人道、人权"思想的光芒也照进了儿童观领域，散发着人文精神的全新儿童观生成的契机来临了。当时的思想家伊拉斯谟就已认识到儿童在能力、兴趣等方面与成人不同，并因此奉劝教师要研究儿童的自然能力和才智，明确指出，"有些教师总希望他们的小学生有像小大人一样的举止，这是完全错误的"。对待儿童，"首先是爱。然后渐渐随之以某种自然和温柔的尊严，而不是畏惧，前者比后者更有价值"。② 这就对古代的"儿童就是小大人"思想和教会统治时期的"儿童生而有罪"思想进行了一定的批判与超越。但当时儿童观的主流仍然是将儿童视为父母的所有物与私有财产和自中世纪以来贯穿基督教的"原罪说"的"儿童生而有罪"的思想。

17世纪，英国出现了一种新的儿童观，即认为儿童生来没有"原罪"。后来，洛克在《教育漫话》中概括了这一思想倾向，提出了"白板说"，洛克认为：人刚生下来时就像白纸一样，可以随心所欲地将其做成任何式样。既然儿童刚来到人世间时其精神方面是"白板"，那自然也就没有"原罪"。从这个意义上说，"白板说"从根本上推翻了"原罪说"。

17世纪之前儿童观的主流虽是"儿童就是小大人""儿童生而有罪"等思想。但不乏一些伟大的思想家提出了许多关于"儿童"的零散的真知灼见，其中不少富含现代儿童观的思想萌芽，为后来现代儿童观思想的诞生与发展提供了丰富的思想源泉。与此同

---

① 单中惠. 西方现代儿童观发展初探[J]. 清华大学教育研究，2003（4）：17.
② 伊丽莎白·劳伦斯. 现代教育的起源和发展[M]. 纪晓林，译. 北京：北京语言学院出版社，1992：43-44.

时，不少思想家从未停止过对传统的、旧的儿童观的批判，如洛克的"白板说"就是对"原罪说"的致命一击，这为后来现代儿童观思想的诞生扫清了障碍。

2. 西方现代儿童观的发端：儿童的发现

"从西方现代儿童观的产生和发展来看，它可以追溯到18世纪法国教育家卢梭。正是被誉为'教育上的哥白尼'的卢梭，开创了西方现代儿童观的发展道路，点燃了西方儿童观变革的火炬。"① 就此而言，西方现代儿童观的发端，可以用卢梭在《爱弥儿》中体现出来的儿童观管中窥豹。主要有以下三点：

（1）儿童生来便具有一些自然赋予的冲动，一些美好的天性。"我们把这一点作为不可争辩的原理，即本性的最初的冲动始终是正确的，因为在人的心灵中根本没有什么生来就有的邪恶，任何邪恶我们都能说出它是怎样和从什么地方进入人心的。"②

（2）儿童期的存在是自然规律。"大自然希望儿童在成人以前就要像儿童的样子。如果我们打乱了这个次序，我们就会造成一些早熟的果实，它们长得既不丰满也不甜美，而且很快就会腐烂，我们将造就一些年纪轻轻的博士和老态龙钟的儿童。……儿童是有他特有的看法、想法和感情的。"③

（3）儿童期具有独立的存在价值。卢梭否定了儿童期仅仅是为将来的成人生活作准备的观念，明确指出儿童期有其独立的存在价值。"他长大为成熟的儿童，他过完了童年的生活，然而他不是牺牲了快乐的时光才达到他这种完满成熟的境地的，恰恰相反，它们是齐头并进的。在获得他那样年纪的理智的同时，也获得了他的体质许可他享有的快乐和自由。"④

卢梭在批判传统的、旧的儿童观，继承与发扬以往作为支流而存在的关于儿童观的零散观念的基础上，明确指出与分析了儿童的独特性及其独立存在的价值，真正从观念层次上"发现了儿童"。正是在这个意义上，人们才会将"儿童的发现"与卢梭联系在一起。

---

① 单中惠. 西方现代儿童观发展初探 [J]. 清华大学教育研究，2003（4）：17.
② 卢梭. 爱弥儿 [M]. 李平沤，译. 北京：商务印书馆，1994：94-95.
③ 卢梭. 爱弥儿 [M]. 李平沤，译. 北京：商务印书馆，1994：91.
④ 卢梭. 爱弥儿 [M]. 李平沤，译. 北京：商务印书馆，1994：209.

3. 西方现代儿童观的奠基:"儿童中心"

受卢梭"儿童的发现"的影响,再加上自然科学发展的推动,18世纪出现了"教育心理学化"运动,裴斯泰洛齐、赫尔巴特、福禄培尔等主张教育应以心理学规律为依据,由此出现了"对科学儿童观的召唤"。到19世纪80年代,普莱尔《儿童的精神》一书出版,才使"儿童观在科学层面上出现已成为可能"。[1] 这些都极大推进了西方现代儿童观的发展,但直到杜威才真正奠定了现代儿童观的理论基础。"美国教育家杜威作为西方现代教育派理论的主要代表,对现代儿童观作了进一步的阐述,无疑奠定了西方现代儿童观的理论基础。"[2] 杜威儿童观的核心是确立了"儿童中心"地位,主要包括以下两点:

(1)强调儿童的本能的基础性。杜威在《我的教育信条》中指出,"唯一的真正教育是通过对儿童能力的刺激而来的","儿童自己的本能和能力为一切教育提供了素材,并指出了起点"。[3] 他认为儿童的本能主要有语言和社交的本能、制作的本能、研究和探索的本能、艺术的本能等四种,其中最重要的是制作的本能,儿童的本能应成为教育的真正基础。

(2)儿童是发展中的人。儿童具有未成熟性,具有一种发展的能力,主要通过自己的主动活动以及经验的不断改造,使自己生长和发展。杜威将儿童发展的过程分为游戏期(4—8岁)、自发的注意时期(8—12岁)和反射的注意时期(12岁以后)三个相互结合和重叠的阶段。

4. 西方现代儿童观的发展:儿童的世纪与儿童的权利

进入20世纪后,包括杜威在内的人类学、心理学、教育学等众多领域的研究者从各自的学科视角出发,对儿童进行了多方面的深入研究。同时,许多国际组织、国家也日益关注儿童问题,如联合国于1989年通过了《儿童权利公约》,1990年世界儿童问题首脑会议通过了《儿童生存、保护和发展世界宣言》,这表明儿童问题受到了越来越多研究者、国家及国际组织的关注和重视。这也恰恰印证了1900年爱伦·凯出版的《儿童

---

[1] 刘晓东. 儿童教育新论[M]. 南京:江苏教育出版社,1998:10-14.
[2] 单中惠. 西方现代儿童观发展初探[J]. 清华大学教育研究,2003(4):18.
[3] 杜威. 杜威教育论著选[M]. 赵祥麟,王承绪,编译. 上海:华东师范大学出版社,1981:1-2.

的世纪》一书的预言，即20世纪将是儿童的世纪。

儿童权利的确认是20世纪西方现代儿童观发展的重要特征。儿童权利是指儿童作为权利主体，享有与成人彼此平等的利益、价值、尊严、自由等。[①]《儿童权利公约》中儿童权利主要包括四个方面：一是生存的权利，主要指儿童有生命权、健康权和接受医疗关怀的权利；二是受教育权和自主发展的权利，主要是指儿童有接受正规教育和非正规教育的权利，并获得身心和谐全面发展；三是参与权，指儿童有权利参加家庭、社会和各种文化生活，并有权就与其发展有关的事项提出自己的意见；四是受保护权，每个儿童都有免受歧视、虐待和忽略的权利，孤儿、难民中的儿童等困境儿童应受到特殊保护。《儿童权利公约》还确立了关于儿童权利的四个基本原则：一是儿童利益最大原则，即任何事情凡是涉及儿童，必须以儿童利益为重；二是尊重儿童尊严的原则，即尊重儿童的人格和尊严，保证儿童生存与发展的质量；三是尊重儿童的观点与意见的原则，即任何事情如果涉及儿童本人，必须认真听取儿童自己的观点和意见；四是无歧视原则，即儿童不论来自任何社会文化背景、贫富、性别、正常与残障，都要受到公平对待。

总的来说，西方现代儿童观孕育、发展的历史主要遵循与体现了三条线索：一是"儿童"的概念从无到有，从简单到丰富；二是从以成人为中心到"儿童期"概念的出现与确认，再到"儿童中心"主张的提出与确认；[②]三是从儿童作为国家或家庭的私有财产到儿童自身权利的确认与保护。

（二）中国儿童观的演变

中国儿童观的形成既有我们独特的历史文化背景，也有世界儿童观演变的共同逻辑，以下将中国儿童观的历史演变划分为三个阶段进行简要分析。[③]

1. 中国传统文化中的儿童观

中国传统文化中儿童观的主流是工具主义的，即将儿童当作工具，强调儿童的工具价值，而相对忽视其本体价值，如家庭把子女看成传宗接代、光耀门庭的工具，养子防老，性别歧视等。

[①] 朱宗顺. 学前教育原理 [M]. 北京：中央广播电视大学出版社，2011：93.
[②] 参见刘晓东. 儿童教育新论 [M]. 南京：江苏教育出版社，1998：15-16.
[③] 参见刘晓东. 儿童教育新论 [M]. 南京：江苏教育出版社，1998：48-63.

除了居于主导地位的工具主义儿童观，中国传统文化中的儿童观也存在一些细小支流，如"慈幼"思想、王阳明的"大抵童子之情，乐嬉游而惮拘检"思想。在中国哲学强调"道法自然""道法天地"的背景下，王阳明、龚自珍、曾国藩等人取譬种植以论教育的智慧而提出的"园丁说"思想①构成了我国传统文化中儿童观支流的重要组成部分。

2. 中国近现代的儿童观

中国近现代史上，一批先进的学者在对封建文化进行批判的同时，积极倡导"科学与民主""人的尊严与自由"。这自然也影响到了儿童领域。鲁迅就是其中的杰出代表，他深刻揭示与批判了封建礼教的"吃人"特性，发出"救救孩子"的呼声，还为建设新儿童观而呐喊；在《我们现在怎样做父亲》一文中倡导父母应"各自解放了自己的孩子"，并且"一切设施，都应该以孩子为本位"。除了鲁迅之外，文学艺术领域的郭沫若、周作人、郑振铎、丰子恺等，教育领域的陶行知、陈鹤琴等，都加入了建构现代儿童观的行列。

3. 中国当代的儿童观

中国共产党一贯重视儿童的养护与教育问题。中华人民共和国成立后，更是在儿童保健、教育等方面积极开展大量工作。但新中国成立后的儿童观受到了"左""右"倾政治的干扰。1978年十一届三中全会之后，儿童研究重新步入正轨并驶上快车道，心理学、教育学等多学科领域的学者在介绍与借鉴西方相关成果的同时，也积极开展多方面研究。

中国政府积极致力于儿童权利保护事业，制定与颁布了一系列相关法律法规。《中华人民共和国宪法》是我国儿童权利获得认可的根本保障。1992年，经我国政府批准，联合国《儿童权利公约》正式在中国生效。除此之外，我国也制定了多种法律、法规来保护儿童的权利。比如1991年颁布的《中华人民共和国未成年人保护法》，规定未成年人应享有受教育权、生存权、发展权和受保护权等。2011年，国务院再次颁布《中国儿童发展纲要（2011—2020年）》，明确提出：儿童时期是人生发展的关键时期。为儿童提供必要的生存、发展、受保护和参与的机会和条件，最大限度地满足儿童的发展需要，发挥儿童潜能，将为儿童一生的发展奠定重要基础。该文件还提出了儿童工作的五项基本原则：一是依法保护原则。在儿童身心发展的全过程，依法保障儿童合法权利，促进

---

① 刘晓东，卢乐珍. 学前教育学［M］. 南京：江苏教育出版社，2004：84-91.

儿童全面健康成长。二是儿童优先原则。在制定法律法规、政策规划和配置公共资源等方面优先考虑儿童的利益和需求。三是儿童利益最大原则。从儿童身心发展特点和利益出发处理与儿童相关的具体事务，保障儿童利益最大化。四是儿童平等发展原则。创造公平社会环境，确保儿童不因户籍、地域、性别、民族、信仰、受教育状况、身体状况和家庭财产状况受到任何歧视，所有儿童享有平等的权利与机会。五是儿童参与原则。鼓励并支持儿童参与家庭、文化和社会生活，创造有利于儿童参与的社会环境，畅通儿童意见表达渠道，重视、吸收儿童意见。

总之，随着中外交流的扩大与加速，扎根于中国本土文化基础上的新的儿童观正逐渐得以确立。当然，认识的改变并不平衡，一些落后于时代的儿童观依然在实践中时有体现，比如我们依然不难发现诸如传宗接代、养儿防老等有悖于现代儿童观的行为存在。

三、学前教育领域的科学儿童观及其建构

（一）科学儿童观的内涵

所谓科学的儿童观是指理性符合时代要求和儿童成长需要的有关儿童的观点。科学儿童观并没有统一的标准，但必须符合现代科学、伦理、法律、道德等对儿童的认识。

1. 儿童是全方位不断发展中的人

儿童首先是一个人，是权利主体，享有一切基本的人权。因此，教师应尊重每个儿童的人格尊严与基本权利，维护儿童的合法权益。儿童又是一个具有发展潜力的发展中的人，因而享有一些特别的权利，如被保护的权利、发展的权利、被照料的权利等。儿童还是一个"完整的人"，其发展包括生理、认知、情感与社会等方面全面、和谐的发展，因此，学前教育必须以每一个儿童的全面发展为本。

作为不断发展中的人，儿童不是"小大人"，而是有其独特的文化，即儿童文化。"儿童文化是儿童表现其天性的兴趣、需要、话语、活动、价值观念以及儿童群体共有的精神生活、物质生活的总和。儿童文化是儿童内隐的精神生活和外显的文化生活的集合。"[1] 成人在教育儿童时，首先要认识、尊重儿童文化。

---

[1] 刘晓东. 儿童文化与儿童教育[M]. 北京：教育科学出版社，2006：34.

2. 儿童期具有独立存在和为成人期作准备的双重价值

儿童期作为人生中的一个特定阶段，必然具有独立存在的价值，因此要关注与重视儿童期的独特需要（如游戏的需要），满足这些需要本身就很有价值。与此同时，儿童期还是人生的起始阶段，必将成长与过渡到成人期、老人期。在此过程中，前面阶段是后面阶段的基础与准备，后面阶段也是在前面阶段基础上发展而来的。

因此，儿童期具有独立存在价值的同时，还具有为成人期作准备的价值。儿童期的双重价值并非矛盾与对立，不能为了实现某一价值而忽视或损害另一方面价值，而应内在统一。"教育不仅应当使儿童发展，而且应当使儿童欢乐。"①

3. 儿童是主动的学习者与游戏式的存在

儿童天生好奇好问，富有好奇心与求知欲，是主动的学习者。但儿童只有在其自发的、感兴趣的活动中主动探索与学习时，才是一个主动的学习者。

同时，儿童的基本活动是游戏，是一种游戏式的存在，儿童在游戏中并且通过游戏生活、生长、学习与发展。正是基于此，《幼儿园教育指导纲要（试行）》中明确提出，幼儿园教育"以游戏为基本活动"。《幼儿园教师专业标准（试行）》中也强调"重视环境和游戏对幼儿发展的独特作用，创设富有教育意义的环境氛围，将游戏作为幼儿的主要活动"。

4. 儿童是富有差异的存在，理应受到平等对待

儿童发展遵循一些基本规律，具有一些共性，但具体的儿童是丰富多彩的，是富有差异的存在。差异的存在使得不同儿童之间的合作成为必要与可能，也正是这些差异使得儿童在对话与合作中相互学习与共同发展。从这个意义上讲，差异非但不是教育的不利因素，而且蕴含着丰富的教育与发展价值。总之，教师应尊重儿童的个体差异，主动了解和满足有益于儿童身心发展的不同需求。

儿童之间有的只是差异，如性别差异、民族差异等，不存在高低贵贱之分，均应受到平等对待，包括特殊需要儿童。所有儿童均应受到平等对待的核心与关键是每个儿童都能以适合自己的方式受到他人（尤其是成人）的理解、支持与尊重。因此，教师在保

---

① 刘晓东. 儿童教育新论 [M]. 南京：江苏教育出版社，1998：100.

教实践中应公正地对待每一个儿童，不因民族、性别、地域、家庭背景、经济状况和身心缺陷等歧视儿童，设计丰富多样、适宜的保教活动方式，因材施教，以促进儿童的个性发展。

5. 儿童有权享有幸福的童年

享有幸福快乐的童年，不仅是学前教育理应追求的一个重要目的，更是儿童的一项基本权利，任何人都无权以任何理由剥夺这一权利。幸福不仅是物质满足后的快乐，更是精神需要的满足，特别是成长（如独立站起、蹒跚学步等）中不断自我超越的成就感体验。所以，《幼儿园教师专业标准（试行）》中明确指出要"让幼儿拥有快乐的幼儿园生活"。

（二）科学儿童观的构建

无论是个体，还是整个社会，科学、理性的儿童观的形成，并非一蹴而就，需要长期的思考、交流、濡染、超越，以下七条路径可供参考：

1. 国际交流：科学儿童观构建的国际基础

在文化全球化的背景下，任何一个国家、民族的文化都无法完全脱离其他国家、民族的文化而单独存在，而是在不同程度地与其他国家、民族的文化的碰撞与交流中不断发展、完善。具体到儿童观领域，我们也应积极关注与了解其他国家的儿童观变化，包括对其他国家儿童观历史演变的梳理以及目前儿童观主流思想的学习。其他国家的儿童观思想可以使我们从不同的视角审视我国的儿童观，包括历史与现状。总之，积极开展国际交流，批判性地借鉴与吸收其他国家儿童观思想中的有益成分，是我国构建科学儿童观的国际基础。

2. 历史反思：科学儿童观构建的历史基础

任何儿童观都是孕育和建立在历史上已有的儿童观之中，尤其是在批判性地分析已有儿童观中的糟粕成分，梳理与吸收已有儿童观中的有益成分的基础上构建起来的，是儿童观历史不断演变、沉淀与更新的产物。总之，对我国儿童观历史演变的梳理与分析，是构建科学儿童观的历史基础。

3. 现实审思：科学儿童观构建的现实基础

国际交流赋予我们的多元视角和历史反思赋予我们的历史镜鉴，可以帮助我们更好地审视目前现实中的儿童观，找到现存儿童观和我国历史上已有儿童观之间的内在联系，鉴别我国现存儿童观和其他国家儿童观之间的异同，进而能更清晰地分析与鉴别出我国当下现实中的儿童观（尤其是大众意识形态儿童观中的实质儿童观）中所残存的历史儿童观中的糟粕成分与有益成分，最终能有意识地对我国现实儿童观进行认识与改造。

4. 深化研究：科学儿童观构建的重要前提

哲学、人类学、心理学、教育学、医学等不同学科领域，对儿童进行不同学科视角的研究，获得对儿童更为全面与深入的认识，这是构建科学儿童观的重要前提。

5. 立法保障：科学儿童观构建的必要保障

联合国、国际组织已通过了多项儿童权利保障法案，如《儿童权利公约》等，我国也颁布了多项相关法案。这些都为保障儿童权利提供了强有力的保障。总之，通过立法（包括国际组织立法和我国政府立法）保障儿童的基本权利，是构建科学儿童观的必要保障。

6. 宣传普及：科学儿童观构建的必要条件

通过多种媒体与途径宣传普及科学儿童观，让更多人，尤其是直接从事学前教育事业的人（如教师、家长等）了解，这是改造原有儿童观、构建科学儿童观的必要条件。

7. 重视转化：科学儿童观构建的关键环节

在学术理论形态的儿童观"百家争鸣""百花齐放"的基础上，将科学儿童观转变为社会主导形态的儿童观，这是在社会成员中构建科学儿童观的第一步；社会成员从观念层面了解与把握科学儿童观的内涵，实现社会主导形态的儿童观向大众意识形态儿童观中的形式性儿童观的转变，这是在社会成员中构建科学儿童观的第二步；最终只有将社会主导形态的儿童观转化为实质儿童观才能真正发挥对学前教育的作用，这是在社会成员中构建科学儿童观过程中最艰巨、最漫长，也是最关键的一环。总之，重视将科学儿童观从学术理论形态逐渐向社会主导形态，进而向大众意识形态的不断转化，最终转化为实质性儿童观，这是构建科学儿童观的关键所在。

▶ 小结

儿童发展是儿童的生理、认知、情感与社会等方面由简单到复杂、由低级到高级的变化过程，可以划分为出生前期、婴幼儿期、儿童早期、儿童中期、青少年期五个发展时期。儿童发展的连续性与非连续性、普遍性与非普遍性、线性与非线性等特性内在统一，共同刻画与揭示了儿童发展的总体概貌与特性。儿童发展是学前教育的内在依据，同时，学前教育是儿童发展的现实条件。

儿童观是人们对儿童总的看法与基本观点，有国家本位、家族本位与个人本位三种价值取向，根据所持主体的不同可以划分为学术理论形态的儿童观、社会主导形态的儿童观和大众意识形态的儿童观三种类型。儿童观是学前教育的基础，折射了其所处历史时期的时代精神，儿童观的变革是学前教育改革的核心与关键。

中西方儿童观均经历了一个漫长的历史演变过程：西方现代儿童观经历了孕育、发端、奠基与发展四个阶段，而中国传统文化中儿童观的主流是工具主义儿童观。在学前教育领域，科学儿童观的内涵至少包括五个方面：儿童是全方位不断发展中的人；儿童期具有独立存在和为成人期作准备的双重价值；儿童是主动的学习者与游戏式的存在；儿童是富有差异的存在，理应受到平等对待；儿童有权享有幸福的童年。

在构建科学儿童观过程中，国际交流、历史反思与现实审思是基础，对儿童的深化研究是重要前提，立法保障是必要保障，宣传普及是必要条件，重视儿童观不同形态类型之间的转化是关键。

▶ 思考与实践

1. 名词解释：儿童发展、儿童观、儿童权利
2. 谈谈你对儿童发展与学前教育关系的认识，并据此视角分析诸如"神童教育""超前识字""儿童读经"等现象。
3. 谈谈你对儿童发展的特点及其对教育策略影响的认识。
4. 剖析自己观察或组织的一次幼儿园教育实践活动中体现了怎样的儿童观。分析这种儿童观的利与弊，找出这种儿童观和科学儿童观的异同，并分析如何才能不断改善自身的儿童观进而树立科学的儿童观。

5. 调查与比较我国目前学术理论形态的儿童观、社会主导形态的儿童和大众意识形态的儿童观之间以及大众意识形态儿童观中形式性儿童观与实质性儿童观之间的异同,并谈谈如何才能促进儿童观不同形态类型之间的转化。

▶ **延伸阅读**

1. 刘晓东. 儿童教育新论［M］. 南京:江苏教育出版社,1998.(第一章)

该章主要探讨儿童观的演变历史、儿童观演变的原因、儿童福利与权益的发展、中国与西方的儿童崇拜、儿童观在中国文化中的演变及其现代化问题。

2. 刘晓东. 儿童文化与儿童教育［M］. 北京:教育科学出版社,2006.(第一、二章)

第一章"儿童是谁"主要从八个方面对儿童地位、价值等进行了剖析。第二章"儿童文化"分析了儿童文化的概念及其与成人文化的异同、成人文化对儿童文化的哺育和污染,提出要变革传统文化,建设适宜儿童成长的社会和文化。

3. 刘晓东,卢乐珍,等. 学前教育学［M］. 南京:江苏教育出版社,2004.(第二章)

该章"儿童观"主要从七个方面分析了对儿童的认识,探讨了儿童福利与权益保护问题。

4. 虞永平. 幼儿教育观新论［M］. 北京:人民教育出版社,2006.(第一章)

该章分析了儿童观的含义、儿童观的三种形态、儿童观的演变历史、现代化的儿童观的内涵。

5. 劳拉·E. 贝克. 儿童发展［M］. 吴颖,等,译. 5版. 南京:江苏教育出版社,2002.(第一章)

该章主要探讨儿童发展的学科定位、发展领域、阶段、特征、儿童发展理论的历史、各种儿童发展的理论、儿童发展和社会政策等。

第三章

学前教育中的教育者

>> 内容导航

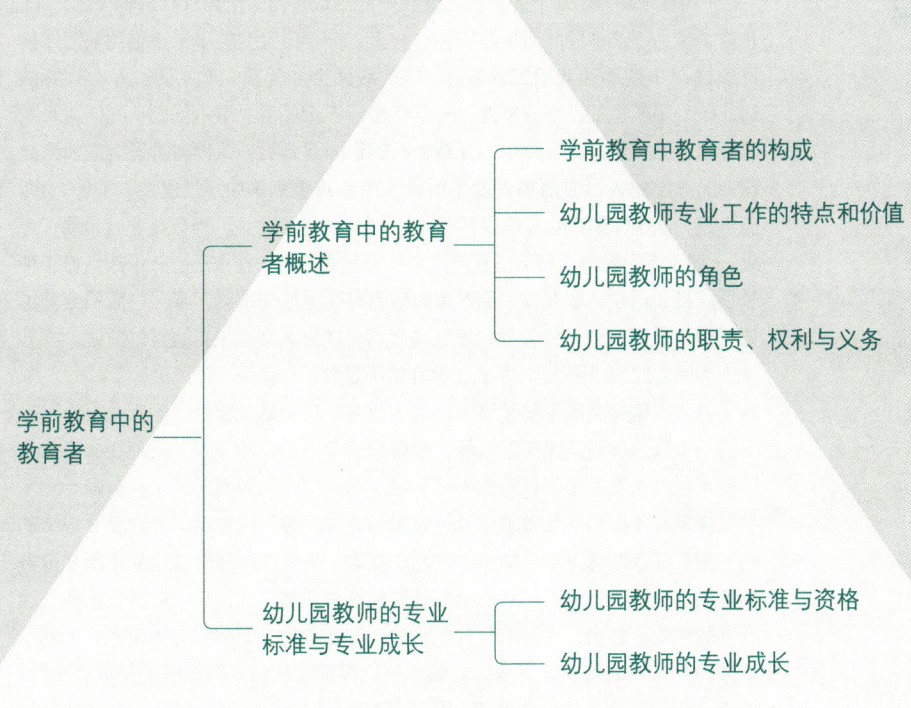

▶ **学习目标**

1. 了解学前教育机构中教育者的构成，了解学前教育机构的教育者主体——幼儿园教师的专业工作特点与价值、应承担的角色、权利和职责、职业素养、专业成长的内涵及途径。
2. 理解幼儿园教师专业工作的特点与价值、承担的角色、职业素养、专业成长途径对儿童发展与幼儿园教师自身发展的关键意义。
3. 能用本章知识结合实际案例，分析幼儿园教师应该具备的专业素质。

▶ **引言**

　　一个教师带着20个4岁的儿童在户外活动，因为全园只有两辆小三轮车，儿童常常为"该谁骑"而争吵不休。一天，一个叫宝宝的小男孩跑到教师面前抗议道："小莉不让我骑三轮车！"这时教师会如何反应呢？受过专业训练的幼儿园教师典型的"专业反应"一般会牵涉三个相互关联的问题：此情境可教导儿童什么？老师对事件中的儿童言行的诊断是什么？课程与管理上应如何处理？而非专业人员面对事件发生时，大多会将重点集中于"发生"了什么事，而不是"从这件事中儿童可以学到些什么"，对他们来说，当务之急就是要"熄火"，停止这场纷争，而不是利用这个机会教导儿童一些技巧、知识或培养某种气质。换句话说，非专业人员可能会认为停止这场争端就没事了，而不会考虑如何做才最能促进儿童长期的发展与学习。如果教师也采用这样的方法，将教学视为间歇性的"灭火"，那么，教师就不是教师，而是"灭火器"了！[1]

　　以上案例是美国学前教育家丽莲·凯兹在讨论幼儿园教师的专业行为时提出的一个假想的幼儿园典型情境，她设想了专业教师和非专业教师在面临儿童因使用玩具车而发生争执时的不同反应。这说明学前教育机构中，教师专业水平是决定其能否科学合理地应对儿童抛过来的"球"的关键。受过专业训练的幼儿园教师，能运用专业知识、理念、技能，对幼儿园随时发生的诸如儿童争执等事件进行分析诊断，从而全面调整和改变保教工作策略，以符合儿童长远发展的需要。那么，在学前教育机构中，专业的幼儿园教师应该是怎样的呢？本章将从学前教育中教育者的介绍入手，进而分析幼儿园教师的特点、角色、价值、权利与义务、专业素养，最后落脚到促进幼儿园教师专业成长的阶段、标准、途径等，从而为准幼儿园教师的专业成长服务。

---

[1] 丽莲·凯兹. 与幼儿园教师对话：迈向专业成长之路[M]. 廖凤瑞，译. 南京：南京师范大学出版社，2004：187，197. 有删改。

第一节　学前教育中的教育者概述

幼儿园等学前教育机构中构成教育者的有哪些要素？幼儿园教师作为学前教育机构中教育者的主体，具有怎样的价值和特点？应该具有哪些角色与要求？有何权利与义务？

一、学前教育中教育者的构成

教育者是组成教育活动的三个基本要素之一，学前教育活动的构成也是这样。无论是家庭学前教育还是社会学前教育，都离不开作为学前教育活动主体之一的学前教育者。所谓学前教育者是指学前教育活动中直接或间接承担设计、组织、实施、评估保育和教育工作职责的人。由于学前教育的类型不同，学前教育者的具体责任者也各不相同。

1. 各类学前教育活动中的学前教育者

在家庭学前教育活动中，学前教育者是孩子的父母、长辈，或承担看护、照料、教育孩子责任的其他家庭成员，有时候这一角色还会由家庭聘请的保姆担任。家庭学前教育中，学前教育者往往是非专业的，但他们同孩子之间具有特殊的血缘亲情关系，这不同于专门学前教育机构和其他社会学前教育活动中的学前教育者。

在社会学前教育活动中，学前教育者有两类不同的队伍。一是非专业的社会学前教育活动中的学前教育者。如大众媒介、社会团体、政府机构等组织和部门中的相关人员，当他们结合自己的工作，开展客观上对学前儿童产生影响的相关活动时，他们也会担负起一定的学前教育者的角色。但是，他们至多是"相关"学前教育者，即他们的工作和学前教育有一定关系，但其工作职责、任职资格均非专业学前教育标准。二是专门的学前教育机构中的学前教育者，这类学前教育者是本书讨论的重点。

专门的社会学前教育机构，如幼儿园、托儿所、学前班、早教中心等，是当代学前教育的主要组成部分。在这类专业且专门的学前教育机构中，承担教育责任的人包括教师、行政管理人员、医生、保健员、保育员、事务人员、炊事员和其他工作人员等。其中，教师是学前教育机构中的教育者的主体和代表，当然，教师、管理人员和保育员的区分有时是相对的，管理人员一般由有经验的教师担任，而保育员在条件不具备的机构中往往由教师兼任。

2. 幼儿园教师的含义

教师是在专门的学校教育机构中传递人类科学文化知识和技能，进行思想品德教育，把受教育者培养成一定社会需要的专业人员。① 专业学前教育机构中的教师，同样具备现代教师的一般属性。教育部2012年颁布的《幼儿园教师专业标准（试行）》规定②：幼儿园教师是履行幼儿园教育教学工作职责的专业人员，需要经过严格的培养与培训，具有良好的职业道德，掌握系统的专业知识和专业能力。

教师首先是一项职业领域，其专业性身份是逐步获得的。一般认为，1966年国际劳工组织和联合国教科文组织的文件《关于教师地位的建议》首次明确把教师视为专业人员。幼儿园教师的专业身份同样如此。自欧文创办幼儿学校开始，学前教育机构中的教育者的培养、任用等便提到了议事日程上，这使得古代社会中幼儿保育和教育的"保姆"阵营中逐步出现了经由专业训练的专业人员，但学前教育机构中的教育者的专业化进程和水平在不同国家和地区各不相同。自1903年湖北幼稚园创办开始，我国有了第一批幼儿园教师，当时仍称"保姆"，主要由"节妇"训练而成。20世纪50年代，我国幼儿园教师开始称为"教养员""保育员"，但社会上习惯称呼"阿姨"。80年代，学前教育机构中的教育者开始被称为"幼儿园教师"，1995年国务院发布《教师资格条例》，"幼儿园教师"这个名称就广泛、正式使用。至此，作为我国学前教育机构中的教育者的主体的幼儿园教师，获得了和其他教育机构中的教师具有同样性质的专业身份。从保姆、阿姨、教养员，到幼儿园教师，反映了社会对学前教育工作者职业性质认识的变化。在社会普遍看低学前教育价值的背景下，学前教育工作者只是被视为谋生手段的职业之一而已，但随着学前教育价值逐步得到社会认可，学前教育逐步成为一个专业领域。毫无疑问，幼儿园教师是一项职业，但这项职业具有独特的知识、能力、伦理道德等要求，是有着专业特征的职业，是社会的专业领域之一。

二、幼儿园教师专业工作的特点和价值

幼儿园教师作为学前教育机构中教育者的主体，每天与儿童直接互动，对本班儿童

---

① 顾明远. 教育大辞典（1）[M]. 上海：上海教育出版社，1990：230.
② 教育部教师工作司.《幼儿园教师专业标准（试行）》解读[M]. 北京：北京师范大学出版社，2013：151.

的健康成长承担主要责任,其专业工作具有自己的特点和崇高的价值。

(一)幼儿园教师专业工作的特点

同人类社会的其他活动领域一样,幼儿园教师的专业工作本质上也是一种劳动。任何一种职业领域的劳动都有自己的独特之处,幼儿园教师的专业工作也不例外。幼儿园教师要根据教育目的和幼儿园的保教目标,支持并指导儿童开展各种活动,并且照顾他们的饮食、睡眠,培养他们良好的生活和行为习惯,促进他们体、智、德、美等方面全面发展。与其他职业劳动相比,幼儿园教师专业工作有其自身的特点。

1. 工作对象的主动性与幼稚性

儿童是幼儿园教师工作的对象。儿童是一个有意识、有主观能动性的人。在幼儿园教师对儿童施加影响的过程中,儿童既是保与教的客体,又是"学"的主体。儿童不是被动地接受教师的教育影响,而是通过自身内部作用来主动选择和接纳外部影响,形成自己的经验与知识结构,发展自己的情感。也正是因为劳动对象的主动性,使得幼儿园教师的劳动非常复杂,具有很强的挑战性。幼儿园教师只有很好地了解儿童生理、心理发展的规律与特点,了解他们的思想感情,激发他们的求知欲,根据儿童的反馈不断改善教育内容与方法,才能提高幼儿园教师劳动的效益与效率。

幼儿园教师的工作对象是2—6岁的儿童,他们处于身心发展的初期,身体各器官还不够成熟,思维形象具体,辨别是非的能力差,模仿性较强。他们用孩子的目光来看待周围的一切,所想所为与成人的差距很大。比如看见蝴蝶时就会问"蝴蝶的妈妈在哪里,蝴蝶晚上也是一个人睡觉吗",吃饭时喜欢把碗里的饭挖成一个山洞,等等。幼儿园教师一定要了解儿童的特性,不能用成人的思维方式来看待儿童的所想所为,必须了解儿童的兴趣与愿望,对其进行粗浅的、简单的、形象的、正面的教育。同时,由于儿童第一次获得的印象是比较深刻的,儿童的可塑性比较大,儿童对教师的依赖性也比较大,幼儿园教师的一言一行对儿童以后的发展影响很大。因此,幼儿园教师劳动对象的幼稚性决定了幼儿园教师必须具有很高的教育智慧和责任心。

2. 工作任务的全面性与细致性

幼儿园教师的任务呈现全面性的特点。一是指幼儿园教师的任务要面向全体儿童,二是指要对儿童进行体、智、德、美全面发展的教育。保教结合是幼儿园教师专业工作的重要特点。幼儿园教师不仅要照料儿童的生活起居、饮食睡眠，还要指导他们游戏，开展各领域活动，支持他们身体、智力、社会性、审美等方面全面发展。

幼儿园教师的工作又是一件非常细致的工作。首先，儿童独立生活能力较弱，教师要细致地照料他们的生活，比如儿童洗手时教师要指导并帮助儿童把衣袖卷起，随时按气温与活动量为儿童增减衣服，细心观察儿童身体健康状况或情绪的变化，及时处理，等等。在教育活动中，教师要耐心细致地启发儿童，激发他们的兴趣与求知欲。儿童的行为习惯和品德的形成更是在幼儿园教师具体示范、说明、鼓励和提醒下逐步形成的。可以说，幼儿园里无小事，每一件细小的事情对儿童来说都是获得经验的宝贵资源，都需要教师认真细致地去做。这要求幼儿园教师必须具有高度耐心细致的工作作风。

3. 工作过程的复杂性与创造性

幼儿园教师既要承担保育的工作，又要承担教育教学的任务；既要负责儿童的学习，又要负责儿童的生活。所以，幼儿园教师劳动的复杂性是其他各级各类教育的教师所无法比拟的。首先，幼儿园教师的工作是一个高情感投入和安全责任重的工作。对儿童身心安全和健康的维护是幼儿园教师日常工作中非常重要的一部分，也是学前教育活动的基础。学前教育的基本途径是寓教于幼儿园一日生活之中，为了实现学前教育的任务，教师往往要精心安排、组织好儿童的入园、晨间活动、早操、早点、盥洗、教育教学活动、午餐、午睡、午点、自由活动、兴趣活动、离园等各个环节，做到动静交替，保证儿童健康发展。另外，儿童的成长会受到来自幼儿园、家庭和社会多种因素的影响，只有在幼儿园教师的调控下形成教育合力，才能对儿童产生积极的影响，这无疑也增加了幼儿园教师劳动的复杂性与艰巨性。

幼儿园教师劳动因其复杂，也相应地具有其创造性。其一，由于儿童不断地变化发展，要求幼儿园教师的工作要有较强的创造性和灵活性；其二，由于儿童易受环境的影响，要求幼儿园教师创造性地整合托幼机构、家庭和社会的环境影响；其三，幼儿园教师拥有较大的教育自主权，为他们提供了更大的创造空间；其四，幼儿园的教育有很强的探索性和艺术性，要求教师具有更大的创造性。

4. 工作手段的自主性与多样性

工作手段的自主性是指幼儿园教师在工作中具有相对较大的自主权。学前教育不是义务教育，与中小学相比，没有"升学"考试的压力，我国对幼儿园教师日常工作各环节的管理控制相对宽松，教师有较大的教育自主权，可以自主选择主题、材料，有安排儿童保教活动的自主性。

幼儿园教师工作手段的多样性是指幼儿园教师工作的内容、形式、方法等呈现多样化，有很大灵活性。主要表现在以下三个方面：其一，课程模式多样化。为促进儿童和谐发展，教师可灵活采用领域教育、主题教育、区域教育模式，或是多种模式的综合体。其二，工作形式多样化。为了完成学前教育某一方面的任务，教师既可运用集体教育的形式，也可运用小组教育、个别教育的形式，或是几种形式的统一体；既可以是生活保育，也可以是游戏、集体教学。其三，工作方法多样化。为了实施学前教育的内容，教师既可以通过讲解说理、榜样示范的方法来进行，也可以通过情感陶冶、动手操作来进行，或是多种方法的融合体。还可以根据地方差异，探索具有地方特色的教学方法。不同的地区，经济资源、文化设施不同，为教师的劳动所创造的物质条件也不同。比如，沿海地区或海岛的幼儿园教师，可以利用贝壳、海螺、海水、海草、海鱼等给儿童开展"海洋教育"主题活动；山区幼儿园教师，可以利用茶叶、香菇、木耳、桑叶等，开展以植物为主题的教育活动。

5. 工作周期的长期性与效益的终身性

教育是对人有意识地施加影响的工作，"十年树木，百年树人"，正是形容教师专业劳动具有长期性和远效性。与普通教育的其他阶段相比，幼儿园教师工作的长期性更典型。由于学前教育的对象是稚嫩的儿童，儿童要成长为社会所需要的人才，需要很长时间。因此，幼儿园教师专业工作的效果是长期的，不容易被人看到和理解，这个专业岗位需要教师高度的自觉性和自我激励才能够坚守。同时，也正因为幼儿园教师工作周期的长期性，需要幼儿园教师具有"教在今天，想在明天"的长远的教育眼光，把培养目标、教育内容和方法与未来社会对人才的需求对接起来，支持儿童成长为适应未来社会的有用人才。

虽然幼儿园教师专业工作的效益不易在眼前显现，但为儿童未来人生的发展奠定坚实基础，影响惠及孩子一生的发展，这体现出幼儿园教师工作效益的终身性。这是幼儿园教师专业价值的基点，也是幼儿园教师为之付出的逻辑所在。

（二）幼儿园教师的职业价值

价值，从哲学层面来理解，包括知识价值、道德价值、审美价值，具有真、善、美等多种形式。哲学层面的价值是指客体对于主体的积极或消极的意义，即正价值和负价值。价值不是一种实体，而是一种相对关系，即客体以其自身的属性满足主体的需要以及主体的需要被客体满足的效益关系。价值总是涉及两个方面，一方面是主体的需要、欲求和兴趣，另一方面是客体的某种结构、属性，两者缺一不可。

幼儿园教师是专业，也是一项职业，有自己的职业价值。所谓职业价值就是指职业能够满足人和社会需要的程度，即职业对人的发展、生存和生活以及社会进步所具有的积极意义。简言之，就是职业对于主体的意义，它体现了职业的属性、功能对于主体需要的满足关系，具有涵盖内容丰富，表现形式层次化，个体体验存在差异的特点。

幼儿园教师职业价值是指作为客体的幼儿园教师职业对于主体的意义所在，这里的主体包括社会、群体和个体（包括幼儿园教师群体和个体）。幼儿园教师职业价值不仅包括职业外在价值层面，也包括内在价值层面。外在价值指的是幼儿园教师作为一个专业的教育工作者所承担的社会责任、义务、使命以及实际的社会贡献，主要指在保育、教育儿童中的贡献，这是幼儿园教师职业所以存在的根本依据和实现自身主体价值的根本途径。幼儿园教师的外在价值主要体现在：其一，促进社会的发展，为提高国民素质奠基；其二，促进儿童体、智、德、美的全面发展，即维护儿童的身体健康，开启儿童的智力，塑造儿童的美好心灵，提高儿童审美能力。

幼儿园教师职业的内在价值指的是幼儿园教师这一职业对于幼儿园教师这一主体的价值和意义，是幼儿园教师在社会系统和职业体系中享有的各种权利、待遇、地位以及自我发展和精神上的自由程度。它有一个层级体系，包括维持生计的实用价值、满足社会性需要的精神价值，以及独立进行专业创造而获得的内在尊严与快乐的生命价值。尤其关键的是，幼儿园教师职业的内在价值取决于这个职业的专业化水平的高低。高水准的专业化要求与实际水平，能为幼儿园教师提供强大的内在价值的增量。

三、幼儿园教师的角色

角色是指与个人的某种社会身份有关的规定了的职责及相应的行为模式。教师的职业角色是指教师在教育活动中的身份、地位、职责及相应的行为模式。教师在教育活动中的角色是教师的多种社会属性和社会关系在教育活动中的反映,是教师在教育教学中的一整套行为规范和人们对教师的角色期待。美国学者华顿保和雷道的研究认为教师兼有以下十种不同的角色:① 社会的代表;② 知识的源泉;③ 裁判员或法官;④ 辅导者;⑤ 学生行为优劣的观察者;⑥ 认同的对象;⑦ 父母的替身;⑧ 团体的领导者;⑨ 朋友;⑩ 情感发泄的对象。[1] 有的学者认为,教师的角色是"人类文化的传递者""新生一代灵魂的塑造者""学生心理的保健医生""学习者和学者""人际关系的艺术家""教学的领导和管理者"等。[2]

幼儿园教师角色即社会对幼儿园教师的期待,指与幼儿园教师地位、身份相联系的被期待的行为。幼儿园教师的专业工作独具特点,幼儿园教师不仅要照顾儿童的日常生活,而且还要担负着教育培养他们的职责。因此,社会对幼儿园教师的基本角色期待是教育者、儿童生活的管理者与护理者。由于学前儿童教育和保育理念的变化,有关这两个基本角色的内涵要求则更复杂。比如,作为教育者,教育教学是教育者的基本内涵,但是,对幼儿园教师来说,幼儿园教师不是传统的说教的角色,《幼儿园教育指导纲要(试行)》也指出,幼儿园教师要成为幼儿学习活动的支持者、合作者与引导者。具体而言,当代社会对幼儿园教师主要有以下五种角色期待:

(一)儿童学习的支持者

适宜的教育支持是教育最核心的成分,是儿童发展最重要的条件之一。幼儿园教师首先应是儿童学习的支持者。所谓儿童学习的支持者是指教师在与儿童进行相互作用的过程中,应该为儿童的学习需要积极创设条件,及时响应儿童的需要,提供适当的鼓励与物质上或心理上的帮助,支持与促进儿童的学习。这就要求幼儿园教师具体做到以下几点:

(1)幼儿园教师首先要认同儿童主动学习的品质与价值,尊重儿童主动学习的方式。幼儿园教师要把自己从传统的仅仅作为知识技能的传授者这一核心角色中解放出来。幼儿园教师工作的重心要放在提高儿童各方面能力和促进儿童个性、人格的和谐、

---

[1] 黄坚厚. 教师的多重角色[J]. 教育资料文献,1978,(8):23.
[2] 田慧生,李如密. 教学论[M]. 石家庄:河北教育出版社,1996:97.

健康发展上来。

（2）建设丰富的物质环境体现支持。观察与了解儿童，及时为儿童的学习需要提供物质支持。作为支持者的幼儿园教师要观察到儿童最细微的动作，探知到儿童最迫切的需要，在他们最需要的时候给予及时的物质支持。物质上的支持主要是为儿童创设丰富的物质环境，为儿童与物质环境的互动创造基本条件。一旦观察到儿童在活动中遇到解决不了的问题或发现儿童在寻求帮助时，教师应适时地介入。比如，美工活动时，教师首先为儿童准备必要的美工材料和工具，如纸张、剪刀、泥、颜料等，营造美工活动的氛围，激发儿童活动的兴趣，让儿童兴致勃勃地通过对美工材料、工具的操作表达自己的情感。在这个学习过程中，教师不是居于绝对权威地位，要求幼儿这样做、那样改，应静观儿童活动。当发现儿童表现技巧有困难或有问题，处理颜料或颜色上遇到麻烦而寻求帮助时，教师应及时转变为支持者角色，直接帮助儿童解决问题。

（3）营建安全的心理环境体现支持。幼儿园教师要以关怀、接纳、尊重的态度与儿童交往，给儿童的学习需要及时提供心理上的支持。心理上的支持主要是指教师的态度和管理方式应有助于形成安全、温馨的心理环境；言行举止应成为儿童学习的良好榜样，对儿童抱有一种关怀、尊重和接纳的态度，耐心倾听，努力理解儿童的想法与感受，支持、鼓励儿童大胆探索与表达。教师对儿童的态度直接决定着儿童行为习惯与学习态度的养成。幼儿园教师要走进每个儿童的心灵，关怀、接纳与赏识每一个孩子。幼儿园教师要善于创设宽松、自由的学习氛围，让儿童在幼儿园感到安全和被信任，热爱学习，保持强烈的探索欲与求知欲。

（4）支持既要及时也要合适。幼儿园教师需要时时对儿童进行观察，才能确定什么时候提供支持是适时的。还要照顾到儿童是否产生了受助的主体需要，以避免反面效应。支持的内涵是不干扰儿童的自然发展走势，其内核是对儿童内在发展需求的保护。

（二）儿童学习活动的合作者

幼儿园教师是儿童学习活动的合作者就是指幼儿园教师要以"合作伙伴"的身份，与儿童、家长、教师集体一起形成教育合力，参与到儿童的学习活动中去，密切关注儿童在活动中的表现和反应，敏锐地察觉他们的需要，及时以适当的方式应答，形成合作的探究式的互动，共同促进儿童学习活动的不断延伸发展。这就要求幼儿园教师具体做到以下几点：

（1）民主平等地与儿童交往，与儿童形成"打乒乓"式的合作关系。幼儿园教师要以"合作伙伴"的身份参与到儿童的学习活动中去，共同促进学习活动的不断延伸。教师与儿童的关系是民主、平等、协商的关系，教师要摈弃绝对的"教师中心"或"儿童中心"观，而是要树立以"合作关系"为中心的教育观。瑞士心理学家皮亚杰在论述儿童的道德发展时认为，由于成人与儿童的地位不平等，成人通过语言对儿童施加压力，就造成了儿童对成人的单方面的尊重以及道德的他律性。他认为，要促进儿童自主道德的发展，就必须有儿童之间的平行交往，以及成人与儿童之间的平等地位和合作。皮亚杰的儿童发展理论一直贯穿着一个思想，即教师要与儿童合作，做儿童的"合作伙伴"。教师与儿童之间平等的"抛接"要比教师居高临下的"抛给"更有利于促进儿童的学习与发展。这样，在儿童的学习过程中，教师和儿童可以自由地分享彼此的思考，聆听各自内心的喜悦，交流彼此的情感、体验与观念，丰富教学内容，求得全新的发现，从而达到共识、共享、共进，教师与儿童形成一个合作的共同体。《幼儿园教育指导纲要（试行）》要求教师成为儿童学习活动的合作者，有利于淡化传统的"教师在上、幼儿在下"的师幼关系，变"填鸭式"的教学为合作探究的活动中学习。

（2）积极与家长合作，共同支持儿童的学习。幼儿园与家庭是学前教育的两个亲密伙伴，幼儿园教师是沟通家庭和幼儿园的纽带和桥梁，幼儿园教师与家长要建立友好的合作关系。研究表明，父母参与学前教育机构的学习活动，有利于学前教育质量的提高和儿童的健康成长。幼儿园教师要常与儿童家长保持沟通与合作，积极创造条件，通过多种形式，给家长提供教育建议，让家长主动参与到儿童学习活动中来，共同促进儿童的学习。为此，幼儿园教师一方面要积极向家长传达正确的教育理念和幼儿园的相关办学思想，以谋求家长的理解和支持，引导家长配合幼儿园；另一方面，幼儿园教师要及时将家长乃至社区对幼儿园的相关要求反馈给幼儿园管理者，以便幼儿园及时作出调整，更好地服务于社会生产、生活。总之，幼儿园教师要通过与家长的真诚对话与沟通来实现认同与达成共识，共同营造幼儿园、社会和家庭关心支持儿童成长的良好人文生态环境。

（3）教师与教师集体的合作的关系。在儿童的学习活动中，幼儿园教师是在集体合作的方式下工作的。幼儿园教师的专业成长一部分来自个人的努力，但更重要的是来自同事以及专家之间的讨论，在讨论中通过认知冲突的产生与解决，最终获得进步。

（三）儿童学习活动的引导者

主张儿童的主动性学习，并不意味着幼儿园教师就是一个消极的旁观者。儿童的学习活动是有目的、有计划、有组织的学习活动，当儿童的学习活动出现盲目无序、费时低效时，需要幼儿园教师的正确引导，幼儿园教师要承担起儿童学习引导者的角色。所谓幼儿园教师是儿童学习活动的引导者是指幼儿园教师要依据一定社会或阶级对培养人的要求，依据学前教育目标及儿童的身心发展规律，在儿童身心全面发展过程中起方向性、领导性作用。引导不在于改造与控制儿童，而是引发其主观能动性，以正确的教育目标为导向引领儿童不断朝教育的预期目标发展。

幼儿园教师是儿童学习活动的引导者，其主要有以下两个方面原因：其一，幼儿园教师是学前教育方针、目标的执行者；其二，幼儿园教师有着较为完善的专业知识结构与成熟的人格；其三，儿童的未成熟性决定了儿童的全面发展需要幼儿园教师的引导。要体现"儿童学习活动的引导者"这一角色，幼儿园教师具体要做到以下几点：

（1）认同儿童是学习的主体，让儿童在学习过程中具有选择性、独立性、自觉性与创造性。传统教育中，教师居于传授者的权威地位，是儿童学习的主宰者，儿童的学习方式是听教师讲课、看教师示范、观看图片、听从教师的指令。这种主要由教师单方面主宰的"教学"活动实际上只有教师主动地"教"，而没有儿童主动地"学"，二者间的相互作用变成了主要由幼儿园教师向儿童发号施令，儿童只是被动执行和服从。这种以教师为中心、成人为主体的做法是不可能让儿童生动、活泼、主动地发展的。

（2）幼儿园教师要能准确掌握儿童当下的学习目标，对儿童每次的学习活动目标负责。幼儿园教师要"能始终围绕儿童的发展目标，运用掌握的教育策划技能、新颖超前的教育创意和跨越式思维，对现有教育资源进行优化整合，并进行全面、细致的构思谋划，从而制定详细、可操作性强的，并在执行中可以进行完善的教育方案，从而让儿童获得最佳发展状态"。"幼儿园教师心中一定要明确儿童的发展目标，并且要能采取相应有效的措施使所有的教育活动指向儿童的这些发展目标，教师不能无视儿童的学习，教师要对儿童的学习负责，在儿童的整体发展中起着支持与引导的作用"。①

（3）幼儿园教师要能准确把握儿童终身发展的学习目标，为儿童的终身学习打基础。《幼儿园教育指导纲要（试行）》指出：幼儿园教育是基础教育的重要组成部分，是我国学校教育和终身教育的奠基阶段，为幼儿一生的发展打好基础。引导型教师既要能立足儿童的当下生活，又要能引导儿童未来的可能生活；既要有教育的战略眼光，又要有当下的教育战术。如在制定课程规划时，一旦学习领域确定下来，"教师就要构建出一系列有价值的学习目标，教师要清楚儿童学习的最后成果包括哪些方面，这是教师考虑与拟定学习目标的基础，而进一步的学习目标需根据具体情境的不同而由师生共同协商决定。教师必须用专业眼光来判断学习目标和内容选择的合理性、学习活动组织的适当性。如实施后的计划难以奏效，教师有责任进行必要的调整"。②

（4）教师要能发展、改革、使用多种教育策略，以促进儿童的学习与发展。教师要鼓励儿童的选择与创造；教师要向儿童提出能引起他们思考、扩展他们学习的问题和建议；教师要能呈现有趣的活动，扩展儿童的兴趣；教师要精心选择教育策略，使儿童儿能热衷于所参与的活动；教师要指导儿童获得必需的特别技能；教师要设计复杂的具有挑战性的活动，以适合于儿童的知识、技能水平；教师要能设计使儿童可以获得更多成功的活动，以增强儿童的学习能力、信心与探究精神。

（5）教师要能及时发现并诊断儿童学习活动过程中出现的各种问题。当发现某个儿童在学习中出现语言、行为习惯、体能、性格特征、学习态度、心理需要等方面的障碍和问题时，教师可借助观察与情况记录及时进行诊断，并用教育者的专业知识有针对性地进行干预，引导儿童朝着正确的学习目标发展。

（四）课程资源的开发者

新一轮的基础教育课程改革强调"课程即教师"，教师必须成为课程资源的开发者。课程资源是指形成课程的因素来源与必要而直接的实施条件。按照课程资源的功能

---

① Ann S. Epetein. The Intentional Teacher: Choosing the Best Strategies for Young Children's Learning [M]. Washington, D.C. : NAEYC, 2007: 1-4.
② Ann S. Epetein. The Intentional Teacher: Choosing the Best Strategies for Young Children's Learning [M]. Washington, D.C. : NAEYC, 2007: 8.

特点，可以把课程资源划分为素材性资源和条件性资源两大类。其中，素材性资源的特点是作用于课程，并且能够成为课程的素材或来源。比如，知识、技能、经验、活动方式与方法，情感态度与价值观以及培养目标等方面的因素。条件性资源的特点则是作用于课程却不是形成课程本身的直接来源，但它在很大程度上决定着课程的实施范围和水平，如直接决定课程实施范围和水平的人力、物力和财力，时间、场地、媒介、设备、设施和环境，以及对于课程的认识状况等因素。课程资源的丰富性和适应性程度决定着课程目标的实现范围和实现水平；课程实施的范围和水平取决于课程资源的丰富程度和开发、运用水平；课程资源的开发和利用对于转变课程功能和学习方式具有重要意义。

幼儿园教师是课程资源的开发者是指幼儿园教师要具有开发素材性课程资源和条件性课程资源的能力。幼儿园课程资源开发与利用是幼儿园课程改革的重要内容。课程资源开发不仅在于形成具有地方特色的园本课程，使幼儿园课程乡土化、个性化和多样化，也有利于扩展儿童的生活和学习空间，使幼儿园课程进一步贴近社会现实、贴近生活、贴近大自然，使儿童在受到情感陶冶的同时，增强对社会与自然的感知和理解。有利于促进家庭与社区对幼儿园教育的参与，丰富幼儿园课程内容。提高家长及社会对幼儿园教育的了解与满意度。教师是课程资源开发的必要条件，要成为课程资源的开发者，幼儿园教师具体要做到以下几点：

（1）增强课程资源开发意识，不断提高自身的教育素质。幼儿园教师自身就是最重要的课程资源，幼儿园教师的素质状况决定了课程资源的识别范围，开发与利用的程度，以及发挥效益的水平。幼儿园教师要加强学习先进的课程理论，增强课程意识。幼儿园教师除了要具备教育学、心理学、教学论等专业知识和专业技能外，还必须具有一定课程设计、课程评价等方面的知识以及开发课程资源方面的操作技术，而且要学会运用现代信息技术寻找、开发、制作、整合教学资源和材料。强化课程资源开发意识，能够根据实际条件和儿童的特点，对课程资源进行识别、开发和利用，并在实践中不断提高课程资源开发的技能。同时，儿童的学影响教师的教，儿童的学习兴趣，需要教师调节自己的活动内容和方向、开发自己尚不熟悉或未涉猎的领域，因此，教师还要对自己本身所具有的资源进行开发、调整。

（2）加强对儿童的分析与研究。教师要善于挖掘儿童自身的课程资源。传统教育中，教师的任务是使用教材，将知识或技能传授给儿童。教师注重的是教材、教法的运用，扮演着机械的课程执行者的角色，忽略了儿童个人发展的差异性和特殊性需要，因而培养出的儿童缺乏个性及创造性。要改变这种现象，教师必须转换角色，能理解、了解、鉴别儿童在学习方式、能力表现、发展速率、表现方式的多层次、多途径的学习活动方案，使不同水平与经验的儿童按适合自己的发展去生活、游戏和学习。这就要求教师不断地分析和研究儿童的有关信息，评价教与学的效果，反思和修正自己的方式方法，在教学实践中不断地研究和设计最适合儿童成长发展的课程方案。

（五）教育过程中的反思者

20世纪世纪80年代以来，在教师专业化研究中，反思能力被看作教师专业成长的重要促进因素，教师要成为反思者已是国内外教师教育的共识与主流。反思是教师专业发展的重要基础。是否具有反思的意识和能力，是区别作为技术人员的经验型教师与作为研究者的专家型教师的主要指标之一。美国学者波斯纳研究总结出了一个教师成长公式：经验＋反思＝成长。我国著名心理学家林崇德也提出"优秀教师＝教学过程＋反思"的成长公式。反思者成为当今教师教育倡导的新型教师角色，是对传统教师角色的超越。

幼儿园教师成为反思者是指幼儿园教师能够在学前教育保教实践中，以研究和批判的态度不断分析、反思学前教育现象，及时调整自己，创造教育新经验，提出教育新思想与新方法。幼儿园教师要成长为反思者，具体要做到以下几点：

（1）具有先进的教育理念，增强自主反思意识。教育理念是教师在对教育工作本质了解的基础上形成的关于教育的观念或理性信念，是教师实施教育的基本依据和内在基础。没有正确的教育理念，就不能有效地指导教育实践，更不可能产生恰当的教育行为。因此，要成长为一名主动的反思者，幼儿园教师首先必须系统、深入地学习、理解、掌握和研究相关的教育理论，以树立正确的教育理念，进而形成恰当的教育行为。

（2）丰富教育实践经验，不断提高自我反思的能力。幼儿园教师要能够学会批判性地分析自己的教学行为，并通过学习不断促进自己的专业成长。劳伦斯·斯腾豪斯认为"课程改革是人的改革""课程发展是人的发展""没有教师的发展就没有课程的发展"。幼儿园教师是幼儿园课程的最终实施者，他们的思想、行为、观念等对课程变革过程以及对将课程政策转化为课程实践的方式，都有着强有力的影响。面临迅速发展的社会，幼儿园教师必须能够积极地进行自我教育，努力提高自身的综合教育能力，优化自身的知识结构，提升自身的人文素养。

资料卡片：佐藤学论作为"中间人即介入者"的教师①

人们对于日本教师的尊敬与信赖之情急剧下滑，这种事实本身已经处于岌岌可危的境地，因此需要重新界定学校与教师，以适应新的情况。

当我们重新回顾"教师"这一概念在现代得以析出、发展与式微的过程，就可以了解，这个概念片面地界定了牵涉种种维度的二元对立关系，并且加以制度化，才能形成和发展起来。"教师"这一角色拥有多面体般的复杂性，是借助若干中介项所构成的。尽管如此，还是仅从一种片面的角度加以规范、界定和制度化。我们也许可以从恢复中介项的性质着手，展开概念重建的专业。

教师这一角色显露出如下种种二元关系的中介性质："儿童"与"成人"、"母性"与"父性"、"外行"与"专家"、"大众"与"文人"、"学习者"与"教育者"、"实践家"与"理论家"、"艺术家"与"科学家"、"百姓"与"官僚"、"从属者"与"掌权者"、"凡人"与"圣人"等。教师这一角色，无论怎样作出明确的界定，事实上都是"中间人"。

……"中间人"也是"介入者"。而教育作为有意义的经验形成，作为创造性的行为实践的契机，也是在这种"中间领域"的"裂缝"中得以准备的。作为"介入者"的教师在多元的、多层的"中间领域"中，以人与事物及人与人为媒介，以课堂内外多样的文化为媒介，通过交流与沟通，在学校与课堂里展开构筑文化的公共空间的实践。我想，为了推动这种活动，作为"中间人"的教师必须作为"介入者"加以重建，必须探讨把教师的实践作为"介入者的实践"加以重建的方略。

---

① 佐藤学. 课程与教师 [M]. 钟启泉，译. 北京：教育科学出版社，2003：208-209.

四、幼儿园教师的职责、权利与义务

职责就是指职务上应尽的责任,职责与个人的岗位、角色有关。权利与义务是相对应的词汇,权利是指个人根据法律或习俗,可以向他人、社会要求某种行为或不行为;而义务是个人根据习俗或法律的要求,应该向他人、社会提供某种行为或不行为。[1] 职责更多的是与具体的工作岗位要求有关,而权利和义务则是某种身份的相对超越、抽象的行为或不行为的要求。幼儿园教师作为幼儿园教育者的主体,承担相应的岗位职责;幼儿园教师作为教师的一员,又被赋予了和其他学段教师一样的权利与义务。

(一)幼儿园教师的职责

1996年颁布的《幼儿园工作规程》,对园长、幼儿园教师、保育员、医务人员等幼儿园教育者的工作职责作了规定。这些职责,立足于各自工作岗位的性质,提出了有针对性的要求。根据《幼儿园工作规程》的规定,作为学前教育机构中的一名专业工作人员,幼儿园教师对本班工作全面负责,其主要职责如下[2]:

(1)观察了解幼儿,依据国家规定的幼儿园课程标准,结合本班幼儿的具体情况,制订和执行教育工作计划,完成教育任务;

(2)严格执行幼儿园安全、卫生保健制度,指导并配合保育员管理本班幼儿生活和做好卫生保健工作;

(3)与家长保持经常联系,了解幼儿家庭的教育环境,商讨符合幼儿特点的教育措施,共同配合完成教育任务;

(4)参加业务学习和幼儿教育研究活动;

(5)定期向园长汇报,接受其检查和指导。

(二)幼儿园教师的权利与义务

作为教师的一分子,幼儿园教师享有和其他学段教师相同的权利与义务。《中华人民共和国教师法》第七条、第八条对教师的权利和义务作了如下规定[3]:

---

[1] 夏勇. 人权概念起源[M]. 北京:中国社会科学出版社,2007:5.
[2] 中国学前教育研究会. 中华人民共和国幼儿教育重要文献汇编[M]. 北京:北京师范大学出版社,1999:426-427.
[3] 中国学前教育研究会. 中华人民共和国幼儿教育重要文献汇编[M]. 北京:北京师范大学出版社,1999:14.

1. 教师的权利

教师享有下列权利：

（1）进行教育教学活动，开展教育教学改革和实验；

（2）从事科学研究、学术交流，参加专业的学术团体，在学术活动中充分发表意见；

（3）指导学生的学习和发展，评定学生的品行和学业成绩；

（4）按时获取工资报酬，享受国家规定的福利待遇以及寒暑假期的带薪休假；

（5）对学校教育教学、管理工作和教育行政部门的工作提出意见和建议，通过教职工代表大会或者其他形式，参与学校的民主管理；

（6）参加进修或者其他方式的培训。

教师的上述权利，可以归纳为教育教学权、学术研究权、指导学生权、获取报酬权、参与学校管理权、专业发展权等。这些权利是所有具有教师身份的专业教育者所享有的，因而也是幼儿园教师的权利所在。由于权利是个人可以要求享有而社会或他人必须予以保障的，因此，幼儿园教师所享有的上述权利的实现，有赖于从学前教育机构、教育管理部门到全社会的保障。

2. 教师的义务

教师应当履行下列义务：

（1）遵守宪法、法律和职业道德，为人师表；

（2）贯彻国家的教育方针，遵守规章制度，执行学校的教学计划，履行教师聘约，完成教育教学工作任务；

（3）对学生进行宪法所确定的基本原则的教育和爱国主义、民族团结的教育，法制教育以及思想品德、文化、科学技术教育，组织、带领学生开展有益的社会活动；

（4）关心、爱护全体学生，尊重学生人格，促进学生在品德、智力、体质等等方面全面发展；

（5）制止有害于学生的行为或者其他侵犯学生合法权益的行为，批评和抵制有害于学生健康成长的现象；

（6）不断提高思想政治觉悟和教育教学业务水平。

《中华人民共和国教师法》所规定的教师的上述义务，包含了遵守法律的义务、执行教育政策的义务、履行岗位职责的义务、促进学生全面发展的义务、关爱与保护学生的义务、提高修养与专业水平的义务等。这些义务同样是幼儿园教师所必须履行的。从道义和法律的角度来看，义务是个人必须向他人或社会所提供的某种行为，这就意味着《中华人民共和国教师法》所规定的上述教师的义务，是幼儿园教师必须为孩子、为社会乃至为教师的专业身份本身所担负的承诺与行为。

第二节 幼儿园教师的专业标准与专业成长

幼儿园教师作为专业领域，理应具有自己的专业标准，在专业标准的指导下，幼儿园教师的专业成长，才能有轨可循、有的放矢。

一、幼儿园教师的专业标准与资格

教师专业标准是根据教育发展的要求和儿童成长的需要而设计或制定的教师专业素质结构的具体要求或标准。教师专业标准实施教师教育的基本规范，是引领教师专业发展的基本准则，是教师培养、准入、培训、考核等工作的重要依据，也是提高教师专业地位的前提保障。国外大规模教师专业标准研究始于20世纪80年代，在各国研制教师专业标准的同时，为幼儿园教师制定专业标准的工作也同时启动，如美国幼儿教育协会从20世纪80年代开始就尝试为幼儿园教师的培养制定标准。[1] 我国从2004年开始研究建立教师专业标准体系，2012年2月，教育部颁布《幼儿园教师专业标准（试行）》《小学教师专业标准（试行）》和《中学教师专业标准（试行）》，至此，我国有了对幼儿园、小学和中学合格专业教师素质的国家标准。有关幼儿园教师专业标准的主要内容如下[2]：

---

[1] 朱宗顺. 美国幼儿教师教育标准及启示 [J]. 教师教育研究，2006，18（4）：76-80.
[2] 教育部教师工作司.《幼儿园教师专业标准（试行）》解读 [M]. 北京：北京师范大学出版社，2013：151-156.

（一）幼儿园教师专业标准的基本理念

我国幼儿园教师专业标准，根据国际学前教育发展的理论与经验，确立了"师德为先""幼儿为本""能力为重""终身学习"四项基本理念，具体要求如下：

1. 师德为先

"师德为先"是指在幼儿园教师专业标准的建构与落实过程中，教师的人格、品行、职业道德和专业理念的修养应放在第一位。具体要求是：热爱学前教育事业，具有职业理想，践行社会主义核心价值体系，履行教师职业道德规范，依法执教。关爱幼儿，尊重幼儿人格，富有爱心、责任心、耐心和细心；为人师表，教书育人，自尊自律，做幼儿健康成长的启蒙者和引路人。

2. 幼儿为本

"幼儿为本"是指幼儿园专业标准围绕并为了学前儿童的幸福、快乐、健康成长来建构和落实。具体要求是：尊重幼儿权益，以幼儿为主体，充分调动和发挥幼儿的主动性；遵循幼儿身心发展特点和保教活动规律，提供适合的教育，保障幼儿快乐健康成长。

3. 能力为重

"能力为重"是指幼儿园教师专业标准的制定与实施要把保教实践能力的提升作为工作的重心。突出以下方面：把学前教育理论与保教实践相结合，突出保教实践能力；研究幼儿，遵循幼儿成长规律，提升保教工作专业化水平；坚持实践、反思、再实践、再反思，不断提高专业能力。

4. 终身学习

"终身学习"是指幼儿园教师专业标准的达成需要以教师职前职后一辈子不断学习为保障。具体要求是：学习先进学前教育理论，了解国内外学前教育改革与发展的经验和做法；优化知识结构，提高文化素养；具有终身学习与持续发展的意识和能力，做终身学习的典范。

资料卡片：我国中小学和幼儿园教师专业标准的特点①

教师专业标准定位为国家对幼儿园、小学和中学合格教师的专业基本要求，是教师开展教育教学工作的基本规范，是引领教师专业发展的基本准则，是教师培养、准入、培训、考核等工作的重要依据。

教师专业标准主要有以下四个特点：一是突出师德要求，要求教师要履行职业道德规范，增强教书育人的责任感和使命感，践行社会主义核心价值体系。二是强调学生主体地位，要求教师要尊重学生，关爱学生，充分发挥学生的主动性，为学生提供适宜的教育，促进每个学生主动、生动活泼地发展。三是强调实践能力，要求教师要把学科知识、教育理论与教育实践相结合，不断研究，改善教育教学工作，提升专业能力。四是体现时代特点，要求教师要主动适应经济社会和教育发展的要求，不断优化知识结构，不断提高文化修养，做终身学习的典范。

（二）幼儿园教师专业标准的结构

世界各国的教师专业素质结构一般由三个范畴构成，即专业知识（应知）、专业技能或实践（会做）和专业品质（愿持）组成，②我国正式颁布的《幼儿园教师专业标准（试行）》把幼儿园教师专业素质结构分为专业理念与师德、专业知识、专业能力3个一级指标，下设14个二级指标、62个三级指标。具体内容如下：

1. 专业理念与师德

专业理念是对教师作为一个专业工作领域、教师的工作对象、教师的工作内容等的理解、认识与态度的总和；师德是"教师职业道德"的简称，是教师进行教育、教学工作，处理各种关系与问题时应该遵循的道德准则和行为规范，包括教师的道德品质、思

---

① 教育部办公厅. 教育部师范司负责人就教师专业标准公开征求意见答记者问 [J]. 基础教育改革动态, 2012（3）: 19.
② 周文叶，崔允漷. 何为教师之专业：教师专业标准比较的视角 [J]. 全球教育展望, 2012, 297（4）: 33.

想信念、对事业的态度和感情、有关行为习惯等。① 我国幼儿园教师专业标准中的"专业理念和师德"包括以下4个二级指标：

（1）职业理解与认识

幼儿园教师应如何认识与理解自己的职业？《幼儿园教师专业标准（试行）》提出五项要求：第一，贯彻党和国家教育方针政策，遵守教育法律法规。第二，理解幼儿保教工作的意义，热爱学前教育事业，具有职业理想和敬业精神。第三，认同幼儿教师的专业性和独特性，注重自身专业发展。第四，具有良好职业道德修养，为人师表。第五，具有团队合作精神，积极开展协作与交流。

在幼儿园教师的"职业理解与认识"方面，幼儿园教师的师德具有十分重要的地位，这既与我国重视师德的传统相关，也与幼儿园教师特殊性有关。我国尚没有正式制定专门针对幼儿园教师的师德要求，目前是参照2008年修订的《中小学教师职业道德规范》执行。该规范提出了六项教师职业道德的要求，即爱国守法、爱岗敬业、关爱学生、教书育人、为人师表、终身学习。②

（2）对幼儿的态度与行为

幼儿是幼儿园教师工作与服务的对象，幼儿园教师对其应有怎样的态度和相应的行为？《幼儿园教师专业标准（试行）》提出四项要求：第一，关爱幼儿，重视幼儿身心健康，将保护幼儿生命安全放在首位。第二，尊重幼儿人格，维护幼儿合法权益，平等对待每一位幼儿。不讽刺、挖苦、歧视幼儿，不体罚或变相体罚幼儿。第三，信任幼儿，尊重个体差异，主动了解和满足有益于幼儿身心发展的不同需求。第四，重视生活对幼儿健康成长的重要价值，积极创造条件，让幼儿拥有快乐的幼儿园生活。

（3）幼儿保育和教育的态度与行为

保育和教育是幼儿园教师的基本工作内容，幼儿园教师对此应该具有怎样的态度和相应的行为？《幼儿园教师专业标准（试行）》提出六项要求：第一，注重保教结合，培育幼儿良好的意志品质，帮助幼儿养成良好的行为习惯。第二，注重保护幼儿的好奇

---

① 顾明远. 教育大辞典（2）[M]. 上海：上海教育出版社，1990：16.
② 教育部，中国教科文卫体工会全国委员会. 中小学教师职业道德规范（2008年修订）[J]. 人民教育，2008（18）：10.

心，培养幼儿的想象力，发掘幼儿的兴趣爱好。第三，重视环境和游戏对幼儿发展的独特作用，创设富有教育意义的环境氛围，将游戏作为幼儿的主要活动。第四，重视丰富幼儿多方面的直接经验，将探索、交往等实践活动作为幼儿最重要的学习方式。第五，重视自身日常态度言行对幼儿发展的重要影响与作用。第六，重视幼儿园、家庭和社区的合作，综合利用各种资源。

（4）个人修养与行为

幼儿园教师作为幼儿学习与发展的支持者、合作者、引领者，应该具有良好的品行修养、性格特质。不同的文化传统、不同的学前教育模式，对幼儿园教师的个人修养要求不完全相同，我国的《幼儿园教师专业标准（试行）》对此提出五项要求：第一，富有爱心、责任心、耐心和细心。第二，乐观向上、热情开朗，有亲和力。第三，善于自我调节情绪，保持平和心态。第四，勤于学习，不断进取。第五，衣着整洁得体，语言规范健康，举止文明礼貌。

资料卡片：中小学教师职业道德规范（2008年修订）[①]

一、爱国守法。热爱祖国，热爱人民，拥护中国共产党领导，拥护社会主义。全面贯彻国家教育方针。自觉遵守教育法律法规，依法履行教师职责权利。不得有违背党和国家方针政策的言行。

二、爱岗敬业。忠诚于人民教育事业，志存高远，勤恳敬业，甘为人梯，乐于奉献。对工作高度负责，认真备课上课，认真批改作业，认真辅导学生。不得敷衍塞责。

三、关爱学生。关心爱护全体学生，尊重学生人格。平等公正对待学生。对学生严慈相济。做学生良师益友。保护学生安全，关心学生健康，维护学生权益。不讽刺、挖苦、歧视学生。不体罚或变相体罚学生。

四、教书育人。遵循教育规律，实施素质教育。循循善诱，诲人不倦，因

---

① 教育部，中国教科文卫体工会全国委员会. 中小学教师职业道德规范（2008年修订）[J]. 人民教育，2008（18）：10.

材施教。培养学生良好品行，激发学生创新精神，促进学生全面发展，不以分数作为评价学生的唯一标准。

五、为人师表。坚守高尚情操，知荣明耻，严于律己，以身作则。衣着得体，语言规范，举止文明。关心集体，团结协作，尊重同事，尊重家长。作风正派，廉洁奉公。自觉抵制有偿家教，不利用职务之便谋取私利。

六、终身学习。崇尚科学精神，树立终身学习理念，拓宽知识视野，更新知识结构，潜心钻研业务，勇于探索创新。不断提高专业素养和教育教学水平。

2. 专业知识

教师的专业知识是指教师从事教育教学工作所需要的相关知识，以及运用这些知识去影响受教育者所需要的知识的总称。我国《幼儿园教师专业标准（试行）》将幼儿园教师专业知识划分为3个二级指标，具体内容如下：

（1）幼儿发展知识

幼儿园教师应该具备幼儿身体、心理等方面发展的知识，包括以下五个方面：第一，了解关于幼儿生存、发展和保护的有关法律法规及政策规定。第二，掌握不同年龄幼儿身心发展特点、规律和促进幼儿全面发展的策略与方法。第三，了解幼儿在发展水平、速度与优势领域等方面的个体差异，掌握对应的策略与方法。第四，了解幼儿发展中容易出现的问题与适宜的对策。第五，了解有特殊需要幼儿的身心发展特点及教育策略与方法。

（2）幼儿保育和教育知识

保教工作是幼儿园教师工作的基本内容，幼儿园教师应该具备的幼儿保育和教育知识包括以下六个方面：第一，熟悉幼儿园教育的目标、任务、内容、要求和基本原则。第二，掌握幼儿园各领域教育的学科特点与基本知识。第三，掌握幼儿园环境创设、一日生活安排、游戏与教育活动、保育和班级管理的知识与方法。第四，熟知幼儿园的安全应急预案，掌握意外事故和危险情况下幼儿安全防护与救助的基本方法。第五，掌握观察、谈话、记录等了解幼儿的基本方法和教育心理学的基本原理和方法。第六，了解0—3岁婴幼儿保教和幼小衔接的有关知识与基本方法。

(3)通识性知识

幼儿园教育活动内容涉及健康、语言、社会、科学和艺术五个领域，包含了主要的知识界域，因此，范围广泛的人文、社科及自然科学的通识性知识也是幼儿园教师应该具备的。通识性知识包括以下四个方面的知识：第一，具有一定的自然科学和人文社会科学知识。第二，了解中国教育基本情况。第三，具有相应的艺术欣赏与表现知识。第四，具有一定的现代信息技术知识。

3. 专业能力

教师的专业能力是保障教师开展教育教学的各种能力的总和。幼儿园教师的专业工作涉及保育、教育的各个方面，支持并服务于幼儿在园的各种活动，都是幼儿园教师的专业工作范围，因此，幼儿园教师的专业能力由多个部分组成。我国《幼儿园教师专业标准（试行）》将幼儿园教师专业能力划分为7个二级指标，具体内容如下：

(1)环境的创设与利用

幼儿园的物质和精神环境是影响幼儿学习与发展的重要因素，幼儿园教师应具备幼儿环境创设与利用的能力。这包括四项能力要求：第一，建立良好的师幼关系，帮助幼儿建立良好的同伴关系，让幼儿感到温暖和愉悦。第二，建立班级秩序与规则，营造良好的班级氛围，让幼儿感受到安全、舒适。第三，创设有助于促进幼儿成长、学习、游戏的教育环境。第四，合理利用资源，为幼儿提供和制作适合的玩教具和学习材料，引发和支持幼儿的主动活动。

(2)一日生活的组织与保育

幼儿园在园一日生活的安排科学与否，特别是幼儿生活活动的安排与指导、幼儿卫生与健康的保护等，关乎幼儿的健康成长，因此，幼儿园教师应该具备幼儿园一日生活的组织与保育的相关能力。这包括四项能力要求：第一，合理安排和组织一日生活的各个环节，将教育灵活地渗透到一日生活中。第二，科学照料幼儿日常生活，指导和协助保育员做好班级常规保育和卫生工作。第三，充分利用各种教育契机，对幼儿进行随机教育。第四，有效保护幼儿，及时处理幼儿的常见事故，危险情况优先救护幼儿。

(3)游戏活动的支持与引导

游戏是幼儿的基本活动方式，是幼儿学习与发展的基本途径，如何支持、引发、丰富幼儿的游戏活动，是幼儿园教师的能力要求之一。幼儿园教师的游戏活动支持与引导能力包括以下四个方面：第一，提供符合幼儿兴趣需要、年龄特点和发展目标的游戏条件。第二，充分利用与合理设计游戏活动空间，提供丰富、适宜的游戏材料，支持、引发和促进幼儿的游戏。第三，鼓励幼儿自主选择游戏内容、伙伴和材料，支持幼儿主动地、创造性地开展游戏，充分体验游戏的快乐和满足。第四，引导幼儿在游戏活动中获得身体、认知、语言和社会性等多方面的发展。

（4）教育活动的计划与实施

幼儿园五大领域教育活动的设计与实施，在我国幼儿园的教育中具有重要地位，幼儿园教师是否具有科学设计、有效组织实施各领域教育活动的能力，是决定幼儿园教师合格与否的关键指标。我国幼儿园教师的教育活动计划与实施能力包括以下四个方面：第一，制定阶段性的教育活动计划和具体活动方案。第二，在教育活动中观察幼儿，根据幼儿的表现和需要，调整活动，给予适宜的指导。第三，在教育活动的设计和实施中体现趣味性、综合性和生活化，灵活运用各种组织形式和适宜的教育方式。第四，提供更多的操作探索、交流合作、表达表现的机会，支持和促进幼儿主动学习。

（5）激励与评价

幼儿园教师对幼儿发展与进步准确、有效的回应，能对幼儿的发展产生积极影响，因此，幼儿园教师应该具备有效激励与评价幼儿发展变化的能力。这包括以下三个方面的能力要求：第一，关注幼儿日常表现，及时发现和赏识每个幼儿的点滴进步，注重激发和保护幼儿的积极性、自信心。第二，有效运用观察、谈话、家园联系、作品分析等多种方法，客观地、全面地了解和评价幼儿。第三，有效运用评价结果，指导下一步教育活动的开展。

（6）沟通与合作

幼儿园教师要同孩子、家长、同事等打交道，必须具备人际沟通与合作的能力。具体而言，幼儿园教师的沟通与合作能力包括以下五个方面：第一，使用符合幼儿年龄特点的语言进行保教工作。第二，善于倾听，和蔼可亲，与幼儿进行有效沟通。第三，与同事合作交流，分享经验和资源，共同发展。第四，与家长进行有效沟通合作，共同促进幼儿发展。第五，协助幼儿园与社区建立合作互助的良好关系。

（7）反思与发展

不断地反思与发展是教师作为专业的重要标志，幼儿园教师跻身专业行列，也必须具备反思与发展的能力，包括以下三个方面的能力要求：第一，主动收集分析相关信息，不断进行反思，改进保教工作。第二，针对保教工作中的现实需要与问题，进行探索和研究。第三，制定专业发展规划，积极参加专业培训，不断提高自身专业素质。

（三）幼儿园教师的资格与考试

教师资格是根据教师专业标准判断申请人能否成为一名教师的各种条件。要成为一名合法的、正式教师，只有通过资格考试或认证，取得教师资格证书，才能到教育机构合法执教。随着教师专业化的推进，各国都建立了在教师专业标准指引下的由民间或政府主导的教师资格证制度。我国于1995年颁布《教师资格条例》，要求中国公民在各级各类学校和其他教育机构中专门从事教育教学工作，应当依法取得教师资格。2000年颁布《〈教师资格条例〉实施办法》，正式实施教师资格认证制度。在教师资格体系中，幼儿园教师资格的认证与管理是重要组成部分。

1. 幼儿园教师资格与申请

幼儿园教师资格是指要成为一名幼儿园教师所应具备的条件。想要成为幼儿园教师的申请者，应该向管理部门提供相关证明材料，由管理部门审核并颁发证书，才能成为合法的幼儿园教师。

各国有关幼儿园教师资格的学历、认证程序等的要求并不一致。1993年颁布的《中华人民共和国教师法》规定，我国取得幼儿园教师资格的学历是幼儿师范学校毕业及其以上学历。随着高等教育、学前教育的发展，目前，我国部分地区取得幼儿园教师资格的学历要求已提高到专科以上学历。当申请人的学历等基本条件具备时，就需要向相关部门提出幼儿园教师资格认证申请。根据国务院颁布的《教师资格条例》规定，我国申请认定幼儿园教师资格，应当向申请人户籍所在地或者申请人任教机构所在地的县级人民政府教育行政部门申请认定，在申请认定时应提交教师资格认定申请表和下列证明或者材料：第一，身份证明。第二，学历证书或者教师资格考试合格证明。第三，教育行政部门或者受委托的高等学校指定的医院出具的体格检查证明。第四，户籍所在地的街道办事处、乡人民政府或者工作单位、所毕业的学校对其思想品德、有无犯罪记录等方面情况的鉴定及证明材料。

2. 幼儿园教师的资格考试

在2012年前，我国师范院校的毕业生，可以在毕业时自动获得教师资格证书。非师范专业毕业生应当进行面试和试讲，考察其教育教学能力；根据实际情况和需要，教育行政部门或者受委托的高等学校可以要求申请人补修教育学、心理学等课程。2011年，我国实行新的教师资格考试和认证试点，其特点是国标、省考、县聘、校（园）用，即所有的申请人都需参加全国按统一标准举行的教师资格考试，考试成绩合格，才能申请教师资格证书；并由学前教育机构聘用，才能成为幼儿园教师。2012年，我国颁布中小学和幼儿园教师专业标准。2013年，教育部颁布《中小学教师资格考试暂行办法》和《中小学教师资格定期注册暂行办法》，正式规范了幼儿园、小学和中学教师资格考试、资格注册的办法。

根据新的教师资格考试办法，符合报考条件的申请人，必须首先参加幼儿园教师资格考试，考试由笔试和面试两部分组成。笔试科目为综合素质、保教知识与能力，各150分。笔试主要考查申请人从事教师职业所应具备的教育理念、职业道德、法律法规知识、科学文化素养、阅读理解、语言表达、逻辑推理和信息处理等基本能力，学前儿童发展和教育、保育等方面的基本知识，幼儿园生活指导、环境创设、活动设计与实施、游戏组织等方面的知识与能力。

笔试合格后，还要参加面试。面试主要考查申请人的职业认知、心理素质、仪表仪态、言语表达、思维品质等教师基本素养和教学设计、教学实施、教学评价等教学基本技能。面试采取结构化面试、情景模拟等方式，包括抽题、备课（活动设计）、回答规定问题、试讲（演示）、答辩（陈述）、评分等环节。

3. 幼儿园教师资格的定期注册

根据2013年颁布的《中小学教师资格定期注册暂行办法》，我国实行新的教师资格定期注册制度，即幼儿园和中小学教师资格实行五年一周期的定期注册，定期注册不合格或逾期不注册的人员，不得从事教育教学工作。申请首次教师资格注册的，应当具备下列条件：第一，具有与任教岗位相应的教师资格；第二，聘用为在编在岗教师；第三，省级教育行政部门规定的其他条件；第四，对于首次任教人员须试用期满且考核合格。

申请教师资格定期注册，应当提交下列材料：第一，《教师资格定期注册申请表》一式二份。第二，《教师资格证书》。第三，聘用合同。第四，师德表现证明。第五，五年的各年度考核证明。第六，省级教育行政部门认可的教师培训证明。第七，省级以上教育行政部门根据当地实际要求提供的其他材料。申请首次注册的，应当提交上述第一、二、四、七项材料，同时提交试用期考核合格证明。

教师资格定期注册由各级教育行政部门分级负责、分工管理。县级教育行政部门负责申报材料的初审，提出注册结论的建议；地市级教育行政部门负责申报工作的复核；省级教育行政部门对注册申请进行终审，并在全国中小学教师资格定期注册管理信息系统中填报注册结论及有关信息。

资料卡片：美国四大全国性教师专业标准的评审过程[①]

全国教师教育认证委员会：(1)认证申请阶段。(2)第一次认证阶段。必须符合该委员会的六条总标准，若不符合则进入临时认证阶段。(3)临时认证阶段。必须在两年内达标，才能成为正式会员。(4)继续认证阶段。成为正式会员后，还要接受每五年一次的继续认证，以保证会员质量并维持会员地位。(5)条件认证或延缓认证阶段。在继续认证中，未能达标，则进入条件认证或延缓认证。

州际新教师评估与支持联合会：(1)学科知识考试。(2)教学知识考试。这两个考试都是在教师培训结束时由各州来举行，两个考试均通过则获得临时教师资格证。其年限各州不一。(3)实际教学评价，即档案袋评价（portfolio evaluation）。通常在新教师的教学满一至两年后进行，这是给新教师颁发永久教师资格证的最后凭证。

国家教师专业教学标准委员会：(1)档案袋评价。个人、学校或学区将教师每年的教学业绩进行记录，形成教师个人的教学档案，然后，由学校或学

---

① 张治国. 美国四大全国性教师专业标准的比较及其对我国的借鉴意义[J]. 外国教育研究，2009，36(10)：34-38. 有改动。

区教育主管机构，通过对教学档案的查阅，对教师进行评估。（2）参与评价活动。参加在教学评价中心进行的以教学知识和学科内容知识为主的笔试和练习活动。共需约三年时间。

优质教师证书委员会：（1）对学生学习的影响力（40分）。这里的学生是指平均接受一年以上该教师授课的学生。（2）出色的教学实践（30分）。专业人员通过课堂观察来评价教师的课堂表现。（3）杰出的专业化和领导能力（15分）。教师督导根据教师的专业化和领导能力的表现进行评价，并利用评价工具找出教师的强项和弱点。（4）学科专业技能（15分）。教师要掌握学科知识以便能对所有年级的学生进行高质量的教学。

二、幼儿园教师的专业成长

不断地教育与成长是专业领域的特征之一。幼儿园教师作为一个专业领域，只有通过职前教育，入职后的实践、培训和反思，不断提高专业水平，才能保持其跻身专业领域的自信，为学前儿童提供高质量的学前教育服务。

（一）幼儿园教师专业成长的内涵

幼儿园教师专业成长，又称幼儿园教师专业化，是指个人经由参与各种学习、实践及反省思考等活动，在专业理念与师德、专业知识、专业能力等方面逐步达到幼儿园教师专业标准的过程及其结果。幼儿园教师专业成长既包括职前的教育，也包括职后的成长。但在实践中，幼儿园教师专业成长更多的是指幼儿园教师入职后的专业发展。

幼儿园教师专业成长具有重要意义：一是有利于提高幼儿园教师的整体素质，改善幼儿园教师的专业形象。长期以来，幼儿园教师被社会视为"保姆""阿姨"，这既有社会对学前教育偏见的影响，也受幼儿园教师队伍整体专业素质不高所累。只有不断提高专业化水平，才能改变幼儿园教师的社会地位。二是有利于幼儿园教师个人效能感的提升。教师的自我效能感理论上来源于班杜拉的"自我效能"概念，主要是指教师在教育教学领域的自我效能感，是教师对教育价值、对自己做好教育工作与积极影响儿童发展的教育能力的自我判断、信念与感受。① 效能感源于教师个人对自己能力的确信,当幼儿园教师专业化达到较高水平时,对学前儿童的认识与评价、对保教工作的判断力等就更有信心,自我效能感就会提升,而高的自我效能感就能带来高质量的工作效益。三是有利于提高学前教育的服务质量。幼儿园教师整体素质的改善、幼儿园教师个体自我效能感的提升,都最终指向学前教育质量的提升,有助于学前儿童的健康、快乐成长。

(二)幼儿园教师专业成长的阶段

幼儿园教师专业成长是一个持续社会化和个性化的过程,具有多阶段性特征。从幼儿园教师的教育训练来看,包括职前教育与职后培训。从在职的专业发展来看,包括新手教师到专家型教师的各个阶段。

1. 幼儿园教师的职前教育与职后培训

幼儿园教师的职前教育从欧文创办幼儿学校后就开始肇端,发展到今天,围绕学前教育专业,各国建立了不同层次的幼儿园教师职前教育机构。我国最早的学前教育师资培养和培训机构是由清末在华的外国教会设立的。这些机构中的教师大多由传教士担任,课程设置也极具宗教特点。1903年,国人自办了第一所幼教师训机构——蒙养院,它标志着我国幼儿园教师教育开始萌芽。发展到今天,我国建立了从中专、专科,到本科、硕士、博士、博士后的学前教育体系,形成了完备的幼儿园教师教育体系。

在职幼儿园教师可以通过续修高等教育学历,参加骨干教师培训班、研究生课程班、学术会议,境内外进修和访问,园本教研等职后培训,提高自身的学历和教育教学能力。2013年颁布的《中小学教师资格定期注册暂行办法》,将修满一定的继续教育学分作为教师资格定期注册的条件之一,幼儿园教师的职后培训有了制度保障。

2. 幼儿园教师专业成长的不同阶段

幼儿园教师的专业发展必然经历从新手到专家的不同阶段,这同所有教师的专业发展轨迹是相近的。20世纪60年代以来,有关教师专业发展阶段的研究蓬勃发展,取得了一些有影响的研究成果,这些成果是我们认识和研究幼儿园教师专业成长阶段的

---

① 洪秀敏,庞丽娟. 论教师自我效能感的本质、结构与特征[J]. 教育科学,2006(4):44-46.

基础。

美国得克萨斯大学教授富勒是教师发展阶段理论的开创者,她根据"教师关注点"的变化,将教师的专业发展分为任教前关注阶段、早期生存关注阶段、关注教学情景阶段、关注学生阶段四个阶段。[1] 第一,任教前关注阶段处于职前培养时期,准教师关注的是自己,而不关注教学以及教学相关的事,对教师有同情甚至是敌意。第二,早期生存关注阶段是初次接触教学的实习阶段,教师关注的是自己能否在新环境中生存下来,伴随焦虑、紧张与压力。第三,关注教学情景阶段。教师开始较多关注教学问题,但在意的是自己的教学表现,仍然不是学生的学习。第四,关注学生阶段。教师开始真正关注学生的学习与发展问题,还关注学生道德、情感、社会性等方面的发展。

美国学前教育家丽莲·凯兹受富勒的启发,将幼儿园教师的专业发展分为求生阶段、强化阶段、求新阶段、成熟阶段四个阶段。[2] 第一,求生阶段是教师担任幼教机构教职的头一年。最关心"我能不能生存""今天能否安然度过""同事会不会接纳我"等,现实与愿望的反差大、压力大,需要精神的支持、鼓励安慰与辅导,需要学习处理事务的技巧、得到了解幼儿行为的指导。第二,强化阶段是经历一年的惶恐生涯后的第二个阶段。教师能感受到自己克服了"新手"的焦虑,在对幼儿行为初步了解的基础上,开始能够辨别出幼儿特殊的行为,精力逐步集中到特定幼儿或问题的知识与信息方面,需要向专家、同事等学习寻求其他资源,和其他处于相同阶段的同事交流。第三,求新阶段在教师任教3—4年后出现。教师开始对一成不变的工作内容感到厌烦,逐步开始探索学前教育领域的新动向、新观念、新方法,以调整、更新和充实自己的教学内容,为此,教师需要参加研讨会、专业团体,阅读专业刊物及著作,观摩教学等,以满足求新的需要。第四,成熟阶段是教师工作三五年或更长的时间后经历的阶段。教师能肯定自己的能力与角色,并有足够的能力思考、探索更高层次的问题,这需要教师参加研修,广泛阅读,并不断反思。

国内学者也从不同视角提出了教师专业成长阶段论。叶澜从"自我更新"取向角度

---

[1] 顾荣芳,等. 竹节的力量:关键事件与幼儿教师专业成长研究[M]. 南京:南京师范大学出版社,2011: 13.
[2] 丽莲·凯兹. 与幼儿园教师对话:迈向专业成长之路[M]. 廖凤瑞,译. 南京:南京师范大学出版社,2004: 206-212.

对教师专业成长阶段进行研究，把它分为"非关注"阶段、"虚拟关注"阶段、"生存关注"阶段、"任务关注"阶段、"自我更新关注"阶段五个阶段；[①] 申继亮则将教师专业发展分为持续三至五年的学徒期或熟悉教学阶段、持续五至七年的成长期或个体经验积累阶段、持续时间不等的反思阶段和学者阶段。[②]

国内有学者从幼儿园教师专业发展中"问题关注"的角度对适应阶段的新手教师、调整阶段的熟练教师、优化阶段的专家型教师的关注点的变化做了研究。[③] 第一，处在适应阶段的新手教师。保教工作是一种程式化活动，教师主要关注"集体幼儿"的需要，"按部就班"地实施每个环节，并把完成每个环节作为实施教学的主要目标；与同事在工作上各自为政，新教师与这些同事之间还很难形成真正的合作；在与家长的关系上，教师常常被动迎合家长，机械地回应家长发起的交流，对于家长的不合理要求和不正确的教育观念，也显得"无能为力"；新教师还同时关注自我的生存，如何把每天的教学工作及事务完成是他们最关心的问题。第二，处在调整阶段的熟练教师。他们开始追求教学的精致化，关注幼儿发展，不再满足于能组织好一日活动，而是期望在教学中能有所进步和提升，能超越常规的模式。教师更加关注幼儿的需要，关注教学是否使幼儿获得发展；能以开放、接纳的心态与同事进行广泛的交流，与家长的交流不再那么被动，教师主动发起的交流不仅在数量上增多，在质量上也显著提升；对自我的关注发展为"如何更好地生存"；这一阶段的幼儿园教师常因遇到专业发展的"瓶颈"而感到焦虑。第三，处在优化阶段的专家型教师。他们追求教学的最优化，关注幼儿的个性化需要，关注的问题多样，但都主要以幼儿为中心。教师与同事在工作上相依互动，追求一种相互尊重的人际沟通，主要目的是增进了解、形成解决问题的协调机制；能主动与家长合作，双方的交流根据交流的时机和需要及时发起，交流的形式也是多种多样。教师期望在专业发展方面形成自己的风格，这种风格是集教师的经验、能力、技巧、兴趣爱好和性格特点于一身的，是教师专业发展的高级阶段。

[①] 叶澜，等. 教师角色与教师发展新探 [M]. 北京：教育科学出版社，2001：277-302.
[②] 申继亮，等. 关于中小学教师成长阶段的研究 [J]. 天津师范大学学报（基础教育版），2002（3）：1-4.
[③] 张世义，顾荣芳. 从问题关注的视角构建幼儿园教师专业发展的阶段 [J]. 学前教育研究，2013（4）：57-63.

总之，不论哪种教师专业发展阶段理论，都试图抓住教师从入职时的新手教师到成长为专家型教师的不同专业发展阶段的特点，为教师的专业成长提供指导。在幼儿园教师专业发展的实践中，无论是教师个人的专业发展规划，还是教师管理部门的事业发展规划，都可借鉴这些教师专业发展阶段理论的研究成果。

（三）幼儿园教师专业成长的取向

一般认为，教师专业成长有三种取向：理智取向、实践－反思取向、文化生态取向。理智取向主张教师通过正规的培训，向专家学习先进的"学科知识"和"教育知识"，以提高教育理性认识水平和教学技能。实践－反思取向主张教师通过实践反思，发现教育教学意义，获得实践智慧，其主要方法有写日志、传记、构想、文献分析、教育叙事、教师访谈、参与性观察等。文化生态取向认为教师专业发展不仅仅依靠个人努力，还在更大程度上依赖于"教学文化"或"教师文化"为其工作提供意义、支持和身份认同，其主要方式是通过学习团队建设进行协同教学、合作教研，实现共同发展。依照《幼儿园教师专业标准（试行）》，幼儿园教师专业成长应该是这三种取向的整合。

（四）幼儿园教师专业成长的主要途径

从教师个体专业成长途径来看，以《幼儿园教师专业标准（试行）》为指南，接受幼儿园教师教育、新教师的入职辅导、幼儿园教师的在职培训、幼儿园教师专业发展学校以及幼儿园教师的自我教育等，是幼儿园教师专业成长的主要途径。

1. 接受高质量的幼儿园教师教育

接受高质量的幼儿园教师教育是幼儿园教师个人专业发展的起点和基础。高质量的幼儿园教师教育应建立在幼儿园教师的专业特性之上，为培养幼儿园教师专业人才服务。为此，各类学前教育专业必须强化其培养学前教育专业人才的职能，把学术性、师范性和服务性结合起来；注重师范专业信念体系的形成和敬业精神的培养；建构反映幼儿园教师专业所需要的知识和技能的课程体系；加强教育理论与实践的联系，建立有效的教育实习制度。随着我国开放的教师资格制度的建立，非学前教育专业的毕业生通过理论学习和幼儿园保教实践的锻炼，也能获得幼儿园教师资格证，这需要建立严格的制度保障与支持。

2. 新教师的入职辅导

新教师的入职辅导是20世纪70年代发展起来并被人们所广泛接受的一种促进教师专业发展的指导措施。新教师的入职辅导有一个安排有序的计划，主要是由有经验的导师进行现场指导。在我国，各级教师教育院校还承担了短期的系统培训工作。其目的是向新教师提供系统而持续的帮助，使之尽快转变角色、适应环境。

3. 在职培训

教师的在职培训主要是为了适应教育改革和发展的需要，为在职教师提供适应于教师专业发展不同阶段需要的教育，主要采取"理论学习、尝试实践、反省探究"三结合的方式，引导教师掌握不断涌现的现代教育理论，培养教师研究教育对象、教育问题的意识和能力，并辅之以计算机知识、现代化的教育技术手段。教师在职培训方式很多，可以是业余进修，也可以是校本培训，如集体观摩、相互评课、相互研讨等。

4. 教师专业发展学校

教师专业发展学校是20世纪80年代末在美国兴起的一种新型教师教育模式，90年代逐步被我国学者所认同并在一些地区开始尝试。这种教育模式力图在大学的教育学院与中小学、幼儿园之间建立协作关系，以此实现教师职前培养与在职教师专业发展的一体化。它在认可中小学、幼儿园对于学生发展的价值的基础上，强调中小学、幼儿园也是教师发展的场所，中小学、幼儿园应当具有使教师获得持续有效的专业化发展的功能。目前，教师专业发展学校已不仅仅是一种计划方案，而是作为一种生活方式整合进了教师教育模式中。

5. 自我教育

幼儿园教师的自我教育就是专业化的自我建构，它是幼儿园教师个体专业化发展的最直接、最普遍的途径。幼儿园教师自我教育的方式主要有经常性的系统的自我反思、主动收集教改信息、研究保教中的各种关键事件、积极感受教学的成功与失败等。教师的自我教育是专业理想确立、专业情感积淀、专业技能提高、专业风格形成的关键。

（五）幼儿园教师专业成长的基本策略

幼儿园教师专业成长的过程是艰辛而漫长的，促进个人专业化成长的策略是多维度的，幼儿园教师专业发展的基本策略可以概括为终身专业学习和实践反思两种。

1. 终身专业学习

终身学习是伴随终身教育理念而出现的。终身教育理念兴起于20世纪60年代，主要思想是指教育应当贯穿每个人的一生。终身教育和终身学习是教育发展和社会进步的共同要求。幼儿园教师同样也面对终身教育和终身学习理念的渗透和挑战。幼儿园教师和社会所有其他成员一样，一劳永逸获取知识的时代已成为过去。幼儿园教师受教育的时空观被打破和重新确立，职前与职后、校内与校外等不同路径将融入终身教育的体系之中。对幼儿园教师而言，第一，在幼儿园教师的培养过程中，应增设提高学习能力的训练课程，以提高自学能力，学会自学。第二，有专业成长规划，唤起自身学习的主动性、积极性和创造性，增进学习动机。第三，为教师提供终身专业学习的制度安排。第四，积极参与幼儿园的团队专业研究与学习。

2. 实践反思

幼儿园教师对自己的保教实践进行反思、开展行动研究，是促进专业成长的有效方法。幼儿园教师不能仅仅满足于完成日常的保教任务，面对不断出现的保教问题，应积极反省、思考，成为实践的反思者、行动研究者，通过观察、分析，提出自己的解决设想，并通过自己的现场保教实践加以检验、调整。在这种反思、行动研究的过程中，新的问题不断被克服，幼儿园保育和教育活动的效果获得改善，幼儿园教师也获得专业成长的锻炼机会，专业水平在实践反思中得到提升。那么，幼儿园教师应如何开展实践反思呢？可以有以下四种方法[①]：第一，比喻法。在教室里你像什么？第二，内省法。反省自己的价值观与生活经历。第三，日记法。对经验作进一步的思考与检讨。第四，交流法。从单独反思到专业对话。

▶ 小结

幼儿园教师是学前教育机构教育者的主体和代表。幼儿园教师具有劳动对象的主动性与幼稚性，劳动任务的全面性与细致性，劳动过程的复杂性与创造性，劳动手段的自

---

① 步社民. 幼儿园教师成长论[M]. 北京：新时代出版社，2005：188-192.

主性、多样性，劳动周期的长期性与劳动效益的终身性等专业特点。

幼儿园教师职业的外在价值指的是幼儿园教师作为一个教育工作者所承担的社会责任、义务、使命以及实际的社会贡献，这是幼儿园教师职业所以存在的根本依据和实现自身主体价值的根本途径。幼儿园教师职业的内在价值指的是教师这一职业对于教师这一主体的价值和意义，是教师在社会系统和职业体系中享有的各种权利、待遇、地位以及自我发展和精神上的自由程度。

幼儿园教师有明确的职责与相应的权利，其承担的角色也是多元的：幼儿园教师应是幼儿学习的支持者、合作者、引导者，课程资源的开发者，教育过程的反思者。

教师专业标准是根据教育发展的要求和儿童成长的需要而设计或制定的教师专业素质结构的具体要求或标准。我国幼儿园教师的专业标准包括专业理念与师德、专业知识、专业能力三个方面。

幼儿园教师专业化是指教师个人经由参与各种学习、实践及反省思考等活动，在专业理念与师德、专业知识、专业能力等方面逐步达到幼儿园教师专业标准的过程及其结果。幼儿园教师专业成长是一个持续社会化和个性化的过程，具有多阶段性特征。幼儿园教师的教育训练包括职前教育与职后培训；在职教师的专业发展包括新手教师到专家型教师的各个阶段。

接受幼儿园教师教育、新教师的入职辅导、幼儿园教师的在职培训、幼儿园教师专业发展学校以及幼儿园教师的自我教育等，是幼儿园教师专业发展的主要途径。终身专业学习和实践反思是幼儿园教师专业成长的基本途径。

▶ 思考与实践

1. 名词解释：幼儿园教师、幼儿园教师职业价值、幼儿园教师角色、幼儿园教师专业标准、幼儿园教师专业成长
2. 简述幼儿园教师专业工作的特点与价值。
3. 简述幼儿园教师应具有的职责与享有的权利。
4. 简述幼儿园教师应具有的专业标准的主要内容。
5. 试论幼儿园教师专业成长的具体途径。
6. 分析《幼儿园教师专业标准（试行）》的基本理念与内涵。

7. 运用本章知识结合实际案例分析幼儿园教师应该具备的专业素质。
8. 分析幼儿园教师作为"支持者、合作者、引导者"的角色内涵及实现这些角色期待的基本要求。

▶ **延伸阅读**

1. 苏霍姆林斯基. 给教师的一百条建议 [M]. 杜殿坤, 译. 北京：北京教育科学出版社, 2000.

该书的主要内容是苏霍姆林斯基从多个角度给教师提出的有关教学、学生工作、个人修养、教学策略等方面的建议。

2. 教育部教师工作司.《幼儿园教师专业标准（试行）》解读 [M]. 北京：北京师范大学出版社, 2013.（第一、二、三、四、五章）

这五章分别讨论了《幼儿园教师专业标准（试行）》的概况、基本理念、专业理念与师德、专业知识、专业能力。

3. 丽莲·凯兹. 与幼儿园教师对话：迈向专业成长之路 [M]. 廖凤瑞, 译. 南京：南京师范大学出版社, 2004.（下篇）

该部分共八章，讨论了幼儿园教师的反省、父母与教师的角色、专业幼儿园教师的行为、幼儿园教师的成长等议题。

4. 顾荣芳, 等. 竹节的力量：关键事件与幼儿教师成长研究 [M]. 南京：南京师范大学出版社, 2011.（绪论）

该部分内容一方面分析了幼儿园教师专业发展的研究视角，另一方面总结了国内外幼儿园教师专业发展阶段的各种理论。

第四章

学前教育中的家庭

>> 内容导航

- 学前教育中的家庭
  - 家庭及家庭学前教育概述
    - 家庭与家庭学前教育的定义
    - 家庭对学前儿童发展的作用
    - 家庭学前教育的特点
    - 影响家庭学前教育的因素
  - 学前教育机构与家庭学前教育的合作
    - 学前教育机构与家庭学前教育合作的必要性与意义
    - 学前教育机构与家庭学前教育合作的原则
    - 学前教育机构与家庭学前教育合作的方式

▶ **学习目标**

1. 了解家庭及家庭学前教育的定义，了解学前教育机构与家庭合作的方式。
2. 理解家庭对学前儿童发展的作用，理解家庭学前教育的特点，理解学前教育机构与家庭合作的意义。
3. 分析影响家庭学前教育的因素，分析学前教育机构与家庭合作的原则。

▶ **引言**

  有这么一个公益广告：镜头开始，妈妈给宝宝边洗脚边讲小鸭子的故事。过了会儿，妈妈突然让宝宝自己洗，然后，妈妈就离开了。孩子很奇怪，妈妈到哪里去了？原来，妈妈正在给奶奶洗脚。过了一会儿，孩子跌跌撞撞端着一盆水走过来：妈妈，洗脚！

  有一次，我放这个广告给家教沙龙的家长看，一个孩子很不耐烦地说："讨厌，又看！"我走过去问那个小朋友："是不是每次放到这段，妈妈都会说'看人家小孩多懂事'。"那个小朋友说："老师怎么知道的？"我又问："你是不是从来没有看到过妈妈给你的奶奶洗脚？"孩子说："没有，都是爷爷奶奶给我洗脚的。"我们总是要求孩子"你应该怎么做"，其实，家长要知道，对孩子真正产生影响的不是你在说什么，你叫他做什么；而是家长在做什么，孩子看到了什么。从一个洗脚的故事我们足以看出父母是怎样影响孩子的。[①]

  上述案例可以引发我们思考三个问题：一是做家长的如何影响、教导孩子。言教显然不如身教。二是家长从哪里获得教育孩子的正确观念与方法。幼儿园的引导是个重要途径。三是在孩子教育问题上，幼儿园和家长如何合作。案例中的家教沙龙可资借鉴。这三个问题，就是本章"学前教育中的家庭"的主要话题，我们将从家庭和学前儿童发展的关系、家园合作等角度，阐述家庭学前教育的特征、意义，分析家庭和幼儿园合作的意义、原则、方式。

---

① 段卫英. 从"妈妈，洗脚"看家庭教育[J]. 幼儿教育·父母孩子，2014（3）：14. 有删改。

第一节　家庭及家庭学前教育概述

家庭是个体成长不可或缺的环境，家庭学前教育构成学前教育的重要组成部分。作为专业学前教育工作者，研究家庭和家庭学前教育的相关理论和策略，十分必要。

一、家庭与家庭学前教育的定义

准确界定家庭和家庭学前教育，是学前教育工作者理解家庭与学前儿童发展关系的基础。

（一）家庭的定义

家庭是由婚姻、血缘或收养而形成的亲属间的共同生活组织，是社会生活的基本单位，成员包括父母、子女和其他共同生活的亲属。人类从原始群居发展到婚姻家庭，这是人类文明进步的结果。随着社会的发展，家庭出现广义和狭义之分。广义家庭泛指群婚制出现以后的各种家庭形式，包括血缘家庭、亚血缘家庭、对偶家庭、一夫一妻制个体家庭；狭义家庭指一夫一妻制个体家庭。[1] 在现实中，家庭还有多种分类方法：按结构和规模可分为核心家庭、主干家庭、联合家庭等；按家庭生命周期可分为新婚期家庭、育儿期家庭、空巢期家庭等；按文化和职业背景可分为宗教家庭、无宗教家庭及工人、农民、商人、知识分子家庭等；根据婚姻关系可分为单亲家庭、双亲家庭、重组家庭等。了解和认识家庭的不同类型，是理解家庭不同功能的前提。

家庭作为一种共同生活的组织具有多种功能，包括满足成员情感需要的情爱功能、获得维持家庭成员生存的资源的经济功能、保护家庭成员不受外来侵害的保护功能、满足成员放松身心的休闲娱乐功能、保护和培养后代的教育功能等。在这些功能中，教育功能的实现与教育工作者的活动紧密相关；而家庭作为学前儿童生活的基本场所，也将学前教育和家庭天然地紧密联系在一起。

（二）家庭学前教育的定义

家庭学前教育也可称学前家庭教育，是指在家庭中由家长（主要是父母或其他长

---

[1] 夏征农. 辞海[M]. 上海：上海辞书出版社，1989：1152.

辈）对学前儿童实施的保育和教育。家庭学前教育是学前教育的主要类型之一，与人类社会的家庭发展历史相伴。在专门的社会学前教育机构产生前，除了非形式化的社会生活中的学前教育外，家庭学前教育成为学前教育的主要形式，在此之后，学前教育体系主要由二者共同组成。家庭学前教育也是家庭教育的重要组成部分，家庭教育涵盖了从婴幼儿到少年、青年、成年乃至老年的不同阶段的教育，家庭学前教育则是家庭教育最基础的阶段。

家庭学前教育活动的基本要素有其自身的特点。家庭学前教育的受教育者是与家庭长辈有血缘关系的孩子，家庭学前教育的教育者是与孩子有血缘关系的父母、其他长辈、兄弟姐妹等。家庭学前教育的教育措施包括以家庭和家庭生活场景为教育实施的现场，以日常生活为教育内容，以日常生活过程为保育和教育的过程。家庭学前教育的独特构成要素，使其具有了不同于其他形式的学前教育的作用、特征、方式与方法等。

二、家庭对学前儿童发展的作用

家庭对学前儿童有着潜移默化的影响，良好的家庭对学前儿童发展的作用有以下四个方面：

1. 给孩子良好的保育，保障学前儿童身体健康发展

家庭能满足孩子的各种生理需要，提供包括居住、饮食、休息、洗漱等生活设施，培养他们健康的生活习惯。主要表现在以下几个方面：

（1）为孩子提供多样化的、营养丰富的、均衡搭配的健康饮食，养成定点、定时细嚼慢咽的进餐习惯，以及规律的排便习惯。

（2）保证孩子充足的睡眠时间，养成按时起床、入睡的休息习惯。

（3）放置规格适宜的家具，创建安全的游戏区域，提供舒适、便于活动的服饰，帮助孩子形成正确的体态和姿势。

（4）鼓励孩子自己走路、上下楼梯，经常带孩子去户外散步、运动，培养孩子对体育活动的兴趣，养成锻炼身体的习惯。

2. 创建良好的家庭氛围，保障孩子心理健康发展

家庭能让孩子感受到被爱，满足他们的安全感、归属感的需要，培养乐观、积极的

生活态度。主要表现在以下几个方面：

（1）父母营造温暖、轻松的家庭氛围，示范做人的正确态度，让孩子学会感恩、关心、体谅、分享与协作，习得尊老爱幼的传统美德，学会承担家庭的责任。

（2）经常以积极、愉快的表情、语调与孩子面对面地沟通和游戏，耐心地倾听孩子的想法，引导孩子与同龄伙伴、老人交往，培养孩子乐于与人交往的习惯。

3. 寓教育于家庭生活中，培养孩子良好的行为习惯和初步的服务能力

家庭能满足孩子人格独立的需要，让他们形成自尊、自信和秩序感。主要表现在以下几个方面：

（1）培养孩子的自我意识，让他们享有单独的个人生活用品和学习用品，使其习得生活自理的能力，学会独立地进餐、穿衣、整理图书和玩具等，培养他们克服困难完成任务的意志力。

（2）引导孩子尝试做一些力所能及的家务，如择菜叶、做面食、分碗筷、叠衣物等，使其学会做事的基本方法，培养他们爱劳动、珍惜劳动成果，愿意服务他人和环境的态度与习惯。

（3）建立平等的、简单易操作的家规，以身作则地遵照执行，及时地鼓励孩子的正确行为，允许孩子犯错，并能适时地加以理智、耐心的引导，培养孩子的规则意识。

4. 扩展孩子对身边事物的经验，培育良好的学习兴趣和习惯

家庭能保护孩子天生的好奇心，培养孩子旺盛的求知欲和创新精神，让他们获得成就感和自豪感。主要表现在以下几个方面：

（1）经常与孩子一起阅读、欣赏他们感兴趣的绘本、动画片，引导他们的兴趣，养成每天定时学习的习惯。

（2）多带孩子外出游览自然山水、森林公园、动物园、海洋馆，多观看展览、演出，培养他们感受和表现美好事物的能力；引导孩子一起为家人庆祝生日、欢度传统佳节，感受节日的快乐。

（3）鼓励孩子自主选择和做出决定，发展他们自己的兴趣爱好与特长，培养良好的个性。

三、家庭学前教育的特点

家庭学前教育的构成要素不同于其他形式的学前教育，尤其是与专门机构的学前教育相比较，家庭学前教育具有自身鲜明的特点。具体表现在以下四个方面：

（一）先导性与基础性

先导性意指家庭是孩子最早接触的环境，家庭学前教育承担着"人之初"的引导作用。苏联教育家马卡连柯曾说过："家庭是最重要的地方，在家庭里面，人初次向社会生活迈进！"① 在进入幼儿园之前的这三年，孩子主要是生活在家庭环境中，从在母体中孕育，到新生儿呱呱坠地成为独立的生命个体；从吃奶发展到吃固体食物，从学会抬头到学会行走，从只会哭泣到学会语言。婴儿开始认知事物的名称和性质，认出妈妈和其他亲人，开始有自我意识，开始表达"我"的观点。

基础性是指0—3岁是人一生中生长和发展最迅速、变化最大的阶段，家庭学前教育是终身教育的奠基阶段。人脑的研究显示：大脑是一切心理现象产生和发展的物质基础。婴儿期大脑的生长发育优于身体其他器官的发育。通常，新生儿脑重量为350克，1岁时可达950克，6岁就接近成人水平。如果家长能够给予孩子良好的居住环境、充足合理的营养、亲切温暖的情感、丰富适宜的活动等，让孩子得到良好的、丰富的、适度的触觉、视觉、听觉、嗅觉、味觉、运动和平衡等环境刺激，就可以促进孩子大脑的结构和功能的健康发展，为孩子未来健全的人格奠基。②

下面以从胎儿孕育至出生哺乳的过程（0—1岁）为例，说明家庭学前教育的先导性与基础性。

1. 孕期胎教

胎教是指孕妇在怀孕期间，通过自身的调养和修养，给予胎儿以良好影响。③ 胎教的质量主要取决于以下三个方面：

（1）父母的基因。据我国卫生部发布的《中国妇幼卫生事业发展报告（2011）》显示，中国是出生缺陷高发国家，2011年的出生缺陷发生率为1.499%。而2010年全国婚

---

① А.С.马卡连柯. 父母必读［M］. 北京：人民教育出版社，1958：303.
② 人力资源和社会保障部. 育婴员［M］. 北京：海洋出版社，2009：21，47.
③ 中国社会科学语言研究所词典编辑室. 现代汉语词典［M］. 5版. 北京：商务印书馆，2008：1315.

检率仅为 31.0%，产前检查率为 94.1%。因此，引导妇女自觉地进行婚前检查、产前检查，可以预防和减少先天性残障儿的出生。

（2）胎儿的感觉。现代医学研究认为，胎儿从第 5 周开始对触觉有反应；10 周时已形成感觉、触觉功能；20 周左右，声音能使其兴奋；24 周左右，可以感觉到疼痛；30 周时有听觉、味觉、嗅觉和视觉功能，并对母亲的声音产生倾向。[1]

（3）胎教的环境。创建良好的居住环境、和谐的家庭氛围，孕妇经常欣赏美好的自然环境、音乐和美术作品等，保持身心健康与欢愉，可以为胎儿提供良好的生存环境，给予胎儿合适的感官刺激，促进胎儿健康地生长。

2. 分娩过程

分娩是指胎儿、羊水、胎盘、胎膜排出母体的过程，是孩子离开母体开始独立生命的第一步。[2] 分娩过程对孩子的影响主要取决于以下两个方面：

（1）分娩方式的选择。分娩分为自然分娩和剖宫产两种。自然分娩是在有安全保障的前提下，让胎儿经阴道娩出的分娩方式。剖宫产是一种重要的手术助产方法，即剖开腹壁及子宫，取出胎儿。当阴道分娩无法达成，或经阴道分娩可能对产妇或新生儿产生危险时，就需要剖腹生产。研究表明，不必要的剖宫产将会影响母子健康。根据世界卫生组织公布的调查报告，中国自 2000 年以来的剖宫产率高达 40% 以上，远远超过了世界卫生组织设置的剖宫产率警戒线 15%。因此，2011 年卫生部发表的《中国妇幼卫生事业发展报告》提出，中国妇幼保健协会将开展为期五年的"促进自然分娩，保障母婴安康"项目，来引导人们建立健康的生育观。

（2）新生儿的合作。研究表明，自然分娩是孩子与母亲的第一次亲密合作。这个过程的好处很多：① 分娩过程中子宫的收缩，会让胎儿肺部得到锻炼，使新生儿较少发生呼吸系统疾病；② 子宫的收缩及产道的挤压作用，使胎儿呼吸道内的羊水和黏液被排挤出来，使新生儿窒息及肺炎发生率低；③ 经过产道时，胎儿头部受到挤压，可以提高脑部呼吸中枢的兴奋性，有利于新生儿迅速建立正常呼吸；④ 分娩过程中母体将免疫球蛋白传给胎儿，使新生儿具有更强的抵抗力；⑤ 胎儿在产道内受到触觉、味觉、痛觉及本

---

[1] 劳拉·E.贝克. 儿童发展 [M]. 吴颖，等，译. 5 版. 南京：江苏教育出版社，2002：124-127.
[2] 刘达临. 中华性学辞典 [M]. 哈尔滨：黑龙江人民出版社，1993：261.

位感的锻炼，促进大脑及前庭功能发育。

3. 哺乳阶段

人的成长不同于动物，动物出生时大脑已近乎成熟，但人在出生后，还要经历一次妈妈怀抱中的"宫外孕期"，让大脑快速发展。哺乳阶段对孩子的影响主要取决于以下三个方面：

（1）喂养方式的选择。研究证明[1]：母乳是新生儿理想的天然食品，有其他乳制品无法替代的优势。母乳营养丰富，各类营养素的比例恰到好处，能满足婴儿生长发育的全部营养需要，且易于消化吸收，不易造成便秘。而且，母乳有为婴儿量身定制的独特配方，成分会随着婴儿需要的改变而改变。尤其是初乳富含大量免疫物质，使婴儿在断奶之后的很长时间里，依然对疾病有持续的抵抗力。

（2）婴儿的感觉。母乳喂养不仅满足了婴儿的生理需要，更满足了其心理需要。胎儿在子宫内受到母亲心跳节律的安抚及体温的维护，母亲哺乳时的怀抱形成了类似胎儿在子宫里的熟悉环境，让婴儿有一种安全感和归属感。哺乳时婴儿与母亲的亲密接触，丰富了触觉、味觉、嗅觉、听觉、视觉体验还能促进母婴间的精神接触和情感交流，增进亲子感情。

（3）人际交往的基础。婴儿的人际关系有一个发生、发展和变化的过程，首先发生的是亲子关系。亲子依恋是孩子所有人际关系的基础，将直接影响到将来的师幼关系与同伴关系的发展，对孩子的未来生活有深远的影响。

> 资料卡片：儿童依恋的发展及依恋类型[2]
> 英国心理学家约翰·鲍尔比的依恋发展理论，和美国心理学家玛丽·爱因斯沃斯的婴儿陌生环境的分离焦虑实验，表明婴儿与母亲的安全型亲子依恋是循序渐进地发展起来的，而且有一种依恋安全模式和三种依恋不安全模式。

---

[1] 人力资源和社会保障部. 育婴员 [M]. 北京：海洋出版社，2009：151-154.
[2] 劳拉·E.贝克. 儿童发展 [M]. 吴颖，等，译. 5版. 南京：江苏教育出版社，2002：587. 有删改.

1. 儿童依恋的发展

（1）前依恋阶段（出生至6周内）。孩子尚未对母亲表现出依恋，并不介意被陌生人抱起。

（2）产生依恋阶段（6周至8个月）。孩子期望照料者对他们的信号能积极回应，但仍旧不会介意和父母分开。

（3）明确的依恋阶段（8个月至2岁）。当所依靠的成人离开时，孩子会表现出离别焦虑。孩子还会以母亲为安全保障，在新环境中探寻、冒险，然后又回来寻求情绪庇护。

（4）互惠关系的形成（18个月至2岁）。随着语言能力的迅速发展，孩子已经明白父母离开和回来的原因，会同父母协商，离别焦虑降低。

2. 依恋的类型

（1）安全的依恋。这些孩子把父母看作安全保障。当和父母分开时，他们有的会哭，有的不哭；当父母回来时，他们积极渴望交流，马上停止哭泣。

（2）回避的依恋。父母在场时这些孩子并无反应，父母离开时也不难过。重见父母时他们回避父母或不及时打招呼。父母把他们抱起来，他们也不抱住父母。

（3）反抗型依恋。分开前这些孩子亲近父母，但不愿探索。重见时，他们表现出愤怒、抵抗行为，有时推推打打。很多孩子被抱起后依旧哭闹，很难安慰。

（4）混乱/紊乱的依恋。这种类型的孩子表现出最大程度的不安全感。重逢时，孩子表现出一系列混乱、矛盾的行为。如父母抱起他时，他还看着别的地方，或对父母的出现毫无表情，或者很沮丧。很多这样的孩子面部表情茫然，交流紊乱。有一些在平静后突然哭起来或表情非常古怪，动作冷冰冰的。

（二）亲情性与权威性

亲情性是指在以血缘关系为纽带的家庭中，家庭学前教育具有天然的情感特点。家庭是孩子情感的港湾，是他们向外探索的安全感与归属感的基地。一方面，父母对孩子的爱应该是自然的、无条件的。泰勒·本-沙哈尔在《幸福的方法》一书中指出①：无条件的爱是"爱他本来的样子"，即父母应该无条件地接纳孩子天生的外貌、气质、残疾、年龄特征等，允许孩子按自己的方向、速度与方式发展，帮助孩子接纳真正的自己。无条件的爱是幸福的源泉，它会为孩子建造一个"幸福圈"，让孩子勇于去尝试，富有创造力，激发他们的潜能。另一方面，父母对孩子的爱应该是有限度和分寸的，绝不能溺爱。马卡连柯指出②：必须教育孩子关心父母，有的家长为了孩子的幸福准备放弃自己的幸福，这是家长所能给予自己孩子的最可怕的礼物。

案例 [4-1] ③

在一个电视节目中讲述了"两个毛孩"的故事。一个毛孩是出生于1977年的于震寰，他的妈妈非常爱他，让他学会了接纳自我，培养了他的自信。他长大后曾主演电影《小毛孩夺宝奇遇记》，入选世界吉尼斯纪录成为"人类中毛发最多的人"，现为歌手，拥有了一个充实的人生成长道路。另一个毛孩现年3岁，他是双胞胎中的哥哥。他的妈妈因为他身上有毛，很难过和焦虑，这个3岁的孩子，因为妈妈的不接纳，羡慕没有长毛的弟弟，自己想方设法用剪、烧的方式要去掉身上的毛，伤害了自己，也让妈妈感到非常痛心。在这两个毛孩的案例中，因为两位妈妈对孩子亲情态度的不同，导致了两个孩子对自己的不同评价，产生了不同的结果。

权威性是指父母是孩子眼中最有威望和地位的人，在家庭学前教育中具有价值引导的力量。这不仅是因为孩子在物质生活与情感需求上完全依附于父母，而且在对事物的

---

① 泰勒·本-沙哈尔. 幸福的方法 [M]. 2版. 北京：当代中国出版社，2009：115，118.
② А.С.马卡连柯. 家庭和儿童教育 [M]. 丽娃，译. 上海：上海人民出版社，2005：15.
③ 根据2008年10月25日中央电视台12频道的"心理访谈"节目整理。

价值判断方面也会服从于父母。父母作为孩子的第一任教师，对孩子的情感态度、兴趣爱好、行为习惯、知识经验等都会产生极其重要的影响。瑞士儿童心理学家皮亚杰认为：学前儿童的道德认识水平处于他律性道德阶段，孩子接受权威人物的规则，并且通过行为的结果来判断行为。美国儿童发展心理学家劳伦斯·科尔伯格也认为：学前儿童的道德判断水平处于前习俗道德水平，道德是受外部控制的，孩子会为了逃避惩罚或获得奖赏，而服从于权威或有权力的人。①

（三）针对性与丰富性

针对性是指父母面对的往往只是一个或几个孩子，对孩子的细致观察与全面了解是教师无法比拟的，家庭学前教育相对于专业机构的学前教育，更有利于因材施教，发展孩子的长处，帮助孩子树立自信，从而促进他们的全面发展。美国心理学家霍华德·加德纳提出的多元智能理论认为：人的智能是多方面的，包括语言－言语智能、逻辑－数理智能、视觉－空间智能、身体－动觉智能、音乐－节奏智能、自知－自省智能、交往－交流智能、自然－观察者智能八种独立的智能。每个孩子的聪明与优势表现在不同的方面，要创造适合每一个儿童的教育。

丰富性是指家庭生活提供了种类多样的生活和学习环境，能给予孩子更为广阔与深入的体验，是专业机构的学前教育无法相比的。

德国天才儿童卡尔·威特的成才故事很好地说明了家庭学前教育丰富性与针对性的重要。② 卡尔·威特出生于1800年，婴儿时期反应相当迟钝，显得有些痴呆。他的父亲52岁才得到这一个儿子，尽管为此很悲伤，却没有绝望，立志要用正确的方法去爱他，并制定了周密而严格的教育方案。他父亲让孩子从小就自己选择喜欢的食物、游戏，培养他的生活自理能力，锻炼他的体魄，训练他的意志力；让孩子在游戏中感受生活，示范正确的发音与行为举止，开展早期阅读，引导他见识自然的植物、动物，发展他的多方面兴趣，鼓励他提出问题，培养专心致志、精益求精的学习习惯，陶冶他的情操；努力倾听与理解孩子，引导他与同伴交往，培养他的同情心；保护孩子的判断力，培养他的独立意识和自尊心，引导他正确对待错误，学会面对失败。在他父亲的精心培养下，

---

① 劳拉·E.贝克. 儿童发展 [M]. 吴颖，等，译. 5版. 南京：江苏教育出版社，2002：675，681.
② 卡尔·威特. 卡尔·威特的教育（导读本）[M]. 刘恒新，译. 南京：江苏文艺出版社，2008：3-6.

卡尔·威特的潜能被开发出来，成为19世纪德国的一个著名的天才。八九岁时他就能自由运用德语、法语、意大利语、拉丁语、英语和希腊语6种语言；9岁时考入莱比锡大学，10岁进入哥廷根大学，14岁就被授予哲学博士学位；16岁获得法学博士学位并成为柏林大学的法学教授；23岁出版《但丁的误解》一书，并且一生都在德国的著名大学里任教。卡尔·威特的天才案例说明，卡尔·威特父亲所开展的丰富的、有针对性的家庭学前教育产生了重要作用。

（四）随机性与传承性

随机性是指家庭学前教育没有固定的教学大纲和教材，家长主要是在共同的生活过程中，随机地通过言谈举止、自然的情感交流，潜移默化地影响孩子，将教育渗透在生活细节中。

传承性是指代代相传的家庭文化具有其内在的连续性和传承性，深刻地影响着学前儿童的认知和行为：小至衣食住行的生活习惯，为人做事的态度与能力，对家庭的爱与责任感，大到世界观、人生观、价值观等。

苏联心理学家维果茨基提出的心理发展的"文化历史理论"认为，丰富的社会和文化背景深刻地影响着学前儿童对世界的认知方式。他提出了儿童文化发展的一般发生法则："在儿童的发展中，所有的高级心理机能都两次登台：第一次是作为集体活动、社会活动，即作为心理间的机能；第二次作为个体活动，作为儿童的内部思维方式，作为内部心理机能。"[①] 家庭学前教育的随机性与传承性，正是适应了儿童文化发展的法则，因此对儿童发展影响深远。

案例［4-2］

三十多年前的一天，5岁的女孩英英将妈妈刚刚缝制好的新外套剪了一个大洞。妈妈发现后，没有像有些母亲那样大声地责备孩子，而是轻声询问："英英，你在干什么呢？"英英自豪地回答："我在做口袋，我喜欢衣服上有一个大

---

① 维果茨基. 维果茨基论著选［M］. 余震球，译. 2版. 北京：人民教育出版社，2005：389.

大的口袋，能装很多东西。"妈妈笑了，说："英英真能干，妈妈来帮助你。"妈妈先用一块布补好了这个大洞，然后缝上了一个缀着细碎花边的大口袋。英英太喜欢这件新衣服了，因为这是她和妈妈一起完成的作品。三十多年后，英英的儿子佳佳也是5岁，除夕放焰火玩的时候，佳佳不小心把刚穿上的新衣服烧了好几个洞。当儿子有些懊恼时，英英安慰儿子说："没关系，妈妈有办法。"后来，英英找了几块孩子喜欢的图案粘补在这些洞上，让这件衣服变成了佳佳特别喜欢的个性化服装。就这样，这个家庭所拥有的乐观、积极的人生态度，家长对孩子理解、宽容的家庭文化，就在补衣服这样的小事中，得到了传承。

四、影响家庭学前教育的因素

从构成家庭学前教育的三个基本要素来看，影响家庭学前教育的因素主要有以下三个方面：

（一）家庭学前教育的受教育者因素：孩子的状况

1. 遗传基因

孩子身上来自父母的遗传基因决定了他们未来发展的可能性。每个孩子都有先天的身体素质、先天的智力优势与弱势。孩子的先天气质与个性，直接影响着他们与父母之间的互动模式，影响着家庭学前教育的效果。

2. 身心发展水平

孩子的身心发展还不成熟，适应环境的能力较弱，当遇到季节更替、养育环境变化时，会因为不适应而哭闹、生病等，加大父母的养育压力。

孩子的身心发展会表现出自然的年龄特征，会经历众多的敏感期，如感官敏感期、动作敏感期、语言敏感期等。他们可能会将物品放到嘴里吸吮、经常弄坏物品、说脏话或撒谎、不愿意与人分享、将别人的东西拿回家、和同伴打架、与父母对抗等，父母如果不了解其发展的自然规律，会将孩子成长中呈现的年龄特征，看成是棘手的行为问题而束手无策。

（二）家庭学前教育的教育者因素：家长的素质

家长的素质包括身体素质、心理素质、文化素质等。由于家长素质的不同，对家庭学前教育的影响会造成客观与主观两方面的影响，影响到孩子的家庭学前教育质量。

1. 客观的影响

一般来说，身体素质好、心理健康、文化素质较高的家长能为孩子创建健康成长的适宜环境。具体表现在以下几个方面：

（1）家长有稳定的工作，能获得较好的经济收入，能创设较好的家庭物质生活环境，孩子的饮食、服装、玩具等质量得到保障。家长有经济能力发展孩子多方面的兴趣，能带孩子去各地旅游、参观展览、观看剧目等，拓展孩子的视野。

（2）家长精力充沛、自信主动、善于沟通，能创建平等、民主、温馨、和谐的家庭精神环境，让孩子感受家庭的温暖，让孩子产生安全感与归属感，培养自信心。

（3）家长具有较为科学的教育观念，能获取较为优质的学前机构教育与学前社会教育资源，因材施教，开发孩子的潜能，促进孩子身心健康、快乐地成长。

而患有身心疾病或文化素质较低的家长，由于经济收入较低或精力不济等原因，在为孩子创建家庭环境时，会出现"心有余而力不足"的现象，从而影响孩子身心的发展。

资料卡片：两则特殊幼儿家庭学前教育的故事

聋女成才的故事：周婷婷，出生于1980年，出生后双耳失聪。但她的爸爸周弘并没有像有些残疾儿童的家长一样气馁，而是通过赏识教育开发她的潜能。经过漫长的、异常耐心、坚持不懈地努力，周婷婷终于在3岁半时学会了说第一个词。之后，婷婷的学习潜能不断地被开发出来，6岁就读普通小学后连跳两级，8岁背出圆周率小数点后一千位数字，16岁成为我国第一位少年聋人大学生，17岁被评为全国自强模范，18岁主演影片《不能没有你》，21岁只身赴美留学，22岁被选为首届"海内外十大时代女性人物"之一，24岁考入美国波士顿大学攻读博士学位，25岁著书《墙角的小婷婷》，以"中国的海伦·凯勒"

的成长经历，激励和引导着更多的人。①

"傻子"天才的故事：2014年1月17日江苏卫视"最强大脑"节目中出现了一个特殊的选手周玮。他在出生6个月的时候，因为惊吓生了一场怪病，被医院诊断为"中度脑残"，从此以后难以与别人正常交流。因为与平常人不同，周玮从小经常受到歧视，被教育机构多次拒收。但是非常幸运的是，他有家这个温暖的安全港，家人一直爱他。周玮的生活虽然几乎与世隔绝，但每天都能自由地玩弄他喜欢的计算器，而且渐渐地表现出数学天赋。在节目现场，周玮只用心算就成功地挑战了数学专家用笔和纸都难以推演的三道十分复杂的计算题，有乘方计算、16位数字的14次开根号，也有乘方和开方的复合计算，表现出令人难以置信的数学天赋，被称为"中国版雨人"。

2. 主观的影响

家长主观上对家庭学前教育的影响主要表现在两个方面：一是家长缺乏对家庭和孩子的责任感，不管他们是否"有力"都"不作为"；二是错误的家庭学前教育观念，即"有力使错方向，南辕北辙"。这些主观因素对孩子身心健康发展的影响不容忽视。

（1）家长缺乏对家庭和孩子的责任感

《中华人民共和国宪法》规定：父母有抚养教育未成年子女的义务。《中华人民共和国婚姻法》规定，"保护妇女、儿童和老人的合法权益"，"禁止家庭暴力"，"禁止家庭成员间的虐待和遗弃"。但现在仍有遗弃和虐待孩子的行为存在。如有的父母剥夺女婴的出生权利，有的父母遗弃女婴或残障儿童。目前，中国2.7亿个家庭中大约有30%存在家庭暴力；② 有的父母只为孩子提供物质条件，忽视孩子的精神需求，自己追求玩乐；也有的离异父母将自己的负面情绪发泄在孩子身上，剥夺孩子与亲人相处的权利，让他们不能享有完整的亲情等。以上状况，都会造成孩子从小缺少父母的关爱，难以享受家庭的温暖，儿童的身心难以得到健康发展。

---

① 周婷婷. 墙角的小婷婷 [M]. 海口：南海出版公司，2006：序.
② 孙忠南. 中国2.7亿家庭30%存在暴力，严惩施暴者须立法 [N]. 人民日报（海外版），2005-12-17（2）.

（2）错误的家庭学前教育观念

科学的教育观要求家长能以孩子人生的幸福感为发展目标，给予孩子无条件的爱，尊重他们的人格平等与独立，尊重他们的年龄特点与个别差异，保护他们主动探索的求知欲和兴趣，给予孩子适度的、及时的鼓励与批评，引导他们树立自信，学会尊重和关心他人，适应社会规则，身心获得全面发展。

但有的家长误以为给予孩子的物质资源越充足越好，养成了孩子生活奢华、不知感恩、不懂珍惜的坏习惯；有的家长误以为对孩子的保护越周全越好，造成孩子生活不能自理，没有自信去适应幼儿园的生活；有的家长误以为对孩子的爱和夸赞越多越好，造成孩子自以为是，不懂礼仪；有的家长误以为给予孩子的认知与技能教育越早越好、越多越好，对孩子进行超前教育、过度教育，造成孩子失去学习的兴趣和动力；有的家长误以为让孩子多游戏，只要快乐就好，造成孩子过度沉迷于电视、电脑等虚拟世界，失去了人际交往的意愿和能力；有的家长急功近利，将自己的愿望强加给孩子，让他们被动地学习；有的家长总是将孩子与他人比较，追随潮流，难以做到因材施教等。以上状况，都会造成孩子虽然得到了家长的关爱，却难以全面发展他们的潜力，难以真正享受到童年的快乐。

案例［4-3］[①]

小媛 4 岁时曾获得京剧表演金奖，5 岁时得到戏剧小梅花奖，是个京剧小明星。但现在 8 岁的小媛却已经不能再唱京剧了，因为会引发呕吐。不仅如此，她还养成了学习不主动、做作业磨蹭的坏习惯，并且非常讨厌听到父母就餐时发出的声音。这是什么原因呢？原来，小媛小时候的京剧兴趣是受爸爸影响渐渐地培养起来的。爸爸喜爱京剧，经常带着女儿一起听京剧，有时还带着她去参加京剧票友社的活动。在耳濡目染中，小媛对京剧逐渐熟悉、喜欢，并表现出表演天分。她曾被邀请到香港等地演出并引起轰动。这时，妈妈觉得女

---

① 根据 2006 年 4 月中央电视台 12 频道"心理访谈"节目整理。

儿的前途一片光明,她决定全力以赴地支持女儿,就辞去了工作,将全部精力都放在了女儿身上。她全面照顾着小媛的起居生活,督促小媛将所有的时间都放在学习京剧上,阻止小媛学习小品、学唱流行歌曲。结果,引起小媛的反抗心理,事与愿违。这说明,家长错误的家庭学前教育观念,会影响孩子的发展。

(三)家庭学前教育的环境因素:自然环境、学前教育政策、家庭文化传统、社会学前教育资源等

1. 自然环境

孩子健康成长需要美好的自然环境,清新的空气、清洁的水、肥沃的土壤。自然环境中千姿百态的植物、动物、山水也是孩子们丰富的感官认识资源。但是某些地区由于生产力发展速度过快、可持续发展观念不到位等原因,使得空气、水、土壤等都受到污染,这些已经直接影响了学前儿童的身体健康,导致了多种疾病和残障。

2. 学前教育政策

我国的学前教育政策在不断加强,学前教育投入在增大,早教园与幼儿园数量在增多,拥有国家认证资质的育婴员和幼儿园师资队伍也在不断扩大。但是全国各地的学前教育发展不平衡,优质教育资源不足,尚不能满足学前儿童及其家长的需要。有些地区师资水平良莠不齐,幼儿园内的食品安全、性侵、虐童等事件屡屡出现,危害到孩子的身心健康。

3. 家庭文化传统

我国的家庭文化传统,是夫妻和顺、慈母严父、婚姻关系稳定,孩子拥有安定的大家庭生活。但是,受到时代变迁及外来文化的冲击,现代家庭文化发生了变化。据中国国家统计局《2010年第六次全国人口普查主要数据公报》显示,我国的家庭结构已经发生了变化:第一,传统的大家庭模式渐渐消失,家庭结构以三口之家为主。孩子们难以每天观察到父母与长辈沟通、和睦相处、孝敬长辈的生活场景,减少了模仿的机会。第二,单亲家庭与重组家庭增多。在单亲家庭中,父亲或母亲可能会因为生活压力过大而忽略孩子；也可能会将希望寄托在孩子身上，对孩子过分溺爱或控制；还可能因为缺少性别榜样，孩子出现性别角色的发展问题。在重组家庭中，相对复杂的人际关系，会让孩子缺乏归属感，可能会表现出严重的焦虑和长久的适应问题。第三，流动家庭与留守儿童家庭增多。据推测，中国农村留守儿童约 5 800 万人，其中 0 至 5 周岁儿童占总体的比例为 27.05%。由于亲子关系疏离，孩子容易缺乏安全感。而祖辈们溺爱、包办、无原则的教育方式，会造成孩子依赖性强，自我中心比较严重，难以关注到他人的需要，缺乏人际交往能力。

4. 社会学前教育资源

社会学前教育资源是指除了专门机构的学前教育、家庭学前教育之外，为学前教育提供辅助的其他社会资源。它包括：图书、玩具、音乐、电视、电影、网络等媒体资源；植物园、海洋馆、动物园、儿童游乐场、儿童图书馆、儿童科技馆等设施资源。如今，社会学前教育资源丰富，但是鱼龙混杂，需要家长有选择的能力，为孩子树立正面榜样，引导培养孩子健康的情趣，才能保证孩子的健康成长。

资料卡片：陈鹤琴论怎样做父母

"怎样做父母"这个问题非常之大，也非常之重要。在此地，我只能简单扼要地说几句。盖"做父母"实在要有一种专门的技能，专门的学识。这种技能，这种学识，断非在这里可以说得了的。

"做父母"是一桩不容易的事情。一般人太把这桩事情忽视了，太把这桩事情看得容易了。我们晓得栽花有了栽花的学识技能，花才能栽得好。养蜂有了养蜂的学识技能，蜂才能养得好。育蚕有了育蚕的学识技能，蚕才能育得好。甚至养牛，养猪，养羊，养马，养鱼，养鸟莫不都要专门的学识技能。而一般人对于他自己的儿女反不若养鸡，养蜂，养牛，养猪来看得重要。我们只要是一个人就好像有资格可以教养儿童的。至于怎样教养，怎样培育，事先既毫无准备，事后更不加研究，好像儿童的价值不及一只猪，一只羊。这种情形在中国非常普遍，司空见惯。我愿普天下做父母的，在未做父母之前，应当自问他有没有研究过怎样教养他未来的儿童,自问他自己应当有什么资格才配做父亲,应当有什么资格才配做母亲。对于儿童的生理,对于儿童的心理,在既做了父母之后,自问是否有相当的研究,相当的了解。我们应当如何以身作则,做小孩的模范,如何教育儿童,做一个有益于社会的分子。现在,根据个人的一些经验,对于做父母的条件,约举如后:(1)要以身作则;(2)要研究儿童的生理与心理;(3)不要自信太深;(4)不要迁怒;(5)要小孩子们每天做件好事。上面讲的几条原则,对于做父母的非常重要,愿共勉之。①

第二节 学前教育机构与家庭学前教育的合作

机构化的学前教育和家庭学前教育是当代两种最重要的学前教育形式。没有家庭学前教育的参与、支持,幼儿园等学前教育机构的保教就不可能取得理想的效果,反之亦然。因此,探索、总结和掌握学前教育机构与家庭学前教育的合作策略是学前教育专业工作者的必备素质。

一、学前教育机构与家庭学前教育合作的必要性与意义

以幼儿园为代表的学前教育机构与家庭学前教育的合作,称为家园合作,也称家园共育,即幼儿园和家庭双方合作开展对儿童的保育和教育工作。

(一)学前教育机构与家庭学前教育合作的必要性

学前教育机构需要和家庭学前教育紧密合作,才能给儿童的成长创造良好的条件。家园合作的必要性主要体现在以下两个方面:一是学前教育体系主要由学前机构教育与家庭学前教育共同组成,其构成的多样性需要家园合作;二是家庭、幼儿园都是儿童成

---

① 陈鹤琴. 家庭教育[M]. 上海:华东师范大学出版社,2006:206-211. 有删改。

长的重要环境,其成长环境的不可割裂性需要家园合作。

(二)学前教育机构与家庭学前教育合作的意义

学前教育机构与家庭学前教育合作,对儿童的健康成长、学前教育机构的工作、家庭学前教育的实践都能产生积极作用。主要体现在以下三个方面:

1. 有助于学前教育目标、内容、方式的一致与合作

学前教育机构的任务是根据政府制定的教育目标、内容、方式,由受过专业训练的教师和工作人员实施学前教育。《幼儿园工作规程》提出,幼儿园的任务是:实行保育与教育相结合的原则,对幼儿实施体、智、德、美诸方面全面发展的教育,促进其身心和谐发展。幼儿园同时为家长参加工作、学习提供便利条件。这一目标,也应成为指导家庭学前教育的指针。

家庭学前教育具有特殊的地位和作用,是学前教育机构不能替代的,而家庭学前教育的目标、内容、方式是由家长自己设定,呈现多种多样的特点。学前教育机构只有通过与学前家庭教育的密切配合,帮助家长树立科学合理的家庭学前教育观念,与家长在教育目标、内容、方式上达成共识,相互支持、协调一致,实现机构化的学前教育与家庭学前教育的最大合力,才能发挥学前教育体系的整体功能,最终实现幼儿园的教育目标。

2. 有助于利用家庭资源更好地开展学前教育机构的保教活动

《幼儿园教育指导纲要(试行)》中指出:幼儿园应与家庭、社区密切合作,与小学相互衔接,综合利用各种教育资源,共同为幼儿的发展创造良好的条件。学前教育机构开展的各种保教活动,需要家长配合提供一些物质资源或场地资源,也需要家长提供时间与精力来配合参与。家庭学前教育还需要创设条件,让孩子将幼儿园的教育内容在家庭生活中不断地操作练习,将经验或学习成果加以巩固,使之富有成效。

3. 有助于改善家庭学前教育观念、方法

家庭学前教育在和幼儿园的合作中,能够从幼儿园教师以及其他家长那里,获得新的教育观念、教育方法,交流育儿的经验,借鉴成功的办法,移植和配合幼儿园保教措施。这种合作,能极大地改善家庭学前教育的观念、方法,为儿童创造适宜的家庭环境,提高家庭学前教育的质量。

二、学前教育机构与家庭学前教育合作的原则

学前教育机构与家庭学前教育合作的原则是家园合作必须遵循的公认的行为准则。《幼儿园教育指导纲要（试行）》指出，"家庭是幼儿园重要的合作伙伴。应本着尊重、平等、合作的原则，争取家长的理解、支持和主动参与，并积极支持、帮助家长提高教育能力"。从学前教育的实践来看，学前教育机构与家庭学前教育合作的基本原则有以下三个：

（一）平等尊重的原则

平等尊重的原则是指在不违反法律法规的前提下，尊重家长的人格平等、教育观和家庭文化等。具体体现在以下方面：

（1）尊重家长的人格平等。教师不能因家长的容貌、打扮、职业、地位等不同而区别对待，而是要发现每一位家长的优点，引导家长参与、支持幼儿园的教育工作。比如，可以吸纳教育素养较好，又能热心于幼儿园教学管理的家长进入家长委员会；可以吸引有职业特长或兴趣爱好的家长，发挥所长参与教学活动等。

（2）尊重家长的教育观。教师应当尊重每个家庭对孩子在教育目标定位、教育内容选择、教育方法使用等方面的诸多不同。教师应认真分析、吸收家长对幼儿园教育与管理工作的意见与建议，反思自己的教育行为，以终身学习的态度，不断提升自身的专业水平，提高幼儿园的保教质量。即使有些家庭教育出现了一些问题，教师也不能随意加以否定或将自己的意见强加于家长，而是应该善意地提出供家长参考的教育建议。教师应当理解家长对孩子的培养目标的价值取向不相同，对孩子年龄特点及个性特点的了解不相同，对孩子教育规律的理解和把握也不相同，不能强求一致。

（3）尊重家庭文化。教师应该尊重每一个家庭的家庭结构与生活状态，注意保护家庭的隐私，如居住环境和经济状况、就业状态等。

（二）经常性互动的原则

经常性互动的原则是指应建立幼儿园与家长联系的制度，家园双方保持经常性的联系、积极的互动。具体体现在以下方面：

（1）教师应主动地向家长汇报儿童在幼儿园的表现，并了解儿童家庭的教育环境，以便家园双方更客观、更全面地了解儿童的发展现状。

（2）教师应主动地与家长共同分析儿童的具体状况，关注儿童的特殊需要，包括各

种发展潜能和发展障碍，密切配合，共同促进儿童健康成长。

（三）有效合作的原则

有效合作的原则是指教师与家长的合作不能只重形式，而是应该注重家园合作的实际成效，要让儿童的发展看得到。具体体现在以下方面：

（1）教师对儿童现有发展水平、发展特点要全面观察，这是实施积极有效教育的基础。

（2）教师应以自己的专业性影响家长，主动帮助家长创设良好的家庭教育环境，向家长宣传科学保育、教育儿童的知识，共同担负教育儿童的任务。引导家长将关注重点放在孩子具有的优势上，拟定个性化的教育方案。用教育的实际效果赢得家长对教师专业素养的信任。

三、学前教育机构与家庭学前教育合作的方式

《幼儿园工作规程》要求："幼儿园可采取多种形式，指导家长正确了解幼儿园保育和教育的内容、方法。"[①] 学前教育机构与家庭学前教育的合作方式是多种多样的，大致可以分为集体方式和个别方式两大类。在实施过程中，学前教育机构应该制订实施家园合作的计划，并形成常规的运作制度，可以将集体、个别两类方式结合起来、灵活运用，以达到良好的实际效果。

（一）家园合作的集体方式

家园合作的集体方式是指教师与多名家长交流互动的合作方式，这种方式的优势是涉及面广。具体方式包括家长委员会、家长会、家长开放日等。

1. 家长委员会

家长委员会是指本着自愿、公正、公平、公开的原则，按照一定的民主程序选举产生的代表全体家长意愿的家长组织。其意义在于发挥家长作用，促进家园合作，优化育人环境，建设现代幼儿园的制度。根据教育部 2012 年颁布的《教育部关于建立中小学幼儿园家长委员会的指导意见》的要求，家长委员会的基本职责包括以下方面：

---

① 中国学前教育研究会. 中华人民共和国幼儿教育重要文献汇编[M]. 北京：北京师范大学出版社，1999：429.

（1）参与幼儿园管理，对幼儿园工作计划和重要决策提出意见和建议。

（2）发挥家长的专业优势和资源优势，参与、监督、改进教育教学和管理工作。如组织家长志愿者参与护园、进班教学等。

（3）发挥家长自我教育的优势，交流宣传正确的教育理念和科学的教育方法。如组织家庭户外活动"听大自然的声音""逛野生动物园"等。

（4）沟通幼儿园与家庭，促进学校和家庭的相互理解等。

2. 家长会

家长会是指由幼儿园组织的针对一项或多项主题，以教师讲述和传达为主、以家长讨论为辅的家园合作形式。家长会按规模不同可分为全园家长会、年级家长会、班级家长会、特色家长会等。

（1）全园家长会。每年举办若干次，主要任务有：推举产生家长委员会，共同探讨幼儿园管理与教育方针、计划，指导家长开展家庭学前教育等。其中，以指导家长为主的家长会主要包括家长学校、专题报告会。家长学校是幼儿园组织的对家长进行较为系统的学前儿童教育理论与实践培训的家园合作方式。一般采取定期授课方式，结业时有的还进行考查和奖励。如组织学习《3—6岁儿童学习与发展指南》等。专题报告会是幼儿园组织的不定期的指导家长的家园合作方式。幼儿园根据具体情况，邀请学前教育的专家，或由幼儿园园长、教师宣讲有关儿童观、教育观的专题，分析解决学前教育问题，如：如何让儿童适应幼儿园生活，如何看待儿童说谎，如何对待同伴间的争吵，等等。

（2）年级家长会或班级家长会。通常在每学期期初、期中、期末召开，任务是由教师向家长介绍教育任务、儿童的发展状况、提出下一阶段的教育重点等。

（3）特色家长会。也称家长沙龙，是幼儿园根据不同类型的家长组织召开的经验交流会或专题讨论会，人数一般在20人左右。如优秀家长经验交流会，介绍如何培养儿童的学习兴趣；祖辈养育经验交流会，讨论如何培养儿童的生活自理能力等。

3. 家长开放日

家长开放日是幼儿园组织的定期地邀请家长来幼儿园，在活动中深入了解自己孩子的发展水平、优势和不足，了解教师的保教水平，增加办园透明度的家园合作方式。其目的是增进家长对幼儿园工作的感性认识，让家长亲身体验适合儿童发展的教育理念与教育方式，以促进家园的有效合作。其活动形式包括观摩领域教学活动、观看儿童作品展示，参加亲子运动会、亲子游戏或联欢会等。

4. 宣传栏、展示台、网络论坛等

宣传栏是指幼儿园通过布置橱窗、墙壁等，介绍办园理念与规章制度，公布收费标准与膳食安排以及工作计划与活动安排等的家园合作方式。如"一周膳食安排表""一周活动安排表"等。

展示台是指幼儿园通过布置走廊、陈列室等，展示教师、儿童与家长的作品与风貌，宣传、分享教育信息与教育成果。如"活动掠影""育儿书籍推荐"等。

网络论坛是幼儿园与家长利用互联网进行互动交流的家园合作方式，内容涉及面广，互动时间自由。

（二）家园合作的个别方式

家园合作的个别方式是指教师与家长一对一交流互动的家园合作方式，这种方式的优势是针对性强。具体方式包括随机交谈、家园联系本（或书信）、个别约谈或个别咨询、家庭访问等。

1. 随机交谈

随机交谈是指教师与家长没有预定目标的口头交流方式。它的作用是让教师与家长及时、便捷地互通信息，了解儿童的发展动态，加强配合，是一种容易见效的家园合作方式。随机交谈的方式有家长早、晚接送孩子时交谈，电话交谈，网络聊天等。

2. 家园联系本（或书信）

家园联系本（或书信）是指教师与家长用书面形式、定期地互相反馈儿童在幼儿园和家庭中表现的家园合作方式。它的作用是督促教师与家长总结儿童一段时间（如一个月）的成长，帮助家园双方了解各自的要求与建议，协调共同的教育目标。家园联系本的优点是可以反复查看，适用于工作繁忙或长期在外地工作的家长，是一种有效的家园合作方式。

3. 个别约谈或个别咨询

个别约谈是指教师单独约请家长来幼儿园面谈的家园合作方式。个别咨询是指家长主动地向教师单独咨询孩子教育问题的家园合作方式。二者的作用都是能根据儿童个别化教育的需要，通过教师和家长互通儿童的发展状况，共同研究、商定家园合作的具体措施与方法，制订针对性的个别化教育方案，帮助儿童健康发展。如入园焦虑比较严重的儿童、对同伴攻击性行为比较频繁的儿童等。

4. 家庭访问

家庭访问是指教师深入到家庭进行个别家庭教育指导的家园合作方式，简称家访。家访的作用主要有以下几点：第一，教师能实地观察了解儿童的家庭物质环境、家庭气氛、家长的教育理念与教育方式。第二，教师能主动向家长介绍儿童在园的表现，体现了教师对儿童的热情关怀和强烈的责任感，能争取家长的理解与支持。第三，具有个别约谈或个别咨询的作用。家访的优点是比较灵活机动、指导具体、具有针对性，是一种有效的家园合作方式。需要注意的是：家访前，教师应有明确的目的，事先征得家长的同意，约定家访的时间；访问中，应尊重家庭文化，多观察、多倾听、做好记录，开展真诚和有效的沟通，努力达到家园合作的目的。

案例 [4-4]

大班儿童小伟的妈妈打电话给张老师，反映小伟因为今天没有评上"好孩子"，在家里委屈得哭了，而且表示以后再也不愿意去幼儿园了。张老师在和小伟妈妈的沟通过程中发现：原来，张老师在开学时宣布过，班级竞赛榜上小红花最多的五位小朋友，在学期结束的时候可以被评为"好孩子"。小伟虽然在嘴上从来没有说起过这件事，心里却在暗暗努力，成了班级的第五名。但是，张老师在评选"好孩子"的时候，将两个"好孩子"名额给了本学期进步最快的两个孩子。这下子，小伟的愿望就落空了。张老师了解情况后，感到非常内疚，反思自己的错误：一是对孩子的了解不全面、不深入，误以为小伟的荣誉感很淡漠，而那两个孩子的荣誉感很强；二是不尊重既定的规则，做了错误的示范，伤害了小伟的自尊心。张老师首先诚恳地向小伟妈妈道歉，并请妈妈与小伟谈心，帮助小伟理解老师的立场，引导小伟明天继续上幼儿园，给老师改正错误的机会。

晚上，张老师想了整整一夜，终于想出了一个比较妥善的补救办法。第二天，小伟被评为"艺术特长好孩子"，高高兴兴地回家了。还有，他告诉妈妈，班上的所有孩子都被评上了"好孩子"。本案例说明，家庭和幼儿园之间有效的沟通与合作，不仅能化解误会，还能为儿童的健康成长提供更好的环境。

▶ 小结

家庭学前教育，也可称学前家庭教育，是指在家庭中由家长（主要是父母或其他长辈）对学前儿童实施的保育和教育。家庭学前教育能保障学前儿童身体和心理健康发展、培养良好的行为习惯和初步的服务能力、培育良好的学习兴趣和习惯。家庭学前教育具有先导性与基础性、亲情性与权威性、针对性与丰富性、随机性与传承性。

影响家庭学前教育的因素包括：家庭学前教育的受教育者因素，即孩子的状况；家庭学前教育的教育者因素，即家长的素质；家庭学前教育的环境因素，即自然环境、学前教育政策、家庭文化传统、社会学前教育资源等。

学前教育机构与家庭学前教育的合作具有必要性，对家庭学前教育、幼儿园保教工作的开展具有重要意义；二者合作必须遵循的原则是平等尊重、经常性互动、有效合作。

学前教育机构与家庭学前教育的合作方式大致可以分为集体方式和个别方式两大类。家园合作的集体方式包括家长委员会、家长会、家长开放日等，家园合作的个别方式包括随机交谈、家园联系本（或书信）、个别约谈或个别咨询、家庭访问等。

▶ 思考与实践

1. 名词解释：家庭、家庭学前教育、家园合作、家长委员会
2. 简述家庭对学前儿童发展的作用。
3. 试举例说明家庭学前教育的特点。

4. 简述学前教育机构与家庭学前教育合作的必要性与意义。
5. 简述家庭学前教育与学前教育机构合作的方式。
6. 案例分析与实践应用题：

　　中班的郑老师观察到两个男孩在交流自己的画作。5 岁的乐乐对同伴说："这是我和爸爸在放风筝。我很想、很想爸爸，我很久没有见到他了。"郑老师因此约谈了乐乐的妈妈，了解到乐乐 2 岁时，父母就离异了，现在爸爸在另外一个城市，重新组织了家庭。在郑老师的劝说下，妈妈为了乐乐心理的健康发展，同意乐乐与爸爸联系，父子俩终于第一次通上了电话，乐乐非常高兴，他们约定以后见面一起玩。可是，爸爸的现任妻子却害怕影响到她的女儿，不同意他们父子再见面。一年过去了，乐乐还是没有见到爸爸。

　　请分析该案例中影响乐乐心理健康发展的各种因素，并提出相应的家园合作教育对策。

7. 案例分析与实践应用题：

　　小班的妞妞每天都由妈妈送来幼儿园，早上总是迟到。妈妈向教师解释说："睡眠对孩子的健康成长很重要。每天早上都是因为要等到妞妞睡到自然醒，我们才迟到的。作为家长，我们也是没有办法。"

　　按照家园合作的原则，如果你是教师，将会如何与这位家长沟通呢？

8. 实践调查：调查家庭学前教育的优质资源（如案例、图书、视频、设施等），并提出利用的对策。

▶ 延伸阅读

1. A. C. 马卡连柯. 家庭和儿童教育 [M]. 丽娃, 译. 上海：上海人民出版社, 2005.（第二、四、七讲）

这三讲分别讨论家长如何建立威信、家庭如何建立与实施纪律、家庭如何开展性教育。

2. 陈鹤琴. 家庭教育 [M]. 上海：华东师范大学出版社, 2006.（第三、九、十三章）

这三章分别论述家庭教育的普通方法，父母如何以身作则，如何为孩子创造良好的家庭环境等。

3. 黄人颂. 学前教育学 [M]. 北京：人民教育出版社, 2009.（第十三章）

该章内容为"托儿所、幼儿园与家庭"，主要介绍家庭教育的含义、作用、特点、意义、条件以及独生子女教育的方法，还分析了托儿所、幼儿园的家长工作。

第五章

学前教育目的

>> 内容导航

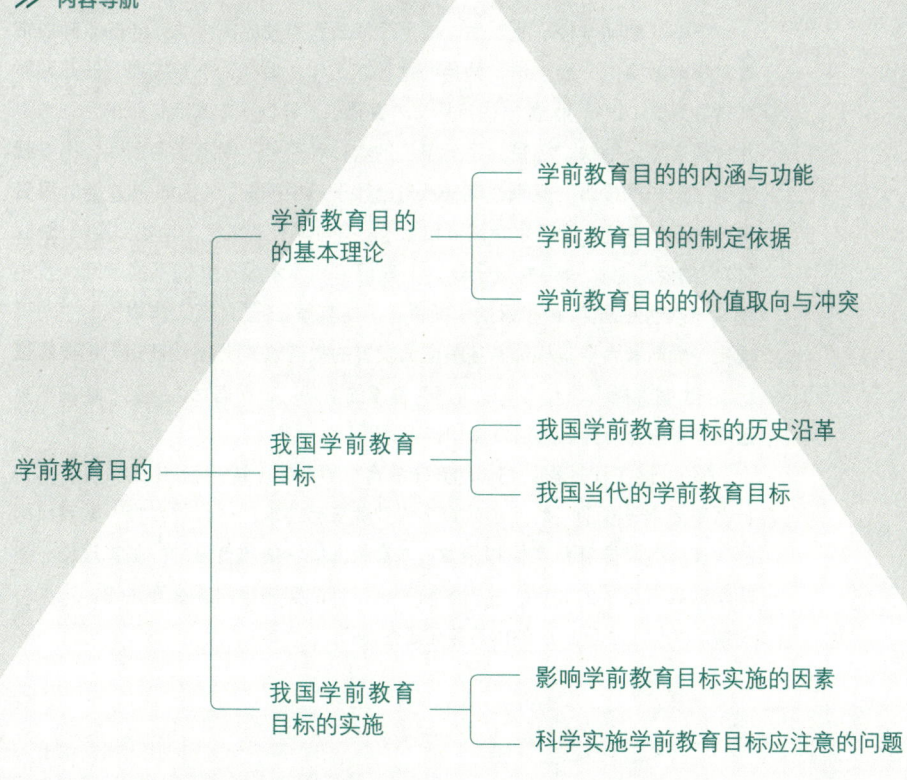

▶ **学习目标**

1. 了解学前教育目的的内涵、我国学前教育目的的实施途径。
2. 理解学前教育目的的功能、价值取向、制定的依据、学前教育目的冲突的主要表现、我国当前学前教育目标的内容与特点、学前教育目标实施的基本原则。
3. 运用学前教育目的的理论，合理规划与分解学前教育目标。

▶ **引言**

  小秦从幼师学校毕业以后，成为一家颇有声誉的民办幼儿园的教师。带着对学前教育的一腔热情，她用心地投入工作。最初，小秦按照《幼儿园教育指导纲要（试行）》提出的目标与内容要求，设计了丰富而详细的活动方案并付诸实施。很快，她受到了孩子们的欢迎。可是，刚上了两周课，小秦就遭到了家长的投诉。原来，家长从自己孩子口中得知：在幼儿园，老师只是带着孩子们在玩，而不是学识字和算术。有位家长非常气愤地找到园长质问："你们的老师怎么只带着孩子玩，不教识字和算术呢？你们不换教师，我们就换一家幼儿园。"被投诉的小秦百思不得其解，《幼儿园工作规程》中明确规定，学前教育要实施体智德美全面发展的教育；《幼儿园教育指导纲要（试行）》也明确指出幼儿园要以游戏为基本的活动。自己有什么错呢？学前教育工作究竟应当以什么为出发点和依据呢？

  《幼儿园工作规程》与《幼儿园教育指导纲要（试行）》中的目标要求为什么不受家长欢迎？幼儿园教育工作究竟应当追求什么样的目标？教育目标的落实究竟需要哪些条件和保障？本章将围绕学前教育目的的基本理论、我国学前教育目的的发展、我国学前教育目标的实施等问题展开讨论，为学习者解决类似上述案例中的困惑奠定思想基础。

第一节　学前教育目的的基本理论

教育是一种意向性活动，这种意向表达了教育者对教育结果的期待。人们常常用"教育目的"一词来表达对教育结果的期待，它是人们进行教育活动的出发点和归宿所在。理解学前教育目的是教育者开展学前教育活动的基础，有正确的目的才会有正确的行动。正如约翰·怀特所说，"尽管学生在具体的学习上出类拔萃，但假若他不能把所学的点点滴滴的零碎知识组合成某幅整体的画面，不懂得他所学的是为了什么，那么，他所学的一切便毫无用处"。① 全面理解学前教育目的的基本理论对于幼儿园教师建立整体的教育图景具有积极的作用。

一、学前教育目的的内涵与功能

从"目的"的含义出发，理解学前教育目的的内涵、学前教育目的有何功能，是我们分析学前教育目的的前提。

（一）学前教育目的的内涵

"目的"的基本词义是指一种运动或行动的终点，它是人类对活动结果的一种指向与规定，在多数情况下人们将它与"目标"一词看作是同义的。但严格来说"目的"不同于"目标"，目的更多地表达一种努力的意愿状态，是一种更抽象的努力方向，而目标则更多地表达运用一定手段行动想要达到的预期结果，它是更具体的，更具有操作性的。② 在日常的使用中，人们常常将"目的"与"目标"看作同义词，不作明确的区分。

学前教育目的的内涵，因教育主体的不同而有不同的表述。从一般的意义看，学前教育目的是指教育主体对学前儿童发展规格的期待。这里的教育主体主要包括群体与个体两大类。群体主要有国家与社会，个体主要有教师与父母。学前教育目的的内涵的表述，这一期待因不同教育主体教育价值取向与期待的差异而有不同的描述。

从国家的角度看，学前教育目的需要表述国家对于儿童身心发展变化的期望和要

---

① 约翰·怀特. 再论教育目的 [M]. 李永宏，等，译. 北京：教育科学出版社，1997：7.
② 约翰·怀特. 再论教育目的 [M]. 李永宏，等，译. 北京：教育科学出版社，1997：8.

求,指明学前教育要达到的规范性结果。在这一主体规定下,学前教育目的的定义可以表述为国家根据自身的政治、经济、文化发展的要求及受教育者身心发展特点制定的有关学前儿童保育和教育质量规格的总要求。它是国家学前教育工作的出发点和最终目标,也是各级各类幼儿园以及教育者制定教育活动的目标、确定教育内容、选择教育方法、评价教育效果的根本依据。

从个体的角度看,学前教育目的是指教师或父母对学前儿童发展与变化的期待。这一期待因家长与教师对儿童发展及学前教育价值理解的不同而有所不同。如有的教师认为学前教育的目的就是让孩子为上小学做准备,让儿童掌握入小学前的知识;有的家长认为,学前期是智力发展的最佳期,认为开发孩子的智力就是学前教育的主要目的,热衷于让孩子上各种智力开发兴趣班。

国家的学前教育目的只有通过个体才能得到落实,而个体的学前教育目的或目标,虽然不能影响整体的学前教育目的,但在日常的学前教育实践中,却能实实在在地影响教师、家长的保育和教育行为。有的教育者对自己的教育目的有明确的意识,而有的教育者对自身所持的教育目的并不明确。通过对学前教育目的相关理论的学习,教育者能够对自身的教育目的有更明确而合理的澄清。

(二)学前教育目的的功能

功能是指有特定结构的事物或系统在内部和外部的联系中所表现出来的影响与作用。学前教育目的的功能是指学前教育目的对学前教育活动所具有的影响与作用。主要表现为以下三个方面:

1. 导向功能

学前教育目的对教育活动具有导向功能。首先,它规定着学前教育的培养目标和教育方向。其次,它对学前教育课程的设置和教学内容的选择起导向作用。课程的设置与内容的选择要依据目的的需求来加以选择和制定。最后,它还对教师的教育行为起导向作用。教师是社会的代表,要保质保量地完成社会赋予他们的使命,就必须时时刻刻按照学前教育目的的要求把儿童支持和引导好。

2. 激励功能

目的是一种意图指向,它对人类的行动具有激励功能。一个明确的方向与可达成的学前教育目标，有助于教育者积极发挥他们的创造能力去设计、组织学前教育活动。一般来说，学前教育目的越是合理、明确、具体，达成的可能性就越大，就越能调动教育者的积极性。相反，目的越是抽象、宏大，不合实际，达成的可能性就越小，激励的作用也就越差。

3. 评价功能

学前教育目的既是社会对儿童培养质量、规格的要求，同时也是衡量学前教育质量和效益的重要依据。教育目的的评价功能集中体现在学前教育评估或教育督导行为中。它是评价学前教育机构总体办学方向、办学思想、办学路线是否正确，是否清晰，是否符合社会和儿童发展方向和需要的依据；也是评价学前教育质量是否达到了目的要求，达到了规格和标准的依据；也是评价学前教育机构管理是否科学有效，是否符合学前教育目的的要求，是否遵循了教育规律和儿童身心发展规律，是否促进了儿童健康发展和成长的依据。

总之，学前教育目的之于教育活动的作用是多方面的。只有确立了科学的学前教育目的，才能使学前教育活动更加合乎教育的规律及儿童和社会发展的需要，学前教育活动也才能顺利、有效地展开。

二、学前教育目的的制定依据

学前教育目的是根据国家总体的教育目的，结合学前儿童发展特点及社会发展需要而制定的，它是教育目的在学前教育领域中的具体体现。学前教育目的的制定既要有理论的基础，也要考虑社会对儿童素质培养的要求，还要考虑儿童发展的一般规律和年龄特点。

（一）理论依据

学前教育目的的制定总是建立在对儿童以及对教育价值的不同理解之上的，因而，会有不同的理论基础。总体来看，学前教育目的的制定以下面的理论为基础。

1. 儿童发展理论

儿童发展理论是阐释儿童发展的特点与规律的理论，不同的研究者从不同的视角出发，对儿童发展往往持有不同的解释。如行为主义者关注的是儿童行为发展，认知发展学派关注的是儿童的认知发展，而人本主义者关注的是儿童的情感与人格发展。当今人们对儿童发展的理解，往往是综合各学派的研究，采用综合的观点来理解儿童发展。

2. 社会学理论

教育是一种社会活动，它要受到社会诸多因素的影响与制约，因而，对社会性质以及社会发展的阐释也成为教育目的制定的重要理论基础。在社会学理论中，全球化理论、社会协作理论对当今学前教育影响较大。全球化理论主张我们要培养世界公民，社会协作理论强调我们要培养善于合作共处的人来促进世界的和平与安定。

3. 教育哲学理论

任何一种教育都有其教育哲学观，有其对教育的基本预设。教育哲学流派众多，对当今学前教育影响较大的教育哲学理论主要有卢梭的自然主义教育哲学、杜威的实用主义教育哲学。卢梭的自然主义教育哲学认为儿童天性本善，教育就是要遵从并开启儿童的善良天性；杜威的实用主义哲学认为学习的过程就是经验的改造与改组的过程，因而教育要关注儿童的经验与发展。这两种教育哲学理论被实践证明是适宜于儿童学习与发展的指导理论。

（二）社会文化的发展需求

学前教育既服务于儿童发展，也服务于社会发展，社会发展的需要是教育目的制定的外在依据。不同时代、不同国家对人才培养及儿童发展的期望是不一样的。如专制的社会决定了教育的专制，社会要培养的是服从国家意志的人，对儿童的期望也是听话；开放社会决定了教育的开放，社会要培养的是有创新能力和民主意识的人，对儿童的期望也是自主与创新。当今社会发展有经济全球化、政治民主化、文化多元化等趋势，它对学前教育目的的确立提出了新的要求。

1. 经济全球化要求培养儿童的人类意识感与全球意识感

经济全球化加速了世界的一体化，使各国的经济发展进入高度依赖的时代，世界各地的人民从未像现在这样处于一种"休戚与共"的状态之中，共同的经济问题、环境问题使世界各国携起手来，共同面对人类生活的困境。为了共同地面对这些难题，应当培养一种新人，"这种人必须懂得个人的行为具有全球性的后果，能够考虑事物的轻重缓急，并能够承担人类命运的共同职责中自己的一份责任"。① 具体到学前教育中就是要培养儿童的人类意识感与全球意识感。学前儿童的抽象观念与意识处于萌发之中，对他们来说，人类意识与全球意识的形成是一个长期的过程，教师主要是通过教育活动引导他们感受除了身边的同伴与亲人，还有不在身边的儿童和他们的亲人，要互相关心和帮助。

2. 政治民主化要求培养儿童初步的现代公民意识

政治民主化是在社会的公共事务上，每个人都有平等参与的权利。这种权利的履行需要以公众的参与能力作为基础。这种能力既需要民主生活本身来加以培植，也需要教育帮助加强公民的判断力，以获得从事社会政治活动的坚实基础。同时，现代社会的民主也开始从政治生活层面向各种社会机构包括家庭层面扩展，人与人之间的关系更多的是建立在丰富个性基础上的民主和平等关系。由此，教育需要在政治、公共事务、社会与文化生活等方面，使每一个人勇于负责和积极行动，并帮助他们保持自己的自由意志。这些能力与素质被认为是现代公民所必需的。具体到学前教育中就是要培养儿童初步的现代公民意识。这种公民意识体现为尊重别人的权利与利益，主动承担自己的责任。对儿童来说，就是不属于自己的东西不随便拿，不伤害别人，自己能做和应当做的事情自己做，等等。

3. 文化多元化要求培养儿童的多元文化观与基本美德

伴随经济的全球化，世界文化有着更多的交流与沟通机会，但文化的民族化与地方化，决定了文化很难像经济一样用统一的规则来加以要求，人的多样性自然会产生文化的多样性，但经济全球化有可能会对这种多样性带来威胁。由此，在全球化的背景中保持文化的多样性成为一个新的时代任务。在教育中，这种文化的多元性既体现为对其他民族文化的理解与包容，也体现为对自己本民族文化的继承与发扬。培养儿童多元的文化观与民族主义情感成为教育不可分割的统一任务。同时，"教育必须为变化做好准备，使人民知道如何接受这些变化并从中得到好处，从而培养一种能动的、非顺从的、非保守的精神状态。同时，教育必须在纠正人与社会的缺点的过程中发挥作用"。② 但这种变

---

① 联合国教科文组织国际教育发展委员会. 学会生存[M]. 北京：教育科学出版社，1996：7.
② 联合国教科文组织国际教育发展委员会. 学会生存[M]. 北京：教育科学出版社，1996：137-138.

化显然是以一些基本的价值为准则的，否则，社会将会成为个人利益争战的场所。这些基本的价值准则包括一些人类普遍的基本价值：尊重、同情、关爱、宽容、责任、公正、和平等。帮助儿童获得这些基本的价值，是增强他们内在的道德勇气，以抵挡外在纷乱的侵扰的基本手段。这就需要教育重视儿童基本美德的培养。

（三）儿童身心健康发展的特点与需要

学前儿童身心健康发展的特点与需要是制定学前教育目的一个重要依据。学前教育的直接服务对象是学前儿童，因而，深刻了解学前儿童身心发展的特点与需要，是制定学前教育目的的内在基础。

学前教育目的的确立要符合学前儿童身心健康发展的特点与需要具体体现在以下方面：第一，要符合学前儿童身心发展的水平。教育目的作为一种发展指向，必须考虑儿童发展的现实性与可能性水平。现实性是教育活动设计的出发点，而可能性则提供了方向目标。第二，要符合学前儿童的身心发展的时代特点。不同时代的社会发展给予了儿童不同的发展环境与发展任务。21世纪儿童的发展环境明显不同于20世纪的儿童，其发展任务也各不相同，这就给教育提出了不同的要求。第三，要符合不同年龄段儿童的不同需要。0—3岁与3—6岁儿童的特点与需要是不同的，教育的具体目标便应有所区别。

三、学前教育目的的价值取向与冲突

学前教育目的要根据社会和个人的发展需要来确定，学前教育目的的主体在判明这些需要的合理性时，必然涉及多重价值的冲突与取向，分析学前教育目的的价值取向有助于进一步理解学前教育目的的实质。

（一）学前教育目的的价值取向

学前教育目的的价值取向是指教育目的的提出者或从事教育活动的主体依据自身的需要对学前教育价值做出选择时所持的一种倾向。学前教育的主要价值体现于它对儿童自身发展以及社会文化发展的促进上。理论上说，一种理想的教育应当是兼顾这两方面的教育价值，但现实条件的限制往往使这两者很难达到一种平衡，于是会出现价值选择的问题。当必须在这两者中有所选择时，也就出现了教育目的价值取向之争：即"儿童本位"取向还是"社会本位"取向。

1. 学前教育目的的"儿童本位"取向

学前教育目的的"儿童本位"取向的基本观点为：儿童是教育的中心，学前教育的根本目的是促进儿童的生长与发展。因而，教育的一切考虑要从是否能够有助于这一目标的达成出发，学前儿童的健康生长与发展成为评估学前教育价值的标准。

"儿童本位"取向的开端可以追溯到卢梭。他开启了近代教育"儿童中心"的先河，他主张教育要遵循自然，把人看作人，把孩子看作孩子，让孩子自己实现自己的意志，最终由他自己把自己造就成人，发展其自身，儿童自然健康的发展被卢梭视为教育的核心目标。卢梭的这一思想在裴斯泰洛齐、福禄培尔、蒙台梭利、杜威等人那里得到了延续和发展。

在今天，"儿童本位"取向逐渐成为学前教育的一个主导取向。世界各国都强调学前教育的目标要服务于儿童身心的健康发展。如20世纪80年代末期，美国幼儿教育协会针对当时美国的早期教育方案将主要关注点放置于儿童的学业成就，从而导致了学前教育的"小学化"倾向的问题，提出了"发展适宜性教育"的理念，这一理念认为每一个儿童不仅在成长与发展的速度、需要、兴趣以及学习的形式上具有不同于他人的特点，而且每一个儿童的已有经验、家庭及文化背景所持有的价值观也不同，因而，强调学前教育要适宜于儿童的年龄及个体差异。衡量幼儿园教育质量的一个重要标准就是教育的发展适宜性。我国《幼儿园教育指导纲要（试行）》也强调：幼儿园应为幼儿提供健康、丰富的生活和活动环境，满足他们多方面发展的需要，使他们在快乐的童年生活中获得有益于身心发展的经验。幼儿园教育应尊重幼儿的人格和权利，尊重幼儿身心发展的规律和学习特点，以游戏为基本活动，保教并重，关注个别差异，促进每个幼儿富有个性的发展。这些观点都表明，从各国的政策导向看，都强调"儿童本位"的学前教育目的取向。

2. 学前教育目的的"社会本位"取向

学前教育目的的"社会本位"取向的基本观点为：社会的需求与价值传承是学前教育的中心。认为传递一定社会的文化价值观是学前教育的重要目的之一，强调学前教育本质上是一种文化陶冶活动，学前教育目的的制定应围绕社会文化的需求来展开。

学前教育目的的"社会本位"取向有两种渊源。一种是超越性的教育目的"社会本位"取向。可以追溯到20世纪20年代产生的德国文化教育学,该派重视教育的文化陶冶目的,认为教育是为培养个体人格精神而进行的一种文化活动,其最终目的在于唤醒个人的意识,使其具有自动地追求理想价值的意志,并有所创造,增加文化的新成分。这一取向强调通过新人的培养来促进社会文化的发展,是一种超越性的"社会本位"取向。这种取向重视教育对社会的改造。另一种是被称为适应性的教育目的"社会本位"取向。以法国的涂尔干为典型代表,他认为,教育的目的在于"使儿童身体、智力和道德都得到某种激励与发展,以适应整个社会在总体上对儿童的要求,并适应儿童将来所处的特定环境的要求"。① 在这种取向中,强调的是受教育者对社会的适应而不是超越。这种取向重视学前教育对社会的顺应,如为顺应社会的"主智教育"思潮,学前教育领域中出现了追捧早期智力开发的现象。

3. "儿童本位"取向与"社会本位"取向的关系

儿童是社会的基础与未来,很难有完全不顾儿童发展需求的教育目的。在具体的学前教育实践中,学前教育的"儿童本位"取向与"社会本位"取向,并不是对立的两极,而是一种相互交融的状态。

只是在不同的文化背景与历史时期,这两种取向的比重有所不同。在崇尚个体发展的文化与时代中,"儿童本位"的学前教育目的价值取向就会更为人们所推崇;而在崇尚集体价值的文化与时代需求中,社会本位的学前教育目的价值取向就会成为主流。还有当以现实为目标的成人利益与以未来为目标的儿童利益发生冲突时,成人是选择自己的当下利益,还是考虑儿童的未来发展,会出现"儿童本位"与"社会本位"之争的另一模态。

处理教育价值取向的难点是如何在具体的时空背景下寻找到恰当的价值平衡点,以开展最有效的教育实践。

4. 学前教育目的"全面发展"取向

全面发展是指人的体力和智力等多方面充分发展,或者是个体在德智体美各方面都

---

① 张人杰. 国外教育社会学基本文选[M]. 上海:华东师范大学出版社,1989:9.

得到发展。学前教育目的的这一价值取向强调学前儿童身心和谐、健康、全面发展,这是我国学前教育目的价值取向的规定性表达。

在我国,马克思关于"人的全面发展"学说是包括学前教育在内的所有教育领域的指导思想。强调人的全面发展虽不是始于马克思,但马克思立足于社会生产力的发展变化,从历史唯物主义和辩证唯物主义的角度,创造性地讨论了人的全面发展问题。其主要观点是[1]:人的本质是社会关系的总和,个人发展和社会发展是统一的;人类社会生产力和生产关系矛盾运动的历史表明,人的全面发展是历史的必然;共产主义社会是实现人的全面发展的前提,教育和生产劳动相结合是实现人的全面发展的唯一途径;人的全面发展包含了德、智、体、劳及人的能力的各个方面的发展。马克思主义关于人的全面发展学说,成为我国学前教育目的制定与表达的依据,影响着我国学前教育目的的价值取向。

20 世纪 80 年代以来,我国教育理论和实践界,根据我国教育发展的历史和现实的需要,进一步发展全面发展的理论,提出了素质教育的主张。1999 年,中共中央、国务院发布《关于深化教育改革、全面推进素质教育的决定》,将素质教育提高到我国各类教育发展的指导思想的地位,从而成为我国学前教育目的表述的新的价值取向。所谓素质教育,是着眼于受教育者和社会长远发展的要求,以面向全体、全面提高学生的基本素质,促进他们德智体等各方面生动、活泼、主动发展为宗旨的教育,素质教育具有主体性、全面性、全体性、基础性和发展性,是对全面发展学说的坚持、发展与落实。在我国当代的学前教育发展中,素质教育成为学前教育目的的重要价值取向。《幼儿园教育指导纲要(试行)》就明确要求,幼儿园应该"因地制宜地实施素质教育,为幼儿一生的发展打好基础",《3—6 岁儿童学习与发展指南》也提出"以为幼儿后续学习和终身发展奠定良好素质基础为目标";在我国幼儿园教师资格考试的相关文件中,理解学前教育如何实施素质教育成为贯彻点之一。

---

[1] 朱宗顺. 现代学校教育导论 [M]. 武汉: 华中理工大学出版社,2000: 209.

> 资料卡片:《中共中央国务院关于深化教育改革 全面推进素质教育的决定》政策摘编
>
> 实施素质教育，就是全面贯彻党的教育方针，以提高国民素质为根本宗旨，以培养学生的创新精神和实践能力为重点，造就"有理想、有道德、有文化、有纪律"的、德智体美等全面发展的社会主义事业建设者和接班人。全面推进素质教育，要面向现代化、面向世界、面向未来，使受教育者坚持学习科学文化与加强思想修养的统一，坚持学习书本知识与投身社会实践的统一，坚持实现自身价值与服务祖国人民的统一，坚持树立远大理想与进行艰苦奋斗的统一。全面推进素质教育，要坚持面向全体学生，为学生的全面发展创造相应的条件，依法保障适龄儿童和青少年学习的基本权利，尊重学生身心发展特点和教育规律，使学生生动活泼、积极主动地得到发展。
>
> 实施素质教育应当贯穿于幼儿教育、中小学教育、职业教育、成人教育、高等教育等各级各类教育，应当贯穿于学校教育、家庭教育和社会教育等各个方面。在不同阶段和不同方面应当有不同的内容和重点，相互配合，全面推进。在不同地区还应体现地区特点，尤其是少数民族地区的特点。
>
> 实施素质教育，必须把德育、智育、体育、美育等有机地统一在教育活动的各个环节中。学校教育不仅要抓好智育，更要重视德育，还要加强体育、美育、劳动技术教育和社会实践，使诸方面教育相互渗透、协调发展，促进学生的全面发展和健康成长。

（二）学前教育目的的冲突

学前教育目的根据不同的标准可以分为不同的类型，这些不同类型的教育目的间常常会产生冲突，下面我们讨论几种常见的冲突。

1. 幼儿园教育目的与国家教育目的的冲突

国家学前教育目的的制定立足于促进儿童终身的健康发展，幼儿园应当贯彻与执行这一目的。但在实际的实践中，有一部分办园者，并没有真正按照教育规律去落实国家教育目的，而是把幼儿园教育当作谋取利益的工具，不把教育品质及儿童的健康发展放在第一位，始终思考的是经济利益的获得。如在一些民办幼儿园，办园者为了取得家长的好感，一切以家长的好恶为出发点，家长喜欢什么就教什么，完全放弃学前教育工作者的专业立场。有的办园者为了获得更大的经济利益，在儿童的饮食、教学环境、教学材料上追求最少投入，为儿童提供劣质食品与材料，从而影响儿童的健康发展。

解决这一冲突的关键是规范幼儿园办学质量的监督管理，在给予幼儿园更多的经费与专业支持的同时，加强质量评估监督，确保幼儿园教育真正落实教育目的，发现有不当行为及时整改。

2. 管理者的教育目的与教师教育目的的冲突

在幼儿园的管理中，如果管理并不是真正以"儿童为本"，就会出现为了管理目标而牺牲儿童学习的现象。如有的幼儿园为了迎接上级检查，获得更好的评价，占用大量教学时间来制作各种虚假文件与虚假环境，而儿童的学习与生活秩序随意被打乱。

解决这一冲突的根本办法是规范幼儿园管理，加强教师的保教活动自主权，加强教育行政管理的科学性与计划性，不要让行政命令随意去干扰与打乱教师的正常保教工作。

3. 家长目的与教师目的的冲突

不同的家长对孩子上幼儿园有不同的需求，这些需求可能与教师所持有的教育目的相冲突。如有的家长希望孩子上幼儿园多认些字，只要孩子能认字，家长就夸幼儿园好，夸教师认真负责；而有的家长期望自己的孩子在幼儿园只要吃好、睡好、玩好就可以了，对于孩子的学习不上心，对教师要求的学习指导配合也就不积极主动。

解决这一类冲突的根本办法是加强家长教育，教师要用正确的教育目的观去引导家长正确对待孩子的教育。幼儿园教育是为儿童一生发展奠基的阶段，它不以认字写字为主，也不是只玩不学。

4. 儿童发展目的与成人功利目的的冲突

儿童需要的是符合发展需要的教育与环境支持，而在具体的教育实践中，成人是教育环境与活动的主导者与设计者，成人往往从自己的需求和方便出发来考虑教育，并不能完全做到从儿童出发。如有的教师为了减少麻烦，减少出安全事故的概率，就尽量减少儿童的外出活动与自由活动的时间，只希望儿童乖乖听话，不动不闹。儿童作为弱者常常成为成人功利的牺牲品。

解决这一冲突的根本办法是成人要培养一种教育自觉,即注意在教育实践中反省自己行为的出发点与目的,是为了自己的方便与利益,还是为了儿童的健康发展;并逐步培养自己了解与帮助儿童的能力,真正将"一切为了孩子"这一理念落到实处。

第二节 我国学前教育目标

我国的学前教育,在 20 世纪初开始走向社会化与规范化发展的轨道,学前教育的目标在不同的历史时期也有不同的表述与要求。

一、我国学前教育目标的历史沿革

我国学前教育目的,随着社会时代的变化而有不同的规定。

(一)清末民初的学前教育目标

在清朝末年、民国初年,随着现代社会学前教育在我国逐步建立,学前教育目的出现了正式表述。

1. 清末《奏定蒙养院章程及家庭教育法章程》中的学前教育目标

1904 年颁布的《奏定蒙养院章程及家庭教育法章程》,提出四项保育教导要旨:第一,保育教导儿童,专在发育其身体,渐启其心知,使之远于浇薄之恶风,习于善良之轨范。第二,保育教导儿童,当体察幼儿身体气力之所能为,心力知觉之所能及,断不可强授以难记难解之事,或使为疲乏过度之业。第三,保育教导儿童,务留意儿童之性情及行止仪容,使趋端正。第四,儿童性情极好模仿,务专意示以善良之事物,使则效之,孟母三迁即此意也。[1] 上述目标是在张之洞的"中体西用"思想背景下提出的,有明显重视德育和人文教化的特性。

---

[1] 中国学前教育史编写组. 中国学前教育史资料选 [M]. 北京: 人民教育出版社, 1989: 96.

2. 中华民国时期的幼稚园教育目标

1932 年，民国教育部修订颁布《幼稚园课程标准》，将幼稚园教育的总目标拟定为四项：第一，增进幼稚儿童身心健康。第二，力谋幼稚儿童应有的快乐和幸福。第三，培养人生基本的优良习惯（包括身体、行为等各方面的习惯）。第四，协助家庭教养幼稚儿童，并谋家庭教育的改进。①

这一目标是在学习借鉴西方学前教育思想的基础上，结合当时中国实际提出的，将学前教育的目标定位在儿童的健康、快乐、幸福及习惯的培养上，是"儿童本位"的目标导向。

3. 根据地和解放区的学前教育目标

1931 年，在中国共产党领导的湘鄂赣苏区文化工作中，曾提出了学前教育的四个目标：第一，注意看护小儿的教育。第二，注意小儿听觉、视觉及器官的充分发展。第三，3 岁以上儿童暂时由儿童的家庭以及共产主义儿童团实施幼稚教育。第四，注意儿童的记忆力、模仿力和联想力等智慧的发展。② 抗战时期，延安第一保育院于 1943 年提出了"增进孩子的身心健康和快乐，培养其优良的习惯和行动，使成为抗战建国中优良的小国民"的教育目的。1948 年，随着解放战争的不断胜利，中国共产党领导的解放区的学前教育目的调整为："锻炼儿童革命的观点与作风，培养儿童活泼愉快的心情、健康坚实的体格，陶冶勇敢老实的个性，增进儿童智识训练，手脑并用。使成为未来新中国健全的主人公。"③

根据地和解放区的学前教育目标，因应革命与战争的需要强调革命意识与新国民的教育，反映了教育目标的社会制约性。

（二）新中国成立初期到 20 世纪 70 年代末我国的学前教育目标

这段时期，我国的学前教育经历了接受改造、学习苏联、"大跃进""文化大革命"以及"文化大革命"结束后的初步恢复阶段，学前教育目标随着社会变化不断调整，其中，有较大影响的学前教育目标主要有以下两个：

---

① 中国学前教育史编写组. 中国学前教育史资料选 [M]. 北京：人民教育出版社，1989：230-231.
② 中国学前教育史编写组. 中国学前教育史资料选 [M]. 北京：人民教育出版社，1989：363.
③ 中国学前教育史编写组. 中国学前教育史资料选 [M]. 北京：人民教育出版社，1989：403.

1.《幼儿园暂行规程（草案）》对学前教育目标的规定

1952年，政务院颁发《幼儿园暂行规程（草案）》，规定幼儿园教养工作的目标是：第一，培养幼儿基本的卫生习惯，注意其营养，锻炼其体格，保证幼儿身体的正常发育和健康。第二，培养幼儿正确运用感官和语言的基本能力，增进其对于环境的认识，以发展幼儿的智力。第三，培养幼儿爱国思想，国民公德和诚实、勇敢、团结、友爱、守纪律、有礼貌等优良品质和习惯。第四，培养幼儿爱美的观念和兴趣，增进其想象力和创造力。①

这一目标对幼儿园工作的定位是教养，健康居第一位，并与智力培养、品德训练与美感陶冶一起构成了目标内容，这一规定奠定了新中国学前教育的方向与基本内容框架。

2.《城市幼儿园工作条例（试行草案）》对学前教育目标的规定

1979年，教育部颁发《城市幼儿园工作条例（试行草案）》，提出学前教育主要目标是：第一，供给幼儿必需的营养，培养他们良好的生活习惯和卫生习惯，发展他们体育运动方面的基本动作，锻炼身体，以增强他们的抵抗力，保证身心健康发展。第二，教给幼儿初浅的自然常识和社会常识，发展幼儿的智力（注意力、观察力、记忆力、想象力、思维能力，特别是口头语言的表达能力），培养他们对学习的兴趣和良好的学习习惯。第三，向幼儿进行初步的五爱教育（爱祖国、爱人民、爱劳动、爱科学、爱护公共财物），培养他们诚实、勇敢、团结、友爱、活泼、守纪律、有礼貌等优良品德、文明行为和习惯。第四，教给幼儿音乐、美术、舞蹈等方面初浅的常识和技能，培养他们对艺术的爱好。

这一目标与1952年的《幼儿园暂行规程（草案）》中的目标表述相比，结构上没有变化，只是在各方面培育的内容上有了更细化和具体的要求，如智育方面，提出要教初浅的自然与社会常识，品德方面提出了"五爱"教育的内容，美感教育提出了音乐、美术与舞蹈的常识和技能的训练，表现出知识化和分科化的取向。

二、我国当代的学前教育目标

我国当代的学前教育目标是由1996年颁布的《幼儿园工作规程》具体规定的，由

---

① 唐淑，钟昭华. 中国学前教育史[M]. 北京：人民教育出版社，1993：311.

总目标指导下的各层次目标系列构成。

（一）我国学前教育的总目标

1. 学前教育总目标的内容

学前教育总目标就是根据国家提出的总的教育目的，结合学前儿童身心发展水平而提出的具体目标，它是教育目的在学前教育中的具体体现。具体来说，它是根据国家教育目的、社会文化需求及学前儿童身心发展特点制定的关于学前儿童身心发展规格之总要求。

根据《中华人民共和国教育法》的规定，我国的教育目的为：教育必须为社会主义现代化服务，必须与生产劳动相结合，培养德智体等方面全面发展的社会主义事业的建设者和接班人。根据这一总目标，《幼儿园工作规程》，将幼儿园教育的总目的规定为："实行保育与教育相结合的原则，对幼儿实施体、智、德、美诸方面全面发展的教育，促进其身心和谐发展。"并具体规定了幼儿园保育和教育在体、智、德、美等方面的主要目标：

（1）促进幼儿身体正常发育和机能的协调发展，增强体质。培养良好的生活习惯、卫生习惯和参加体育活动的兴趣。

（2）发展幼儿智力，培养正确运用感官和运用语言交往的基本能力，增进对环境的认识，培养有益的兴趣和求知欲望，培养初步的动手能力。

（3）萌发幼儿爱家乡、爱祖国、爱集体、爱劳动、爱科学的情感，培养诚实、自信、好问、友爱、勇敢、爱护公物、克服困难、讲礼貌、守纪律等良好的品德行为和习惯，以及活泼开朗的性格。

（4）培养幼儿初步的感受美和表现美的情趣和能力。

上述四个方面构成了幼儿全面素质培养的目标，体现了我国学前教育对学前儿童发展的方向及素质养成的期望规格。

2. 我国学前教育总目标的特点分析

（1）全面发展的素质教育是学前教育目标的指导思想

我国学前教育总目标是以马克思主义的人的全面发展理论和我国素质教育思想为根本指导思想的。学前教育目标中体、智、德、美是学前儿童全面和谐发展的有机组成部分。体、智、德、美是人的发展的基本内容或素质维度，为了使受教育者在体、智、德、美各方面得到发展，就有必要对受教育者进行相应的各个方面的教育。体育、智育、德育、美育是人的全面发展教育的有机组成部分，各育在全面发展教育中承担着相对独立的任务，发挥着不同的作用，但是它们又是一个紧密联系、相互作用、相互促进的统一的整体。从这一意义上说，体、智、德、美的区分只是一种工作与研究意义的区分，在儿童的发展中，它们是整合在一起的。在实际的教育中它们是相互渗透、相互作用、相互促进的，因而，学前教育的实践要以促进儿童全面整体的素质发展为基本的指导思想。

（2）学前教育总目标充分反映了学前儿童身心发展的客观规律

我国学前教育总目标的制定充分考虑了学前儿童身心发展的客观规律，这主要体现在以下两个方面：

第一，在人的素质发展的顺序结构上，幼儿园教育目标充分考虑儿童身心发展的年龄特点，把"体"放在首位，形成体、智、德、美的顺序结构，而有别于其他年龄阶段德、智、体、美的顺序结构。这一方面是因为在人的一生发展的所有阶段中，婴幼儿阶段的生命力最脆弱。另一方面是因为在婴幼儿阶段，身体的正常生长发育与机能的健全发展是其他各方面发展的基础。儿童年龄越小，身心两方面发展的关系就越密切。所以，保护婴幼儿的生命与健康，增强他们的体质，是学前教育的最基本的任务。以"体"为先，反映了儿童身心发展的客观要求。

第二，在体、智、德、美各个方面的发展要求上，反映了儿童身心发展的特点与可能性。例如，在智育方面，强调了发展儿童正确运用感官和运用语言交往的基本能力，反映了学前儿童认知活动的发展特点。0—5岁是儿童口头语言发展的关键期，同时，各种感知觉是儿童认识周围环境的基本手段。发展感知觉能力与运用语言交往的能力应该成为儿童智育的重要任务。在德育方面，从萌发儿童"爱"的情感入手，重视儿童良好性格和习惯的培养，这也是符合儿童年龄特点的。

（二）我国学前教育目标的结构层次

我国学前教育的目的在总体目标之下，由领域、年段、单元主题和具体的活动等不同层次的目标组成一个学前教育的目标体系。

1. 领域教育目标

领域教育目标，是指根据学前儿童身心素质发展的不同维度的划分，将影响学前儿童发展的教育相对划分为不同的教育领域,并为每一教育领域制定不同的目标与要求。在我国,2001年颁布的《幼儿园教育指导纲要(试行)》将我国幼儿园课程领域分为健康、语言、社会、科学、艺术五大教育领域,并对五领域的教育目标作了具体规定:

(1)健康领域教育目标。第一,身体健康,在集体生活中情绪安定、愉快;第二,生活、卫生习惯良好,有基本的生活自理能力;第三,知道必要的安全保健常识,学习保护自己;第四,喜欢参加体育活动,动作协调、灵活。

(2)语言领域教育目标。第一,乐意与人交谈,讲话礼貌。第二,注意倾听对方讲话,能理解日常用语。第三,能清楚地说出自己想说的事。第四,喜欢听故事、看图书。第五,能听懂和会说普通话。

(3)社会领域教育目标。第一,能主动地参与各项活动,有自信心。第二,乐意与人交往,学习互助、合作和分享,有同情心。第三,理解并遵守日常生活中基本的社会行为规则。第四,能努力做好力所能及的事,不怕困难,有初步的责任感。第五,爱父母长辈、老师和同伴,爱集体、爱家乡、爱祖国。

(4)科学领域教育目标。第一,对周围的事物、现象感兴趣,有好奇心和求知欲。第二,能运用各种感官,动手动脑,探究问题。第三,能用适当的方式表达、交流探索的过程和结果。第四,能从生活和游戏中感受事物的数量关系并体验到数学的重要和有趣。第五,爱护动植物,关心周围环境,亲近大自然,珍惜自然资源,有初步的环保意识。

(5)艺术领域教育目标。第一,能初步感受并喜爱环境、生活和艺术中的美。第二,喜欢参加艺术活动,并能大胆地表现自己的情感和体验。第三,能用自己喜欢的方式进行艺术表现活动。

2. 各年龄段教育目标

各年龄段学前教育目标是根据不同年龄阶段学前儿童的发展特点,结合教育总目标与领域目标为各年龄阶段的学前儿童所拟定的保育和教育目标。在中国主要包括小班(3—4岁)、中班(4—5岁)、大班(5—6岁)三个年龄段的发展和学习目标。2012年9月,教育部颁发了《3—6岁儿童学习与发展指南》,该指南详细列出了各年龄段儿童的各个领域的学习与发展目标,以帮助家长与教师根据儿童发展的规律与特点,正确为儿童提供教育指导。

资料卡片：《3-6岁儿童学习与发展指南》各领域目标举例：健康领域"身心状况"目标[①]

▶目标1　具有健康的体态

3—4岁	4—5岁	5—6岁
身高和体重适宜。参考标准： 男孩： 身高：94.9-111.7厘米 体重：12.7-21.2公斤 女孩： 身高：94.1-111.3厘米 体重：12.3-21.5公斤 在提醒下能自然坐直、站直。	身高和体重适宜。参考标准： 男孩： 身高：100.7-119.2厘米 体重：14.1-24.2公斤 女孩： 身高：99.9-118.9厘米 体重：13.7-24.9公斤 在提醒下能保持正确的站、坐和行走姿势。	身高和体重适宜。参考标准： 男孩： 身高：106.1-125.8厘米 体重：15.9-27.1公斤 女孩： 身高：104.9-125.4厘米 体重：15.3-27.8公斤 经常保持正确的站、坐和行走姿势。

▶目标2　情绪安定愉快

3—4岁	4—5岁	5—6岁
1. 情绪比较稳定，很少因一点小事哭闹不止。 2. 有比较强烈的情绪反应时，能在成人的安抚下逐渐平静下来。	1. 经常保持愉快的情绪，不高兴时能较快缓解。 2. 有比较强烈情绪反应时，能在成人提醒下逐渐平静下来。 3. 愿意把自己的情绪告诉亲近的人，一起分享快乐或求得安慰。	1. 经常保持愉快的情绪。知道引起自己某种情绪的原因，并努力缓解。 2. 表达情绪的方式比较适度，不乱发脾气。 3. 能随着活动的需要转换情绪和注意。

---

① 李季湄，冯晓霞.《3—6岁儿童学习与发展指南》解读[M]．北京：人民教育出版社，2013：289-292．

▶ 目标3 具有一定的适应能力

3—4 岁	4—5 岁	5—6 岁
1. 能在较热或较冷的户外环境中活动。	1. 能在较热或较冷的户外环境中连续活动半小时左右。	1. 能在较热或较冷的户外环境中连续活动半小时以上。
2. 换新环境时情绪能较快稳定，睡眠、饮食基本正常。	2. 换新环境时较少出现身体不适。	2. 天气变化时较少感冒，能适应车、船等交通工具造成的轻微颠簸。
3. 在帮助下能较快适应集体生活。	3. 能较快适应人际环境中发生的变化。如换了新老师能较快适应。	3. 能较快融入新的人际关系环境。如换了新的幼儿园或班级能较快适应。

3. 单元教育目标

单元教育目标是领域教育目标与年龄段教育目标的具体化，是围绕根据某种标准划分的单元而制定的该单元教育应该达到的保教目标。单元的划分方式主要有以下两种：一是内容单元，即根据教育目标及相关教育内容的特点，把某一组目标及相关的内容有机组织起来构成主题单元，围绕一个核心话题而开展的系列教育活动。由此，有了主题目标。二是时间单元，即根据目标及内容特点将儿童的学习与发展按学期、月、周的时间单元来开展系列活动，由此，有了学期目标、月目标、周目标。单元教育目标具有系统性与综合性。

4. 教育活动目标

教育活动目标是指某一具体的教育活动所要达到的结果，或所引起的学前儿童身心素质变化的具体要求。它是单元目标的具体化，是对具体的课时教学活动所要达到的要求的描述，它具有针对性和可操作性。从学前教育的目标体系来看，教育活动目标是实现学前教育目的最基本的目标要素。教育目标必须要通过一定的课程活动转化为儿童的学习行为，才能使教育目标落到实处，因而，必须将教育目标结合一定内容及儿童特点分解为更具体的活动行为目标，并以适当形式表述出来，才能具体指导教师的教育教学实践。因此，幼儿园教师必须具备制定教育活动目标的能力。

（三）学前教育总目标与各层次目标间的关系

从总体的教育目的、学前教育目的，到领域、单元主题目标，再到具体活动目标，我国学前教育各层级目标之间是相互联系的，具有以下四种关系：

1. 学前教育总目标是我国教育目的在学前阶段的具体落实，也为各年龄段及各领域的目标提供了基本规范与方向

教育目的的实现是一个长期的、连续的教育过程。由于各个阶段受教育对象的年龄不同，身心发展水平不同，因此各个阶段的教育对于受教育对象的要求是不同的。幼儿园的教育目标就是根据中国的教育目的，结合学前儿童身心发展的年龄特点制定的，是我国全面发展的教育目的在学前教育阶段的具体化与贯彻落实。

国家教育目的规划各级各类学校教育的总体规格和要求，为学前教育目标的制定提供了结构与内容的依据。学前教育总目标又为各年龄段及各领域的目标提供了基本规范与方向。

2. 课程领域目标是实现教育总目标的重要途径

幼儿园教育目标主要规划了学前儿童身心发展的素质结构与能力结构，而课程领域目标则主要规划了促成素质发展的内容途径与具体行为指标，课程的五大领域是达成儿童全面发展的五个主要途径。每一途径都用自己的方式不同程度地促进与实现学前儿童的全面发展，如通过健康领域的任何一个活动和内容都能不同程度地促进儿童体、智、德、美的全面发展，即学前儿童的全面发展通过五大领域内容的学习来实现。

五大领域与"四育"的内容既是相互对应关系，又是相互渗透的关系。如体育目标主要通过健康领域来达成，但也不简单限于健康，幼儿园的所有教育活动都要考虑对儿童健康的滋养与呵护；智育目标主要通过科学与语言领域活动来实现，同时，所有的教育活动都有开启儿童智慧的任务；德育目标主要通过社会领域活动来实现，但德育也渗透在所有的教育活动中；美育目标主要通过艺术领域活动来实现，但所有教育活动也都有美育的任务。所有的课程领域活动都负有全面促进儿童发展的任务，只有当它能够促

进儿童体、智、德、美全面发展时，才能成为真正的教育活动。

3. 各年龄阶段目标是据儿童发展阶段特点对学前教育总目标的具体分解

各年龄阶段目标是根据儿童发展水平与特点，对教育部目标的纵向分解，它反映了教育目标落实的年龄依存性。学前教育总目标的落实只有依赖于促进儿童的次第发展来得以实现。

4. 单元教育目标与教育活动目标是对学前教育总目标的具体落实

单元教育目标与教育活动目标是结合学前儿童的发展特点以及内容特点制定的具体活动目标，它是学前教育总目标的最终落实，因而，确定单元教育目标与教育活动目标时，要考虑总体的教育目标与图景，这样才能保证各单元与教育活动之间的连续性与整体性，促进学前儿童的连续整体发展。

第三节　我国学前教育目标的实施

学前教育目标的理论构想要变成具体的行动操作受到诸多因素的影响，同时，要理解目标的内在精神，并在实践中正确运用，还需要遵循一定的原则。

一、影响学前教育目标实施的因素

学前教育作为一种特殊的社会活动，它的实践与展开受到诸多因素的影响，概括起来有教育系统外部与内部的诸因素，教育系统外部有社会、家庭等因素，教育系统内部有幼儿园的师资设备、管理文化与课程等因素。

（一）社会对学前教育目标实施的影响

学前教育不能独立于社会而存在，其目标的实现自然需要考量社会的政治、经济、文化等各因素对它的影响。

1. 政治对学前教育目标实施的影响

政治影响学前教育目标的性质。我国是社会主义国家，学前教育目标的性质是为社会主义国家的建设与发展培养小公民，因而，在我们的目标中，引导儿童了解社会主义中国的特点是教育的重要目标任务之一。

政治还影响着学前教育目标实现的责任主体。我国是社会主义国家，学校教育主要以公有为主，学前教育作为基础教育的重要部分，也应当以政府办学为主体，因而，公办幼儿园应当是学前教育的主导力量。有一段时期，我国学前教育在市场化与社会化的误导下，私立幼儿园成为学前教育的主导力量。不过这种状况近年来已经得到很大的扭转。2010年颁布的《国家中长期教育改革和发展规划纲要（2010—2020年）》中明确了政府在学前教育中的职责，明确规定把发展学前教育纳入城镇、社会主义新农村建设规划，建立政府主导、社会参与、公办民办并举的办园体制。

要保障学前教育目标的落实需要在正确把握我国政治制度与社会性质的基础上，严格按照学前教育的规律，落实学前教育的公益性与普惠性，政府要在学前教育的办学中扮演主导者的角色，为学前教育提供更科学的政策指导与支持。

2. 经济对学前教育目标实施的影响

社会的经济发展既影响着学前教育的办学规模，也影响着学前教育目标的具体落实。比如，我国随着经济的发展，越来越多的妇女走向了社会生产或服务领域，儿童的教育越来越依托于社会化的学前教育机构，这意味着学前教育机构规模的扩展，与此同时，也需要更多的学前教育经费投入。在我国的学前教育实践中存在经费投入长期不足的问题，致使学前教育办学的总体水平与条件还很低下。保育和教育目标的实现也往往因为经费投入的不足受到影响。

要保障学前教育目标的实现，国家需要制定相关政策与措施，保障学前教育有充足经费，能够有良好的设备和条件保障，开展高质量的学前教育。《国家中长期教育改革和发展规划纲要（2010—2020年）》中也明确提出了要实行成本合理分担机制，对家庭经济困难幼儿入园给予财政补助，从而为学前教育的发展提供更充分的经济支持。

3. 文化对学前教育目标实施的影响

儿童生活在社会文化中，社会文化的总体价值与氛围构成了大的社会生活环境，这会影响儿童的学习与成长，自然也会影响学前教育目标的实现。如当前的消费主义价值观，认为一切只要能买到，用多少钱都是无所谓的，这往往让儿童无形中养成了浪费的不良习惯，这种文化氛围对于儿童良好的品德形成起着消极的影响。

要建设促进学前教育目标实现的社会文化氛围，需要社会各机构与团体的人，充分意识到自己的教育责任，在自己的工作和生活中为儿童自觉提供好的榜样与良好的环境支持。

（二）家庭对学前教育目标实施的影响

家庭是学前教育实施的重要场所，家庭学前教育是学前教育的重要组成部分。家庭的结构、教养方式等，都会影响学前教育目标的实施。

1. 家庭环境对学前教育目标实现的影响

儿童生长的家庭环境影响着儿童的学习与成长。如家庭结构的大小、人口的构成，以及家庭的生活方式，都影响着儿童的学习与发展。现在的儿童大多生活在三口之家的核心家庭中，还有不少儿童生活在单亲家庭或是祖辈家庭中，家庭中父母与孩子相处时间的长短也影响着亲子关系的建立，这些对于儿童健康全面的发展都有着无形影响。

2. 家庭教养方式影响着教育目标的实现

家庭教养方式是指教养者在抚养、教育儿童的活动中通常使用的方法和形式，是家庭中各种教养行为的特征概括，是一种具有相对稳定性的行为风格。不同的教养风格，背后有不同的教育价值取向，也就有不同的学前教育目标的实施策略。中国的家庭由于独生子女政策，大多数家庭的教养方式都以溺爱为主，对儿童的学习与成长过度包办，让儿童的自主学习能力无法得到有效培养，这对儿童全面健康的发展有着极大影响。

要促进家庭对学前教育目标实现的积极影响，需要社会通过相关政策的完善及家庭教育工作的指导，督促与支持家庭更好地履行自己的教育责任，并用正确的观念与方式去指导孩子的成长，培养孩子健康良好的生活习惯。

资料卡片：母亲教养方式的类型及特点[①]

（1）极端型母亲。极端型母亲在教育活动中具有整体性的不良倾向，她们既有迁就、过分保护的一面，同时又有漠不关心、放任自流的一面；对孩子有

---

① 林磊. 幼儿家长教育的方式及特点[J]. 心理发展与教育，1995（5）：43-47.

较多的体罚和训斥，指责和不满；她们要求孩子必须绝对服从自己，很少考虑孩子的意见和想法，在处理与孩子有关的问题时，经常因时间、地点、自己心情的好坏来决定自己的具体方法。

（2）严厉型母亲。严厉型母亲对孩子表现出较少的迁就和过分保护，对孩子的教育方式、方法具有较高的前后事件一致性；但这类母亲的一个突出特点是要求孩子对自己绝对服从，以维护自己的权威和威严，而且对孩子缺乏积极的情感，较多地采用体罚、指责或不管不问的消极做法，在处理有关事件时很少跟孩子讲述道理，也不太尊重孩子的意见和想法。

（3）溺爱型母亲。溺爱型的母亲偏于迁就孩子，有过分保护的倾向；对孩子富于情感，接纳程度极高，较少表现出冷漠、训斥、体罚等消极行为；在具体做法上具有一定的稳定性，与其他母亲相比属于中等。

（4）成就压力型母亲。成就压力型母亲，对孩子表现出过高的期望，有较大的成就压力；在与孩子的交往中，母亲经常改变自己的方式方法，缺乏应有的一致性；但这类母亲并不十分要求孩子的绝对服从，还能接受孩子的一些意见，对孩子的惩罚、不满、指责等消极行为也属于中等水平。

（三）幼儿园环境对学前教育目标实施的影响

各个层级的学前教育目标，最终主要通过幼儿园的保育、教育活动来落实，因此，幼儿园的师资设备、管理文化、保育和教育教学等环境因素，会影响学前教育目标的实现。

1. 幼儿园的设备与师资

幼儿园的设备与师资是幼儿园落实教育目标的物质支持。《幼儿园工作规程》对幼儿园的园舍、设备及幼儿园工作人员提出了具体要求，这些条件是否具备，是决定学前教育目标能否实现的重要前提。

（1）园舍设备的影响

《幼儿园工作规程》指出：幼儿园应设活动室、儿童厕所、盥洗室、保健室、办公用房和厨房。有条件的幼儿园可单独设音乐室、游戏室、体育活动室和家长接待室等。寄宿制幼儿园应设寝室、隔离室、浴室、洗衣间和教职工值班室等。

幼儿园应有与其规模相适应的户外活动场地，配备必要的游戏和体育活动设施，并创造条件开辟沙地、动物饲养角和植物园地。根据幼儿园特点，绿化、美化园地。

幼儿园应配备适合儿童特点的桌椅、玩具架、盥洗卫生用具，以及必要的教具、玩具、图书和乐器等。寄宿制幼儿园应配备儿童单人床。幼儿园的教具、玩具应有教育意义并符合安全、卫生的要求。幼儿园应因地制宜，就地取材，自制教具、玩具。

当一个幼儿园的基本设备达不到要求时，是很难满足儿童游戏与学习需求的。因而，实施幼儿园教育目标首先要有合格的园舍设备。

（2）幼儿园保教工作人员的影响

《幼儿园工作规程》指出：幼儿园按照编制标准设园长、副园长、教师、保育员、医务人员、事务人员、炊事员和其他工作人员。幼儿园工作人员应拥护党的基本路线，热爱幼儿教育事业，爱护幼儿，努力学习专业知识和技能，提高文化和专业水平，品德良好、为人师表，忠于职责，身体健康。师资在幼儿园教育目标实现中起主导作用。

以上条件，是幼儿园实现学前教育目标必不可少的物质条件。如果设备场地不到位，师资数量与水平不到位，会严重影响学前教育目标的实现。

2. 幼儿园管理文化

幼儿园管理文化对学前教育目标的实现也有重要影响，管理的制度与文化也要配合教育目标的达成，为幼儿教育工作的开展创造有利条件，促进幼儿园教育教学工作科学有序的进行。《幼儿园工作规程》对幼儿园的管理主要做了以下规定：

幼儿园实行园长负责制，园长在举办者和教育行政部门领导下，依据本规程负责领导全园工作。园长定期召开园务会议（遇重大问题可临时召集）对全园工作计划，工作总结，人员奖惩，财务预算和决算方案，规章制度的建立、修改、废除，以及其他涉及全园工作的重要问题进行审议。

幼儿园应建立教职工大会制度，或以教师为主体的教职工代表会议制度，加强民主管理和监督。党在幼儿园的基层组织要发挥政治核心作用。园长要充分发挥共青团、工会等其他组织在幼儿园工作中的作用。幼儿园应制订年度工作计划，定期部署、总结和报告工作。每学年末应向行政主管部门和教育行政部门报告工作，必要时随时报告。幼儿园应接受上级教育督导人员的检查、监督和指导。要根据督导的内容和要求，切实报告工作，反映情况。幼儿园应建立教育研究、业务档案、财务管理、园务会议、人员奖惩、安全管理以及与家庭、小学联系等制度。

以上管理体现了园长负责下的民主管理制度，民主的管理有利于教职员工主动积极地参与幼儿园的各项工作，通过自己工作职责的完成保障幼儿园教育目标的达成。

3. 幼儿园的教育教学

幼儿园的教育教学是幼儿园达成教育目标的主要途径与手段，教育教学也是幼儿园的中心工作，因而，科学有效地实行教育教学工作也是影响学前教育目标达成的重要手段。《幼儿园工作规程》对幼儿园的教育教学原则做了具体规定：

体、智、德、美诸方面的教育互相渗透，有机结合。遵循幼儿身心发展的规律，符合幼儿的年龄特点，注重个体差异，因人施教，引导幼儿个体健康发展。面向全体幼儿，热爱幼儿，坚持积极鼓励、启发诱导的正面教育。合理地综合组织各方面的教育内容，并渗透于幼儿一日生活的各项活动中，充分发挥各种教育手段的交互作用。创设与教育相适应的良好环境，为幼儿提供活动和表现能力的机会与条件。以游戏为基本活动，寓教育于各项活动之中。遵循这些原则是幼儿园教育目标达成的重要保障。

二、科学实施学前教育目标应注意的问题

学前教育目标的实施，要做好目标的准确分解工作，还要注意保教结合、全面发展、面向全体、计划与灵活相结合等原则。

（一）科学地分解教育目标

学前儿童教育目标的贯彻落实，必须结合学前各年龄段儿童的发展特点，把它进一步具体化，形成学前各年龄段儿童教育的任务或目标。这种学前各年龄段儿童的教育任务或目标，在托儿所、幼儿园就具体体现为各年龄班的教育任务或目标。学前各年龄班的教育任务或目标是通过每个学期的教育工作来完成的。因此，学前各年龄班的教育任务和目标又被具体化为学期目标，体现在各年龄班的学期教育工作计划中。学期教育目标和学期教育工作计划又是通过每月、每周、每天的教育工作来实现的，因此，学期教

育目标还需进一步分解为每月、每周的教育目标,学期教育工作计划还需进一步具体化为月工作计划与周工作计划,最后,制订出每天的工作计划,确定一日生活中各个活动所要达到的教育目标。

学前教育目标的横向与纵向结构的不同组合就会建立起不同的学前教育的目标体系结构,建构适当的目标体系结构有助于教师系统、整体地去思考与规划教学行为。学前教育目标的建构要注意以下两个问题:

1. 恰当把握学前教育目标分解的维度

学前教育目标体系建构的方法,目前比较具有代表性的有以下两种:

一是将学前儿童的体、智、德、美诸方面发展的总目标,相应划分为健康、语言、科学、社会、艺术五大领域,然后结合学前儿童身心发展的心理结构维度,即认知、情感、行为技能三个维度,区分出具体发展目标,最后再逐层细化。这种学前教育目标体系建构参见表5-1。

二是从学前儿童的身心发展出发,将学前教育总目标分解为身体、认知、社会性发展,或分解为身体动作、语言、认知、情感等部分,再结合年龄特点进一步分解,直至制定同具体教育活动相对应的目标。

表5-1 幼儿园教育目标体系建构示例

领域 \ 结构	认知	情感	行为技能
健康	了解健康、安全的基本常识	培养健康的生活态度,提高参加体育活动的兴趣	发展基本动作,培养自我服务技能
语言	理解日常用语,了解阅读基本常识	增进用语言进行表达和交往的意愿,培养阅读兴趣	发展言语交往技能,增强对语言文字的敏感性
社会	丰富社会生活经验,发展社会认知能力	培养良好的社会性情感和积极的生活态度	培养基本的交往技能和良好的社会行为习惯
科学	增进对周围事物、现象之间以及人与自然之间关系的认识	培养对科学现象进行探究的情感	培养运用感官发现和解决简单问题的能力
艺术	初步感受自然美和艺术美	萌发初步的感受美、表现美的情趣	能用自己喜欢的方式进行艺术表现活动

2. 学前教育目标分解的全面性与连续性

学前教育目标分解的全面性指在设计学前教育活动时，目标内容要覆盖儿童全面发展的所有内容，即包括体、智、德、美各个方面，并且不能偏废；而且每一方面的内容要注意认知、情感与行为技能目标的完整与全面。学前教育目标分解的连续性是指学前教育目标的实现是长期的、阶段性的过程，每一个层次的目标都受上一层目标的制约，教育目标分解后要"保值"，即细小的行为目标值的和仍等于未分解的教育目标值，构成达到总目标的阶梯。只有保持各个层级目标间的相互衔接、协调一致，才能促进学前儿童的持续发展。陈述教育目标时，最好是既指出要使学习者养成的具体行为，又言明这种行为能在其中运用的生活领域或内容，即从行为和内容两个维度阐明。有关学前教育目标分解的连续性参见表5-2。

表5-2 学前教育目标连续性分解示例

目标层次系列	目标内容
社会领域目标	第一，能主动地参与各项活动，有自信心。第二，乐意与人交往，学习互助、合作和分享，有同情心。第三，理解并遵守日常生活中基本的社会行为规则。第四，能努力做好力所能及的事，不怕困难，有初步的责任感。第五，爱父母长辈、老师和同伴，爱集体、爱家乡、爱祖国
年龄阶段的社会领域目标（中班）	第一，喜欢自己所在的幼儿园和班级，积极参加集体活动。第二，能说出自己家所在地的省、市、县（区）名称，知道当地的有代表性的物产或景观。第三，知道自己是中国人，奏国歌、升国旗时能自动站好，知道自己国家的主要民俗节日
主题单元目标（"欢乐春节"中班下）	第一，知道春节的主要习俗及其活动方式。第二，积极参与各项体验活动，并能主动地用较清晰的语言分享与表达自己的体验。第三，在活动参与中能与小朋友合作分享
教育活动目标（"我的压岁钱"中班下）	第一，围绕"压岁钱"这一话题，清楚连贯地表述自己收到压岁钱时的情境和愉快的心情。第二，知道压岁钱是长辈对自己爱的表示，能想出多种办法把压岁钱花在有用的地方。第三，体会长辈对自己的关爱，增强热爱长辈的情感

在表5-2的学前教育目标分解示例中，"我的压岁钱"的教育活动目标与上层的逐级目标是层层相连的，它具体实现了以下各层次的教育目标：社会领域目标中的"第五，爱父母长辈、老师和同伴，爱集体、爱家乡、爱祖国"；年龄阶段性目标中的"第三，知道自己国家的主要民俗节日"；主题单元目标中的"第一，知道春节的主要习俗及其活动方式。第二，积极参与各项体验活动，并能主动地用较清晰的语言分享与表达自己的体验"。

（二）实施学前教育目标要遵循的基本原则

学前教育目标是通过幼儿园每天的教育工作来实现的。幼儿园在落实学前教育目标的过程中，应注意坚持以下原则：

1. 坚持保育与教育相结合的原则

《幼儿园管理条例》明确规定："幼儿园应当贯彻保育与教育相结合的原则。"《幼儿园工作规程》规定的教育目标是把保教作为一个统一体而具体阐述的。"保教结合"在幼儿园是一种教育思想，也是一条教育原则。这是由儿童身心发展的统一性所决定的，也是学前教育工作规律所要求的。所以"保教结合"的教育思想，必须渗透于教育目标实施中，贯穿于全部管理过程中。在实践中应做到"教"中有"保"，"保"中有"教"，二者并举、有机结合，渗透于儿童一日生活和全部教育活动之中。

2. 全面实施素质教育，防止和克服学前教育小学化、成人化现象

个体素质的全面发展是提高民族素质的细胞和基石，造就各类专门人才必须以发展素质为基础。因此，基础教育的根本任务是全面实施素质教育。

幼儿园教育目标是促进儿童素质全面、和谐发展的目标。"全面"指体、智、德、美发展的整体性，缺一不可；"和谐"指体、智、德、美的有机性，不可分割。在实施学前教育目标的教育过程中，"四育"是相互联系、相互制约、相互促进又相互融合的有机结合体。单从儿童心理发展来说，例如强调知、情、意、行与个性、能力的培养，也是一个诸要素有机结合体；只有把素质培养融于体、智、德、美的全面教育过程中，才能使儿童获得卓有成效的和谐发展。总之，"全面和谐发展"是幼儿园教育目标的核心要求，既是出发点，也是归宿。

要全面实施素质教育，在学前教育中要从儿童的身心特点出发施行教育。传统的、封建的儿童观、教育观的一个特征，就是把儿童看作"小大人"，抹杀儿童的特点。一些家长与教师往往自觉或不自觉地把"听话""安静""模仿能力强"作为自己心目中"好孩子"的标准。常常从成人的标准与喜好出发，对儿童提出不适当的要求，从而给儿童的身心带来伤害。因而，教育者要依据正确的教育目标选择符合儿童身心发展特点的教育内容，采用适宜的方法与手段，帮助儿童健康发展。

3. 要坚持"面向全体儿童"与"因材施教"相结合的原则

教育目标对幼儿园来说，是实施教育活动的工作目标；对儿童来说，是成长过程的发展目标。"面向全体儿童"，是实施教育目标的立足点，也是我国学前教育的优良传统。有些教师把它与强调"因材施教"对立起来，是片面的。其实，这是一个问题的两个方面："面向全体"是强调共性要求，是每一个儿童应该达到的发展水平。教育目标保证了每一个儿童在教育过程中应有的发展，保证了教育结果的平等性，使每个儿童都得到发展。"因材施教"则是强调关注个性特点，让每个个体在各自不同的水平上发展。因为每个儿童都是独立的个体，其身心发展因先天素质、原有基础、发展速度不同，不可避免地存在差异，呈现出个体发展特点；集体中的每个儿童又都在不断发展着，共性与个性总是处在对立统一之中。由此，要求教师在实施教育活动中，既要"面向全体儿童"，又要"因材施教"，注重每个儿童的"个性发展"。只有面向全体，才能保证每个儿童的发展；只有因材施教，才能促进儿童个性发展。也只有二者统一，才能培养出多样性人才，适应社会的不同需求。教师对每个儿童应当抱有同样的积极期望，相信每个幼儿通过努力和教师的帮助都能达到教育目标的要求。但是，应当允许他们以自己特有的方式与速度来学习，给予他们所需要的支持与帮助，这正是注重个体差异，因人施教的确切含义。

4. 要坚持学前教育目标的计划性与灵活性相统一的原则

学前教育目标的实现，是通过把教育目标由抽象到具体，按照儿童的年龄特点和教育工作展开的时间顺序逐级分解落实到学期、月、周、日工作计划中来实现的。这种目标的分解与转化可以保证教育工作的计划性，保证教育目标有步骤、有计划地实现。但是，制订教育工作计划，根本目的是为了使教师心中有目标，自觉地用教育目标来指导自己的教育行为，而不是规定教师今天必须教什么，儿童今天必须做什么。教育工作计划只为教师的工作提供了大致的框架，其中的内容应当由教师在与儿童的实际互动过程中来发展、补充与完善。所以，计划并不是固定不变的"剧本"，教师的活动也不是按照预定的"剧本"来进行的"表演"。教师应当根据儿童的实际表现，随时调整、修改自己预定的计划，以使教育工作更切合儿童身心发展的实际水平与要求。

▶ 小结

学前教育目的是指教育主体对学前儿童发展规格的期待。它具有导向、激励和评价功能。学前儿童教育目的的制定既要有一定的理论基础,也要受到社会需求与儿童发展的身心特点的影响。学前教育目标的价值取向,有"儿童本位"与"社会本位"之争,对儿童利益还是社会利益的关注是导致学前教育目的冲突的缘由之一,我国坚持人的全面发展的价值取向。不同的教育主体常常对教育目的持有不同的价值与利益诉求。

我国的学前教育,在20世纪初开始走向社会化与规范化发展的轨道,学前教育的目标在不同的历史时期也有不同的表述与要求。清末民初我国的学前教育目标有明显的重视德育和人文教化的特性。民国时期将学前教育的目标定位在儿童的健康、快乐、幸福及习惯的培养上。根据地和解放区的学前教育目标,因应革命与战争的需要强调革命意识与新国民的教育。当代我国的学前教育目标强调儿童体、智、德、美的全面发展。当前学前教育目标系统由总目标、领域目标、年龄阶段性目标、单元目标与活动目标构成,它们在目标的实现中分别起着不同的作用。

我国学前教育目标的实施受到诸多因素的影响。社会的政治、经济、文化,家庭的环境、教养方式,幼儿园的师资设备、管理文化、教育教学等,都对学前教育目标的实施有影响。科学地实施学前教育目标要注意科学地分解目标,还要遵循保教结合、全面实施素质教育、面向全体儿童与因材施教、实施目标的计划性与灵活性相统一的基本原则。

▶ 思考与实践

1. 名词解释:学前教育目的、学前教育目的价值取向、人的全面发展、素质教育
2. 简述学前教育目的的内涵、功能及制定依据。
3. 了解学前教育的两种主要价值取向以及主要的目的冲突。
4. 了解我国当前学前教育总目标的内容与特点。
5. 了解我国学前教育目标的结构层次及相互关系。
6. 试述影响我国学前教育目的实现的主要因素。
7. 根据各层级目标之间的关系进行幼儿园教育目标分解与规划。

8. 结合实际,理解我国学前教育目的与人的全面发展、素质教育的关系。

▶ **延伸阅读**

1. 怀特海. 教育的目的[M]. 徐汝舟,译. 北京:生活·读书·新知三联书店,2002.

该书是怀特海论述教育目的问题的一个论文集。指出教育的核心问题是使知识充满活力,唤起学生的求知欲。他还根据儿童发展的特点,提出了教育应当配合儿童发展的节奏施以不同的教育。这些观点对于我们理解学前教育的目的有着深刻的启发。

2. 约翰·怀特. 再论教育目的[M]. 李永宏,等,译,北京:教育科学出版社,1997.(第三、四、五章)

第三章对学生利益与教育目的作了讨论。它从教育应给学生带来哪些利益,如何满足学生的基本需求与内在需求作了深入的讨论和分析。第四、五章分别从社会的经济、道德目的如何与学生利益统一,以及道德自律对社会的经济与政治目的的影响两方面分析了以社会为指向的教育目的应当关注的重点问题。这对我们思考学前教育目的的价值取向有着积极的启发意义。

3. 黄人颂. 学前教育学[M]. 北京:人民教育出版社,2009.(第四章)

第四章第一节讨论了教育目的和学前教育目标,书中对教育层级以及世界一些国家学前教育目标的走势进行了介绍,对我们了解学前教育目标有着启发意义。

4. 李季湄,冯晓霞.《3—6岁儿童学习与发展指南》解读[M]. 北京:人民教育出版社,2013.(第一部分)

该部分详细解读了各领域的目的及其指导要点、策略。

第六章

学前教育机构的环境

>> 内容导航

- 学前教育机构的环境
  - 学前教育环境的基本问题
    - 学前教育环境的内涵
    - 学前教育环境的要素
    - 学前教育环境创设的指导原则
  - 幼儿园环境创设
    - 幼儿园物质环境创设
    - 幼儿园精神环境创设

▶ 学习目标

1. 了解广义与狭义的学前教育环境的内涵,幼儿园环境的内涵、类型与特性。
2. 理解学前教育环境创设的指导原则、幼儿园物质环境创设的基本原则;理解幼儿园适宜精神环境的基本特征和良好师幼关系的构建策略。
3. 运用幼儿园各类物质环境和精神环境的观点分析现实案例。

▶ 引言

  丹麦明日日间儿童托管中心在功能上分为 3 个部分:北面是婴儿室,南面是幼儿园,中间是公共服务部分。每组的活动用房形状各不相同,平面的中间部分是由一系列曲面墙板分隔而成的序列空间,沿南北方向形成大小不同的活动区域,即各种公共用房。位于幼儿园部分的圆形中庭是这一部分的公共活动中心,由 3 个小组活动用房围合而成。与中庭相接的动态空间类似街道,设有通向屋顶平台的楼梯和衣帽间。沿着这条通道走到尽头是托儿所的小中庭。这 3 个公共部分既各自独立又连成一体,给儿童带来诸多空间上的变化与惊喜。在设计中,建筑师未泯的童心随处可见,中庭天花板上看似随意排列着的日光灯管、犹如迷宫般弯曲变化的走廊以及墙面与屋顶之间的大面玻璃等。设置大玻璃窗的目的是让孩子们在下雨时能看到雨水从屋檐往下滴落的景象,甚至整个建筑的屋面也设计成南高北低,将雨水导入北面游戏场,供孩子在雨天观赏和玩耍。[1]

  幼儿园的环境是儿童一日生活的重要场所,从上述案例中,我们可以看到丹麦设计师根据儿童发展的需要,从自然环境、空间利用、平面布局、走道、装饰、灯光、雨水利用等多个角度,为儿童精心设计了一个富有童趣、自然、开放的活动场所。生活在这样环境中的儿童自然是幸福的,幼儿园环境的创设与利用问题,将给儿童带来深远影响。当然,幼儿园的环境不仅仅是房屋建筑的问题,它渗透在幼儿园每个班级的日常活动中,与每位教师息息相关。本章将围绕幼儿园环境的创设与利用问题,讨论幼儿园环境的含义、类型,以及各类环境的创设与利用策略。

---

[1] 张玫英,董卫. 丹麦幼儿园设计新趋势 [J]. 世界建筑,2003(3):78-81. 有删改。

第一节 学前教育环境的基本问题

从社会到学前教育机构的组成要素,各种与学前教育互动具有直接和间接关系的环境是影响学前教育质量的重要因素。何谓学前教育环境,它有哪些构成要素,分为哪些类型,有何特点,有哪些创设的基本原则等,是学前教育工作者必须了解的。

一、学前教育环境的内涵

所谓"环境",一是指环绕所辖的区域、周匝;二是指围绕着人类的外部世界,是人类赖以生存和发展的社会与物质条件的综合体。① 这两个解释的不同在于环绕中心体的差异:第一个解释中所说的环绕中心体是包括人在内的所有一切事物,是广义的环境;而第二个解释中所说的环绕中心体仅局限于人类,是狭义的环境。本章取狭义的"环境"概念。因此,所谓的学前教育环境是指影响学前儿童身心发展的一切外部条件(包括物质条件与精神条件)的总和。

美国学者布朗芬布伦纳创立的人类发展生态学认为,儿童发展的生态环境由微系统、中间系统、外在系统和宏系统四个相互镶嵌在一起的系统组成。② 该理论后来又增加了动态系统,变成影响人类发展的五个系统。其中,微系统是个人在环境中直接体验着的环境。因此,从人类发展生态学的视角看,学前教育环境即是由微系统、中间系统、外在系统、宏系统、动态系统五个系统组成的生态环境,具体包括幼儿园、家庭及儿童直接参与其中的社会等微系统,诸如家园关系、家庭之间的关系等不同微系统之间的关系构成的中间系统,诸如玩具工厂、家长工作单位等儿童虽不直接参与其中但对其身心发展产生影响的外系统,以及诸如社会的观念与思想体系等宏系统,离家入园、变换班级、老师变化等时间变换因素构成的动态系统。这属于广义的学前教育环境。

对儿童身心发展直接产生影响的是儿童直接参与其中并体验着的微系统,主要包括幼儿园、家庭、社区及社区周边诸如公园、博物馆等儿童直接参与其中的社会,这属于狭义的学前教育环境。若无特殊说明,本章中所使用的"学前教育环境"概念是狭义的。

---

① 夏征农. 辞海 [M]. 上海:上海辞书出版社. 1999:1519.
② 张文新. 儿童社会性发展 [M]. 北京:北京师范大学出版社,1999:16-17.

二、学前教育环境的要素

在学前教育环境中,家庭和儿童直接存在于其中的社会,位于幼儿园之外,共同构成了影响儿童身心发展的社会环境。因此,学前教育环境总体上可以划分为幼儿园环境与社会环境两部分。

(一)幼儿园环境

幼儿园环境是儿童直接生活于其中的场景,了解幼儿园环境的内涵、类型、组成要素,有助于学习者深入理解和研究学前教育环境。

1. 幼儿园环境的内涵与类型

(1)幼儿园环境的内涵

幼儿园环境是教师有目的、有计划地自觉选择与设计的幼儿园中影响儿童身心发展的一切物质条件与精神条件的总和。它是由幼儿园的园舍、物质器材、全体工作人员、儿童及各种信息要素,通过一定的教育制度与观念、文化习俗所组织、综合的一种动态的、保教结合、开放与封闭相结合以及有形与无形相结合的教育的空间范围与场所。

(2)幼儿园环境的类型

幼儿园环境可以从不同维度进行分类:从其存在空间的角度,可以分为室内环境与室外环境,其中室内环境主要包括活动室、走廊、餐厅、盥洗室、休息室等,室外环境主要包括户外活动场地、园门、户外走廊等。从其组成性质的角度,可以分为物质环境与精神环境,其中物质环境主要包括各种园所选址、房屋建筑、设备设施、活动材料、活动场地等有形的物质,是儿童身心发展的物质背景;精神环境是幼儿园的心理、文化氛围,主要包括园风、活动规范、人际关系(包括教师之间、师幼之间、儿童之间等人际关系)、习惯、仪式、典礼等,是儿童身心发展的心理和精神性背景。

2. 幼儿园环境的特性

作为一种教师自觉地选择与设计的旨在影响儿童身心发展的教育环境,幼儿园环境至少具有以下三个特性,即目的性、保教性与童趣性。

(1)目的性

幼儿园环境是在一定教育目标的指引下,并且旨在实现一定教育目标,而由教师自觉地精心选择与设计的。因此,幼儿园环境的创设不同程度地打上了教师的烙印,具有明确的目的性，同时也具有明显的人工色彩。即使是幼儿园的室外绿化等自然环境也经过了教师自觉的选择与设计，如所种植的植物的种类的选择与确定是为了有助于教育目标的实现。总之，目的性是幼儿园环境区别于包括家庭在内的学前教育其他环境的基本特性。

根据幼儿园环境的目的性要求，学者们提出了幼儿园环境创设的目标[①]：第一，能满足儿童发展的需要；第二，能增进儿童的身心健康；第三，能发展儿童的潜力；第四，能充实儿童的生活经验；第五，能促进儿童动作技能的发展；第六，能鼓励儿童的探索行为，促进自信心的发展；第七，能养成儿童良好的行为习惯；第八，能增强儿童的交往能力。

（2）保教性

幼儿园环境的目的性决定了其同时具有明显的保教性，即幼儿园环境中蕴含、渗透与体现着保教意图，是幼儿园的"第三位教师"。如幼儿园中的桌椅、大型玩具、种植园、园舍的色彩与采光、活动材料等的选择与设计、人际关系与园风等的营造均是保教并重，具有明显的保教性。保教性是幼儿园环境区别于包括小学教育环境在内的其他年龄段教育环境的基本特性。

（3）童趣性

儿童是幼儿园环境的主人，因此幼儿园环境的创设应遵循与符合儿童的身心发展规律，采用多种形式、多种材料进行创设，生动有趣，激发儿童的兴趣与积极性；同时，还应符合儿童的趣味性。童趣性是幼儿园环境区别于其他环境的基本特性。这也使我们经常能在一片建筑群中仅从建筑物的造型与色彩等方面就能快速识别出幼儿园。

资料卡片：幼儿园建筑设计体现教育理论的要求[②]

伴随对学前教育特点以及相关影响因素认识的提高，幼儿园建筑设计不断进步。

---

① 阎水金. 学前教育学[M]. 上海：上海教育出版社，1998：200.
② 宋晓宇. 幼儿园建筑设计研究与实践：相关环境处理方法的融入与运用[D]. 重庆：重庆大学，2005：13-14. 有删改，题目是编者所加。

第一节　学前教育环境的基本问题

在学前教育理论发展的第一阶段，因为对学前教育重要性的认知程度仍然不高，对学前教育中的环境因素较为轻视，由此造成幼儿园建筑设计大多只注重其教育功能的发挥，而忽视了对儿童的人性关怀。在建筑的总体构架上，忽视对周围自然资源的利用；在空间设计上，大多按照普通的模式进行，并没有根据学前教育的特殊性实现建筑空间的开放性和互通性。

到学前教育理论发展的第二阶段，随着对学前教育理论认知程度的迅速提高，欧美各国在幼儿园建筑设计中都充分重视了对采光、游戏场地、空间结构等方面的处理；交往空间、多功能厅等多项新设计也相继在幼儿园建筑设计中出现。这些国家对幼儿园的设计做出了以下明确规定：① 幼儿园建筑的光线必须充足；② 幼儿园的结构设计必须考虑管理的方便；③ 要为儿童提供充分的活动空间；④ 必须设置室外的儿童游戏场；⑤ 教师必须能充分看到儿童们在游戏场或游戏室中的活动；⑥ 幼儿园的各部分必须设置相应的专用入口、走廊、游戏场地等。

20世纪90年代以来，学前教育理论第三阶段的发展进入了开放式教育模式深度探索时期，幼儿园建筑设计的体系性要求得到了更高的重视。以海伊·斯科普幼儿园设计为例，它遵循开放式和自主选择的学前教育理论原则，在幼儿园的建筑设计过程中，将活动区作为最重要的部分来加以设计，每个活动空间都被划分为几个区域，同时可以满足以下四项活动的需求，即涉水游戏、体育游戏（有满足特别吵闹孩子的特定区域）、建构和控制方面的游戏（进行数学和科学活动）以及创造性活动（艺术和手工活动）。此外，在幼儿园整体建筑设计中，还应设有专供讲故事和阅读的安静空间，这样将能够充分实现儿童自主决定和计划怎样生活的要求，实现儿童身心的健康发展。从总体上看，以上设计充分注重了各种相关建筑设计和技术，全面反映学前教育理论的最新进展。

3. 幼儿园环境的意义

（1）儿童生活的基本保障

儿童从入园到离园的一日生活中，涉及诸如盥洗、吃饭、睡觉、如厕等基本生活需要。这些基本生活需要的满足有赖于幼儿园中包括基本设施设备在内的幼儿园环境。因此，良好、适宜的幼儿园环境是儿童在园良好生活的基本保障。

（2）儿童身心健康发展的基本条件

儿童生理、认知、情感和社会等身心方面的健康发展离不开良好的环境，其中幼儿园环境就是儿童身心健康发展的基本条件。"来自行为学与神经生物学的大量证据表明，众多环境因素会威胁发展中的中枢神经系统。这包括始自胎儿期的营养不良、某些感染、环境毒素与药物使用，以及贯穿儿童早期和以后的来自虐待或忽视的长期压力。"[1]有研究者对我国某市19所幼儿园的环境及95名1—5岁儿童进行研究发现，幼儿园地面尘铅和儿童手尘铅与血铅呈正相关，幼儿园的环境卫生状况直接影响儿童铅的摄入水平。[2] 铅的摄入水平在很大程度上会影响儿童的生理健康与认知发展。因此，幼儿园物质环境会影响儿童的身心发展。还有研究者研究创造性游戏与幼儿园环境（物理环境和社会性环境）的关系，研究中的物理环境分为户内环境、户外环境，户内环境包括空间密度、环境色彩和图案、游戏区角、游戏材料，户外环境包括环境色彩与图案、游戏器械、游戏场地、户内向户外活动过渡空间；而社会性环境包括游戏时间和教师。研究结果显示："创造性游戏和幼儿园整体户内环境、户外环境都有显著的正关系，相关系数分别达0.805和0.813，可见创造性游戏等级质量会随着游戏环境设置的等级质量增高而增高。"[3] 总之，包括物质环境与精神环境在内的幼儿园环境，是儿童身心健康发展的基本条件。

（3）幼儿园课程设计与实施的有机组成部分

幼儿园环境是幼儿园课程设计与实施中必不可少的有机组成要素，主要体现在环境

---

[1] Jack P. Shonkoff, Deborah A. Phillips. From Neurons to Neighborhoods: The Science of Early Childhood Development [M]. Washington, D.C.：National Academy Press, 2000: 391-392.

[2] 高万珍. 幼儿园环境中铅含量对儿童血铅值的影响 [J]. 中华预防医学杂志, 1999（5）：272-274.

[3] 周赛琼. 创造性游戏和幼儿园环境关系研究 [D]. 金华：浙江师范大学, 2011: 32-33.

可以孕育、生成、推动与延伸课程。首先，环境可以孕育课程。在开展一个主题时，为了便于下一个主题的开展，往往在环境中设置有关下一个主题的元素，以便引发儿童的关注，参与并积累一定经验，从而为下一个新主题的开展做铺垫。其次，环境可以生成课程。环境中的某一要素一旦成为儿童关注的焦点，就有可能在教师的引导下发展成为一系列活动。例如，在一次晨间活动中，教师带着儿童到幼儿园一个小山坡旁的水渠边，儿童争先恐后地下水去玩，但没过几分钟，很多儿童从水里走出来，有的嚷嚷着"不要玩了，这么脏的"，还有的说着"黏黏的，真恶心"。原来是水底下有一层青苔。此时，教师顺势引导，边指着青苔边问儿童："它是什么东西呢？"这下子，儿童又都围了上来。教师鼓励儿童用手摸一摸。"好像跟小草差不多的。""这肯定是树叶烂掉的。""这种东西我在爷爷家的水井边看到过。""咦，会不会是小蝌蚪的大便？"儿童七嘴八舌地发表着自己的见解……最后，带着满腹困惑回到了活动室。教师又顺势引导儿童将自己刚才看到的绿东西画在纸上，并鼓励儿童回家后在父母帮助下查阅相关材料，展开对青苔的探索之旅。① 再次，环境可以推动课程。在课程开展过程中，教师经常通过环境的创设与调整推动课程内容的深化与丰富。最后，环境可以延伸课程。当一个主题活动结束时，教师经常会在部分活动区中保留此主题活动的相关材料，并且主题墙中也会保留此主题的相关材料，这些都会引发儿童的继续探索。

（4）幼儿园的"第三位教师"

儿童的学习特点决定了幼儿园的教学应以间接教学为主。在间接教学中，教师主要借助环境这一中介影响儿童。环境可以在潜移默化中激发与引发儿童的探索活动，被瑞吉欧的学前教育工作者喻为幼儿园的"第三位教师"。例如"蚂蚁工房"② 作为一种最新开发的科学玩具就引发了儿童对蚂蚁的系列探索活动：蓝色凝胶是蚂蚁的食物，将活蚂蚁放置到蚂蚁工房内，它们就会孜孜不倦地营造自己的生活家园。经过一段时间的辛勤工作，一个完整的蚁穴就呈现在大家的面前，生动形象地展示了蚂蚁在地底下活动的全过程。儿童和家长都很喜欢这个新颖有趣的玩具。教师把它巧妙创设在幼儿园的门厅环境中，放置在儿童每天一到幼儿园就可看到的地方。在和蚂蚁的零距离接触中，儿童学

---

① 案例由浙江省上虞市鹤琴幼儿园教师提供。
② 案例由杭州市蓓蕾幼儿园教师提供。

会观察、记录，学会等待（蚂蚁工作是一个漫长的过程）。

（二）学前教育的社会环境

为研究方便，本书将幼儿园以外的其他微系统视为儿童成长的重要社会环境，它和幼儿园环境一起，共同组成直接影响儿童成长的微系统生态。

1. 学前教育的社会环境的内涵

学前教育的社会环境是影响儿童身心健康发展的微系统的重要组成部分，主要由家庭、城乡社区及社区周边诸如公园、博物馆、超市、运动设施、中小学等儿童可直接参与其中并体验着的社会环境共同构成，具体包括幼儿园之外可以为儿童发展直接利用的人力、物力、社会机构等，在儿童的身心发展中具有不可替代的重要作用，能和幼儿园环境相互配合，共建儿童的良好成长环境。

2. 学前教育的社会环境的意义

（1）为儿童在园学习活动提供零散却丰富的经验基础

儿童是带着零散却丰富的相关经验进入幼儿园开始相应的学习活动的，如儿童在开展有关"菊花"的学习活动时，往往之前已经或独自或在家长带领下有意无意地观察过家里或社区、公园里的菊花，已积累了一定的有关"菊花"的经验，这些相关经验就构成了儿童学习活动的重要起点与基础。

（2）为儿童在园学习活动提供必要的多方面支持

社会环境可为儿童在园学习活动提供诸如物质材料、人力资源等多方面的支持，尤其是可以提供大量必要的物质材料支持。儿童在园学习活动过程中经常需要大量物质材料，如在认识与比较不同的水果活动中，家长可以为其提供多种水果以供观察与比较；开展"理发店"的角色游戏，社区里的理发店可成为儿童理发活动、理发师的经验的来源。社会环境除了能提供物质材料支持之外，同时还能提供人力资源等方面的支持。例如，在一次装饰大皮靴的美工区活动中，教师在美工区中投放了很多收集的皮靴并创设了活动氛围，使美工区充满了强烈的色彩和各异的图形。丹丹妈妈看到这些，向教师询问了活动目的，之后提出了自己的想法与建议。她认为对于色彩、图形的装饰，可以用欣赏色彩对比强烈的图画或观看图形布局的 VCD 的方式帮助儿童形成初步的认识，然后再开展此项活动。第二天，丹丹妈妈拿来了图形布局的 VCD、几幅印象派大师的作品及现代广告画,与教师一起重新对美工区进行了再创设,并共同设计了记录单。①

(3)为儿童的学习活动提供重要的探索基地

通过游戏和活动获得经验,是儿童学习的重要方式,这就要求学前教育机构为儿童提供充分的探索、动手的机会。学前教育社会环境中的博物馆、科技馆等当地相关社会机构和组织可以为儿童的学习活动提供探索基地,如在探索丝绸活动中,可以组织儿童到丝绸博物馆参观,甚至还可以开展诸如抽丝、纺线等体验性活动。总之,社会环境可为儿童学习活动提供重要的有时是不可替代的探索基地。

三、学前教育环境创设的指导原则

布朗芬布伦纳的人类发展生态学中所说的中间系统是指"儿童直接参与的微系统之间的联系与相互影响",② 具体到学前教育领域,就是幼儿园、家庭、社区及社区周边诸如公园、博物馆、中小学等这三个微系统之间的关系。因此,处理好这三个微系统内部各要素之间、三个微系统之间的关系,构建良好的中间系统,非常重要。

(一)平等基础上的多元互动是核心

平等基础上的多元互动是指学前教育环境创设中各要素应该平等对待,并建立多种互动关系。幼儿园、家庭、社区以及社区周边三个微系统在儿童身心发展中各自发挥着不可替代的作用,彼此互补、互利与共生,但构建这种"互补多赢"关系的前提是相互平等,没有平等,就不可能有良好的互动关系。因此,三个微系统之间在平等基础上的多元互动是核心。《幼儿园教育指导纲要(试行)》中就明确指出"幼儿园应与家庭、社区密切合作"。但在现实的实践领域,这三个微系统之间的关系却是不平等基础上的配合,这在家园关系中体现得更明显。幼儿园将自身与家庭分别定位成"指导者"和"被指导者"的角色,在"指导"与"被指导"的关系框架中为家庭提供指导,家长参与的层次较低,家长多处于被动地位,是"旁听者""观看者""听从者"的角色。③

---

① 陈家行. 在区域中成长:对幼儿园区域的实践与反思[M]. 北京:中国社会出版社,2004:55.
② 张文新. 儿童社会性发展[M]. 北京:北京师范大学出版社,1999:16.
③ 刘爱云. H省A市幼儿园利用家庭、社区教育资源的研究[D]. 上海:华东师范大学,2007:95.

（二）幼儿园主导地位的确立是关键

强调学前教育三个微系统之间在平等基础上多元互动的同时，要确立并坚持幼儿园的主导地位。这是由在学前教育领域家庭、社会的相对业余性和幼儿园的相对专业性决定的。作为专业机构的幼儿园在和家庭、社会的关系中必然发挥更主动积极、重要的作用，是一种"理性的权威"。"理性的权威是建立在权威的拥有者与受权威制约者双方平等之基础上的，两者仅仅是在某个具体领域里有知识和技术程度上的不同而已"，产生于健全的能力之中，在一定程度上有助于他人，并且以职权为基础，是暂时的。①

幼儿园在三个微系统关系中的主导地位决定了幼儿园应主动积极地协调与家庭、社区及其他社会机构的关系，充分挖掘与利用社会环境中的积极因素。"学校教育应与社会其他教育在对受教育者要求上取得协调，以最有效地利用学校周围及其相关的其他环境因素的积极作用，尤其要利用能对学校教育起补充作用的因素。"② 这种主导地位也决定了幼儿园不能无原则地屈从于家庭、社会上不合理甚至错误的观念与做法，而要用科学合理的观念积极引导，营造良好的环境，至少要保持自己这个小环境的健康与良好，以有效抵御其他环境中消极因素的影响。

（三）外部支持系统的构建是基础

外部支持系统的构建是指为家庭、社区等参与学前教育活动建立支持系统。学前教育环境中的三个微系统之间关系从不平等基础上的配合向平等基础上的多元互动转变的实质是"权利"重新分配的过程，即家庭、社区及其他社会机构不断取得学前教育话语权利与幼儿园相应削弱学前教育话语权利的过程，以最终达到权利均衡，即给幼儿园以外的其他微系统"赋权"。所谓赋权，"是一种以当地社区为中心的有意的、持续的过程。……通过这一过程，缺少平等占有重要资源的一方逐渐获取对这些资源的更多控制权"。③ 为顺利实现赋权，进而实现平等基础上多元互动的目标，需要幼儿园为家庭、社区及其他社会机构构建参与学前教育的外部支持系统，尤其是专业支持系统，这对家庭

---

① 弗洛姆. 为自己的人 [M]. 孙依依, 译. 北京：生活·读书·新知三联书店, 1988: 30-31.
② 叶澜. 教育概论 [M]. 北京：人民教育出版社, 1991: 237.
③ Couchenour D., Chrisman K.. Families, schools, and communities: Together for Young Children [M]. New York:Thomson Learning, Inc, 2004: 72.

而言尤为必要和重要。

家庭外部支持系统主要包括社会支持系统和专业支持系统，其中社会支持系统主要指家庭成员工作单位提供的诸如工作时间、薪酬等方面的必要支持，此外还包括家庭所在社区提供的诸如儿童健康、营养卫生、校（园）外教育等方面咨询与服务的支持。专业支持系统主要是由幼儿园等专业机构向家长提供的诸如儿童学习的特点与指导等方面的支持。

第二节 幼儿园环境创设

幼儿园环境是学前教育环境的微系统中最重要的因素。《幼儿园教育指导纲要（试行）》明确规定："环境是重要的教育资源，应通过环境的创设和利用，有效地促进幼儿的发展。"并从五个方面提出了环境创设的要求："幼儿园的空间、设施、活动材料和常规要求等应有利于引发、支持幼儿的游戏和各种探索活动，有利于引发、支持幼儿与周围环境之间积极的相互作用"；"幼儿同伴群体及幼儿园教师集体是宝贵的教育资源，应充分发挥这一资源的作用"；"教师的态度和管理方式应有助于形成安全、温馨的心理环境，言行举止应成为幼儿学习的良好榜样"；"家庭是幼儿园重要的合作伙伴。应本着尊重、平等、合作的原则，争取家长的理解、支持和主动参与，并积极支持、帮助家长提高教育能力"；"充分利用自然环境和社区的教育资源，扩展幼儿生活和学习的空间。幼儿园同时应为社区的早期教育提供服务"。《幼儿园教育指导纲要（试行）》所规定的五个方面的环境创设要求，除了家庭、社区及自然环境的利用外，另外三个方面都属于幼儿园环境的创设问题。幼儿园环境创设包括了幼儿园物质环境和精神环境创设两个方面。

一、幼儿园物质环境创设

幼儿园物质环境是幼儿在园生活的物质背景，幼儿园物质环境的创设应遵循以下原则和要求：

(一）幼儿园物质环境创设的原则

幼儿园物质环境是教师有目的、有计划地自觉创设的教育环境，目的性、保教性与童趣性既是其基本特性，同时又是其创设的基本原则的立足点。除此之外，幼儿园物质环境创设还应遵循以下六大原则：

1. 安全性原则

儿童身心非常娇嫩，并且自我防护意识与能力脆弱，因此容易受到环境中危险因素的伤害。这就决定了在幼儿园物质环境创设中，安全性是首要原则。安全性主要指幼儿园的房舍选址与建筑、设施设备、活动场所、玩教具等物质环境必须符合国家的相关安全卫生标准，对儿童身心没有危险与安全隐患并且不会造成儿童的畸形发展。这就要求教师在创设幼儿园物质环境的过程中，除了要严格遵循国家相关安全卫生标准外，还应充分考虑与照顾儿童的身心特点，从儿童人体工程学的角度创设物质环境，如桌椅的高度、坐便器的大小等均应符合儿童人体工程学的要求。研究者在分析幼儿园户外环境绿地的创设时指出，应"根据儿童的尺度进行设计"，具体地说，"儿童们都喜欢登到高处从上往下看，所以设计时应该考虑他们在走、跑、登、爬时眼部的高度，不能用常规的手法去设计……幼儿园户外环境绿地设计必须考虑为儿童们提供一个适合他们的使用尺度，一般视高是90~105 cm。"[①]

需要注意的是，安全性并非意味着教师要消除幼儿园物质环境中所有一切潜在的危险，如不能因使用剪刀会有潜在危险就不允许儿童接触与使用剪刀，这是"因噎废食"的做法，也是一种消极的安全，一旦当儿童处于一个具有潜在危险的环境时便会因不知如何应对而增加受到伤害的可能性。问题的关键不是消除幼儿园物质环境中所有潜在危险，营造"绝对安全"的环境，而是应保证幼儿园物质环境符合国家相关安全卫生标准，如活动室中的照明、通风及环境中的各种化学物质的含量与辐射等要符合儿童的生理特点及国家相关安全卫生标准，不能对其造成伤害。在此基础上，帮助儿童学习应对一些常见的潜在危险（如剪刀的使用等）的方法，增强儿童的安全防护意识与能力，这才是一种积极的安全。

---

① 章俊华. 幼儿园户外环境绿地 [M]. 中国园林，2004（3）：45-46.

资料卡片：幼儿园设计中常见的安全问题①

幼儿园设计要把握的儿童安全原则是：使儿童在任何活动中都能出色地控制自己的身体，具有不受伤的适应能力；对环境中的不安全因素采取积极的防治措施，对儿童加强安全教育，而不是靠消极的管理和处罚。设计中常忽视的安全问题包括：

蹭伤：儿童的平衡功能还不健全，摔跤和不小心蹭墙是不可避免的，所以 120 cm 以下的墙面和地面避免用粗糙的材料，没条件做木地板的，最好在水泥地面上敷一层塑料地面，施工时注意不起鼓包，免得绊倒孩子。

碰伤：儿童在快跑时很少顾及前方的障碍，室内外应尽量少设或不设柱子，既使设也最好是圆的，楼梯下的三角空间也常容易碰头，预防的办法是，把 120 cm 高度以下的三角空间封起来或设水池、绿化区，让孩子无法接近碰头区。

烫伤：室内散热器的防护大家都能想到，但强烈的日照却常被人们忽视。夏季晴天，太阳直射下的铁器温度能达到 70 ℃以上，像户外大型游戏设施、外接梯栏杆等，常会引起烫伤。

2. 开放性原则

幼儿园物质环境的创设应体现开放性，主要体现在内容的开放性、对象的开放性与创设的开放性。

（1）内容的开放性

内容的开放性指物质环境创设中要考虑空间、时间和材料的开放性。其中，空间的开放性指物质环境的空间是开放的，尽量不要设置围栏，即使当需要一些分割物将环境划分成若干区域时，如活动室中活动区的划分，分割物的选取和运用也应考虑便于儿童、教师等从空间上的可接近性。这就要求分割物不宜过高，也不宜采用封闭的物品分

---

① 刘振亚，林川. 多为儿童们着想：幼儿园设计若干问题初探 [J]. 建筑学报，1987（8）：43-46. 题目是编者所加，有改动。

割，可考虑采用一些通透性较强的物品，如可伸缩的栅栏、绳子等。时间的开放性指儿童、教师等可以在需要的时候随时进入环境中。材料的开放性指材料的可接近性与可探索性，其中材料的可接近性指儿童活动需要时可很容易地获取所需材料，这就要求材料的放置要考虑儿童的特点，将儿童使用的材料放在儿童能拿到的地方，便于幼儿自己取放。材料的可探索性实质是材料允许和鼓励儿童以多种方式与方法使用的程度。这就要求在幼儿园物质环境创设过程中尽量使用废旧材料、半成品材料与自然材料，而尽量少用成品材料。这样既经济又容易给儿童足够的探索空间，强化与提升儿童参与的品质。

（2）对象的开放性

对象的开放性指幼儿园物质环境不仅要对所有儿童开放，还应对教师和父母开放，甚至可以向社区相关人员开放。目前许多幼儿园能做到环境对所有儿童和教师的开放，并且尝试向父母开放，但力度不够，主要采用定期和不定期的家长开放日，让父母根据教师要求提供所需材料等。此时，环境向父母的开放是非常有限的，或主要以单向的提供材料为主。因此，幼儿园可从环境空间、时间和材料等方面，尝试逐渐增加向父母开放的力度。这种开放，能激发父母参与的积极性与目的性，进而优化环境创设。鉴于安全等多种因素的考虑，幼儿园物质环境向社区开放的工作尚未展开，这是未来在幼儿园和社区合作方面可以拓展的。

（3）创设的开放性

创设的开放性指幼儿园物质环境创设过程中应向所有儿童、教师，甚至父母、社区相关人员开放，换言之，幼儿园物质环境创设的参与者应是多元的。尤其是儿童应是幼儿园物质环境的积极参与者，而非被动消费者，应积极参与物质环境的策划、设计与生成，亲历环境创设的全过程。这样儿童才会感到这是属于自己的环境，也才会全身心投入其中。此外，应吸引和鼓励儿童家长、社区相关人员积极参与幼儿园物质环境创设的全过程。

3. 适宜性原则

学前教育强调尊重儿童的身心发展特点，关注儿童个别差异，这同样体现在幼儿园物质环境创设之中。此外，幼儿园物质环境创设的目的是教育和儿童的发展，因此应符合教育内容的需要。幼儿园物质环境创设的适宜性原则主要体现在年龄适宜性、个别适宜性和内容适宜性三个方面。

（1）年龄适宜性

年龄适宜性指幼儿园物质环境创设应遵循与符合儿童的年龄特点与发展水平，同时又要有一定的挑战性，处于儿童发展的"最近发展区"，创设一个在环境的布局、设计、材料、难度等方面儿童化的环境。例如，有的幼儿园在物质环境创设中，环境的高度没能很好地考虑儿童特点，儿童需仰视才能看到；还有的幼儿园过多使用成品材料，没能很好照顾到儿童好动以及通过动作学习的特点。

年龄适宜性还决定了为小、中、大班儿童创设的物质环境应有层次性，这主要体现在室内物质环境的创设中。即使是面向所有儿童的公共物质环境，如户外活动场地等，也要尽可能照顾到不同年龄层次儿童的差异与需要，这主要体现在室外物质环境创设中。

（2）个别适宜性

个别适宜性指幼儿园物质环境创设在体现儿童化的同时，还要关注儿童的个别差异，包括兴趣点的差异、发展水平的差异、家庭背景与经验背景的差异，甚至还包括诸如城乡与地域等文化差异。此外，在目前"全纳教育"思想日益受到重视与倡导的背景下，个别适宜性还体现在环境创设不仅应关注和适宜于一般儿童，还要关注与考虑有特殊教育需要的儿童。

（3）内容适宜性

内容适宜性指幼儿园物质环境创设要能体现并促进教育内容的不断丰富与深化，和教育内容之间形成一种积极互动的关系。实践中，很多幼儿园在创设物质环境时能不同程度地强调环境创设的教育性问题，如有的幼儿园提出了创设"学习支持型"环境的理念。这只是内容适宜性内涵的一方面，即物质环境对正在进行的教育内容的促进。此外，内容适宜性还应包括物质环境对以前活动内容的延续性的体现以及对未来可能活动内容的孕育功能。

4. 动态性原则

儿童处于发展变化之中，其兴趣点、需要、经验背景等均是不断变化的，同时教育内容也是不断变化的，这些决定了适宜于儿童与教育内容的幼儿园物质环境也需要相应的变化，这即是幼儿园物质环境创设的动态性原则。这就要求教师既要根据活动开展的需要随时灵活调整环境以支持活动开展，又要根据儿童发展的需要创设相应环境以诱发儿童开展活动。总之，幼儿园物质环境时刻处于动态变化之中。

5. 启发性原则

环境是幼儿园的"第三位教师"。幼儿园物质环境应能在潜移默化中引发儿童认知冲突的同时引导与启发儿童解决问题，进而实现知识的主动建构与完善。这就要求教师在创设物质环境过程中，首先要了解儿童原有的知识经验，在此基础上设置针对性的问题情境，进而引发儿童的认知冲突。同时，物质环境中还应暗含着解决问题的线索，进而最终能引导儿童主动解决问题。例如，在科学区中，儿童正在开展物体沉浮的探索。开始时，教师投放了两类材料，一类是在水中沉下去的铁质材料，另一类是在水中浮起来的塑料。儿童经过一段时间的探索后逐渐得出一个结论，即铁质材料在水中是沉的，而塑料在水中是浮的。教师观察到这一现象后，在科学区中又添加了一些能浮在水中的铁质材料，如用铁片制成的小船。儿童再次来到科学区时，根据原有的知识经验推测铁质小船在水中应是下沉的，但当他们将小船放在水中时，却惊奇地发现小船非但没有下沉，反而浮在水面上。儿童原有的认知结构无法有效同化此现象，进而产生认知冲突。儿童通过观察、比较在水中下沉与上浮的铁质材料后发现其形状不同，进而发现物体的材质与形状均影响其在水中的沉浮。此案例中，教师创设的物质环境就是富有启发性的。

6. 经济性原则

在幼儿园物质环境创设过程中，主张与强调因地制宜和就地取材，以自然材料、半成品材料、废旧材料等为主，辅以购买的成品材料，避免单纯追求豪华与昂贵的材料。这即是幼儿园物质环境创设的经济性原则。

经济性原则中所强调的因地制宜和就地取材，也便于体现地域特色，提升家长参与程度与幼儿园教育质量。例如，走进浙江省安吉县实验幼儿园，映入眼帘的是琳琅满目的竹制品与竹材料，体现了浓厚的地方竹文化。在这种富有地域性的物质环境中，儿童进行探索学习的同时能逐渐受到地方文化的熏陶，逐渐萌发与培育对自己生活与身处其中的地方文化的熟悉感与亲切感，为地方文化认同感的发展奠定坚实基础。此外，地域性浓厚的环境也便于家长参与，便于幼儿园与家庭、社区之间合作。最后，地域性浓厚的环境容易在儿童的日常生活与幼儿园学习之间建立密切联系，有利于儿童知识的迁移。

经济性原则中所强调的以自然材料、半成品材料为主，辅以成品材料，有助于拓展儿童对材料探索的空间，实现一物多玩，激发与培养儿童创造性使用材料的意识与能力。同时，废旧材料的使用便于萌发与培养儿童的环保意识。

（二）幼儿园各类物质环境的创设

根据存在空间，幼儿园物质环境可以划分为室外物质环境与室内物质环境两大类。两类物质环境因其空间形态、目的等的不同，在创设方面也存在一定差异。

1. 室外物质环境的创设

幼儿园"室外物质环境"是与"室内物质环境"相对的一个空间概念，也有的研究者将其称为户外空间环境，"从空间上说，幼儿园户外空间是指在幼儿园中，在幼儿园建筑以外，与建筑物内部空间相对应的空间形态，它是由建筑及构筑物围合而成的，还有可能包括建筑物或构筑物；从景观上说，是指在幼儿园内，服务于步行、穿越、游戏、休息、交往等功能的包括游戏场地、水、沙地、道路、植物等各类软质、硬质景观设施场所；从使用角度上说，它是面向教师、幼儿使用的户外开敞空间"。[①] 总之，幼儿园室外物质环境是指幼儿园室外可供儿童活动与休息的空间，主要包括园所建筑、入口空间、活动场地、户外绿化、种植园地与饲养角等。

（1）园所建筑

幼儿园建筑应与周围的自然环境、道路、建筑物等协调一致。因此，园址的选择就要综合考虑众多因素，如交通、绿化、阳光等。《托儿所、幼儿园建筑设计规范》对园址选择作出了明确规定：第一，应远离各种污染源，并满足有关卫生防护标准的要求。第二，方便家长接送，避免交通干扰。第三，日照充足，场地干燥，排水通畅，环境优美或接近城市绿化地带。第四，能为建筑功能分区、出入口、室外游戏场地的布置提供必要条件。

园所建筑除了在选址方面有明确要求之外，也要求在建筑物外观设计，尤其是外观色彩方面具有鲜明特色。园所建筑的外观设计中，色彩起着重要作用，并且往往是将

---

① 汪颖赫. 幼儿园户外空间环境设计研究［D］. 哈尔滨：东北林业大学，2011：8.

其和周边建筑物区别开来的显著与典型特征。色彩担负着传递信息、美化环境、吸引儿童等多重作用。优秀的幼儿园的外观色彩设计应有其主导色彩,而该主导色彩的设定或迎合地区风俗习惯,或体现办园理念、传统,而绝非凭设计师一时"感觉"造就的千篇一律的"三原色花房子"。例如,无锡湖滨实验幼儿园将主体建筑的色彩设计成黄、绿两色,色彩搭配对比强烈,彰显了其提倡让儿童亲近自然的办园理念与特色;南京太平巷幼儿园将主体建筑的主色调定为蓝色,点缀以黄色,营造与体现了有序与活泼的气氛。①

资料卡片:设计师关于幼儿园房舍色彩设计等内容的对话 ②

在北京现代城林立的高楼脚下,一座漂亮的小房子出现了。它就像一个顽皮的孩子挤进了大人堆儿。这就是现代城幼儿园。一天,这个小房子的两位设计师谈起了有关幼儿园设计的话题。

崔恺:记得最开始咱们一起讨论的时候就想到幼儿园的高度是什么,包括建筑本身的高度、窗的高度、楼梯的高度,这都是一些特别基本的问题,希望孩子们在里面有一个自己的天地,而不是在大人们的天地里。我们以前看到的幼儿园通常是一些大人的空间,只不过增添了一些吸引小孩的色彩、陈设、玩具等,把它转换成儿童天地……我们的追求还是达到了一定的效果。落地窗使小孩的视野里有很好的景观。同时我们把里面有意思的一些东西用色彩把它强调出来,而不是满墙地刷颜色……

柴培根:说到色彩,我想起最近从杂志上看到其他建筑师做的幼儿园。好像大家一做幼儿园都用颜色,有的颜色猛一看也用得挺有意思。当时想到我们做的幼儿园也使了颜色,虽然在大的环境中有这类颜色的提示,我们的颜色其实都是从周围的高层住宅上取下来的一片一片的颜色。但我在想,我们用的颜色与别人有哪些不同呢?我记得当时在确定哪条梁或颜色在空间中怎么漫延、

---

① 许舒. 幼儿园环境色彩设计研究 [J]. 艺术与设计(理论),2008(1):81.
② 崔恺,柴培根. 关于幼儿园的一段对话 [J]. 建筑学报,2000(10):8-11.

怎么组织的时候，这个逻辑性是遵循着空间的感觉来做的。比如中间是条黄色，然后边上的墙是怎么穿插进来的，颜色是在空间的架构里组织起来的。而有些作品颜色的使用好像是在画画儿，墙上这里贴一块，那里贴一块，没有用颜色去表现形体，表现空间。还有就是尺度感，开始确定的是用儿童的眼睛看世界，这是主题。我感到做这个幼儿园，又像学生时作一个课程设计一样，回到一个最根本的问题，就是尺度。最开始是按一般建筑的高度画立面，也没有觉得别扭，但当把这些墙降下来，把整个高度也压低，把特定的高度作为这座房子很主要的特点，就有不一样的感觉，真像为儿童盖的小屋。

（2）入口空间

幼儿园入口，包括大门路口、主要建筑物入口等，是进入幼儿园和幼儿园主要房舍的人第一眼看见的东西，其设计与建造具有一定的标志性。因此，幼儿园要根据自己的地域特色、办园理念等设计与建造具有自身特色的、富有儿童情趣的入口空间。首先，入口位置的选择与设计应遵循便捷性、安全性与明显性三个基本要求。其次，入口造型的设计非常重要。入口空间主要包括大门、门柱、主要过道及两侧围墙、告示栏等元素，应通过尺度、造型、色彩、序列、材质等明确这是一个专门供儿童使用的场所，并体现幼儿园的特色，利用儿童喜欢的元素吸引他们，可在大门或墙壁上绘制可爱的卡通图案，或将大门做成城堡、动物等造型，尺度应小巧并且尽量通透，色彩鲜艳。[1] 根据《托儿所、幼儿园建筑设计规范》的要求，托儿所、幼儿园的杂物供应对外出入口应单独设置。

（3）户外活动场地

按《幼儿园工作规程》要求，正常情况下，儿童户外活动时间每天不少于2小时，寄宿制幼儿园不少于3小时。户外活动场地是保障儿童有充足的户外活动时间的前提，因此，户外活动场地是幼儿园室外物质环境创设的一个重要组成部分。

---

[1] 李春微. 色彩在现代城市幼儿园环境设计中的应用研究[D]. 长春：东北师范大学，2007：44-45.

首先，户外活动场地的面积应符合国家的相关规定。《幼儿园工作规程》要求，幼儿园应该有与其规模相适应的户外活动场地，配备必要的游戏和体育活动设施。《城市幼儿园建筑面积定额（试行）》中规定：室外活动场地，包括分班活动场地和共用活动场地两部分，分班活动场地每生2平方米，共用活动场地包括设置大型活动器械、嬉水池、沙坑以及30米长的直跑道等，每生2平方米。《托儿所、幼儿园建筑设计规范》对幼儿园室外游戏场地做了专门规定：

① 必须设置各班专用的室外游戏场地。每班的游戏场地面积不应小于60 m^2。各游戏场地之间宜采取分隔措施。

② 应有全园共用的室外游戏场地，其面积不宜小于下式计算值：

室外共用游戏场地面积 m^2 = 180 + 20（N−1）

其中，180、20、1为常数，N为班数（乳儿班不计）。

室外共用游戏场地应考虑设置游戏器具、30 m 跑道、沙坑、洗手池和贮水深度不超过0.3 m 的戏水池等。

其次，活动场地应根据用途进行适当分区，一般可以划分成运动区域、玩沙戏水区域、种植区域、动物饲养区域等。

最后，在活动区域中配置适宜的运动器械，种类应丰富，具有一定的挑战性、创造性与多功能性，能促进儿童跑、跳、钻、爬、平衡等多方面发展，并且以鲜艳丰富的色彩吸引儿童。

（4）户外绿化

《托儿所、幼儿园建筑设计规范》明确指出：托儿所、幼儿园宜有集中绿化用地面积，并严禁种植有毒、带刺的植物。幼儿园户外绿化除了集中绿化之外，还包括零散绿化。在满足活动场地的同时，尽可能扩大绿化面积。幼儿园通过科学合理的绿化，运用植物的种类、姿态、高度、叶色、花色等的变化，创造一个自然、舒适、优美的乐园，使幼儿获得美的熏陶，有益于其身心健康发展。幼儿园绿化应以花草为主，乔灌木为辅。户外绿化在强化其绿化功能的同时，还要注重挖掘与发挥其保教功能，在潜移默化中实现寓教于乐。户外绿化环境应能吸引、允许并鼓励幼儿在其中游戏与探索。有研究者就指出，"户外环境绿地设计，首先应该符合儿童的活动特征，努力创造出既可游玩，又可培养和训练儿童智力发展的场所"。①

（5）种植园地与饲养角

种植园地与饲养角是幼儿园室外物质环境的一个有机组成部分，主要是便于儿童开展种植与饲养活动，在此过程中体会、观察与了解动植物的特性、生长过程及其与环境间的关系。

种植园地要求土壤肥沃，阳光充足，一般集中设置在幼儿园一角，也可分开设置，如果条件允许，可分给每个班一块"责任田"。种植园地选择种植的植物应多样化，从当地气候条件出发，选择常见且生长较快的蔬菜、瓜果、粮食作物等。

饲养角一般空间较大，一般以饲养家禽、家畜等体型较大的动物为主，如羊、兔子、鸭、鸡、鹅等。这些小动物需特定空间，如栅栏或小屋，应远离儿童的生活与学习区域，有时还需考虑风向等因素，甚至需根据季节变换位置。

2. 室内物质环境的创设

幼儿园室内物质环境指幼儿园室内可供儿童活动与休息的空间，主要包括活动区、墙面、走廊与楼梯、盥洗室、休息室等。

（1）活动区

活动区是根据儿童发展的需要和幼儿园的实际，在室内设置的不同角落、区域。利用活动区开展的活动被称为区域活动或区角活动、活动区活动。在区域活动中，儿童在设定的区角内，利用已投放的材料，自主开展各类个性化的活动，获得经验、增长知识；自由、自主、个性化和间接指导是其特征；虽然区域活动兼具教学和自由游戏的特点与功能，但不能"将区域活动的性质绝对化，更不能将其与游戏、教学对立起来"，而是要因地制宜地利好这一独特的活动舞台。② 在区域活动的开展中，活动区环境的创设是顺利与有效开展区域活动的基础。做好活动区环境的创设，应从以下三方面入手③：第一，做好活动区空间的设置。空间设置是活动区环境创设的基础，一般需要注意六个原则，即动静分开、封闭性与开放性结合、相关邻近、灵活性、空间拓展、避免"死角"。

---

① 章俊华. 幼儿园户外环境绿地［J］. 中国园林，2004（3）：45.
② 王春燕，王秀萍，秦元东. 幼儿园课程论［M］. 北京：新时代出版社，2009：202-204.
③ 王春燕. 幼儿园课程概论［M］. 北京：高等教育出版社，2007：188-193.

第二，做好活动区材料的投放工作。材料是儿童在活动区活动的基础，因此，材料投放是活动区环境创设的核心，一般应考虑九个要点，即材料的安全性、丰富性与兴趣性、目的的计划性与开放性、功能的多样性、可探索性、层次性与系统性、针对性、相对稳定性与变化性、投放者的多元性。第三，做好活动区活动规则的制定与落实工作。活动规则又称活动的常规，是儿童在活动区活动所需遵循的行为规则，是活动区环境创设的重要内容。活动规则的制定与落实有三种基本策略：影响活动正常进行的必要规则，教师在活动前明确规定；以解决区域活动中出现的"问题"为线索，师幼共同讨论制定规则；一些争执的"问题"规则，由儿童自行商讨制定、修正解决。活动规则的呈现方式除了口头提示之外，更多是借助环境中的材料间接提示，如符号提示、卡片提示、音乐提示等。

（2）墙面

广义地讲，墙面环境创设不仅包括幼儿园室内墙面环境创设，还包括室外墙面环境创设。此处主要探讨幼儿园室内墙面环境创设。墙面环境创设在我国学前教育实践中由来已久，随着人们认识的不断深化，墙面环境创设的内涵和功能定位也不断发生变化，至少经历了以下三个阶段：从开始时的"墙面装饰""墙饰"到"墙面布置"，再到如今的"墙面环境创设"。其中，"墙面装饰""墙饰"更多强调其美化功能；"墙面布置"开始强调其教育功能，但侧重于静态的展示；"墙面环境创设"在强调教育功能的同时，更侧重于动态性，并且强调其指向的多元化，主要包括行为指向、认知指向、社会化指向、健康指向、视觉指向、文化指向。[①]

墙面环境的展示形式多种多样：① 从造型的角度，墙面环境创设可以分为平面创设与立体创设，其中平面创设紧贴墙面，如将儿童作品直接贴在墙面上；而立体创设则突出于墙体平面，如将纸制的屋子固定在墙面上。② 从墙面环境与儿童互动的程度的角度，墙面环境创设可分为观赏性创设、操作性创设和参与性创设，其中观赏性创设中儿童只需用眼睛"看"，仅限于观赏的层面；操作性创设中需要儿童动手，与儿童的肢体动作相联系，包括直接操作或是作为一种观察日记；参与性创设中儿童运用全感官全过

---

① 管倚. 幼儿园墙面环境创设及其教育功能的研究 [D]. 上海：华东师范大学，2005：16-24.

程地深入到墙面创设中。③从环境创设过程的角度,墙面环境创设可分为填充式创设与满幅式创设,其中填充式创设中墙面上开始时只有最原始的信息,随着活动的深入逐渐将儿童的作品、学习成果等材料布置到墙面,不断对墙面进行填充;满幅式创设中是一次性对所有空白的墙面进行创设。④从墙面环境创设的作用角度,墙面环境创设可分为记录式创设与展览式创设,其中记录式创设侧重于对儿童学习经历与过程的展示,展览式创设则侧重于对儿童学习成果的展示。⑤从环境中展现的作品的角度,墙面环境创设可分为儿童作品创设与教师作品创设,其中儿童作品创设指全部采用儿童自己独立完成的作品创设墙面环境;教师作品创设指完全由教师完成布置,采用教师的作品创设墙面环境。除此之外,实践中会经常采用师幼共同完成的作品创设墙面环境。[1]

墙面环境创设主要涉及形象、色彩与布局等要素。一般情况下,多采用变形、夸张、拟人化与卡通化的形象;色彩使用要因主题与目的的不同而异,如在炎炎夏日,为了能使儿童在心理上产生一种清凉的感受,可以选用一些白、蓝、绿等冷色系进行组合;布局过程中要有整体意识,可以突破时空限制将不同时空的内容有机组合,如月亮仙子与儿童一起跳舞等。

墙面环境创设过程中,首先,要增强目的意识,因不同墙面环境的功能存在一定差异,如主题墙因其主要旨在反映与推动主题活动的开展情况,而经常采用操作性创设与参与性创设、填充式创设以及记录式创设。其次,要注意合理地综合使用多种形式的墙面环境创设,如在强调记录式创设为主的情况下,可以适当使用展览式创设;在强调操作性创设与参与性创设为主的情况下,还可以适当使用观赏性创设。最后,要不断对墙面环境创设进行评价,以不断改进与完善墙面环境创设。

(3)走廊与楼梯

走廊与楼梯在幼儿园室内物质环境创设中经常被不同程度的忽视,但在室内物质环境中具有不可替代的作用。

幼儿园可在采光较好的走廊设置橱窗,布置以儿童美术作品、幼儿园教育工作信息栏、书画作品等,还可以设计吸引与鼓励儿童不同程度参与的"主题"环境。如杭州

---

[1] 管倚. 幼儿园墙面环境创设及其教育功能的研究[D]. 上海:华东师范大学,2005:26-28.

市蓓蕾幼儿园利用主楼是半圆形结构，每层楼均有150米长、3米宽的长廊，每个活动室后面均与此长廊连通的建筑特点，在不同楼层设置不同的主题，布置成科学长廊。整个科学长廊分游戏区、操作区、材料区和展示区。其中，游戏区的内容主要包括管道游戏、声音游戏、镜子游戏、升降电梯、降落伞等；操作区的内容主要包括斜坡的实验、纸桥的实验、溶解的实验、沙漏的实验等；材料区是教师、家长、儿童共同收集材料的场所，主要收集各种各样的石头、羽毛、木块、铁块、塑料、瓶子、纸等科学活动常用材料，教师和儿童可根据需求自由取放；展示区则是科技小制作的天地，各式各样的风车、天平、陀螺在这里展示，儿童可以看一看、玩一玩、做一做。此外，还利用走廊空间较为宽敞的特点，设置公共活动区，如超市、邮局、医院等，吸引不同班的儿童一起游戏与分享。

楼梯是连接不同楼层的纵向通道，沿楼梯墙面可设置画廊，悬挂儿童或教师的美术作品，或者购买的书画美术作品。此外，可以在楼梯的台阶上贴上引导儿童走路的小脚印，将走路的过程变成体验、感受乐趣的过程。

（4）盥洗室

盥洗室物质环境的创设以近便、卫生、安全为基本原则，如提供符合儿童身高特点的坐便器等。盥洗室的墙面环境创设可以采用行为指向的观赏性创设，如张贴旨在引导儿童如厕行为的步骤图、洗手的步骤图或节约用水等的宣传画。盥洗室的设置可考虑儿童性别的差异，设置具有性别特点的洗手设施，培养儿童的性别意识。

（5）休息室

休息室物质环境创设旨在便于和促进儿童快速安静地入睡。休息室中除了配备适合儿童生理特点的床具及床上用品之外，色彩的运用非常关键。诸如蓝色、绿色等冷色调的色彩能使儿童心跳减慢、血压下降，利于儿童快速安静地入睡。因此，可考虑采用避光性较好的冷色、单一或纹样简单的窗帘，床单同样采用单一色彩，避免使用有细碎纹样的彩色窗帘、色彩丰富的墙面装饰。休息室内的光源色彩方面，可采用蓝色发光二极管。[1]

---

[1] 许舒. 幼儿园环境色彩设计研究［J］. 艺术与设计（理论），2008（1）：80.

二、幼儿园精神环境创设

幼儿园精神环境主要涉及园风、人际关系、活动氛围等。如果说物质环境是幼儿园教育的必要条件与基础，那么精神环境就是幼儿园教育的重要制约因素，并且在很大程度上影响与制约着物质环境效果的发挥。

（一）适宜精神环境的基本特征

并非所有的精神环境都是有益的，有助于促进幼儿园教育活动顺利有效开展的适宜精神环境至少应具备以下六个基本特征：

1. 自由

美国学者李普曼在《教室里的哲学》中曾区分了三种课堂情境：最不理想的是，学生在教师面前不敢开口，生怕因此而丧失教师的欢心与尊重；稍好一点的情形是，学生能自由地讨论抽象问题，不过随时小心，不要对教师的价值标准表示出任何即使是暗示性的异议；最佳的情境则是，学生非常信赖教师，并敢于批评其方法或价值标准，因他们知道教师会客观地考虑自己的批评意见。[①] 这三种课堂情境实质是依据儿童自由的程度划分的。唯有在第三种情境中，儿童才享有真正的自由，成了一名开拓者，而非追随者。这种最佳的课堂情境亦即一种适宜的精神环境。因此，自由是适宜精神环境的核心与灵魂。

自由首先意味着外部言行意义上的自由，即个体在外部的或身体方面的活动自由，如身体活动的自由、操作材料的自由等。但外部言行意义上的自由只是自由的表层与起点，唯有内心独立的实现才能打开通向自由的大门。因此，具有独立性与批判性的内心的自由才是自由的核心。此外，自由是内在的需要而非排斥规则，与规则内在统一。但这种规则必须是适宜的，不是他人从外部强加的，而是由整个活动情境决定的，"在一个有良好秩序的学校里，对这个人或那个人的控制，主要是依靠各种活动和维护这些活动的情境"，"个人所处的整个情境决定对个人行为的控制"。[②]

[①] M. 李普曼. 教室里的哲学 [M]. 张爱琳，张爱维，编译. 太原：山西教育出版社，1997：100.

[②] 约翰·杜威. 我们怎样思维·经验与教育 [M] 姜文闵，译. 北京：人民教育出版社，1991：276，275.

2. 尊重

尊重的前提是承认、认识与强调每个人的独一无二性。因此，尊重他人涉及尊重他人的文化背景、经验基础、兴趣爱好、个性特征、情绪情感等。适宜性精神环境中必须弥漫与渗透着尊重的氛围，人与人之间相互尊重，尤其是处于强势的管理者、教师对处于相对弱势的被管理者、儿童的尊重。

美国学者弗洛姆认为爱包含四个基本要素，即关注、责任、尊重与认识，其中，尊重与认识是爱的前提与基础，二者的缺失会导致爱堕落为统治与占有。因此，尊重是适宜精神环境的前提与基础，因缺失了尊重，任何帮助、指导、引导都可能会成为一种变相的统治与占有，都会成为他人的一种负担而非财富；在幼儿园里，失去尊重的爱，只会变成孩子的枷锁。

3. 信任

"信任"首先意味着相信他人具有的潜能，关注并尊重他人的自发活动，而不用自己认为更有价值的活动取代他人的自发活动。这对相对处于强势地位的教师而言尤为重要，因此，教师要给儿童以学习、探索的空间与机会，甚至"犯错误"的机会。其次，信任意味着相信他人具有主动成长与发展的倾向，但人只有在自己真正感兴趣的活动中才会主动地探索、学习与发展。蒙台梭利在《有吸收力的心智》中就曾明确指出，某器官一旦发育完成，便要在其合适的领域内发生作用。① 这就要求慎用各种奖赏与惩罚。因奖赏与惩罚并不能使原本无趣的活动变得有趣，因"真正的兴趣原理是所要学习的事实或所建议的行动和正在成长的自我之间公认的一致性的原理；兴趣存在于行动者自己生长的同一个方向，因而是生长所迫切需要的，如果行动者要自主地行动的话"。也就是说，"真正的兴趣是自我通过行动与某一对象或观念融为一体的伴随物"。② 因此，信任就意味着当儿童"无所事事"或不愿参加某活动时，教师不是采用奖赏或惩罚促使其参与活动，而是允许其一时的"无所事事"，学会等待，鼓励与帮助儿童找到并主动参与自己真正感兴趣的活动。此外，信任意味着一种冒险。博尔诺夫在《教育人类学》中

---

① 蒙台梭利. 蒙台梭利幼儿教育科学方法 [M]. 任代文, 译校. 北京: 人民教育出版社, 1993: 404.
② 约翰·杜威. 学校与社会·明日之学校 [M]. 赵祥麟, 等, 译. 北京: 人民教育出版社, 1994: 172, 175.

明确指出，教师对儿童的信任是一种冒险，可能最终会失败，并分析了其必然性与不可避免性。① 当然，幼儿园精神环境创设中，应敢于冒"信任"儿童的"险"，只有如此，才能给孩子成长的机会，才能培育良好的精神环境。

4. 支持

支持作为一个关系范畴，体现在人际关系中，具体包括管理者与被管理者、教师与儿童、儿童与儿童、教师与教师等，其中处于强势地位的教师与处于弱势地位的儿童之间支持关系的构建是核心。师幼关系中，教师在知识、经验、能力等方面不同程度地优于儿童，存在着"自然的或生理上的不平等"，"因为它是基于自然，由年龄、健康、体力以及智慧或心灵的性质的不同而产生的"。② 这就决定了教师必须在尊重与信任的基础上，积极为儿童提供多方面的支持，如通过物质环境创设、言语引导与提问、儿童分组、肯定与鼓励等方式支持儿童的学习活动。

5. 赏识

赏识主要包含四层内涵：一是认可，即承认他人的言谈举止、兴趣爱好、活动选择等的合法性，并允许其存在，但认可并非意味着认同。二是接纳，即不拒斥与排斥他人的兴趣爱好、思想观点，尤其是那些和自己不同甚至相反的思想观点等，而能允许其进入自己的观念系统，并能认真对待，但接纳并非意味着接受。三是赞扬，主要指肯定与称赞他人表现与坚持其兴趣爱好、思想观点、活动选择等行为本身，有时也指对他人的优点、成绩等表示称赞。四是鼓励，主要指激发与勉励他人表现与坚持自己兴趣、观点等的行为，有时也指激发与勉励他人继续保持与发扬其优点与成绩。在幼儿园中，由认可、接纳、赞扬和鼓励构成赏识，是促进良好的精神环境形成的动力之一。

6. 对话

对话不仅是具体的谈话行为，更是一种平等民主、和睦相处、不断在多元之间寻求融合并促成新生的意识与精神。对话有两个前提条件③：一是对话双方必须相互承认，将对方视为平等伙伴，有的只是差异，不存在孰优孰劣，彼此能接纳对方观点，将对方观

---

① O. F. 博尔诺夫. 教育人类学[M]. 李其龙，等，译. 上海：华东师范大学出版社，1999：47-48.
② 卢梭. 论人类不平等的起源和基础[M]. 李常山译，东林校. 北京：商务印书馆，1962：70.
③ 滕守尧. 文化的边缘[M]. 北京：作家出版社，1997：204-206.

点视为是有价值和值得讨论的，这同时也对自我提出了挑战与质疑。因承认对方观点的价值在一定程度上意味着对自己观点的质疑与批判。二是信任，意味着对话双方敢于向他人和自己袒露真实自我，完全抛弃戒备和恐惧心理，抛弃自己的角色和面子意识。幼儿园中人与人之间，尤其是师幼之间，在自由与尊重的前提下，在信任、支持与赏识的基础上，彼此之间不断在多元之间寻求融合并促成新生的对话的意识、精神与行为，是幼儿园适宜精神环境的集中体现与完美呈现。

（二）适宜精神环境创设的注意事项

适宜精神环境是儿童顺利与有效地学习与生活所必需的，在创设过程中需注意以下几点：

1. 观念的转变是根本

观念是行为的先导，因此，包括儿童观、教育观、人性观等在内的观念的转变，是适宜精神环境构建的根本，其中儿童观的转变，即从传统儿童观向科学儿童观的转变，又是关键所在。

2. 教师自身的解放是前提

实践中，许多教师迫于来自社会、家长等方面的压力，很难或不敢有所改变或创新。在此情况下，教师也很难为儿童创设良好的精神环境。这就要求首先为教师提供基本的生活和生命安全保障；其次为教师松绑，鼓励教师的探索与创新。总之，教师唯有首先解放自身，才可能为儿童创设适宜的精神环境。

3. 良好的师幼关系的构建是核心

精神环境的根本是人际关系，而师幼关系又是幼儿园人际关系的核心。因此，构建良好的师幼关系是创设适宜精神环境的核心。良好师幼关系的核心是以尊重与对话为基本特征的"我与你"[①]的关系，包括平等性、助长性、民主性、对话性、互动性和动态性等基本特征。

4. 适宜规则的制定是保障

制定合理适宜的规则体系，包括幼儿园管理规章制度、儿童生活与学习常规等，是

---

① "我与你"与"我与它"是相对的，各自描述与刻画了不同的人际关系状态。其中"我与它"是以不平等基础上的利用与控制为基本特征，而"我与你"则是以平等基础上的尊重与对话为基本特征。

构建适宜精神环境的保障。其中，常规作为儿童在园一日活动的各环节所必须遵循的行为准则，具有重要价值。常规不仅能保障幼儿园保教活动有序开展，而且能为儿童提供健康的生活、学习及游戏的氛围，有助于良好行为习惯的养成。当然，常规不是限制儿童的绳索，而是保障儿童自由活动的条件，教师要把握好常规创设和实施的尺度。

5. 教师专业成长是推动力

适宜精神环境的构建在根本上是一种实践活动，需要众多参与者，尤其是教师要采取具体行动与策略，逐渐构建与完善。因此，教师自身的素养就是制约适宜精神环境构建的重要因素。从这个意义上说，通过自学、在职培训等多种方式，教师不断提升自身综合素养，包括观念与技能，是适宜精神环境构建的重要外在推动力。

（三）构建良好的师幼关系

《幼儿园教育指导纲要（试行）》指出，教师要"以关怀、接纳、尊重的态度与儿童交往。耐心倾听，仔细理解儿童的想法和感受，支持、鼓励他们大胆探索与表达"。"关注儿童在活动中的表现和反应，敏感地察觉他们的需要，及时以适当的方式应答，形成合作探究式的师幼互动。"良好、健康的师幼关系对于学前机构的教育有着深远意义，也对儿童的发展起着重要作用。构建良好的师幼关系，可从以下策略入手[1]：

1. 奠定良好师幼关系的情感基础

儿童走出熟悉的家庭，走向社会的第一步就是去幼儿园，这是其人生中一次重大的转折。因此，建立良好师幼关系的第一步就是帮助幼儿适应不断变化的环境，消除分离焦虑，拉近教师与儿童之间的情感距离。

分离焦虑是婴幼儿与母亲或照顾他的熟悉的人分离时，面对陌生的环境而产生的紧张情绪和不安行为。儿童不适应集体生活则可能表现为生活能力差，不会和同伴友好相处，争抢玩具等。这些都是儿童面对陌生环境的自然反应，教师应理解和接纳儿童的这些表现，不能把这些表现看作是儿童的行为"问题"，或毫不关心，让儿童"自然适应"。教师要以和蔼可亲的态度对待儿童，和声细语地与儿童说话，并伴随身体的抚摸和拥抱。对儿童的哭泣不能置之不理，更不能训斥威胁。同时，教师对儿童好的表现要

---

[1] 朱宗顺. 学前教育原理[M]. 北京：中央广播电视大学出版社，2011：170-173.

及时给予表扬，做到及时强化。教师的关心、爱抚会使儿童感到有安全感，获得情感上的满足，使儿童能够从感情上接纳教师，把教师当作陌生环境中可信赖的保护者，为良好师幼关系的形成奠定坚实的情感基础。

2. 以亲切、平等、尊重的态度积极主动地与儿童交往

教师与儿童交往的态度影响师幼交往的效果与师幼关系的性质。教师在与儿童交往的过程中，要使每一个儿童都能感受到教师的关注，并力图从儿童的角度体验他们对人、对物、对事的感受。教师要以平等的态度对待儿童，不要对儿童发号施令，强制幼儿服从。要以宽容的态度对待儿童的不服从行为，不能因为儿童做错事而恶意批评、训斥幼儿，甚至讽刺、挖苦、羞辱、体罚或变相体罚儿童。要经常使用协商、建议的口吻与幼儿谈话，教师的表情、语气、姿态、动作应体现出对儿童的尊重与信任，并创造条件让他们经常获得成功的体验，使儿童能从教师和同伴那里得到积极的反馈，感受到自己是受欢迎的。

3. 教师应与儿童进行有效的沟通

教师的言语和发出的信息要简明易懂，以适合儿童理解的方式，使儿童明白所发出信息的真正含义。教师还可以通过眼神、微笑、语调等非言语的方式传达对儿童的爱、关怀、支持和鼓励。在师幼交往中，教师应尊重儿童主动沟通的需要和愿望。教师不仅要自己说，还要学会倾听和观察，用积极主动的倾听方式鼓励儿童说，理解和分享他们的想法与情感，并注意对儿童发起的交往行为做出及时、适宜的反应。同时，教师要给予儿童表达的机会并鼓励幼儿积极表达。特别是当儿童情绪不佳、犯错误或有着与教师不同的观点和想法时，教师应引导儿童表达自己的感受，允许和鼓励儿童说出自己的理由与见解。在这些情境中，师幼之间情感的交流和观点的碰撞最有利于彼此的理解，从而有助于和谐的师幼关系的建立。

4. 对儿童活动的内容和方式感兴趣

关注和感兴趣是一种发自内心的情感和态度，当教师真正关注儿童和儿童的活动时，他就会有意识地观察、了解儿童的需要和愿望、儿童的情绪情感状态及儿童感兴趣的活动与话题，就能够做到不仅身体在场，而且心灵上贴近儿童，心理上参与到儿童正在进行的活动中去。这时教师对于儿童及儿童活动的关注和兴趣就能够通过一系列的外

在表现（手势、面部表情、语言等）自然而然地流露出来并为儿童所感受，从而为积极的师幼关系的建立奠定良好的情感基础。

5. 宽容对待儿童的过失

教师首先应认识到，儿童是成长中的个体，其身心发展尚不成熟，因此，犯错是正常的、在所难免的。以这种理解、宽容的心态对待儿童的错误，教师就能心平气和地帮助儿童分析错误的原因，儿童也就能更心悦诚服地接受教师的批评。同时，由教师的理解所引发的师幼之间的情感沟通也有助于师幼关系向积极方向发展。但是，理解与宽容并不意味着放任或放纵。创建和谐的师幼关系的最终目的是促进儿童发展。因此，教师在理解儿童的基础上还应对儿童进行有针对性的、及时的、适宜的正面指导和帮助，使儿童能在改错的过程中不断成长。

6. 要帮助儿童形成良好的同伴关系

良好的同伴关系能够为儿童提供大量的、积极的相互作用的机会，有利于儿童认知和学习的发展，也可以使儿童学会交往、合作，对儿童社会性发展具有积极的促进作用；同时，儿童间良好的同伴关系可以在班级中营造温暖的、积极的、支持的环境，有利于儿童产生积极主动与教师交往的心理氛围，能够引发儿童更多的、积极的交往动机和行为，儿童与教师所形成的关系也更为积极。因此，教师应该做到以下几点：一是为儿童同伴交往与合作创造条件；二是鼓励、指导、帮助儿童用适当方式和同伴交往，重点指导儿童形成合理的人际交往方式；三是鼓励、引导儿童学会倾听并尊重同伴意见；四是鼓励儿童关心、帮助同伴。

▶ 小结

狭义的学前教育环境是指影响学前儿童身心发展的一切外部条件（包括物质条件与精神条件）的总和。对儿童身心发展直接产生影响的是儿童直接参与其中并体验着的微系统，主要包括幼儿园、家庭、社区及社区周边诸如公园、博物馆等儿童直接参与其中的社会。狭义的学前教育环境可划分为幼儿园环境与社会环境。

幼儿园环境是教师有目的、有计划地自觉选择与设计的幼儿园中影响儿童身心发展的一切物质条件与精神条件的总和。幼儿园环境具有目的性、保教性与童趣性。幼儿园环境是儿童生活的基本保障、儿童身心健康发展的基本条件、幼儿园课程设计与实施的有机组成部分、幼儿园的"第三位教师"。

学前教育的社会环境是影响学前儿童身心健康发展的微系统的重要组成部分，主要由家庭、城乡社区及社区周边诸如公园、博物馆、超市、运动设施、中小学等儿童可直接参与其中并体验着的社会环境共同构成。其意义是：为儿童在园学习活动提供零散却丰富的经验基础，为儿童在园学习活动提供必要的多方面支持，为儿童的学习活动提供重要的探索基地。

学前教育环境创设的指导原则是：平等基础上的多元互动是核心，幼儿园主导地位的确立是关键，外部支持系统的构建是基础。

幼儿园物质环境创设的原则是安全性、开放性、适宜性、动态性、启发性、经济性等。

幼儿园物质环境分为室外物质环境与室内物质环境。室外物质环境的创设涉及园所建筑、入口空间、活动场地、户外绿化、种植园地与饲养角等方面的创设，要注意相关法规的标准要求。幼儿园室内物质环境指幼儿园室内可供幼儿活动与休息的空间，幼儿园室内物质环境创设包括活动区、墙面、走廊与楼梯、盥洗室、休息室等的创设。

幼儿园精神环境涉及园风、人际关系、活动氛围等，是幼儿园教育的重要制约因素。适宜精神环境具备六个基本特征，即自由、尊重、信任、支持、赏识、对话。适宜精神环境创设需注意以下几点：观念的转变是根本，教师自身的解放是前提，良好的师幼关系的构建是核心，适宜规则的制定是保障，教师专业成长是推动力。

构建良好师幼关系的策略：奠定良好师幼关系的情感基础，以亲切、平等、尊重的态度积极主动地与儿童交往，教师应与儿童进行有效的沟通，对儿童活动的内容和方式感兴趣，宽容对待儿童的过失，要帮助儿童形成良好的同伴关系。

▶ 思考与实践

1. 名词解释：学前教育环境、幼儿园环境、幼儿园物质环境、幼儿园精神环境、活动区、区域活动、常规、分离焦虑

2. 简述幼儿园环境的特点及意义。

3. 简述学前教育社会环境的含义及意义。

4. 简述学前教育环境及幼儿园环境创设的原则。

5. 简述活动区活动规则制定与落实的策略。

6. 简述幼儿园精神环境的特点及创设的要点。

7. 简述构建良好师幼关系的策略。

8. 谈谈对学前教育环境内涵及其创设指导原则的理解,从学前教育环境创设指导原则的角度调查与分析一所幼儿园学前教育环境的现状,并提出改进建议。

9. 分析幼儿园物质环境创设的原则,选择与调查幼儿园某一类物质环境,从物质环境创设原则的角度对其分析,并提出改进建议。

10. 谈谈对幼儿园适宜精神环境基本特征的理解,及其在师幼关系中的体现,以及如何构建。

11. 结合实际,分析常规对幼儿园精神环境创设的影响及实践策略。

▶ **延伸阅读**

1. 刘晓东,卢乐珍,等. 学前教育学[M]. 南京:江苏教育出版社,2004. (第五章)

该章探讨托幼机构中物质环境的重要性、托幼机构的园舍与区角、环境设备配置原则、托幼园所的物质设备细目。

2. 王春燕. 幼儿园课程概论[M]. 北京:高等教育出版社,2007. (第七章第四节)

该节主要探讨幼儿园区域活动的含义、类型、特点、指导原则等。

3. 秦元东,陈芳,等. 如何有效实施幼儿园主题性区域活动[M]. 北京:中国轻工业出版社,2013.

该书以生态学思想为指导,在长期行动研究的基础上系统梳理与提升了幼儿园主题性区域活动的理念和实践策略,深入浅出地阐释了幼儿园主题性区域活动的七个基本环节,即主题性活动区种类的确定、空间的调整、材料的投放、活动开展时机的把握,以及活动的观察、指导与评价。

第七章

学前教育内容及其实施

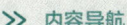 内容导航

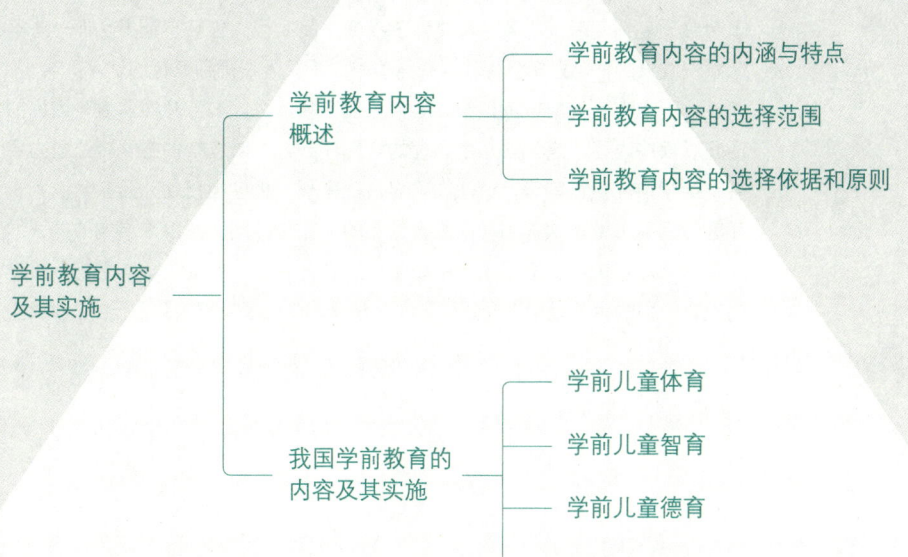

▶ **学习目标**

1. 了解学前儿童体育、智育、德育、美育的含义、任务与途径。
2. 理解学前儿童教育内容的特点、范围与原则。
3. 运用学前教育内容的相关理论分析选择与实施学前教育内容的案例。

▶ **引言**

周六去某幼儿园调查特色班的状况,发现特色班种类繁多,形式多样,而且注重成果展示。各个教室走廊里贴满获奖儿童的证书复印件和专业等级证书复印件。在与笔者交谈中,教师一直在炫耀这家幼教机构是全县最大最全的特色教学基地,很受家长青睐。笔者有幸听了一节珠心算课,教师除了反复让儿童练习打算盘、心算外,几乎没有什么新的东西,而一节课却上了近一个小时。幼儿园特色课本来是为了更好地给孩子提供开发潜能的空间,现在却成了为孩子灌输知识的捷径,成为束缚孩子思维发展的一种约束。为了考级反复练习考试内容,反复修改参赛作品,尽力去获得证书。而一些不考级没成果的特色办学机构难以在竞争中立足,无法得到家长的认可。[1]

上述案例引发的思考是幼儿园究竟应该教什么,这涉及学前教育内容的话题。哪些内容才是学前儿童合理的学习任务,应以怎样的方法将这些内容展示给学前儿童,等等,这往往不仅困扰家长,也会困扰幼儿园教师。家长和教师只有清晰地认识到学前教育内容的边界与范围,并以恰当的方式引导儿童学习这些内容,上述案例中小学化的教育内容才会退场。本章将分析学前教育内容的相关理论,介绍我国学前教育的内容及实施方法。

---

[1] 沙燕. 幼儿园教育小学化的冷思考[D]. 济南:山东师范大学,2008:6.

第一节　学前教育内容概述

无论是托幼机构，还是家庭或其他社会机构，在开展学前教育活动时，必须解决的是以什么样的内容来开展保教活动，如何合理确立这些内容，这些是学前教育内容的研究所要讨论的问题。

一、学前教育内容的内涵与特点

学前教育的目标确定后，就要选择和组织相应的学前教育内容来保障目标的达成。那么，何为学前教育内容？它有哪些特点？

（一）学前教育内容的内涵

内容和形式一起构成认识事物的一对重要范畴。内容是指构成事物的一切内在要素的总和，形式是指把内容诸要素统一起来的结构和表现方式。内容和形式是相互依赖、相互作用、相互转化的，其中，内容起着主导的、决定的作用。

从宽泛的意义说，学前教育内容是指构成学前教育活动的各要素的总和。它包括学前教育的时间与空间、人、事、物的总和。学前教育的时间与空间要素主要体现为学前教育的环境，人的要素主要是教育者与儿童，这两大类要素在本书的第二、三、六章中已有诠释。本章讨论的主要是学前教育活动中的事与物的选择与组织。

具体来说，我们这里讨论的学前教育内容主要是指对学前儿童实施保育和教育过程中用以支持和帮助学前儿童发展与学习的各种材料、经验与手段的总和。在托幼机构的实践中，学前教育内容包括保育和教育行为两个方面，前者如盥洗、饮食、休息等，后者如健康、社会、语言、科学、艺术等领域的教育活动。

（二）学前教育内容的特点

根据学前教育的目标，以及学前儿童学习与发展的规律，学前教育的内容具有如下主要特点：

1. 学前教育内容的整体性与启蒙性

《幼儿园教育指导纲要（试行）》指出，幼儿的学习是综合的、整体的。在教育过程中应依据幼儿已有经验和学习的兴趣与特点，灵活、综合地组织和安排各方面的教育内容，使幼儿获得相对完整的经验。幼儿园教育应当贯彻国家的教育方针，坚持保育与教育相结合的原则，对幼儿实施体、智、德、美诸方面全面发展的教育，同时，幼儿园教育的内容是广泛的、启蒙性的，各方面的内容都应发展幼儿的知识、技能、能力、情感等。

从整体性来看，学前教育内容不仅要注重体、智、德、美诸方面的全面发展，还要注重儿童情感、行为技能与认知的整体发展。脑科学的研究表明，当人的认知、情感与行为技能的相应脑区得到平衡关照的时候，人能够获得更健康的发展。

从启蒙性来看，学前儿童的教育内容应当是其人生发展之初所必需的知识与经验，不能让孩子超负荷地去学习学术性的知识。脑科学的研究表明大脑的发育是呈阶梯式发展的，从原始未开化状态到进化状态，从动物特征到人类独有的特征。在大脑还没有完全准备好之前，用机械的学术知识刺激大脑皮层发展，会给孩子的健康发展带来不可估量的损伤。

2. 学前教育内容的生活性与自然性

儿童的学习要借助于具体的生活经验，因而，学前教育内容应当尽可能来源于他们的生活经验与生活需求。

儿童从入园到毕业的生活历程，一年四季植物、气象、节日的变化等，都可以成为学前教育的内容。陈鹤琴先生曾为学前儿童编制"生活历"，以月份为顺序，每个月份中的节日、气候、动物、植物、农事、风俗、儿童玩耍与卫生等，都被纳入教育内容中。例如，一月份涉及元旦、冰雪、西北风、金鱼、鸽子、芽、葱、韭菜、胡萝卜、新年礼、新年锣鼓、冻疮、伤风等内容活动。在今天，各地学前教育内容的组织与选择也将生活性作为一个重要原则，根据儿童的日常生活与幼儿园生活的历程来编排教育内容。

学前教育的自然性，是指学前教育的内容、材料应尽可能联系自然的材质与环境，以让儿童和大自然有更多的接触，回归大自然。这一点对于城市中的儿童尤其重要。科学家们的研究发现，绿色自然环境能有效地减轻儿童的学习压力、改善不良情绪、减轻愤怒和攻击性心态、提高整体幸福感，还能增强免疫力。大自然能够使大脑保持在最适度的活跃状态，也能够更好地刺激右脑，让儿童获得更健康的发展。

3. 学前教育内容的活动性与游戏性

儿童学习的主要方式是模仿与体验，因而，学前教育内容的活动性与游戏性成为学前教育内容区别于其他阶段教育内容的重要特点。所谓学前教育内容的活动性是指教育内容要有身体参与性，让儿童可以通过自己的身体去体验；游戏性是指学前教育的内容要为儿童的游戏提供足够的支持与可能，让儿童能够通过游戏的方式学习，或是能尽情地享受单纯的游戏。

张宗麟先生认为学前教育的内容主要来自儿童求知、想象、模仿的活动。这些活动主要有以下几类：儿童自发的诸般活动；儿童与自然界接触而生的活动；儿童与人事界接触而生的活动；人类留传之经验，而能适于儿童的部分。这四个方面的活动构成学前教育内容的整体结构。所有这些活动都包含许多具体内容，它们与季节、月份、自然事物与现象紧密相关。张雪门先生在长期的教育实践基础上，总结出学前教育内容必须合于儿童经验，与儿童生活联系，合于儿童兴趣、能力、自我创造与表现；主张儿童在活动中学习，"活动就是教育"。但"活动贵有目的"，需要"计划""远大目标""价值"，是"整个的"，必须照顾到儿童的特殊性。

蒙台梭利为实现其教育促进人自然的和社会的发展的目的，以及使每个儿童的潜能在有准备的环境中得到自我发展的自由，强调对儿童进行运动教育和感觉训练。把日常生活训练、园艺活动、手工作业、体操、音乐节奏动作、操作玩具等作为教育的主要内容。福禄培尔则将游戏作为儿童的主要活动。我国《幼儿园教育指导纲要（试行）》也明确指出，教育要考虑儿童的学习方式和特点，要寓教育于游戏之中，游戏是幼儿园的基本活动方式。

二、学前教育内容的选择范围

学前教育内容是指学前教育活动的基本材料或基本组成部分。有学者将其理解为那些有助于儿童发展的基本知识、态度与行为所组成的区域。[1] 从范围来看，学前教育的内容主要包括有益儿童身心发展的知识、经验及其他资源。其中，经验涵盖相应的情

---

① 王春燕. 幼儿园课程概论[M]. 北京：高等教育出版社，2007：69.

感、态度与行为。

（一）有益于儿童发展的知识

知识是人类认识的产物。它既包括人类积累、传承、贮存下来的知识，也包括个人直接认识的产物。在一般情况下，知识是作为静态形式存在的。知识是人类智慧的结晶，也是人类文明与发展的力量。

传授知识是学前教育的重要任务，因而，知识是学前儿童学习的重要内容。但学前儿童的认知特点决定了并不是所有的知识都可以为他们所接受，并适合他们。学前儿童的认知特点是由其认知结构和活动范围决定的。他们从与周围事物的直接接触，对事物的直接感受、操作和自身积极活动中习得知识。直接、具体、形象是其认知的主要特征，缺乏分析、比较和系统化能力。科学研究表明，学前儿童认知结构的建立，是在已有经验、表象的基础上不断发展的过程，是他们在日常生活活动中与外界相互作用的产物，经历着由小到大、由简单到复杂、由松散到系统、由无序到有序的过程，是知识系统化、结构化的过程。

学前教育内容就是要针对学前儿童知识结构与认知结构的特点，选择适合的知识。但教育不只是适应，在本质上是促进儿童生命的改善和提高。因此，要选择既适于学前儿童现有发展水平，又具有发展价值的知识。

学前儿童知识体系的基础和核心是在感性实物活动中认识事物的表面联系和初级概念。研究表明：学前儿童既能认识实物与现象的外部特征，也能认识和理解内部联系，形成表象水平的初级形式的抽象、概括和推理能力。因此，深入评定各种知识，找到知识间的联系，利用儿童已有经验，使知识系统化，是教育内容组织的重要任务。这是保证知识发展价值的手段。所以，学前教育内容中主要涵盖以下几类知识[①]：

（1）儿童能够通过日常生活、游戏、观察获得的关于人、事、物的事实性知识

事实性知识是学习者在掌握某一学科或解决问题时必须知道的基本要素，主要包括与事物相关的术语、具体细节和要素的知识。这一类知识在儿童的学习中具有重要地位，它是表征儿童所观察到的现象的基础性知识，是儿童形成更复杂的知识类型的基

---

① 关于知识的分类根据不同的标准有不同的分法，此处，我们主要从知识的形态进行分类。

础。知识虽然是学前教育内容的组成部分，但在学前教育领域，知识更多地应来自学前儿童的活动，即来自学前儿童与外界（包括人）的相互作用，而不是来自现成的"知识库"。

（2）相对复杂的需抽象概括才能掌握的概念性知识

概念性知识是指一个整体结构中基本要素之间的关系，具体包括类别与分类的知识，原理与概括的知识，理论、模式与结构的知识。类别与分类的知识是对事实的具体细节的归纳概括。原理与概括的知识是在大量的事实和事件集合的基础上，对类别与分类的内在过程与关系作出说明，对各种所观察的现象作出抽象和总结，十分有助于描述、预测、说明或确定最适宜的、最相关的行动及其方向。理论、模式与结构的知识是将原理与概括的知识用有意义的方式加以整合，以体现某一现象、问题或学科内在一致的联系。

对于儿童来说，他们能够把握的主要是与其自身经验相关的类别与分类的知识，还有初步的原理与概括知识。如儿童第一次见到一只狗，知道这只狗有大大的鼻子，有四条腿，会"汪汪"地叫。这些特征对所有的狗来说是共同具有的，儿童此时的认识就超越了单个狗的特征而有了一定的概括性。也可以说，儿童形成了有关狗的概念性知识。这些概念性知识往往要通过系统的观察与学习才能获得。

（3）简单的程序性知识

程序性知识是关于"如何做事的知识"，"做事"因内容的不同而有难易的差异，可以是形成一个简单易行的常规联系，也可以是解答一个新颖别致的问题。程序性知识通常包括技能、算法、技巧和方法的知识，它还包括运用标准确定何时何地运用程序的知识。

运用程序性知识可以获得概念性知识，而对概念性知识的理解则是程序性知识运用的前提条件，程序性知识要回答如何做的问题，而概念性知识则要回答为什么要这么做的问题。

学前儿童的学习主要是从"做中学"，是通过行动参与来建构他们对世界的理解与认识，因而，这一类知识对学前儿童来说很重要。但学前儿童对程序的精确掌握是一个逐步积累和建构的过程，因而，反复的模仿与重复是学前儿童建构程序性知识的关键。

(4) 初步的元认知知识

元认知知识是关于一般的认知知识和自我认知的知识,具体包括策略知识、关于认知任务的知识、自我知识。第一,策略知识主要包括涉及不同领域知识的具体认知策略如复诵、组织和精细加工,还包括监控和调节认知活动的元认知策略以及问题解决和思考的一般策略。第二,关于认知任务的知识就是要知道何时以及为什么运用这些策略的知识。第三,关于自我的知识包括了解自己认知活动中的优势与不足,也包括了解自己什么时候不知道什么以及采用什么样的一般策略去发现必要的信息。除了认知上的自知以外,还有动机与情感的自知,例如自我效能感,对完成任务与达成目标之间关系的感知,个人的兴趣,价值观与完成任务的关系等。对于儿童来说,元认知处于发展的过程中,但教师在传授知识的过程中要注意发展儿童的元认知,这是儿童认知能力获得健康发展的重要基础。

(二) 有益于儿童发展的经验

"经验"是与"知识"相关的概念。与"知识"有所不同的是,"经验"的个人性更突出,具体性更强,且往往具有动态性,涵盖面较大。它有时指"知识",即人们认识活动产生的知识结果,也指在此过程中一切内心体验、思想感情,是活动在人身上沉淀的过程以及沉淀物。约翰·杜威喜欢用"经验"指代教育内容,拉尔夫·泰勒则爱用"学习经验"而非"知识",就是强调学习者积极主动地获得知识及各种体验的过程。他们认为,真正对儿童产生作用的是他们"经验"了什么,而非教师教给了他们什么。卡尔·罗杰斯的教育理想是塑造"情知合一"的"完整的人"。他的"非指导性教学"强调"以学生为中心",注重的是"经验过程",而不是结果。他认为,"经验比理智更值得信任",经验能引导人们走向真理,导致洞察力以及自我的变化。他的教育内容即经验。在他看来,"知识"是否被掌握,所学知识是否系统,对学生来说无足轻重。教学过程是经验过程的特殊再现,其重心是学会学习。"经验"是动态的教育内容。

从教育内容的选择和组织来说,我们需要思考什么样的经验是有教育价值的。杜威曾提出有教育价值的经验有两个重要指标:一是连续性,二是交互性。在这两者的基础上，我们还要去发现关键经验。

1. 连续性的经验

"经验的连续性原则意味着，每种经验既有从过去经验中采纳了某些东西，同时又以某种方式改变未来经验的性质。"① 也就是说，经验应该能够联系儿童过去和正在亲历的经验，形成新的经验，并指导或控制未来的经验。经验是发现事物之间的关系，连续的经验才有积累，才有生长。但是，具有连续性的经验并非均具有教育意义，有些经验可能会限制儿童的发展水平，或使儿童沿着不良的道路继续发展下去，因此，教师作为具有丰富见识的成年人有责任判断一种经验的走向，利用各种教育因素，帮助儿童获得更有价值的连续性经验。

2. 交互性的经验

经验的交互性是指主体和客体的相互作用。它既强调儿童的发展水平、兴趣和主动性，也重视儿童经验的客体条件。相比较而言，传统的灌输式教育比较忽视儿童主体性因素，而重视控制经验的外部条件，如教材、教法等；进步主义教育则陷入另一个极端，让儿童的主体性过度扩张，行为放纵不羁，教育活动变成无目的、无计划的自由活动。

从交互性原则来看，有价值的经验应该具有以下特征：符合儿童的发展特点，能够激发儿童的主动性；符合社会的需要，能够在周围环境中获得。"杜威把经验的连续性和经验的交互作用比喻为'经'和'纬'，二者相互制约、相互联合，密不可分，成为衡量经验的教育意义和价值的标准。"②

经验是一个整体，具有多样性和复杂性，它不是零碎的、混乱的、静止的，而是整体的、联系的、可积累的、分层次分领域的。众多的经验构成了经验的系统或结构。

3. 关键经验

关键经验的提出旨在更好地发挥教师和儿童的双主体作用，通过心理和逻辑的双向

---

① 杜威. 我们怎样思维·经验与教育 [M]. 北京：人民人民教育出版社，1991：261.
② 李冲锋. 杜威论经验与教育 [J]. 宁波大学学报：教育科学版，2006（4）：7-10，27.

融通更好地实现教育目标。其特点主要包括以下五个方面[①]：第一，关键经验是儿童发展必不可少的，具有发展性。其发展性具体反映在两个方面：一是永恒性。关键经验不会随着时间的改变而改变，如变化、观察、分类等这些经验就具有永恒性，虽然在不同的时期其内涵有所改变，但不可缺少，是构建和保持知识系统稳定的基础，时过境迁的经验是不能称为关键经验的。二是普遍性和非普遍性的结合。所谓普遍性是指经验的普遍性，同一关键经验在世界范围内可以得到公认，不会因为文化和地域的差别而引起歧义。皮亚杰的儿童发展理论中的"关键经验"就具有这一特征。但是，根据费尔德曼的"非普遍发展理论"，儿童发展也会受到环境和教育的影响，在不同领域表现出发展的独特性，因此，关键经验也会表现出地区和文化的差异，体现非普遍性发展的一面。第二，关键经验是连续的，其发展必须经过一定的过程，不是一蹴而就的，它可以分成不同层次和领域的关键经验。第三，关键经验的获得和发展有赖于儿童与环境（人和物）的互动，有赖于经验的积累。第四，关键经验既指经验的过程也指经验的结果，也就既是学习经验的结果也是学习经验的过程。第五，关键经验是具体的教育目标，对于课程的制定、实施和评价具有重要的指向作用。

三、学前教育内容的选择依据和原则

学前教育内容的范围确定后，还需要选择具体的学前教育内容，具体的学前教育内容的选择有自己的依据，还要遵循相应的原则。

（一）学前教育内容选择的依据

究竟应当如何选择儿童学习的课程内容？选择的依据是什么？根据相关教育原理与儿童学习的特点，选择学前教育内容的依据主要有以下几个方面：

1. 学前教育目标

学前教育目标是根据社会需要与儿童发展的规律制定的，它是学前教育活动的出发点和归宿。学前教育内容的选择，需要以学前教育目标为依据。学前教育目标规定了学前教育活动所应达成的具体结果，而所选择的教育内容应该是为实现这一结果服务的。

---

① 叶平枝. 在幼儿教育课程改革背景下重新审视关键经验的意义、内涵与特征[J]. 学前教育研究，2008（11）：7-11.

教育内容是实现教育目标的工具，是儿童和教育目标之间的一座桥梁。这座"桥梁"设计得好与坏，对学前教育目标的实现至关重要。因此，学前教育目标是学前教育内容选择的首要依据。

在选择教育内容的过程中，应努力避免对教育目标的遗漏、偏离及无效重复，力争使所选的教育内容能最有效地实现教育目标。如学前教育目标中涉及儿童的体、智、德、美多方面的发展，学前教育内容的选择也要服务于儿童这几个方面发展的需要，真正促进儿童的和谐发展。

2. 学前儿童身心发展的特点与需要

首先，儿童现有的生活经验、学习能力，制约着学前教育内容的广度和深度。儿童所拥有的生活经验还相当有限，主要涉及家庭、幼儿园及常见社会机构的生活经验；而儿童处于感知运动阶段，抽象思维还没有得到发展。因此，学前教育的内容应建立在儿童已有的经验基础之上，适当扩展，并以各种可感知的方式呈现，从而扩展儿童的经验。基于此，学前教育内容的选择要考虑到内容的基础性，儿童认识的内容应是周围生活环境中常见的、有代表性的、具体形象的、浅显易懂的自然知识和社会知识。

其次，儿童的经验和发展，不是笼统的，而是具体的，具有一定结构的。在选择学前教育内容时，应考虑到这种结构，考虑到儿童教育和发展的不同侧面。儿童有多种多样的经验，也有多方面的发展。因而，在选择教育内容时，要考虑到内容的连续性与系统性。

3. 社会与环境发展的需要

学前教育的重要目标是培养能够参与、适应、变革社会与环境的人。儿童只有在了解与掌握社会与环境的现实状况与发展变化趋势的情况下才能成为适应与变革社会的人。社会生活现实与发展变化自然应当在儿童的学习内容中反映出来。

学前教育的内容既要引导儿童初步理解与认识自然世界，也要引导儿童认识与了解他与社会、群体、文化以及他人的正确关系。如在认识自然的内容中，不仅要引导儿童探索各种自然现象与规律，还要注意引导儿童建立环保意识；在认识社会的内容中，不仅要了解社会生活的特点与规律，还要意识到自己与社会的关系。

学前教育内容的选择还应当反映社会的发展与变化。学习面向未来，获得应对社会变化的能力，也是儿童学习的重要目标。随着时代的变迁，我们生活的社会是不断发展变化的社会，从社会成员的价值观念、社会理想到社会成员之间的关系，从社区中各种物化的社会产品到人们的生活方式、行为方式，都在产生或大或小的变化。学前教育内容的选择必须充分了解和反映社会生活的变化，使教育内容起到引导儿童主动适应变化着的社会的作用。

4. 符合相关学科知识的特点

学前教育虽然不强调知识的系统教育，但相关的学科知识也成为学前教育内容选择的重要来源与依据。我国幼儿园教育五大领域的内容涉及生理学、心理学、营养学、自然科学、社会学、伦理学、地理学、经济学、文化学、历史学、政治学、人类学等众多学科。但并不是这些学科知识的内容都属于学前教育需要选择的内容范畴，根据儿童身心发展的水平，只有那些最基础的，具有启蒙性的内容才适于进入幼儿园的课程。因为只有这样的知识才能真正为儿童所理解和接受。

学前教育内容的选择除上述主要依据外，还应考虑其他因素的影响，如教师自身的水平、地方文化的特色、幼儿园的环境条件等，在选择教育内容时也应加以充分注意。总体来说，教育内容的选择要符合教育目标的要求，充分关注儿童的兴趣与生活经验，体现儿童身心发展的特点，也要反映社会政治、经济、文化发展的需求，及相关学科的特点与规律。

（二）学前教育内容选择的原则

总体来说，学前教育内容的选择应当遵循以下原则：

1. 价值性与科学性原则

价值与人的日常生活密切相关，人的一切行为、思想、情感和意志都以一定的利益或价值为原动力，人类的一切活动都是以价值创造与价值消费为核心内容的，人类社会的一切关系归根到底都是价值关系。但价值关系有积极的，也有消极的。积极的价值关系能够促进社会的进步，反之则不然。价值性原则是指所选择的教育内容要蕴含积极的教育价值，能够启发儿童的内在思想与精神。科学性原则是指选择的内容应是正确的、可靠的，符合人类社会认识的客观规律、人与社会和谐的客观规律、人际交往的客观规律。这需要教师对各学科知识的特点与规律有正确的理解与掌握。根据这条原则，

选择学前教育内容时要注意以下两个问题:

(1)要注意选择有积极教育价值的内容,以引导儿童正确的成长方向。如真善美是人类的永恒价值,凡是歌颂真善美的内容都可以作为学前教育内容的选择对象。

(2)要注意所选内容的科学性,对于自然科学来说知识要准确,对于社会科学来说知识要合乎理性与逻辑。

2. 适宜性与挑战性原则

适宜性原则是指学前教育内容要适合儿童的现有发展水平,适合儿童的生活与文化处境。它包括发展适宜与文化适宜两个方面。儿童的学习是基于自身经验与能力的学习,这决定了教育的内容要贴近儿童的发展水平以及现实的生活处境与经验。同时,教育的目的是为了促进儿童发展,因而,教育又要有一定的挑战性,考虑儿童的可能发展水平。遵循这一原则要注意以下两个方面的问题:

(1)学前教育内容应是儿童的现有能力水平能够处理与加工的,也要能对儿童构成一定的学习挑战,能够促进他发展的。维果茨基认为教学要想对儿童的发展发挥主导和促进作用,就必须走在儿童发展的前面,为此,教师必须首先确立儿童发展的两种水平:一是儿童已经达到的发展水平,二是儿童可能达到的发展水平,即儿童在他人帮助下能够达到的发展水平。已经达到的发展水平和可能达到的发展水平之间的差距称为儿童的"最近发展区"。如果教学能够按照儿童的"最近发展区"来设计和实施,也就必然能促使儿童获得"原则上为新的东西",从而使教学既不仅仅跟随儿童已有的发展成果,也不是对儿童简单机械的灌输,而是真正建立起教学与儿童发展之间的桥梁。

(2)学前教育内容的选择要分析儿童的文化生活处境,让学前教育内容的选择既能关注儿童的现实需要,又要拓展其现有经验,有利于其未来发展。如不同民族与地区的人们有自己不同的文化习俗与文化价值观,学前教育内容的选择既要关照到本民族与文化的价值观,也要引导孩子去了解不同民族的文化与价值观,为幼儿归属感与多元文化价值观的建立打下良好基础。遵循这一原则需要教师对本地文化与普适的、多元的文化价值观有较深入的理解与把握。

资料卡片：美国幼儿教育协会（NAEYC）发展适宜性实践的"文化适宜性"①

发展适宜性实践理论认为教师需要具备的"第三点知识"即关于孩子所属的社会和文化背景的知识，以提供有意义、和孩子文化社会相关的，并能尊重孩子和其家庭的学习经验。也就是文化适宜，即教育要与每个儿童所处的文化背景相适应。

美国幼儿教育协会1987年发布的"发展适宜性实践理论"中并没有出现文化适宜性的相关内容，结果在"发展适宜性实践理论"发布之后，关于该理论缺乏对儿童文化背景的关注，一度成为社会对该理论的攻击点之一。批评者认为，儿童发展理论不应成为课程设计和评估的唯一基础，哲学和社会文化对于课程设计和评估同样重要，因此，从文化的角度来看，"发展适宜性实践理论"并不适合社会经济背景特殊的孩子。1997年的声明里，美国幼儿教育协会遂将社会文化知识纳入教师必须具备的三项知识之一。美国幼儿教育协会认为每个儿童都是带着自己的文化背景进入集体的，文化是儿童和家庭的生活方式的总和，包括他们的价值观或信仰、语言、思维方式、衣着外表和行为等。教师只有在对儿童所属的社会文化背景有所了解的基础上，本着多元文化共同发展，各种文化和民族都有平等发展的权利的原则，才能够帮助每一个孩子顺利地发展。

基于美国社会文化多元的特点，发展适宜性课程倡导多元文化教育。生长并生活在非美国文化家庭或外国移民家庭中的儿童，由于在学前教育阶段之前很少介入美国文化，且年龄尚小，自理能力差，在进入学前教育机构时，会有很多文化冲突方面的问题，如语言不畅、思想意识碰撞等。文化适宜性的提出，将儿童的文化背景差异看成是一种不可否认的客观存在。从多元文化主义

---

① 张瑾. 美国发展适宜性实践理论研究［D］. 北京：中央民族大学，2011：25-26. 有删改。

的立场来看，这种差异不应成为儿童学习机会的差异，更不应成为其发展的障碍，应该得到充分重视，获得相同的尊重，体现在课程上就是要通过多元文化课程的建构来适应不同文化背景儿童的学习需求，为其创造平等的学习和发展机会。

3. 生活性与全面性原则

生活性原则是指学前教育的内容应当尽可能从儿童的生活出发，选择基于儿童生活经验与生活实际，并能丰富儿童生活经验的内容。

心理学家一直强调儿童生活经验塑造了人格发展的基本形态，身心健康的儿童，才能享受愉快的生活，才是幸福的儿童。因此选择学前教育内容时，应根据儿童年龄、体力、智力的发展水平，提供使儿童快乐的活动，以满足其健康需要。完整的儿童是和谐、平衡发展的，这种和谐与平衡发展是与多方面的内容学习分不开的，由此，学前教育的内容应有智力上的完整性，内容选择上的全面性。根据这条原则，学前教育内容选择要注意以下两个问题：

（1）选择儿童生活需要，并为儿童所熟悉的内容。如儿童对自己的身体、父母、老师、同伴是非常熟悉的，对自己生活的幼儿园、社区、城市也很熟悉，所有的社会生活内容与人文社会科学知识内容的组织都要尽量和儿童熟悉的生活联系起来。儿童熟悉的学习内容能为他们的学习提供更丰富的经验支撑，既能提高学习效率，还能帮助儿童萌发爱家乡的情感。此外，还要尽可能注重从当地资源中挖掘和选择有价值的教育内容。儿童生活的环境与地域是不一样的，内容的选择应从儿童生活实际出发，从每个地区，甚至是每个幼儿园自身所处环境条件出发，从当地资源中选择教育的内容，努力形成有本园特色的学前教育内容。

（2）均衡地选择学前教育内容。这要求教师在安排所选择的内容时，必须考虑各部分内容是否涵盖了学前教育的所有范围，各部分的内容比例是否协调，不能过多地偏重某个内容或某个内容的某个部分而忽视其他。如教师不能因为认知方面的内容容易组织与评估，就多组织这类活动，而对品格与情感这类不易看出学习成果的内容就不加以重视。

第二节 我国学前教育的内容及其实施

根据我国全面发展的教育目的，我国幼儿园应按照保育和教育相结合的原则，对学前儿童实施体、智、德、美诸方面全面发展的教育。可见，保育和教育是幼儿园教育的基本内容。保育主要是针对儿童在园一日活动中的入园（晨检、接待）、早操、进餐、饮水、睡眠、盥洗、如厕、离园等生活活动的组织与指导，而教育主要是指儿童在园一日活动中的集体教学、游戏等活动。保育和教育各有特点又相互融合，在实施中不能截然分开。《幼儿园教育指导纲要（试行）》将我国幼儿园的教育内容相对划分为健康、社会、语言、科学和艺术五个领域，并对每个领域的主要内容作了规定。而2012年颁布的《3—6岁儿童学习与发展指南》，则详细描述了五个领域在各个年龄阶段的具体目标与内容，是我国学前教育内容实施的重要依据。以下仅从体、智、德、美方面，讨论我国学前教育的内容及其实施的一般问题。

一、学前儿童体育

学前儿童体育是指遵循学前儿童身体生长发育的规律，运用科学的方法，以增强儿童的体质，发展机体素质和运动能力，养成良好的卫生、保健习惯的教育。学前儿童体育是全面发展教育的重要组成部分之一，其主体部分大致相当于《幼儿园教育指导纲要（试行）》中的学前儿童健康教育。

（一）学前儿童体育的任务

学前儿童的身体处于快速发展时期。根据德国教育家鲁道夫·斯坦纳的观点，这一时期儿童的生命力也主要用于身体的建构，如果儿童没有一个坚实的身体基础，其心灵和精神的发展都会受到阻碍和影响。鉴于儿童身体健康发展的极端重要性，《幼儿园工作规程》明确指出，学前儿童体育的主要任务是促进幼儿身体正常发育和机能的协调发展，增强体质。培养良好的生活习惯、卫生习惯和参加体育活动的兴趣。

1. 促进儿童身体正常发育和机能的协调发展，增强体质

学前儿童身体处在迅速生长发育时期。从出生到1周岁，身长大约增长20厘米，约占原有身长的50%，体重增长约2倍。7周岁前儿童每年身高增长5~7厘米，体重增

长 1.5~2 千克。学前儿童发育是否健全，是否能得到全面的发展，在保证基本营养的条件下，体育具有极为重要的作用。随着生活方式与生活条件的改善，我国许多儿童存在物质营养过剩与运动不足的危险，体质日益下降。

学前儿童体育一方面要通过良好的保育工作，为儿童提供适宜的物质与精神营养，滋养儿童的身体；另一方面要组织适宜的身体活动，让儿童的机体得到适宜的锻炼，以促进身体各部分器官的健康发展，增强器官的功能，促进新陈代谢，使身体各器官的机能达到更高的水平。

2. 培养良好的生活习惯

良好的生活习惯是指在科学引导的基础上，儿童经过多次练习所形成的、符合儿童身心发育特点的良好的生活常规与初步的生活自理能力。良好的生活常规能帮助儿童养成规律的生活节奏，以保障儿童身心系统的健康运行。培养良好的生活习惯十分必要，英国哲学家培根说过，习惯是一种顽强的力量，"习惯是人生的主宰"。[1]

良好的生活习惯主要包括良好的卫生习惯、饮食习惯、睡眠起居习惯、与个人生活有关的行为习惯等。良好的卫生习惯是保证儿童身体健康的基础，它主要包括饭前便后洗手，定时大小便，保证身体、衣着、环境的清洁卫生等。良好的饮食习惯包括有规律、愉快、不挑剔的饮水、进食的习惯。良好的睡眠习惯主要包括有规律、独立、按时的入睡习惯。这些良好的习惯，要通过在园生活中的保育工作来逐步增进。

3. 培养儿童参加体育活动的兴趣

适宜的体育活动可以促进儿童身体机能的改进与提升，同时体育活动也能促进儿童智力、个性品质与审美能力的发展。因而，培养儿童乐意参加体育活动的兴趣对儿童身心健康有着积极的意义。第一，身体是人类自身发展的物质前提，既是智力活动及一切精神生活的基础，更是体力活动不可缺少的条件。儿童是通过肢体操作来进行学习的，同时，通过其四肢活动能够很好地促进大脑的发育，这是学前儿童智力发展的重要基础。第二，学前体育具有极为丰富的思想教育因素，如克服困难、刻苦耐劳、勇敢顽强、灵活机智、团结友爱、互相合作、热爱集体等。在多种多样的体育活动中可以促进

---

[1] 培根. 培根论说文集 [M]. 水天同, 译. 北京：商务印书馆，1983：145.

这些良好品质的形成。第三，体育活动不仅可以使儿童身体健壮，而且可以帮助儿童塑造优美的体形，发展优雅的动作，从而有利于培养儿童对美的感受与表达。艺术体操、舞蹈等则是体育与美育的有机结合。

资料卡片：《3—6岁儿童学习与发展指南》中的健康教育

健康是指人在身体、心理和社会适应方面的良好状态。幼儿阶段是儿童身体发育和机能发展极为迅速的时期，也是形成安全感和乐观态度的重要阶段。发育良好的身体、愉快的情绪、强健的体质、协调的动作、良好的生活习惯和基本生活能力是幼儿身心健康的重要标志，也是其他领域学习与发展的基础。

为有效促进幼儿身心健康发展，成人应为幼儿提供合理均衡的营养，保证充足的睡眠和适宜的锻炼，满足幼儿生长发育的需要；创设温馨的人际环境，让幼儿充分感受到亲情和关爱，形成积极稳定的情绪情感；帮助幼儿养成良好的生活与卫生习惯，提高自我保护能力，形成使其终身受益的生活能力和文明生活方式。

幼儿身心发育尚未成熟，需要成人的精心呵护和照顾，但不宜过度保护和包办代替，以免剥夺幼儿自主学习的机会，养成过于依赖的不良习惯，影响其主动性、独立性的发展。[1]

（二）学前儿童体育实施的途径

学前儿童的体育可以通过卫生保健、生活制度、安全护理、体育活动等多种途径落实。

1. 建立卫生保健的常规制度，做好儿童卫生保健护理

卫生保健是儿童身体健康的基础。卫生保健工作包括对儿童的日常护理、清洁卫生消毒、疾病预防及常见病的治疗、儿童身体健康检查、营养调配及膳食卫生检查等。卫

---

[1] 李季湄，冯晓霞.《3—6岁儿童学习与发展指南》解读[M]. 北京：人民教育出版社，2013：289.

生保健工作除了由幼儿园中专职的保健人员或医生主要负责外，教师、保育员及其他工作人员也要协同执行，并要定期督察，以保证卫生保健工作的科学性。

2. 建立科学合理的生活制度，培养儿童良好的生活习惯

幼儿园生活制度是幼儿园对各项活动的时间、顺序及规范的安排与规定。生活制度是儿童身心健康发展的需要，也是儿童集体生活的需要。在研究儿童身心发展规律与特点的基础上来合理安排各项活动，才能帮助儿童实现最有效的成长与发展。同时，幼儿园的生活是集体生活，需要相对统一的节奏与频率，既便于工作的开展，也便于儿童明确生活的内容，从而帮助儿童建立良好的生活习惯，建立正确的时间感与内心的稳定感。合理的生活制度的制定包括以下方面：

（1）各项活动的时间适宜于儿童身心特点与需要。

（2）活动的安排要有节奏，节奏是一种有韵律的秩序。节奏的基础是人体生长发育和机体运行的规律。活动安排是否有节奏对儿童身体的健康有着重要影响。有节奏的活动能够保证幼儿机体有张有弛地活动，能够保证机体的活力。

（3）科学合理的生活制度的制定，要考虑儿童的年龄特点、季节、地域特点。各活动具体时间的长短需要据儿童的年龄特点来定。不同的季节与地域特点会影响一日生活各环节的时间与内容安排，教师要灵活处理。

（4）生活习惯的培养要注意家园配合。培养儿童良好的生活习惯，只靠在幼儿园培养是远远不够的，家庭教育也起到很大的作用。家庭要配合幼儿园做到统一标准、统一要求。

3. 做好安全护理与安全教育工作

安全护理是在幼儿园保教工作中确保儿童身心安全的各项工作的总和，是儿童身体发展的特点所决定的。安全教育是对儿童开展的有关安全的知识、能力、意识等方面的教育。这两项工作，对于确保儿童身体健康发展必不可少，构成学前儿童体育的重要内容。

（1）做好安全护理工作

安全护理包括室内、室外以及应急安全护理三个方面。

室内安全护理需要注意以下几个问题：第一，活动室布局要安全合理，物品要便于

儿童取放，同时，要检查投放的教玩具的安全性；第二，随时关注儿童活动安全，观察到不安全的因素，马上给予调整；第三，要提醒儿童多喝水、讲卫生；第四，便后、起床后要检查儿童的衣裤是否系好；第五，要注意教室内空气的流通，调节适宜的温度。

室外安全护理需要注意以下几个方面：第一，根据活动内容的需要，选择合适的安全的活动场所，要事先检查运动器具的安全性；第二，活动前要提醒儿童喝水、解小便；第三，活动时提醒儿童及时脱衣服；第四，关注儿童的活动量，活动量要根据儿童的年龄特点和现场情况而定；第五，活动后做好放松活动。

应急安全事件是指儿童在活动中突发的安全性事件，这类事件的处理因内容的不同而有不同的方法。儿童活动中常见的应急安全事件主要包括：一是孩子在活动中出现流鼻血，此时不能后仰，应马上用手按压流血侧鼻子，额部冷敷，棉花止血。二是对活动中的撞伤、摔伤处，不能用手揉，不能用热敷，要用冷敷。三是烫伤立即用冷水冲，保护受伤部位。四是儿童呕吐时细心照顾，防止呕吐物窒息。五是儿童擦破时马上清洗、消毒伤口，进行简单的包扎处理，进行观察。六是扭伤时让儿童坐在一边休息，不能走动，或横抱起孩子，送医务室，协助医生一起处理。七是异物堵塞时，马上将儿童双脚上提，人体倒挂，并拍背部。八是触电时，马上关掉电源，通知医务室医生，并及时拨打120急救电话。

（2）开展安全教育

儿童缺乏生活经验，独立生活能力较差，除了加强一日生活中的护理与照顾外，还要进行安全教育，引导他们注意遵守各项生活常规，掌握简单的安全常识与自救方法，如用电、防火、出行及交通安全等。

4. 积极开展各项体育活动

体育活动可以全面地锻炼儿童的身体，促进身体的正常生长发育；可以增强体质，提高儿童机体对自然环境的适应能力；可以发展身体的基本动作和灵敏、协调等身体素质。学前阶段主要开展的体育活动有以下几类：

（1）体育游戏

体育游戏是户外体育活动的基本内容。户外体育游戏场设有滑梯、攀登架、浪船、转椅和跷跷板等。户外体育活动是使儿童接受日光、空气和水的锻炼的最好途径，因此，一年四季每天都要有适当的户外体育活动。中国的寄宿制和全日制幼儿园，上下午各有一次户外体育活动，由教师带领在游戏场上进行体育游戏，或到附近的公园、街心公园游戏、散步。有时还利用户外体育活动时间，带领儿童参观、游览。这对儿童接触和认识大自然是有益的。幼儿园与教师应积极创设条件，充分地满足儿童体育游戏的空间与时间需求。

（2）早操

早操是幼儿园一天生活的开始。早操的内容，要符合全面性、多样化和循序渐进的原则，使儿童的身体得到全面的锻炼。寄宿制的幼儿园，起床后由教师带领，分班做早操；全日制的幼儿园，一般在吃早点前做早操。早操的时间，小班4~6分钟，中班6~8分钟，大班8~10分钟。早操宜在室外进行，让儿童在自然环境中进行锻炼。

（3）专门的体育活动

专门的体育活动是学前儿童体育的主要形式。专门的体育活动可以向儿童有组织、有计划地传授初步的体育知识、技能，锻炼身体，促进身心健康发展。

专门的体育活动是有组织、有计划进行的，带有一定的教学性质；一般的户外体育活动，主要是锻炼身体，不学习新的内容。幼儿园专门的体育活动的结构，也与小学的体育课有所不同，它并没有明显地划分为几个部分；但是，根据儿童的生理和心理特点，仍然包括组织工作、学习和锻炼、结束等基本环节。

专门体育活动的形式和内容，各国有不同的观点和做法，有的国家幼儿园采取按年龄分班的形式，我国主要是这种形式。也有的国家不分班进行，强调教师与儿童个别接触，每天在室外进行约两小时的游戏和各种体育锻炼。

（三）实施学前儿童体育要注意的问题

在进行体育活动时，要注意锻炼与保护并重，注重儿童身体素质的提高，重视培养儿童对体育活动的兴趣和态度，专门的体育活动与日常活动相结合。

1. 锻炼与保护并重

安全是学前儿童体育活动中不可忽视的一个原则。在设计和组织体育活动和游戏的时候，教师一定要确保儿童在活动过程中不受伤害。学前期的儿童身体还很稚嫩，在活动过程中应尽量减少身体过分激烈的运动，不要使儿童过度疲劳，以防身体疲劳受伤。

这要求教师在体育活动中，注意儿童的身体承受程度。同时，儿童的自我保护能力差，体育运动中器械使用不当及活动方式不当，都有可能导致伤害事故的发生，这要求教师注意在体育活动时向儿童交代活动安全事项，并密切注意儿童的活动过程，以防意外伤害事故的发生。

但教师也不能为了安全，不让儿童尝试有一定挑战性的体育活动。而要做到锻炼与保护并重，平常让儿童多运动，提高身体的协调与平衡能力以及自我保护能力，促进儿童身体的健康发展。

2. 学前儿童体育应以身体素质的建构及体育活动兴趣的培养为重点

提升儿童身体的基本机能和素质以及培养儿童参与体育活动的兴趣，是学前儿童体育的核心目的。只有儿童有良好的身体基础，乐意参与体育活动，才能促进其身体持续的健康发展。有的幼儿园在体育活动中，有时会出现重技能、重表演的倾向，这是不利于儿童身体持续健康发展的。例如，某幼儿园进行全园体操比赛，届时请家长观看，各班教师为了能评上奖，获得家长的赞赏，每天花大量的时间训练。训练时，教师对做操认真符合要求的孩子给予表扬，对做操不认真不符合要求的孩子进行呵斥、责备、惩罚，导致有的孩子不愿上幼儿园。

另外，体育活动还要注重趣味性，在体育活动开展过程中，应充分挖掘体育活动内在的趣味性，培养儿童的体育活动兴趣，从而使得儿童真正喜欢参与体育活动，在感受体育带来的乐趣的同时提高身体素质和养成良好的个性品质。

二、学前儿童智育

学前儿童智育是培养学前儿童认识活动兴趣和良好的学习习惯，并有目的、有计划地增进学前儿童对周围环境的认识，获得粗浅的知识和技能，发展智力的教育过程。其目标是培养学前儿童的学习兴趣和求知欲望，发展智力，培养正确运用多种感官、运用语言的基本技能以及初步的动手能力。

（一）学前儿童智育的任务

智育作为学前儿童教育内容的重要组成部分，对学前儿童知识经验增长、智力、动手能力发展有重要意义。学前儿童智育具有以下三项任务：

1. 培养有益的兴趣、求知欲望和良好的学习习惯

兴趣在人的学习过程中起着激发学习动机的作用，学习兴趣对儿童智能发展起着促进的作用，是儿童主动性、积极性的表现。儿童的好奇心较强，他们对各种新奇的事物都能产生一定的兴趣，教师要充分保护和鼓励儿童的求知欲望，使之形成较稳固的学习兴趣，进而促进儿童智力的发展。儿童的学习兴趣包括探究的兴趣、创造的兴趣、动手动脑的兴趣、求知的兴趣等。

学习习惯是儿童获得知识、发展智力以及今后继续学习的重要条件，良好的学习习惯能使儿童学习时集中注意力、积极克服困难、认真完成学习任务等。

2. 发展儿童智力与初步的动手能力

发展儿童智力包括：促进儿童认识能力的发展，如发展儿童的感知觉、观察能力、语言能力、思维能力、想象和创造能力等；培养儿童良好的智力品质，如思维的速度、灵活性、观察事物的准确性、敏锐性等；帮助儿童尝试使用智力活动的方法和技能，如观察事物或现象的方法、分析解决问题的方法、操作的方法和技能等。

（1）语言能力

语言是交际的工具，也是思维的工具。学前期是口头语言发展的重要时期，儿童语言能力的发展包括以下三个方面：第一，发展儿童运用口头语言进行交往的能力。应该创造一个自由、宽松的语言交往环境，支持、鼓励、吸引儿童与教师、同伴或其他人交谈，体验语言交流的乐趣，学习正确的发音，使用适当的、礼貌的语言进行交往。第二，发展语言理解能力，引导儿童学习注意倾听别人说话，正确理解别人说话的意思，养成良好的交谈习惯。第三，发展语言表达能力和思维能力，教师要鼓励儿童大胆、清楚地表达自己的想法和感受，尝试说明、描述简单的事物或过程。另外还可有目的、有计划地发展儿童的前阅读和前书写能力，以进一步促进儿童智能的发展。

（2）培养正确运用感官和初步的动手能力

感知觉是人的认知活动的开端和基础。儿童用自己的眼睛、鼻子、耳朵、嘴、手不断地看、闻、听、尝、摸，去感受、去体验所接触的人、事、物，这就是儿童了解、认识自己和周围世界的基本的方法和途径。感知觉在儿童的认知活动中占有重要的地位，没有感知觉提供的信息，就谈不上记忆、思维、想象等能力的发展；感知能力发展得愈

充分，记忆贮存的知识经验就愈丰富，思维、想象发展的潜力也就愈大。这就要求教师在保护好儿童的感觉器官的基础上，帮助儿童掌握社会感觉经验标准，形成人所特有的感觉能力和发展儿童的观察能力，不断提升儿童运用感官的能力。

构成智力的主要要素除了观察能力、记忆能力、思维能力、想象能力、语言能力外，操作能力也是一个重要的组成部分。动手能力与人的智力发展有着密切的联系。对于儿童来说，动手能力对智力的发展起着更重要的作用，儿童通过实际的动手操作来获得知识和技能，是儿童认识事物和现象的有效途径，多动手能促进大脑的发育，最终达到"手脑并用"的目的。因此，幼儿园教师应该多为儿童提供多种动手操作的机会，为儿童智力的发展创造条件。

3. 引导儿童学习周围生活中初步的知识和概念

儿童认识事物始于直接感知。儿童获得的知识应是有关于他们周围生活中常见的事物和现象的粗浅的、具体的知识，而且必须有科学性和教育性。这些知识包括：第一，有关社会生活的常识。如认识自己和别人，知道自己的名字、年龄、性别等，知道自己和别人的关系；了解衣食住行等方面的知识；认识周围环境和成人的劳动；知道国家的名称，认识国旗、国徽，知道重要节日，知道我国是个多民族的国家，等等。第二，有关自然界的常识。如了解天气和季节的变化；认识常见的动物、植物；了解安全卫生常识；认识交通工具及常用的交通规则；认识水的三态变化、物体的沉浮以及声、光、磁性等物理现象。第三，有关数的初步知识。如认识和比较物体的大小、多少、长短、高低、宽窄、轻重等；认识几何形体、时间、空间；认识10以内的数等。

（二）学前儿童智育实施的途径

1. 组织形式多样的教育活动

教育活动是儿童智育的最佳途径。在具体的教育实践过程中，基本有以下几种形式：

（1）课堂教学。课堂教学是儿童智育的一个重要而有效的方法，也是儿童智育最常用的一种方法。幼儿园教师有目的、有计划地，根据智育的目标和内容，通过课堂教学的形式传授给儿童粗浅、有益的知识和技能，以发展儿童智力和培养良好的学习习惯。幼儿园的课堂教学应考虑到儿童的年龄特点和认识水平，在此基础上通过直观的、游戏的形式来进行。在教学过程中注意保护儿童的学习兴趣，寓教于乐。

（2）实践操作。儿童的实践操作活动是进行智育的主要途径，与课堂教学方法相辅相成。儿童对于语言的理解能力有限，所以课堂教学应与儿童的实践操作相结合。儿童的学习具有直观动作性，对事物和现象的理解与认识需要亲自感知体验，进而获得丰富的感性认识。在智育过程中应给予儿童充分的实践操作机会，让儿童在游戏化的操作中获得知识和技能。

（3）游戏。游戏是儿童最基本的一种活动形式，运用游戏来促进儿童认识事物和发展智力可以说是一种最佳的活动形式。在游戏中，儿童身心处于一种轻松愉快的状态，将智育融入游戏中，则使儿童在愉悦的状态下付出努力，有助于促进儿童智力发展。游戏不仅可以丰富和巩固知识、技能，还可以激发儿童的学习兴趣。

（4）其他活动。其他活动是除了课堂教学、游戏以外组织的参观、旅游、节日庆祝等。这些活动能够开阔儿童的眼界，丰富儿童的生活、学习经验，激发儿童的求知欲，也是儿童智育的一种基本方法。

2. 营造和创设良好的学习环境，促进儿童自主学习

儿童的智力发展与环境有着密切的关系，在瑞吉欧教育理念中将环境比作"第三位老师"，通过营造和创设富有教育力量的良好学习环境，能够促进儿童的自主学习。蒙台梭利指出：如果儿童被置于一个有利于他自然发展的环境中，使他能按照自己的需要、发展的节奏和速度来行动，他们就会显示出非常惊人的特性和智慧。

有利于儿童自主探索的环境，从物质环境来看，是材料投放适度与空间设置适宜的环境，材料投放要适合儿童的年龄特点与经验基础，空间设置要适宜于儿童的独立探索与合作探索的不同需求。适宜的环境能够激发儿童的认知，使儿童萌发探究意识，同时环境对儿童也具有指导作用，儿童可以通过动手操作来获得对事物和现象的认识，物质环境为儿童智育提供了广阔的空间。从精神环境来看，儿童需要一个宽松、自由的学习环境。只有在一个充满自由的环境中，儿童才能够更自主地去学习，自由地表达、想象和创造，智力才能够得到发展。

（三）实施学前儿童智育应该注意的问题

1. 重视儿童非智力因素的培养

非智力因素是指不直接参与认识过程的心理因素，它包括情感、意志、性格、兴趣等方面。智力因素与非智力因素是智力活动的两个方面。它们虽有相对的独立性，但二者是相互联系、相互影响、相互制约的。

对于学前儿童来说，非智力因素的培养是一个更基础的任务，当儿童对这个世界充满好奇，热爱他所生活的世界时，他会产生主动的学习热情，其智力的发展才有持续的动力。

2. 处理好智力与感官活动及知识技能之间的关系

智力与知识有着密切的关系。但学前儿童智力的发展不是简单通过知识的灌输实现的。儿童大脑的发育与其身体活动的状况直接相关，儿童智力的发展更多是通过儿童的感官及肢体的活动来实现的，是在儿童运用自己的四肢与感官的过程中获得发展的。因此，不能简单地对儿童进行知识灌输，而要在知识的学习中全面运用多种感官，让儿童对知识进行深度体验与学习，才能促进儿童智力的健康发展。

学前儿童智力发展的高低与可持续性，决定于其感官运用的深度与平衡性，由此，学前儿童智力发展的秘密在于"做中学"。

三、学前儿童德育

学前儿童德育是指教育者根据儿童身心发展特点及社会的要求，积极促进儿童社会化及良好道德品质形成的教育活动。学前儿童德育要引导儿童处理好与自我、他人、社会文化及自然的关系。其内容主要包括个性品质教育、友爱及文明礼貌教育、群体生活教育、社会环境文化教育。

（一）学前儿童德育的任务

学前儿童德育担负着儿童社会化发展，良好的品德及行为习惯养成等任务。具体任务如下：

1. 促进学前儿童积极的社会化

社会化是个体获得态度、价值、需要、交往技能以及其他能够使个体适应并参与社会生活的态度与能力的过程。个体的社会化要完成两个方面的任务：一是要掌握一定的社会行为规范；二是形成能够按规范去行动的态度与能力。[①]

个体社会化的完成需要个体在一定环境中积极主动的学习。对于儿童来说，他们选择环境的能力低，受环境影响较大。当环境有利于儿童发展时，可能会促进儿童社会化；反之，则可能带来不利影响。学前儿童德育的职责就是按照社会生活的积极价值取向，为儿童营造有教育意义的环境，有意识地引导儿童实现积极的社会化，让儿童形成正面的价值观与良好的行为规范。

儿童社会化的主要任务是：初步学会客观地认识和评价自己；初步学会和同伴的相处之道，学会互助、合作与分享；理解并遵守日常生活中基本的社会行为规则（包括游戏规则、集体生活规则、交往规则、学习规则、公共规则等）；初步熟悉与了解自己生活的社会环境，包括家庭、幼儿园、家乡等。

2. 培养学前儿童良好的道德品质

良好的道德品质是指有益于自己和他人的态度与行为品质。从目标内容看，主要包括良好的个性品质，如自尊、自信、自制、积极主动、合群、独立等；良好的品德行为，如诚实、勇敢、好问、友爱、不怕困难、讲礼貌、守纪律、爱家爱国。从心理结构看，良好的道德品质是道德认知、道德情感和道德行为这三个部分的协调发展，即儿童能够好善、行善、知善。

（1）良好的个性品质

学前期是儿童个性品质培养的奠基期，此时，儿童的个性还处于形成初期，容易塑造。对儿童一生的发展来说，重要的个性品质基础包括对自我的正确认识以及形成良好的自我调节能力；能养成主动积极地参与社会生活的态度，能够与同伴合作共处，也能独立探索与玩耍。即能在自我的发展与群体的共处之间建立恰当的平衡。

（2）良好的品德行为

良好的品德行为是能够帮助儿童正确处理与他人、群体和自然关系的行为。这些行为中，诚实与勇敢能够帮助儿童认真地面对自我与生活真相，是实事求是的基础；好问

---

① 周宗奎. 儿童的社会化[M]. 武汉：湖北少年儿童出版社，1995：2.

与不怕困难能帮助儿童积极地去探索世界,并能在探索中锻炼自己的意志力;友爱与讲礼貌能帮助儿童抱着理解、尊重与同情之心去和人与物相处,能够促进自身与环境的和谐;守纪律、爱家爱国是儿童成为一个守法爱国的公民的基础。

(3)良好的品德心理结构

品德心理结构包括道德认知、道德情感和道德行为三个部分,这三个部分在儿童品德发展中分别起着不同的作用。

道德认知是对道德规范中是非、对错、善恶、美丑等行为准则及其意义的理解和判断。受儿童自我中心思维的影响,儿童的道德认知与判断还处于萌芽阶段,还不能对他人的行为做出明确的判断,往往是通过观察他人的示范来习得恰当的判断力的。儿童的道德认知有他律性、情绪性和结果导向性等几个特点。

道德情感是由人的道德需要是否得以实现而引起的内心体验。儿童的道德需要主要有爱与接纳、安全、成功和挑战、独处以及权力的需要,当他们这些需要得到恰当满足时,他们就能发展出良好的道德情感。但儿童情绪的不稳定性、外显性也使他们的道德情感具有不稳定性、模仿性与外显性等特点。即儿童的道德情感往往容易变化,易受他人态度的影响,也容易表露于外。

道德行为是对他人和社会有积极意义的行为。它包括道德行为习惯和道德行为技能。道德行为习惯是一种具有较强稳定性的、自动化了的道德行为,它是衡量个体道德品质高低的重要标志。儿童的道德行为具有自觉性低、知行脱节、坚持性不强、易反复的特点。他们的道德行为习惯往往是在无意识的重复与模仿中慢慢养成的,因而,教育中除了要注意给儿童良好道德行为习惯的养成提供好的榜样示范外,还要给儿童提供练习的时间与空间。

良好的品德心理结构的形成就是这三个部分由不平衡到平衡,由简单到丰富的发展过程。在儿童的品德发展中这三个部分是相互渗透、相辅相成的,它们共同促进儿童道德心理品质的形成。对儿童来说,道德情感与道德行为处于一个更为基础的地位,儿童往往会因为喜欢和信任身边的成人,而去模仿他们的内心与行为,从而获得道德认知的感性基础,随着理解力的提升,他们才能逐步发展出自己的道德理性。因而,对儿童品德心理的培养来说,教育者的爱以及教育者自身的道德品质是最为重要的教育资源。

儿童的社会化与道德品质的发展既有区别也有联系，社会化主要强调儿童对种种社会规范的适应与内化，这其中有道德规范的部分，也有文化习俗的部分。道德规范涉及是非判断的问题，如偷东西是不对的。而习俗反映的是文化偏好，没有好坏之分。如中国人用筷子吃饭，西方人用刀叉吃饭。可以说良好道德品质的形成是儿童社会化的核心与关键，因为教育的目的不仅仅是培养能适应社会的人，还要培养能促进社会发展与完善社会的人。具有成熟道德的人，不仅能适应社会，还能用言行去影响和改变社会，促进美好社会的形成。

学前儿童德育的终极目标是促使儿童由一个"自然人"发展到"社会人"，再由"社会人"发展到"道德人"的过程。

资料卡片：《3—6岁儿童学习与发展指南》中的社会教育

幼儿社会领域的学习与发展过程是其社会性不断完善并奠定健全人格基础的过程。人际交往和社会适应是幼儿社会学习的主要内容，也是其社会性发展的基本途径。幼儿在与成人和同伴交往的过程中，不仅学习如何与人友好相处，也在学习如何看待自己、对待他人，不断发展适应社会生活的能力。良好的社会性发展对幼儿身心健康和其他各方面的发展都具有重要影响。

家庭、幼儿园和社会应共同努力，为幼儿创设温暖、关爱、平等的家庭和集体生活氛围，建立良好的亲子关系、师生关系和同伴关系，让幼儿在积极健康的人际关系中获得安全感和信任感，发展自信和自尊，在良好的社会环境及文化的熏陶中学会遵守规则，形成基本的认同感和归属感。

幼儿的社会性主要是在日常生活和游戏中通过观察和模仿潜移默化地发展起来的。成人应注重自己言行的榜样作用，避免简单生硬的说教。①

（二）学前儿童德育实施的途径

学前儿童社会学习与道德学习的主要方式是模仿与实践体验，所有与儿童接触的人

---

① 李季湄，冯晓霞.《3—6岁儿童学习与发展指南》解读[M]. 北京：人民教育出版社，2013：306.

与事都会影响其社会学习与道德学习，因而，学前儿童德育的实施途径包括家庭德育、幼儿园德育与社区德育三大途径。

1. 家庭中的学前儿童德育

家庭是儿童的第一所学校，父母是第一任教师。良好的心灵与行为习惯的养成与家庭的德育密不可分。

父母自身的品德行为、社会化程度会深刻地影响儿童。自私的父母往往也会让孩子习得自私的习性；言而无信的父母不仅会让孩子习得口是心非的习惯，还会让孩子没有安全感。社会适应不良的父母，不仅会将自己的焦虑与紧张传递给孩子，也会让孩子习得社会退缩。

父母的教养方式也会影响孩子的社会与道德学习。研究表明，家庭的教养方式主要有民主型、专制型、放纵型。民主型的父母能够理解孩子的内心需求，不仅能以恰当的方式回应孩子，也能让孩子在这种理解性的回应与互动中习得对他人的理解、尊重与体贴；专制型的父母，不仅会让孩子害怕与恐惧，而且，也会让孩子在这种教养互动中习得专制的互动模式；放纵型的父母，不仅会让孩子不知自控，也会让孩子在与人相处的过程中不知规范与界限。

2. 幼儿园中的学前儿童德育

学前儿童德育既可通过专门的教育活动进行，也可在一日生活中渗透，儿童社会学习与道德学习的模仿性，决定了通过环境进行渗透是幼儿园德育的主要途径。

（1）一日生活及游戏、区域活动中的渗透。德育主要涉及儿童与周围世界关系的建立，因而，凡存在关系互动的地方都存在德育。儿童一日生活诸环节，每一个环节都蕴含着丰富的德育内容与机会，如来园与离园的礼貌教育，区域与游戏活动中的合作、协商、轮流，用餐中的节约、珍惜粮食等。

（2）各领域教学中的渗透。德国教育理论家赫尔巴特说过，凡教学都具有教育性，因而，幼儿园各领域教学自然蕴含德育的内容。如大量的语言故事，都在说明人与人、人与自然的关系，儿童在听故事的过程中，可得到潜移默化的影响；科学活动中，儿童能够明白人与自然的关系，学习如何正确地对待自然，与自然相处；艺术所呈现的美有陶冶儿童性情的功能。

在各类活动的渗透中，教师需要有敏锐的教育意识，知道如何把握不同活动中的德育要素，并善于用自然的、非说教的方式引导儿童领会。

3. 社区中的学前儿童德育

社区是影响学前儿童的背景性环境。社区的习俗、文化与人际氛围会让儿童潜移默化地习得生活方式与生活态度。社区的习俗与文化是积极向上的，儿童也能习得积极向上的生活态度；社区的人际氛围是温暖的、互助的，儿童也会习得温暖、互助的人生态度。

以上三种德育途径，家庭德育是基础，幼儿园德育是主渠道，社区德育是积极的补充，相对于家庭与社区来说，幼儿园德育是有目的、有计划地进行的，它主要起着引导与协调的作用，即当家庭与社区德育处于一个不健康的状态时，幼儿园德育就尽力引导家庭与社区走向健康。当然自儿童进入幼儿园后，幼儿园生活就成为儿童生活的重要组成部分，教师与幼儿园学习环境对儿童社会学习及道德学习的影响也很大。

（三）实施学前儿童德育要注意的问题

儿童社会学习与道德学习以模仿与体验为主，因而，实施学前儿童德育尤其要注重给儿童提供模仿与体验的机会，同时，儿童社会性与品德的健康发展是一个长期的过程，因此，要注意家庭、社区与幼儿园形成教育合力。

1. 为儿童提供多元的榜样典范，形成教育合力

儿童的态度与行为学习主要是通过观察与模仿的方式来进行的，周围的一切都可以成为儿童模仿的对象。榜样是多方面的，包括了同伴榜样、成人榜样、文学作品中的榜样等。

成人榜样对儿童品德学习有重要影响，教师、家长及社区成员都是榜样的可能来源。榜样也常常有积极和消极之分。积极的榜样会对儿童产生积极的影响，当反面榜样不可避免地出现，并且儿童们准备效仿时，教师应及时树立正面榜样，转移他们的注意，同时帮助他们分清是非，提高认识。

学前儿童德育的有效实施需要家庭、幼儿园与社区的协同配合。因而，要以幼儿园为主导，积极建构教育合力，实施家园社区共育，为儿童品德学习创造良好的社会环境。

2. 为儿童创设道德学习的机会与环境

儿童的生活中处处蕴藏、渗透着德育的内容,生活和教育是不能截然分开的。从家庭生活来说,有家庭成员间的关系,与亲戚朋友的交往,家庭成员一起外出购物、游玩等活动;从社区生活来说,有公共设施与场所、不同职业的人的活动、社会事件及以社区为单位的各类活动等;从幼儿园生活来说,有幼儿园中的人与物、人与人之间的交往、日常的生活、外出的活动等。这些都是非常丰富而真实的社会生活,其中渗透着社会知识、人与人之间的真实情感、社会行为规范的要求,是儿童社会学习的重要内容。幼儿园可以通过创设生活区域的方式,通过有意识的引导来加深儿童对相应社会规范与行为的理解。

3. 对儿童的言行提供正面引导与评价

学前儿童德育既可通过专门的教育活动进行,也可通过日常生活中的渗透来进行。不管用哪一种方式和途径,都要注意给儿童的言行提供正面引导与评价。

(1)正面引导。正面引导不是简单的说教,而是通过与儿童讲话、沟通、讨论等方式向儿童讲解一些简单的道理,使儿童能够初步明辨是非,形成初步的道德观,并能让儿童主动地在生活中运用这些道德观念指导自己的行为,形成良好的道德行为习惯。例如,告诉儿童哪些事情可以做,哪些事情不能做,为什么,等等。正面引导应该注意:成人一定要以平和的心态、平等的身份去和儿童沟通、讨论,目的是让儿童明白其中的道理。成人不可以因为儿童缺乏生活经验而以强硬的态度对儿童进行说教,这样可能会使儿童产生不良情绪,反而"欲速则不达"。

(2)行为评价。行为评价是指教师对儿童的社会行为表现给予肯定或否定的评价,以增强和巩固其好的行为,削弱、消除其不好的行为。恰当的行为评价能引导儿童社会行为的健康发展。行为评价分为积极的行为评价和消极的行为评价两种。积极的行为评价主要有表扬、微笑、点头、竖起大拇指、轻轻拍肩、精神奖励(发小红花、五角星,获得某种优先权)等方法。消极的行为评价主要有批评、皱眉、摇头等。

教师进行行为评价时需要注意:第一,以正面评价为主,评价要及时、一致、具体。根据正面教育原则,行为评价法应以表扬为主,对儿童的社会行为进行正向引导。第二,评价方式要多样化,强化手段不能运用得过于频繁。要根据不同的场合、不同个性的儿童选用不同的评价方法。这里尤其要注意奖励与惩罚对于不同的儿童来说可能需要不同的表达方式。第三，注意引导儿童进行自我评价和相互评价。儿童也是评价的主体之一，因此，教师还要注意儿童在评价中的主体性地位，鼓励儿童积极参与自评和互评，并注意根据儿童的年龄特点采取操作简单、形式有趣的评价方式，激起儿童参与评价的兴趣。

四、学前儿童美育

学前儿童美育是指根据儿童的身心特点，利用美的事物，通过组织儿童的审美活动来培养儿童初步感受美、欣赏美、表现美、创造美的情趣和能力的教育活动。

（一）学前儿童美育的任务

《幼儿园工作规程》指出，幼儿园美育的主要目标是培养幼儿初步的感受美和表现美的情趣和能力。根据这一目标，学前儿童美育的主要任务有以下两个方面：

1. 培养儿童的审美情趣与能力，为创造美打下良好基础

学前儿童美育的基础是让儿童首先对美好事物具备感受美、体验美的能力，进而表现美、创造美。培养儿童的审美能力，能让儿童鉴别事物的美丑，形成美的观念。通过对儿童审美知识的渗透、审美能力的培养让儿童逐渐从肤浅的审美能力发展到认识真正美的事物。教师要鼓励儿童在日常生活、游戏和各种艺术活动中分享美的感受和体验。

2. 美育可以促进儿童德智体等领域的全面发展

美育可以促进儿童德育的发展，儿童通过对美的事物的欣赏、鉴别和体验，能够提高审美能力，也会陶冶心灵，变得善良、有爱心，从而形成正确的道德观念，表现出良好的道德行为。美育可以促进儿童智力的发展，如音乐可以陶冶儿童的情操，使其身心愉悦，激发儿童的思维活动，丰富其联想和想象。美育可促进幼儿身体机能的健康发育，如绘画、手工等可以锻炼儿童小肌肉的灵活性、手的精细动作发展。

资料卡片：《3—6岁儿童学习与发展指南》中的艺术教育

艺术是人类感受美、表现美和创造美的重要形式，也是表达自己对周围世界的认识和情绪态度的独特方式。

> 每个幼儿心里都有一颗美的种子。幼儿艺术领域学习的关键在于充分创造条件和机会,在大自然和社会文化生活中萌发幼儿对美的感受和体验,丰富其想象力和创造力,引导幼儿学会用心灵去感受和发现美,用自己的方式去表现和创造美。
>
> 幼儿对事物的感受和理解不同于成人,他们表达自己认识和情感的方式也有别于成人。幼儿独特的笔触、动作和语言往往蕴含着丰富的想象和情感,成人应对幼儿的艺术表现给予充分的理解和尊重,不能用自己的审美标准去评判幼儿,更不能为追求结果的"完美"而对幼儿进行千篇一律的训练,以免扼杀其想象与创造的萌芽。①

(二)学前儿童美育实施的途径

学前儿童美育需通过精心创设的环境和符合学前儿童特点的专门艺术教育活动来实施。主要有以下途径:

1. 美的环境的熏陶

这里的"环境"范围很广,从儿童生活的区域看,主要包括家庭生活环境、幼儿园环境、社区环境,以及大自然环境等。这些环境中美的要素都能够激发儿童的美感、是艺术表现力的丰富源泉。

儿童的家庭生活环境和幼儿园中的室内外环境是儿童每天都在接触和感受的因素,因此,家庭及幼儿园的环境应该根据美的规律、儿童美感的特点来设计和布置。室内环境应该宽敞明亮、整洁美观、舒适温馨,室外环境应该做到场地平整、花草树木修剪整齐,房屋装饰美观、色彩符合儿童年龄特点等,使儿童在不知不觉中受到美的熏陶,净化儿童心灵,从而完成美育的任务。

大自然环境中的美景是激发儿童美感的重要因素。大自然中茂密的森林、广阔的草原、千姿百态的鸟兽鱼虫、天气的冷暖交替、四季变化等令人心旷神怡,产生美的享

---

① 李季湄,冯晓霞.《3—6岁儿童学习与发展指南》解读[M]. 北京:人民教育出版社,2013:325.

受。幼儿园教师可以利用户外活动，带领儿童到大自然中散步、参观、郊游，欣赏大自然的美景，使儿童身心受到美好事物的熏陶。

美的环境，除了看得见的物质环境部分，还有看不见的心灵和精神环境。美的心灵与精神对儿童生命的健康发展有重要意义。与孩子相处的成人，应当努力减少心灵与精神中的负面因素，用人性、心灵与精神的美去滋养孩子。

2. 艺术活动

家庭、幼儿园、社区都可以通过艺术活动，如音乐欣赏、美术和文学作品展示等来进行儿童美育。

音乐是一种节奏感较强的艺术活动，它要求人通过旋律、声音或身体的活动来展示，它能够表达人的思想、丰富人的情感、陶冶人的情操。幼儿园教师可以通过很多手段来教授儿童音乐，如弹钢琴、唱歌、吹笛子、根据音乐编排舞蹈等形式来使儿童感受音乐的美，发展儿童的节奏感，培养儿童对音乐的兴趣，提高儿童对音乐的感受力，丰富儿童的情感。

美术是以线条和色彩等造型艺术形象来表现美的一种艺术活动。幼儿园中的美术活动包括绘画、纸工、泥工等。美术活动可以培养儿童的动手能力，通过绘画等艺术活动来表达自己内心的情感。儿童从正确的握笔到画出各种线条再到选择合适的颜色最后形成自己的艺术作品是一种表现美和创造美的过程，教师应该给儿童提供充分的材料，鼓励他们表现和创造美。

故事、儿歌等文学作品具有生动的语言和艺术表现力，感染力强。这对培养儿童的审美能力、对美的感受力、想象力是十分有益的。儿童可以通过欣赏文学作品来明辨是非、提高对社会美的感受，这是实施美育的良好方式。

（三）实施学前儿童美育要注意的问题

学前儿童美育的实施，需要注意以下三个问题：

1. 教育者要充分尊重儿童对美的感受、体验、表现和创造

在学前儿童美育过程中，教师往往会犯这样的错误：在艺术教育中会不自觉地干涉和限制儿童的审美活动，过分关注知识和技能的学习，用自己的审美方式去要求儿童，使儿童的审美狭隘化，限制了儿童审美想象的自由。儿童学习相关的知识和技能固然重

要，但是不能因此忽略了儿童自由发挥想象、表现和创造能力的培养。教师应发挥美育的引导和帮助作用，充分尊重儿童的想象力和创造力。如儿童把树叶涂成紫色，把雨滴涂成黑色，这些都是儿童情感的抒发和表达，好的教师会通过儿童的作品挖掘儿童内心的感受，从而帮助和引导儿童的心理健康发展，不会因为儿童的表现不符合"规矩"而否定儿童的审美感受、体验、表现和创造。

2. 为儿童的情感体验提供自由空间

审美是一种情感活动，而不是技能的训练，因此，在艺术教育中，教师一定要注意技能训练和儿童情感活动的关系，一定的技能是可以学习的，但是不能太过烦琐和繁重，应注意给儿童情感活动留有较大的自由空间，让儿童丰富体验和感受，充分发挥想象力，不要有太多的限制。

3. 美育要根据儿童年龄和美感发展过程的特点来实施

儿童美感发展的过程，最初是对美的现象的无意识反应（不是美感），之后能够模仿周围的人，表现美感，再发展到有意识地感受美、表现美。心理学研究表明，两三个月的婴儿能够听音乐和说话声，对有节奏的声音表现出愉悦的情绪；三四个月的婴儿已经对颜色有所反应，偏爱红色，看到红色的物体会产生愉快情绪；一岁左右，儿童开始理解语言，能够根据成人对事物的语言描述，将接触的美好的事物和与语言整合在一起，这一阶段儿童的美感是在模仿成人的基础上产生的。随着儿童年龄的增长，在学前晚期，儿童能够欣赏美的事物、分析事物的美的性质，并在日常生活中主动地表现美、创造美。

因此，成人要根据儿童的年龄特点和美感发展过程的特点来实施美育。给儿童提供颜色、声音、形体等丰富多样的环境刺激，为儿童美感发展创造良好的条件，激发儿童表现美、创造美的积极性和主动性。

▶ 小结

学前教育内容主要是指对学前儿童实施保育和教育过程中用以支持和帮助学前儿童发展与学习的各种材料、经验与手段的总和。在托幼机构的实践中，学前教育内容包括保育和教育行为两个方面，前者如盥洗、饮食、休息等，后者如健康、社会、语言、科学、艺术等领域的教育。

学前教育内容具有整体性与启蒙性、生活性与自然性、活动性与游戏性等特点；学前教育的内容主要包括有益儿童身心发展的知识、经验及其他资源。

学前儿童教育内容选择的依据主要有：学前教育目标、学前儿童身心发展的特点与需要、社会与环境发展的需要、相关学科知识的特点。

学前教育内容的选择应当遵循以下原则：价值性与科学性原则、适宜性与挑战性原则、生活性与全面性原则。

根据我国全面发展的教育目的，我国幼儿园应按照保育和教育相结合的原则，对学前儿童实施体、智、德、美诸方面全面发展的教育。学前儿童的体、智、德、美诸育各有其任务、实施途径和注意事项。

▶ 思考与实践

1. 名词解释：学前教育内容、关键经验、幼儿园生活制度、学前儿童体育、学前儿童智育、学前儿童德育、学前儿童美育
2. 简述学前教育内容的特点、选择范围、选择依据与原则。
3. 简述我国学前儿童体育的含义、任务、实施途径、注意事项。
4. 简述我国学前儿童智育的含义、任务、实施途径、注意事项。
5. 简述我国学前儿童德育的含义、任务、实施途径、注意事项。
6. 简述我国学前儿童美育的含义、任务、实施途径、注意事项。
7. 结合《幼儿园教育指导纲要（试行）》《3—6岁儿童学习与发展指南》，分析我国幼儿园教育的具体内容。

▶ 延伸阅读

1. 李季湄，冯晓霞.《3—6岁儿童学习与发展指南》解读［M］.北京：人民教育出版社，2013.（第一部分）

该部分详细解读了《3—6岁儿童学习与发展指南》有关各领域的目标与具体内容。

2. 教育部基础教育司.《幼儿园教育指导纲要（试行）》解读［M］.南京：江苏教育出版社，2002.（第二部分、第三部分）

这两部分分别详细解读了《幼儿园教育指导纲要（试行）》中的幼儿园教育内容、实施策略。

3. 吴放．和孩子一起跳舞：给中国幼儿教师的50封信［M］．南京：南京师范大学出版社，2006．（"课程篇"、"教学篇"）

这两部分内容分析、讨论了中美幼儿园在教育内容、教学方法等方面的异同。

第八章

儿童游戏与学前教育

>> 内容导航

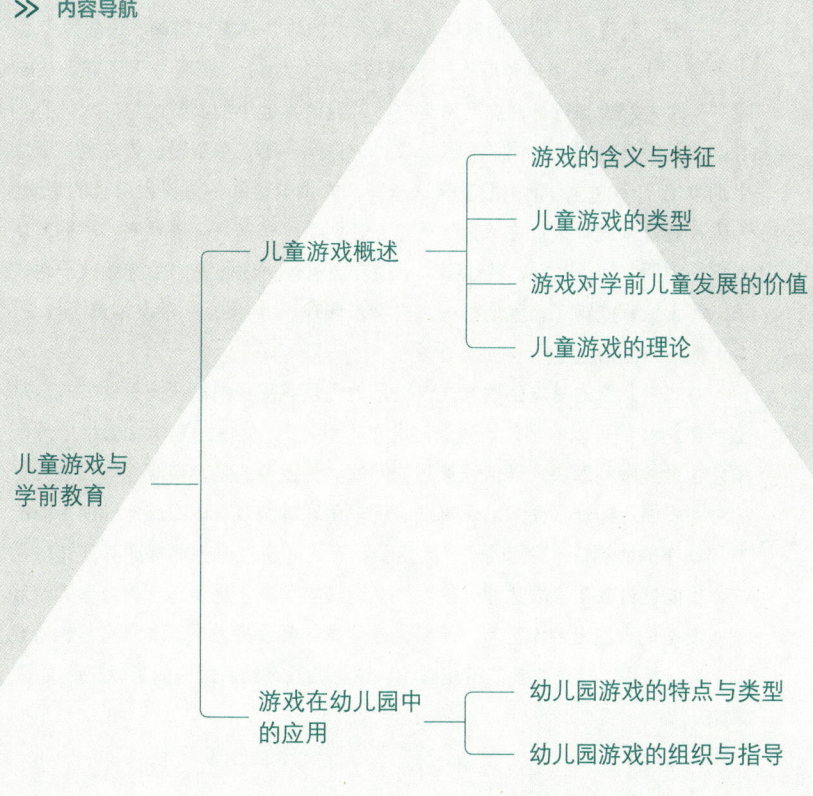

▶ **学习目标**

1. 了解游戏的含义、儿童游戏的特征、儿童游戏的理论。
2. 理解游戏对学前儿童发展的价值、幼儿园游戏的特点与类型。
3. 运用不同时期儿童游戏的典型类型、幼儿园游戏的组织与指导策略，分析幼儿园游戏活动的案例。

▶ **引言**

  一天，我班个子小小的健健和高高大大的佐佐都想当爸爸。佐佐说："你个子那么小，怎么当爸爸呀？"健健理直气壮地说："那我今天还穿新皮鞋呢！"两人都想当爸爸，这可怎么办呢？我请其他小朋友帮忙想办法，有人说，今天你当，明天他当；有人提议，佐佐个子高，像爸爸，佐佐当。我给小朋友出了个主意：请小朋友来选爸爸。先请健健和佐佐说说自己的想法：你想在娃娃家做什么？你怎么当爸爸？让两个"爸爸"开展竞赛，小朋友认为哪个小朋友当爸爸好，就让哪个小朋友当爸爸。佐佐说："我先给孩子包饺子，等大家都吃饱了，我们再一起去看木偶戏。"结果，小朋友推选了佐佐，今天他先当爸爸。[1]

  游戏是儿童的基本生活方式，也是他们乐意接受的解决问题的方式。从上述案例我们可以看出，通过游戏化的"竞选"，促使儿童学会公平地分配角色，最终顺利解决"谁当爸爸"的问题。更重要的是，游戏能够促进儿童的全面发展。如走平衡木、踩高跷、玩羊角球等游戏可以锻炼他们的平衡能力和动作的协调性；"跳皮筋""捡豆子"等民间游戏不但能提高其动作协调性，也能促进其语言表达能力的发展；运送羊角球小组赛、玩具分享等游戏还能使他们表现出合作行为，能够促进儿童社会性的发展。本章将分析游戏的含义、特点，梳理主要的游戏理论，讨论游戏在幼儿园中的实际应用类型、策略。

---

[1] 北京师范大学教育系，北京崇文区光明幼儿园自选游戏课题组. 幼儿园游戏指导 [M]. 北京：北京师范大学出版社，1996：166. 有改动。

第一节　儿童游戏概述

理解游戏的含义、特征、类型、价值以及国内外游戏理论等基本问题，是增强学前教育工作者指导儿童游戏的能力、提升学前教育质量必不可少的前提。

一、游戏的含义与特征

对于"游戏"的探究古已有之。古希腊的柏拉图非常重视游戏，认为游戏能满足人类天性的需要，游戏是人们正确的生活方式，他在《法律篇》中写道："只有神才配得上最高的严肃性，而人这是他创造出的玩物，这也是他所得到的最好的结局，所以，每个人都应当过一种相应的生活，应当去做那种高尚的游戏，应当遵从那个将他们创造出来的心灵。……那么，什么是正确的生活方式呢？生活必须是一场游戏，比赛、祭祀、歌舞，唯有如此，一个人才可以取悦于众神。"[1] 古罗马的昆体良也十分重视游戏，并指出游戏具有促进智力发展的功能。他说道："我不会因为学生爱好游戏而感到不高兴，那是天性活泼的标志；那种总是迟钝麻木、无精打采的，甚至对那个年龄所应有的激动也漠然无动于衷的学生，我是不指望他能热心学习的。"[2] 可以说，人们对于游戏的探究已逾千年，可是，游戏究竟是什么？在幼儿园的实践中，我们之所以称"这些"为游戏、称"那些"为非游戏，依据又何在？游戏与非游戏之间有分界线吗？

（一）游戏的含义

在学前教育领域，对于游戏的定义比较有代表性的表述是：游戏是幼儿的基本活动，是幼儿通过模仿和想象，有目的、有意识、创造性地反映现实生活的活动，是人的社会活动的初级形式。[3] 这一定义包含三层关键要素：第一，在学前儿童时期，游戏是其基本活动方式。处于成长初阶的学前儿童，其活动方式除了日常生活，就是游戏，还不具备参加社会生产劳动的条件，即使是参加学习活动也不同于学龄期的儿童。第二，游戏的基本活动方式是模仿与想象。模仿与想象是学前儿童乃至更年长的学龄儿童完成游戏

---

[1] 吴航. 游戏与教育：兼论教育的游戏性 [D]. 武汉：华中师范大学，2001：28.
[2] 昆体良. 昆体良教育论著选 [M]. 任钟印，选译. 北京：人民教育出版社，2001：26.
[3] 彭珮云. 幼儿教育词典 [M]. 北京：中国大百科全书出版社，2004：970.

的基本方式，这明显不同于其他人类活动的运作方式。第三，作为活动的游戏，其对象世界是儿童周遭的现实生活。任何一种活动都有其要处理的对象，工厂的生产是利用工艺将材料加工为产品，农民则是在土地上种植作物。儿童的游戏要处理的对象则是其周边熟悉的、可见的生活世界，儿童要使用模仿和想象"加工"这些生活世界。

尽管我们提出了有关游戏的上述解释，但必须清楚的事实是，定义"游戏"是一项困难的工作，迄今为止，学术界对于游戏的认识还远未达成统一。造成这一现象的主要原因在于：第一，不同学术背景的研究者观察问题的角度不同，因而做出的解释也不同；第二，游戏本身是个复杂体，它包括的行为范围很广，一种定义在囊括一些游戏的同时，实际上也在排斥着另一些游戏。为了解决游戏的定义问题，研究者们采取了三种不同的态度或策略：毋庸定义、直觉判断、特征举例。[1] 这三种定义游戏的态度或策略中，较为常用的是特征举例。它的基本思路是：在说着"什么是游戏"的时候，同时还在说着"什么不是游戏"。于是，新的问题产生了。"游戏"与"非游戏"之间存在明确而清晰的界限吗？维特根斯坦指出："什么东西仍然算是游戏，什么东西不算是游戏呢？你能划出界限吗？不能。……我们不知道界限是因为界限还没有划出。重复一遍，我们可以画一条界限——为一个特殊的目的。"[2] 实际上，我们的确也发现同样的活动，如踢毽子、跳绳、搭积木、角色扮演等，此时看来是游戏活动，彼时却可能因受到他人过多的干预而表现为非游戏活动。也即是说，游戏与非游戏之间并不存在一条泾渭分明的界限，与其僵化地看待它们之间的关系，非把"你的领土""我的疆域"分得清清楚楚，还不如坦率地承认它们随时可能会因为某些因素的变化而发生转换。当然，"为了一个特殊的目的"，譬如为了讨论或研究的便利，我们还是可以尝试寻找一些因素或特征来区分它们。

[1] 刘焱. 儿童游戏通论 [M]. 北京：北京师范大学出版社，2004：142-146.
[2] 吴航. 游戏与教育：兼论教育的游戏性 [D]. 武汉：华中师范大学，2001：24.

资料卡片：学术界的三种游戏定义取向

鲁宾等人（1983）对游戏研究的文献进行了综述：学术界有三种游戏定义取向，即以游戏特征定义游戏的取向，以游戏行为定义游戏的取向，以游戏情境特征定义游戏的取向。

以游戏特征来定义游戏，游戏被确认有六个特征：内在动机驱使、关注过程而不是结果、积极的精力投入、不受外在规则的约束、想象或虚构、行为更多由个体自身而不是环境来支配。

以游戏行为来定义游戏，鲁宾等人（1983）列举了几种以游戏行为定义游戏的分类方法，包括皮亚杰的练习性游戏、表征性游戏和规则性游戏。

以游戏情境特征定义游戏，游戏情境特征列举法，是对游戏行为特征列举法的发展和补充。游戏情境特征列举法的思想基础是把游戏看作发生在特定的环境中的行为，只有这种环境能够导致游戏行为的发生。[1]

（二）儿童游戏的基本特征

对于儿童游戏的基本特征，国内外学者的认识较为一致。在国外，鲁宾等提出游戏的六个行为特征：内部动机（儿童游戏是因为他们想游戏）；对手段的注意（儿童关注游戏的过程而非结果）；我能拿它做什么；想象或虚构；规则来自游戏的需要，而不是来自游戏之外；游戏者积极参与。彭尼·塔索尼和卡林·哈克则列举出真正的儿童游戏的一系列特征：由儿童自己发起；由儿童自己设计；儿童选择某种游戏有时是因为他们喜欢这样做，而并非为了达到某个目的或得到某种回报；与生俱来；自发；自愿。[2] 在国内，张永红认为儿童游戏的主要属性和特点为：游戏是儿童自主控制的，伴随着愉悦的情绪体验，是在假想的情境中发展的，无强制的外在目的。[3] 丁海东把儿童游戏的特

---

[1] 李燕. 游戏与儿童发展 [M]. 杭州：浙江教育出版社，2008：3-4. 有删改.
[2] 彭尼·塔索尼，卡林·哈克. 儿童早期游戏规划 [M] 朱运致，译. 2版. 南京：南京师范大学出版社，2009：3.
[3] 张永红. 幼儿游戏的本质属性管窥 [J]. 学前教育研究，2001（3）：47-49.

征归结为以下四点：游戏是儿童自主、自愿的活动；游戏是在假想的情境中反映周围生活；游戏没有社会的实用价值，没有强制性的社会义务，不直接创造财富；游戏伴随着愉悦的情绪。① 总结国内外的研究观点，儿童游戏的基本特征主要体现在以下四个方面：由儿童自主控制，在假想的情境中发展，具有非功利性，具有愉情性。

1. 儿童自主控制

所谓"儿童自主控制"是指儿童享有参加或不参加游戏的自由选择权，且在游戏过程中可依据自己的愿望和想法自主决定玩什么、怎样玩、和谁玩、玩多久等事项。具体来说，自主控制有广度和强度之别。广度包括控制活动的发起（由谁提议）、活动的内容（主题是什么）、活动的维持（何时开始、结束和进行多久）、活动的范围（包括场地、材料和伙伴）和活动的进程（先玩什么、再玩什么）等。强度则分为高度自控、中度自控和低度自控等不同等级。在活动中，当儿童的自主控制程度发生某些改变时，活动的性质也就相应地发生变化。②

自主控制是儿童游戏最内在的本质特征。第一，体现了儿童的自由精神。福禄培尔认为，游戏是幼儿期到来后生活的一个重要要素，"是人在这一阶段上最纯洁的精神产物，同时是人的整个生活、人和一切事物内部隐藏着的自然生活的样品和复制品。所以，游戏给人以欢乐、自由、满足，内部和外部的平静，同周围世界的和平相处"。③ 自由乃是自主控制的前提条件。第二，反映了游戏内在的要求。模仿和想象是游戏的基本方式，而模仿和想象外部生活世界是学前时期本质上能够完成，也刚好能够完成的活动，但模仿和想象显然只能在儿童"自主"的背景下才能有效展开，外在的、非儿童自主的模仿和想象是难以想象的。通过对实际生活的观察，不难发现，儿童游戏中存在着一条规律：儿童自主控制的程度越高，儿童参与的积极性就越高，相应也能感受到越强的游戏性；反之，成人越是不放手，越是给予过多的干涉，儿童感受到的游戏性就越弱。因此，成人不能擅自操纵游戏全程，削弱儿童自主控制的权利，甚而迫使儿童"被游戏"，成人应以游戏材料的提供者、游戏的支持者、儿童的玩伴等身份进入儿童的游戏，

---

① 丁海东. 学前游戏论 [M]. 济南：山东人民出版社，2001：19-21.
② 毛曙阳. 关于幼儿游戏的本质及其对幼儿的发展价值的思考 [J]. 学前教育研究，1999（3）：14-16.
③ 福禄培尔. 人的教育 [M]. 孙祖复，译. 北京：人民教育出版社，2001：38-39.

抑或只是儿童游戏的观察者。

2. 在假想的情境中发展

所谓"在假想的情境中发展"是指儿童游戏不是机械的模仿，也不是对周围生活的翻版，儿童能通过想象，脱离真实情境，将日常生活中的原有表象组合成新的表象。如果花些时间去观察儿童游戏，我们就会发现他们常常进行丰富而充满想象力的游戏。譬如在游戏中，儿童总是把一种物体假想成其他物体，从而发现它的潜在意义。哪怕是一条普通的木棍，在儿童手里，它也能"七十二变"，一会儿变成一柄宝剑，一会儿变成孙悟空的金箍棒，一会儿变成可以骑行的马匹，一会儿化身为可以带巫师飞翔的扫把，等等。

"在假想的情境中发展"是儿童游戏的显著特征。第一，反映了儿童好模仿的心理特点。"好模仿"的心理特点使得儿童在游戏中，十分喜爱扮演各种不同的角色，并将自己在生活中积累的经验再现到游戏中，有助于丰富游戏情节，推动游戏发展。第二，展现了儿童的想象力与创造力。一把小椅子，当儿童倒着骑时，它就变成了公共汽车，儿童一边骑着，一边念念有词地提醒着"乘客"上下车，其实并无"乘客"，"乘客"只是儿童迁移坐公交车的生活经验，通过想象创造出来的生动角色。在轻松愉快、极其喜爱的游戏中，儿童总是充满着想象力与创造力，正因如此，游戏才变得好玩、有趣。

3. 非功利性

所谓"非功利性"是指儿童玩游戏只是因为他们喜欢这样做，而不是为了达到某种目的或得到某种回报，儿童的游戏是自发的，并无外在目的。《读者》曾刊登过这样一篇文章[1]：

有一个孩子在院子里滚一个破铁桶，兴致盎然，不肯停歇。铁桶滚动的响声十分讨厌，吵得周围人无法休息、工作。然而，不管别人怎么说，他就是不听。有位老人走了过去，悄悄告诉他，你干得不错，这次你滚一个来回我给你一块钱。孩子简直不相信自己的耳朵。当他完成之后，老人果真给了他一块钱。然后又对他说，你再滚一次我给你五毛钱，孩子还是很高兴，没想到自己这么容易就得到了报酬，又玩了一次，老人给了他五毛钱。这次老人说，我只有一毛钱了，你再玩一次就给你。孩子听了有点不乐意，

---

[1] 转引自黄进. 关于幼儿园游戏教育化的思考 [J]. 学前教育研究，1999（4）：27-30.

但想想还有一毛钱呢,勉强又重复了一次。最后老人说:没钱了,你再玩一次好吗?孩子兴趣全无地扔下铁桶走了。

老人缘何能成功阻止孩子原本"兴致盎然"的游戏呢?道理其实很简单。老人把孩子的内部动机"为自己快乐而玩"转变成外部动机"为得到金钱而玩",并借由操纵着"金钱"这一外部因素,进而操纵了孩子的游戏,最终成功地阻止了孩子的游戏。外部因素牵引着孩子的情绪,恰恰这一因素又是孩子无法控制的,因此它很容易偏离孩子的内部期望,导致孩子产生负性情绪,不愿继续游戏。当儿童为了某个目的或某种回报而游戏时,游戏也就变得索然无味了。

非功利性是游戏的重要特征。第一,游戏的目的就是游戏本身。马卡连柯曾指出:"究竟游戏和工作有什么区别呢?这种区别只在于这一点:工作是人类参加社会生产或参与领导生产、参加创造物质和文化价值的活动,换句话说,就是参加创造社会价值的活动。游戏并不追求这样的目的,它与社会目的没有直接的关系。"[①] 游戏不同于劳动、工作。劳动、工作是要创造社会财富的,而游戏却不追求这样的目的,游戏的目的就是游戏本身。第二,游戏的动机来源于内部需要。爱游戏是儿童的天性,其动机来源于内部需要。游戏是一种轻松愉悦的活动,没有外部压力,没有必须达成的目标,儿童从游戏中获得满足感、掌控感,他们津津有味地享受着游戏的过程,丝毫不在意结果。儿童游戏只是因为他们想游戏,不带有功利性,不为获得外部奖赏,也不为取得某种结果。

4. 愉情性

所谓"愉情性",或称愉悦性,是指儿童在游戏时伴有欢乐、喜悦的情绪体验,且感到身心放松。

愉情性是游戏的根本特征。第一,愉悦体验是游戏发生的内在原因。无论是成人的游戏还是儿童的游戏都是追求快乐和趣味的。正是因为有了乐趣,在这种内在动机的支撑下,儿童才能集中精力、乐此不疲地参加游戏。第二,愉悦体验伴随各类游戏发展全程。在大部分游戏中,儿童常常会释放出明显的愉快情绪信号,如充满笑意的面部表

---

① 吴式颖. 马卡连柯教育文集(下卷)[M]. 北京:人民教育出版社,1985:161.

情。不过，有时也有另一种愉快叫"衷心喜悦"。譬如儿童专心致志搭积木屋时，会流露出十分认真，甚至有些严肃的表情，这也是一种喜悦，而且是持续作用时间更长、促使游戏深入发展的内在喜悦。

总体而言，儿童游戏具有以上四个方面的特征。这些特征之间也互有联系，正是因为没有强制的外在目标，儿童才能轻松地享受游戏的"有趣""好玩"，也正是由于处在这样愉悦的心境之下，儿童才能充分发挥想象，表现出较高程度的自主控制性。当然，并不是每个具体的游戏都必须包含上述四个特征。事实上，由于游戏的类型不同、游戏的发展阶段不同，这四个特征在每一个具体游戏中所体现的程度是存在差异的。

二、儿童游戏的类型

儿童的游戏有不同类型，划分的标准不同，其意义也不同。

（一）儿童游戏的分类概述

国外针对儿童游戏分类问题，以皮亚杰与帕顿为代表的研究广受关注。皮亚杰按照认知发展阶段学说相应地将儿童游戏划分为感知运动游戏、象征游戏、结构游戏和规则游戏。帕顿则以儿童在游戏中呈现的社会性发展程度为依据进行划分，认为儿童游戏可以分成六种：无所用心的行为或偶然的行为、袖手旁观的行为、独自游戏、平行游戏、联合游戏和合作游戏。皮亚杰和帕顿均侧重于从儿童心理活动的发展角度划分游戏类型。

我国关于游戏的分类受到苏联游戏理论的影响，当时苏联将儿童的游戏分为创造性游戏（包括表演游戏和建筑游戏）、有规则的运动性游戏、教学游戏三类。[①] 1957年在苏联专家指导下制定的《幼儿园教育工作指南》，把幼儿园游戏分为创造性游戏、活动性游戏和教学游戏。

受此影响，教育部在1981年颁布的《幼儿园教育纲要（试行草案）》中，将幼儿园的游戏分为创造性游戏（角色游戏、结构游戏、表演游戏）、体育游戏、智力游戏、音乐游戏和娱乐游戏等。黄人颂主编的我国当代第一本高校学前教育专业《学前教育学》

---

① 苏罗金娜. 学前教育学[M]. 高天浪，译. 北京：人民教育出版社，1953：109.

教材中，进一步将上述幼儿园游戏的分类总结为创造性游戏（角色游戏、结构游戏、表演游戏）、有规则游戏（体育游戏、智力游戏、音乐游戏），[①] 这种分类在我国学前教育的理论和实践中影响广泛。

另有一些学者则侧重于从把游戏作为一种教育手段的角度来划分，如宫再英以游戏的组织、展开与教育教学目的的结合程度为依据，将游戏划分为目的性游戏、手段性游戏。[②] 目的性游戏强调游戏本身的内在价值，突出儿童的自主性，儿童为玩而玩，追求游戏性体验；手段性游戏则强调外在于游戏的教育教学价值，以游戏为手段促使教育教学目的的达成。

儿童游戏分类方法多种多样，依据的分类标准不同，分类的方法就不同。由于游戏本身的复杂性，似乎任何分类方法都不能穷尽所有的游戏。因此，可以换个思考角度，尝试在儿童发展分期的基础上，列举每一时期典型的儿童游戏类型。

（二）不同时期儿童游戏的典型类型

从婴儿期、幼儿期，到学龄期的童年阶段，各有一些不同年龄段的孩子喜欢的典型游戏。0至2岁的婴儿的典型游戏是感觉运动游戏，2至5岁的幼儿期的典型游戏是想象游戏，6至12岁的童年时期的典型游戏是规则性游戏。[③]

1. 婴儿期（0—2岁）的典型游戏：感觉运动游戏

感觉运动游戏是游戏的最初形式，也叫机能性游戏，由简单的、重复的动作所组成。如照料者在穿衣、进餐、哄睡等各个生活环节时常与婴儿发起的互动。

婴儿期的游戏存在多种形式，表现方式千差万别，我们来看两个例子[④]：

在4个月大的时候，汤姆向后仰着脑袋，然后观察周围的环境。他总是持续不断地做仰头的动作，似乎从中得到了越来越多的乐趣。

在9个月大的时候，有一次拉拉生气地想用手挠自己的脸颊，结果却不小心挠到了鼻子。她的父亲看到之后，也用手指按到了自己的鼻子上，然后学小丑一样发出了"嘭

---

① 黄人颂. 学前教育学 [M]. 北京：人民教育出版社，1989：253.
② 本刊编辑. "幼儿园自选游戏"科研成果推广会发言集萃 [J]. 学前教育，1996（3）：11-13.
③ 斯卡雷特，等. 儿童游戏：在游戏中成长 [M]. 谭晨，译. 北京：中国轻工业出版社，2008. 此处的游戏分类是编者在该书的启发下编写的。
④ 斯卡雷特，等. 儿童游戏：在游戏中成长 [M]. 谭晨，译. 北京：中国轻工业出版社，2008：30.

嘭"的声音。拉拉看着父亲，笑了起来，模仿父亲的姿势，甚至尝试发出"嘭嘭"的声音。她的父亲再次重复了动作，拉拉笑了起来，模仿父亲的姿势，然后等着父亲继续。在后来的几天，当父亲再次做出相同动作的时候，拉拉都非常兴奋，然后一直和父亲像那天一样互相交换着做动作、发出声音，即使玩了很长的时间也乐此不疲。

像汤姆和拉拉所进行的游戏就属于感觉运动游戏，他们通过重复的行为获得快乐。汤姆不断重复自己的动作，拉拉则不断重复父亲的动作，通过多次的重复，他们了解了行为的结果。婴儿正处于感知觉器官和运动系统迅速发展的时期，偏爱此类游戏，对他们来说"动"即"乐"，在重复动作的过程中，一方面促进了感知觉和运动技能的发展，另一方面也积累了与物、与人互动的经验，为后续复杂游戏的出现奠定基础。

2. 儿童早期（2—5岁）的典型游戏：想象游戏

想象游戏又叫象征性游戏、假装游戏，是指当真实事物、场景不在眼前时，儿童用一事物代替另一事物，转变场景，扮演真实人物或虚拟角色的活动。如女孩头上披纱假装自己是公主、男孩身穿披风假装自己是王子的活动就是想象游戏。

儿童常常怀有各种愿望，如开汽车、当警察、变成超级英雄等，可是这些愿望在现实生活中大都无法得到满足，为了摆脱困境，也为了实现那些不真实的愿望，儿童开始想象游戏。儿童早期是想象游戏发展的黄金时期。两个男孩子都在玩战争游戏。第一个儿童只是简单地重复——举起手指然后说："砰，我杀了你。"而第二个儿童在"开枪"之前会先声明自己是特种部队，然后假装大军调动的场面。[1] 显然，第二个儿童的游戏结构水平高于第一个儿童，因为他扮演了一个假想的角色，同时虚构了一个脱离真实生活的场景，第二个儿童的游戏属于想象游戏，第一个儿童的游戏更接近感觉运动游戏。想象游戏是对现实生活的反映，儿童也常常将自己的生活经验融入其中，这样既有助于儿童认识现实世界，也有助于儿童表达、管理情绪。

教师可以多为儿童提供服装道具、玩具汽车、炊具、茶具等，积木、拼图、雪花片、拼装玩偶等，黏土、颜料、油泥、模具、沙子、水等，并引导儿童注意观察生活场景、积累生活经验，促使儿童想象游戏的发生、发展。

---

[1] 斯卡雷特，等. 儿童游戏：在游戏中成长［M］. 谭晨，译. 北京：中国轻工业出版社，2008：60.

3. 儿童后期（6—12岁）的典型游戏：规则性游戏

规则性游戏是指至少有两人共同参与的，并结成一种互补关系，按照一定规则进行的游戏活动。例如"老鹰捉小鸡""老狼老狼几点了"、捉迷藏、跳房子等游戏活动。

儿童早期已经可以遵守一些基本的规则，但是在他们眼里规则并不是第一位的，规则可以顺应游戏的进展而改变；在儿童后期，他们开始关注游戏规则，进而喜欢上一系列需要规则维系才得以进行的游戏，比如跳绳、跳房子、球类游戏等。这一时期的儿童，他们试着理解规则，并对规则的遵守表现出坚持性。之后，随着年龄的增长，他们对规则的理解越来越灵活，对规则的遵守也表现出愈来愈高的坚持性。在规则游戏中，儿童需要与同伴共同遵守、讨论、制定规则，这一过程大大促进了他们的社会技能的发展。可以说，规则游戏是儿童社会化的催化剂。

三、游戏对学前儿童发展的价值

在儿童的世界中，游戏的存在具有普遍性，凡是有儿童的地方就见得到游戏，可谓无不游戏之儿童。总的说来，游戏对儿童发展的各个领域都有积极的影响。

（一）游戏对儿童生理发展的价值

游戏能够促进儿童身体的生长和发育。儿童游戏往往包含动作或运动成分，能够有效促进儿童各组织器官的生长发育。如通过跑、跳、钻、爬、攀登等游戏，儿童大肌肉得到充分的锻炼，有益于其骨骼、肌肉的发育，并加速机体的新陈代谢；又如，通过摇动拨浪鼓、插塑、折纸等游戏，儿童的小肌肉可以得到训练，精细动作就变得越来越灵活。

游戏能够促进儿童动作技能的发展。游戏有益于儿童运动控制与协调能力的发展。比如在"老鹰捉小鸡"游戏中，当"老鹰"飞过来时，儿童必须即刻做出反应，并灵活地控制自己身体的运动，以改变奔跑方向；与此同时，躲闪的瞬间其实游戏双方是在进行动作的协调。再如"穿珠"游戏能够有效地锻炼儿童的手眼协调技能，为日后书写做准备。

游戏能够促进儿童脑的发展。如在进行激烈的体育游戏时，儿童更容易集中精神，反应也变得更敏捷；再如"走平衡木"时，儿童需要保持身体的平衡与左右手臂的协调。

与动作密切相关的游戏都离不开脑的参与，人脑遵循着"用进废退"的原则，事实上通过这些游戏，脑得到了很好的锻炼。

（二）游戏对儿童认知发展的价值

游戏能够促进儿童语言的发展。游戏能营造出轻松愉快的氛围，这种条件下儿童更敢于、乐于用语言表达自己的想法。特别是在想象游戏中，儿童常常自言自语，或以角色的身份与玩伴进行对话。而语言正是在运用的过程中发展起来的。此外，在规则性游戏中，儿童常常遇到需要与玩伴讨论规则的情况，促使他们更深刻地理解语言，并获得发展语言交际功能和调节功能的机会。

游戏能够促进儿童创造力的发展。如在想象游戏中，儿童可以天马行空地假想自己所处的场景，也可以不理会世俗眼光自由地以物代物或以人代人，游戏完全由他们自己控制。再如游戏中遇到困难时，儿童就会尝试将以前获得的经验和技能迁移到问题情境中，通过手脑并用创造性地解决问题。例如，红红想用娃娃的小被子把娃娃包起来。可是，如用被子横着包娃娃，则被子不够长，娃娃的脚露在外面；如果竖着包，则被子不够宽。怎么办呢？红红探索着，尝试着各种方法……十几分钟过去了，红红终于发现了最佳的包娃娃的办法，即用被子的对角线作为长度把娃娃包起来，这样就可以把娃娃全身都包进去了。红红包好了娃娃，如释重负般长长地舒了一口气。①

红红用被子想把娃娃包起来，可惜横着包不够长、竖着包不够宽，怎么办？她积极思考，经过几番尝试最终发现了用被子的对角线包娃娃的办法。这个游戏促使红红学会从多角度思考问题，学习用自己的智慧创造性地解决难题。

（三）游戏对儿童情绪情感发展的价值

游戏能带给儿童快乐，有助于培养他们积极的情绪情感；此外，游戏还能疏导儿童消极的情绪情感。例如，当小白还只是一个刚刚由托班升入小班的幼儿时，父母却离婚了，小白跟着父亲。突然间生活里缺少了母亲的陪伴，小白很不适应，感到异常焦虑，很长时间不能从这种情绪中走出来。后来，老师提出和小白一起玩"和妈妈抱一抱"的游戏，老师当妈妈，请小白猜物品，猜对了就可以和妈妈抱一抱，每次猜对，小白都会

---

① 刘焱. 儿童游戏通论 [M]. 北京：北京师范大学出版社，2004：212.

用力紧紧地抱住老师，宣泄着自己的情绪。①

角色扮演游戏能够丰富儿童的情绪情感体验。如"医院"游戏中，当病人的儿童会表现出痛苦的神情；当医生的儿童会给"病人""看病""开药"，叮嘱"药品"的用量用法；当护士的儿童会给"病人""量体温""打针"，一边"打针"一边还安慰"不疼的，一下就好"。又如"促销"游戏中，当主持人的儿童大声地介绍着商品，每到介绍的尾声就高呼诱人的广告语；当店员的儿童也卖力吆喝，当有"顾客"过来时就提供热情的服务，为"顾客"推荐、挑选、包装商品，"收钱""找钱"，并有礼貌地与"顾客"道别。游戏帮助儿童体验各种情绪情感，丰富、深化他们的情绪情感，有助于儿童更好地体认他人的情绪情感。

（四）游戏对儿童社会性发展的价值

想象游戏与规则游戏与儿童社会化密切相关，能够促进儿童社会认知、社会情感、亲社会行为协调发展。在规则游戏中，如足球游戏中，首先，儿童需要在足球游戏规则上达成一致认识；其次，儿童需发挥协作精神，各组队员间分工合作；最后，当发生违规行为时，违规者需反思自己的行为，遵守共同约定。在想象游戏中，如通过在"娃娃家"扮演妈妈，儿童能够体验妈妈的辛劳，学会关心照顾妈妈。再如，通过扮演警察、医生、教师、邮递员、司机、售货员、收银员等角色，儿童能够了解各行各业人员的工作，逐步理解他人的工作性质，学会尊重他人的劳动成果。

总而言之，游戏为儿童提供了与他人进行交往的机会，在共同游戏的过程中，儿童学会倾听别人，观点采择能力得到发展。在想象游戏中，儿童如果承担某种角色，就要学会依据角色的要求规范自己的言行举止。正如心理学家乔治·贺伯特·米德所言："选择他人所担任过的角色，能让一个人明白自己与他人之间的实际差异和潜在的相同之处。"② 通过游戏，儿童除了获得一些粗浅的社会交往技能外，还能学会与他人合作，学会关心他人，并逐步摆脱自我中心。

---

① 此案例来源于编者与一位幼儿园教师的日常交谈。
② 邱学青. 幼儿园自主性游戏的实现条件[J]. 学前教育研究，2008（1）：55-58.

四、儿童游戏的理论

从文献研究来看,关于游戏的理论大体可分为两大类,即古典游戏理论和现代游戏理论。具体来说,古典游戏理论是在19世纪末20世纪初提出的,主要包括精力过剩说、松弛消遣说、复演说、预演说;现代游戏理论是在20世纪20年代后提出的,主要包括精神分析学派的游戏理论、认知派的游戏理论、游戏的唤醒调节理论、元交际理论。[①]

(一)古典游戏理论

1. 精力过剩说

精力过剩说的代表人物是德国思想家席勒和英国社会学家、心理学家斯宾塞。其主要观点是游戏是儿童释放自身剩余精力的一条主要途径。他们认为任何生物都有维护自己生存的能力,生物等级愈高,此种能力愈强。儿童只有一般生活活动,不用工作,因此除去维持生活所消耗的精力外,还有剩余精力。这些剩余的精力必须消耗掉,否则会给机体带来无法承受的压力。

2. 松弛消遣说

松弛消遣说的代表人物是德国哲学家拉察鲁斯和柏屈克。这种观点认为游戏不是为了释放过剩精力,而是为了恢复精力。认为工作是一种需要长时间集中精力、运用抽象思维的活动,容易产生疲劳,所以人们还需要从事一些其他活动缓解疲劳,比如休息和睡眠,除此之外,游戏也能够帮助现代人从单调乏味的工作中解脱出来,使人们失去的精力重新恢复起来。儿童因为受身心发展水平的限制,不能工作,因而只能游戏。

3. 复演说

复演说的代表人物是美国心理学家霍尔。19世纪末,科学家发现胎儿在胎内的发展重演了种族进化的历史,受此发现影响,霍尔认为游戏就是个体对祖先活动的再现,通过游戏的重演,使个体逐渐摆脱原始的本能行为倾向,为后来复杂的成人生活做准备。

---

① 刘焱. 儿童游戏通论[M]. 北京: 北京师范大学出版社, 2004: 84-85. 此结论为该部分内容的归纳、总结。

4. 预演说

预演说也被称之为"能力练习说""生活预备说",其代表人物是德国的心理学家格鲁斯。其主要观点为:游戏是对未来生活的预先练习和准备。他认为游戏并不是为了促使个体摆脱原始的本能,其作用在于帮助个体练习未来生存所需的本能,以便为将来的生活做好准备。

古典游戏理论多从生物学或生理学的角度出发,着眼于探讨游戏是什么、游戏为何发生、游戏有何作用,它们共同的局限性在于把游戏看作一种生物本能,从而忽视了游戏的社会历史制约性。

(二)现代游戏理论

1. 精神分析学派的游戏理论

精神分析学派的游戏理论的重要代表人物是弗洛伊德和埃里克森,其主要论点是游戏能够帮助儿童管理情绪。弗洛伊德认为游戏的对立面不是工作,而是现实,游戏能帮助儿童实现现实中不能实现的愿望(如做大人所做的事),获得健康的控制感,以及排解焦虑、无助、伤心等痛苦的情绪体验。埃里克森发展了弗洛伊德的游戏思想,进一步认为通过游戏儿童能够获得正常的自我发展。这主要体现在:第一,游戏对于儿童信任感、自信心、自主感等积极情感的形成具有积极意义;第二,游戏能调节儿童人格发展的每一个阶段的冲突,帮助儿童顺利从前一阶段过渡到后一阶段;第三,儿童游戏存在明显的性别差异。

2. 认知学派的游戏理论

认知学派的游戏理论的重要代表人物是瑞士心理学家皮亚杰、苏联心理学家维果茨基。皮亚杰否认游戏是一种独立意义上的活动,认为游戏只是认知水平的表现形式而已。进而,据此提出与认知发展阶段相对应的游戏发展阶段(见表8-1)。在皮亚杰看来,游戏只是一种在已有经验范围里的活动,它的价值不是促进认知水平的提高,而是对原有知识技能的练习和巩固。

表 8-1　皮亚杰提出的游戏发展阶段 [1]

年龄（大约）	特征
出生到幼年后期	无符号象征性的游戏
儿童早期（6 岁之前）	假装游戏和符号象征游戏
儿童后期（12 岁之前）	有规则的游戏

维果茨基则着重研究了两个问题：第一，游戏的个体起源问题。经过系统考察，他发现儿童生活中充满着各种愿望，然而在现实生活中这些愿望往往都得不到满足，儿童就开始游戏，原因在于游戏（尤其是想象游戏）恰恰能以一种巧妙的方式模拟周围生活，满足他们那些"不切实际"的愿望。第二，游戏与儿童发展之间关系的问题。他认为游戏是儿童发展的重要来源，能创造儿童的"最近发展区"，是儿童的主导活动，同时也需要成人的指导。

3. 游戏的唤醒调节理论

游戏的唤醒调节理论是从学习内驱力理论中演化出来的，它试图解释游戏的生理机制，其主要代表人物是伯莱因、艾利斯、亨特、费恩。"唤醒"是中枢神经系统的一种机能状态或机体的一种驱力状态，它是该理论的核心概念。"唤醒"受两个因素的影响，一是外部环境刺激，二是机体内部的平衡机制。只有在最佳唤醒水平下，机体才能感到舒适，因此机体要求维持最佳唤醒水平。那么，机体是如何调节唤醒水平的？有两种方式——游戏和探究。游戏发生在低唤醒水平情况下，机体主动游戏以寻求刺激，提高唤醒水平。

4. 游戏的元交际理论

游戏的元交际理论是由人类学家贝特森提出的。元交际是一种含蓄的交际，表现为意会而非言传。儿童在游戏时常常通过动作、表情传递隐含信息，如"这是游戏"、"这是玩儿，不是真的"，游戏双方对于这些隐含信息的辨识和理解就是元交际。元交际是一种抽象水平的交际，游戏中含有元交际特征，这意味着儿童必须先理解游戏与游戏情

---

[1] W. George Scalett，Sophie Naudeau，Dorothy Salonius-Pasternak，Iris Ponte. 儿童游戏：在游戏中成长 [M]. 谭晨，译. 北京：中国轻工业出版社，2008：10.

境之间的关系，然后才能参与游戏，因此游戏本身就具有价值。

第二节 游戏在幼儿园中的应用

《幼儿园工作规程》规定幼儿园应"以游戏为基本活动"，明确了游戏在我国幼儿园教育中的地位，从法律层面上保障了儿童的游戏权和发展权，体现了对游戏发展价值的肯定。游戏是儿童的存在方式，也是幼儿园组织活动的重要形式。问题是：这种形式的应然状态是什么？作为教师，我们应当如何指导幼儿园游戏？

一、幼儿园游戏的特点与类型

幼儿园的游戏是服从和服务于幼儿园的根本任务和目标的，因此，它既和儿童在一般情境下的游戏有相似性，但也有一些差异。

（一）幼儿园游戏的特点

1. 幼儿园游戏的教育性

幼儿园游戏的教育性是指幼儿园游戏要为教育目的服务，教育者要有目的、有计划地组织、指导儿童游戏，促进儿童全面、和谐发展。站在教育者的角度看，幼儿园是有目的、有计划、有组织地影响学前儿童的机构，"游戏"这一活动形式既符合儿童年龄特点，又能够促进儿童体力、智力、情绪情感、社会性的发展，可以通过适当地"加工"，让游戏成为实现教育目的的手段。幼儿园游戏是发生在教育背景下的儿童游戏，游戏的环境和材料是经过成人设计与安排的。正如美国学者斯波代克指出的那样："在学校里没有任何'自然'的事，就是在幼儿园活动也不可能直接来源于儿童自然活动。幼儿园游戏活动的环境也是经过教师设计的。"[1] 所以，幼儿园游戏不同于自然游戏（"自由自发的游戏"）。自然游戏是纯粹的游戏，没有明确的目的，幼儿园游戏则具有一定的有意性和指向性，追求某种结果的实现。

---

[1] 刘焱. 儿童游戏通论[M]. 北京：北京师范大学出版社，2004：348.

2. 幼儿园游戏的自然性

幼儿园游戏的自然性是指幼儿园游戏符合游戏的基本特征，能够使儿童获得满足与快乐。站在儿童角度看，游戏就是游戏，凡是游戏就应带来自由、自主、胜任感、幽默感、愉悦等游戏性体验，否则就不能称之为游戏。这些游戏性体验可统称为游戏的精神，它与童年精神相契合，如果失去了游戏精神，幼儿园游戏的说法就不能成立。在杜威眼中"游戏的态度比游戏本身更重要，前者是心智的态度，后者是这一态度的现时的外部表现"。① 杜威所说"游戏的态度"指的就是游戏的精神。但是在现实的幼儿园场景下，我们却常常看到一些徒具游戏外壳的"幼儿园游戏"，这一类"游戏"由教师发起、由教师操控，儿童就像木偶一样亦步亦趋（被规定先做什么、后做什么），听从教师的全程安排。从严格意义上说，这样的"幼儿园游戏"不能算作游戏。幼儿园游戏必须体现游戏的精神，这是儿童投入活动的支撑点和驱动力。故此，应然的幼儿园游戏不但要具有游戏形式，更要充满自由、幻想、轻松的游戏精神。

（二）幼儿园游戏的类型

目前，在我国幼儿园的实践中通常把幼儿园游戏分为创造性游戏和有规则游戏两大类，创造性游戏主要包括角色游戏、结构游戏和表演游戏，有规则游戏主要包括智力游戏、音乐游戏和体育游戏。

创造性游戏是指儿童创造性地反映现实生活的游戏。通常是儿童自主自发的活动，其表现形式丰富多彩，蕴含浓厚的个人色彩。角色游戏是指儿童以模仿和想象，通过扮演角色创造性地反映周围生活的游戏。结构游戏是指儿童通过操作各种结构材料，来构造物体的一种游戏。② 表演游戏是指儿童按照童话、故事中的角色、情节和语言，进行创造性表演的游戏。③ 有规则游戏是指只有儿童接纳同一个规则才能进行的游戏，它以规则的遵守与理解为前提开展，其形式表现为集体游戏。

除此之外，随着游戏研究的进展，也有学者主张把幼儿园游戏划分为自发性游戏和教学性游戏两大类。自发性游戏是指儿童按照自己的意愿自发产生的，能充分发挥其

---

① 杜威. 我们怎样思维：经验和教育 [M]. 姜文闵，译. 北京：人民教育出版社，1991：173.
② 黄人颂. 学前教育学 [M]. 北京：人民教育出版社，1989：253.
③ 邱学青. 学前儿童游戏 [M]. 南京：江苏教育出版社，2005：410.

独立性、自主性和创造性的游戏。教学性游戏是指教师为了一定的教育目的而编制的游戏，一般由教师组织儿童进行。① 自发性游戏对于儿童的发展具有价值，但其发展价值的表现形式往往比较隐蔽，需要经过较长的时间才能展现出来，因此它的指导十分容易被幼儿园教师忽略，基本处于"放任自流"的状态；在幼儿园中，教学性游戏因其具有显在的教育教学价值，它的组织与指导备受教师关注，却也因此容易处于"干预过多"的状态。此种分类的方法有助于唤起教师对儿童自发性游戏的重视，减少自己在教学性游戏中的过多干涉。

二、幼儿园游戏的组织与指导

自发性游戏和教学性游戏是幼儿园游戏组织与指导中常见的两类游戏，了解这两类游戏的特点与指导要点，对于落实游戏在幼儿园教育中的地位与作用十分重要。

（一）自发性游戏的组织与指导

自发性游戏是指儿童按照自己的意愿自发产生的游戏，有很强的独立性、自主性和创造性。

案例 [8-1]

有一次，"娃娃家"来了许多客人，"爸爸""妈妈"忙着烧菜，只有"孩子"杨杨闲着没事在踢皮球。一不小心，他将瓶子踢倒了。这时"妈妈"跑过来批评他太贪玩，告诉他应该好好招待客人。杨杨不高兴地将瓶子装在袋子里，对"妈妈""爸爸"说："我去把这些瓶子卖掉。"

当他把瓶子放在活动室一角时，倩倩看见了，对杨杨说："你不要去'娃娃家'玩了，我们用这些瓶子开一个保龄球馆吧！"他们将瓶子放在墙角，将一个大皮球当作保龄球玩。这时，许多小朋友都跑过来加入这个活动，我也参加了他们的活动，并启发他们思考人多时怎样玩才好。为此他们制定了相应的

---

① 刘晓东，卢乐珍，等. 学前教育学 [M]. 南京：江苏教育出版社，2009：279.

规则，如画一条起始线、要求买票入馆等。

看到许多小朋友在等待，他们便增加了每人每次只投掷一次的规则。接着，我启发他们想一想还可以增加什么游戏内容。后来杨杨又画了两条球道，并安排一个小朋友捡球，一个小朋友摆瓶子。轩轩有打保龄球的经验，他提出应设置换鞋室、休息室。峰峰还将小桌子侧放，用桌子背面、桌脚围住瓶子，想出了这一防止球和瓶子滚远的好办法。[①]

在此案例中，杨杨自主选择由"娃娃家"转向"开保龄球馆"，并和倩倩一起游戏，随着游戏的展开，新游戏遇到了一些"困境"，教师便以提问、提供建议方式拓宽儿童思路，充分调动他们的生活经验，促成游戏向内容丰富化、角色多样化、情节趣味化的方向发展。

1. 自发性游戏的特点

（1）以"表征思维"为主要思维形式

学前儿童具体形象思维占主导，主要思维形式为表征思维。自发性游戏中儿童往往动用自己最擅长的思维形式——表征思维。它大致体现在以下三个方面：一是对游戏角色的假想，想象自己是娃娃家里的"爸爸""妈妈""孩子"，想象自己是"大力水手""天线宝宝"等；第二，对游戏材料的假想，如日常生活中孩子们把圆形物想象为汽车方向盘、把大皮球想象为保龄球等；三是对游戏情境的假想，如孩子们视活动室一角为保龄球馆。

（2）游戏主题的不稳定性

心理学研究表明，儿童的自我控制能力2岁后开始发展。自发性游戏是按照儿童自己的意愿发生发展的，当情绪上不愿再玩，或受其他游戏材料吸引时，便经常发生半路换场的现象。

---

① 上海市实验幼儿园. 自发性游戏案例及评述［J］. 幼儿教育，2000（6）：14-15.

（3）游戏过程的自主性和创造性

　　自发性游戏的显著价值之一在于它能促进儿童主动性和创造性的发展。只有在轻松自由的游戏氛围中，在无目的、无压力的状态下，儿童才能大胆尝试，玩得尽兴、玩得出彩。案例［8-1］中，杨杨另辟蹊径，玩起了开保龄球馆的游戏，新的游戏吸引了不少儿童前来参与，不过人多也有人多的问题，为了游戏的参与性更强，儿童根据游戏需要商定规则，创造新的游戏角色，如售票员。整个过程中儿童呈现出主动思考、积极推动游戏发展的状态。

（4）游戏内容的生活性和社会性

　　丰富的生活经验是自发性游戏开展的前提条件，离开儿童生活经验的支撑，游戏就变得乏善可陈。案例［8-1］中，轩轩有打保龄球的经验，孩子们就在他的提议下又设置了换鞋室、休息室，进一步丰富了游戏内容。当然，受各种媒体的影响，有时儿童也会观察、学习一些不良的社会经验，如在"奥特曼"的影响下儿童学会以暴力方式解决问题，此时教师应引导儿童转移注意力，玩一些内容健康、有益的游戏。

　2. 自发性游戏的指导要点

（1）教师以材料提供者、支持者或角色身份介入自发性游戏。幼儿园游戏具有"教育性"，教师作为教育工作者、作为儿童的重要他人，应当承担起自发性游戏指导者这一角色。不过，教师要把握介入游戏的时机与方式，譬如可与儿童一起准备游戏材料，或以角色的身份自然参与其中，推动游戏情节发展。

（2）进行自发性游戏的指导要以观察为前提。观察是教师指导儿童自发性游戏的前提条件，没有观察就没有发言权。观察的目的在于：一是跟踪游戏进展，了解儿童游戏水平；二是准确把握介入游戏的时机。不经观察就盲目介入游戏，只会是干扰儿童游戏的行为。

（3）抓住关键时刻，激发自发性游戏的展开。当游戏长时间停留于同一水平且不断重复、儿童未做积极思考时，教师应抓住这一刻，调动儿童的原有游戏经验、生活经验，以适当的方式鼓励儿童深入开展游戏，提出更多的想法和玩法；在此过程也要引导儿童学会与同伴协商，达成一致认识。

（4）愉快自然地结束游戏，做好游戏后整理工作。

（二）教学性游戏的组织与指导

教学性游戏寓教学于游戏中，使得游戏另具特点，并衍生出不同的指导策略。①

1. 教学性游戏的特点

（1）教师为游戏发起方

自发性游戏中儿童是游戏发起方与决策者，占据主导地位，决定着游戏的内容、形式、走向；而教学性游戏中教师是游戏的发起方，决定着游戏的内容、形式走向。

（2）教师的"教"具有"预构性"

自发性游戏是自然而然发生的，儿童掌控游戏全程，教师完全追随儿童的兴趣与需要，重视游戏过程中儿童的体验，重视游戏中生成的教育价值；而教学性游戏具有"预构性"，经过教师的精心设计，设定了游戏的教育价值，从整体上把控游戏全程。

（3）游戏设计源于教学任务

教学性游戏的设计是为了实现一定教育目的，完成相应的教学任务。教学任务规定得越详细，教学性游戏的既定性就会越明显；教学任务规定得有些弹性，比较有利于教师与儿童主动性的发挥。

2. 教学性游戏的指导要点

（1）教学性游戏的主人仍是儿童

游戏的主人始终是儿童，无论是什么类型的游戏，都应该是"儿童在游戏"，不是"教师在游戏儿童"。在教学性游戏中，教师往往过分看重游戏的教育价值，过于强调游戏的工具性价值，导致儿童在所谓的"游戏"中却缺乏游戏性体验，没有掌控感、自主感，不能满足自己的愿望与需要。在这样的"游戏"中，儿童根本没有机会建构自我经验，严重损害了儿童参与活动的主动性。这种"游戏"是假的游戏，不合乎游戏的本质特征，背离了游戏的精神。

作为教师，我们不该成为儿童游戏的"导演"，应该成为儿童游戏的支持者、指导者，甚至是玩伴。事实上，随着年龄的增长，儿童的生活经验愈来愈丰富、任务意识也越来越强，因此在编制教学性游戏时，教师不妨适时放手，给予儿童更多的信任，以充

---

① 刘焱. 幼儿园游戏与指导[M]. 北京：高等教育出版社，2012：204-211.

分调动儿童参与的主动性与积极性。如在探索不同材料的沉浮问题时，材料不必全由教师一人提供，可以做个"懒老师"，利用晨间活动时间，组织儿童在幼儿园里自主收集所需物品。

（2）提供均等的游戏机会

游戏是所有儿童的权利。但是从现状来看，有规则性游戏常常采用集体活动形式，导致只有部分儿童能获得游戏的机会。除集体活动形式之外，教师还应考虑多采用区域活动形式，增加师幼互动、同伴互动的机会，保障儿童获得均等的游戏机会。

（3）保证充足的游戏时间

游戏质量与游戏时间密切相关。有研究表明，短时间的游戏活动中儿童更多地表现出无所事事、旁观、简单地摆弄物品、模仿等行为，长时间的游戏活动中儿童则表现出更丰富的游戏行为、更投入的游戏状态。如在中大班开展表演游戏，儿童需要布置游戏环境、准备道具等，这都需要时间，如果游戏时间过短，就有可能使得儿童面临游戏还没展开却要匆匆收场的境地，抑或使得儿童在兴致正浓、游戏内容趋于丰富之时，却无可奈何地被迫中止。因此，充分的游戏时间是高质量游戏的前提条件。

（4）注意减少不必要的干预

保持必要的沉默，倾听儿童的声音，观察儿童的玩法，思考和判断儿童的需要和游戏水平；提供材料上的支持和帮助；进行必要的提问，通过建议、提问的方式引导儿童游戏向前推进。

▶ 小结

游戏是儿童的基本活动，是儿童通过模仿和想象，有目的、有意识、创造性地反映现实生活的活动，是人的社会活动的初级形式。儿童游戏的基本特征有以下四个方面：由儿童自主控制、在假想的情境中发展、具有非功利性、具有愉情性。游戏对儿童生理发展、认知发展、情绪情感发展、社会性发展都具有价值。

儿童游戏分类有多种方法。皮亚杰将儿童游戏划分为感知运动游戏、象征游戏、结构游戏和规则游戏；帕顿则将儿童游戏分成六种：无所用心的行为或偶然的行为、袖手旁观的行为、独自游戏、平行游戏、联合游戏和合作游戏。婴儿期（0—2岁）的典型游戏是感觉运动游戏；儿童早期（2—5岁）的典型游戏是想象游戏；儿童后期（6—12岁）的典型游戏是规则性游戏。

古典游戏理论是在19世纪末20世纪初提出的，主要包括精力过剩说、松弛消遣说、复演说、预演说；现代游戏理论是在20世纪20年代后提出的，主要包括精神分析学派的游戏理论、认知学派的游戏理论、游戏的唤醒调节理论、元交际理论。

幼儿园游戏具有教育性、自然性。幼儿园游戏一般分为创造性游戏和有规则游戏两大类，创造性游戏主要包括角色游戏、结构游戏和表演游戏，有规则游戏主要包括智力游戏、音乐游戏和体育游戏。也有学者主张把幼儿园游戏划分为自发性游戏和教学性游戏两大类。

自发性游戏和教学性游戏是幼儿园游戏组织与指导中常见的两类游戏，了解各类游戏的特点与指导要点，对于落实游戏在幼儿园教育中的地位与作用十分重要。

▶ 思考与实践

1. 名词解释：游戏、创造性游戏、有规则游戏、自发性游戏、教学性游戏、角色游戏、结构游戏、表演游戏
2. 简述儿童游戏的特点、价值、主要类型、主要的游戏理论。
3. 简述幼儿园游戏的特点与类型。
4. 论述游戏对学前儿童的发展价值。
5. 谈谈你对幼儿园自发性游戏和教学性游戏指导策略的认识。
6. 选一所幼儿园，观察记录其游戏组织指导情况，分析其合理性与不足。
7. 结合实例，谈谈你对"游戏是由儿童自主控制的"这一特征的理解。

▶ 延伸阅读

1. 刘焱．儿童游戏通论［M］．北京：北京师范大学出版社，2004．（第三章）

该章详尽阐明了游戏活动的定义与特性、游戏的个体发生发展、儿童游戏的特点与分类。

2. 丁海东．学前游戏论［M］．济南：山东人民出版社，2001．（第二章第一节）

该章节精练地总结、分析了学前游戏的分类问题。

3. 刘晓东，卢乐珍，等．学前教育学［M］．南京：江苏教育出版社，2009．

(第十二章)

该章从较为新颖的角度,构建了学前儿童游戏的基本理论框架。

4. 陈帼眉,刘焱. 学前教育新论[M]. 北京:北京师范大学出版社,1996.(第三部分)

该部分汇集了多篇探讨学前课程与游戏内在关系的文章,颇具启发意义。

5. W. George Scalett, Sophie Naudeau, Dorothy Salonius-Pasternak, Iris Ponte. 儿童游戏:在游戏中成长[M]. 谭晨,译. 北京:中国轻工业出版社,2008.(第二章至第四章)

该部分内容揭示了不同时期儿童游戏的典型类型,从多角度探讨儿童游戏与儿童成长的相互作用关系。

第九章

学前教育评价

>> 内容导航

- 学前教育评价
  - 学前教育评价的基本理论
    - 教育评价及学前教育评价的含义
    - 学前教育评价的类型
    - 学前教育评价的作用与功能
    - 学前教育评价的理论基础与模式
  - 学前教育评价的实施
    - 学前教育评价的基本原则
    - 学前教育评价的一般过程
    - 学前教育评价的基本方法
    - 学前教育评价的内容范围

▶ **学习目标**

1. 了解学前教育评价的含义、评价目的、评价类型和评价的意义。
2. 理解学前教育评价的功能、基本原则、过程、方法和当代学前教育评价的理论模式。
3. 应用学前教育评价的理论对幼儿园教育评价工作进行分析与反思,利用评价手段发现教育活动中出现的问题,提出改进建议。

▶ **引言**

在一次访谈中,当问到"您通过什么方式了解孩子的数学发展水平"时,受访教师首先提到"看"。(1)在活动区"看"。受访教师认为,"看小朋友在活动区的操作"是了解儿童数学发展水平最可靠、最方便、最常用的方式。G老师说:"我们那个投骰子的游戏,刚开始的时候就是直接投出'5'或者'6',到后面我们就有加法在里面了,比如'3+2',就要求孩子投出骰子'5'来,如果这个孩子能做对,那么他就是会这个加法了。"(2)在日常生活中"看"。G老师说:"我们平时发饼干,规定每个人吃2块饼干,让孩子自己拿。如果他拿对了,说明他懂了这个'2'的实际意义,如果拿不对,就说明他还不懂'2'的实际意义。这是可以看出孩子数学发展水平的。"(3)在集体教学活动中"看"。X老师说:"在一次活动中,我让小朋友找找身上的'1'和'2',有些小朋友是懂的,找到1个鼻子、2只眼睛;但是有些孩子是不懂的,没反应。"[1]

上述材料是研究者使用质性研究方法,研究幼儿园教师如何了解和评价幼儿数学学习的部分结论。虽然材料呈现的只是幼儿园教师在指导幼儿园数学活动中的评价方法,但反映了一个基本现实:幼儿园教师在教育评价中用得最多的方法就是"看"。《幼儿园教育指导纲要(试行)》《3—6岁儿童学习与发展指南》《幼儿园教师专业标准(试行)》等,都对幼儿园教育评价有不同要求。但是,如果幼儿园教师只能依靠"看"来评价教育活动和儿童发展,那是无法适应学前教育发展对教育评价的需要的,也无法适应幼儿园教育评价的需要。本章试图对学前教育评价的内涵、类型、价值、理论基础以及幼儿园评价实施中的基本问题等展开探讨与分析。

---

[1] 李娟,周欣,黄瑾,等.教师如何了解和评价幼儿的数学学习和发展[J].幼儿教育:教育科学,2010(12):19.有删改。

第一节　学前教育评价的基本理论

学习和研究学前教育评价，首先要正确理解学前教育评价的含义，明确其基本的类型、功能和理论模式等基本问题，这是开展学前教育评价的研究与实践的前提。

一、教育评价及学前教育评价的含义

教育评价及学前教育评价的概念，是理解学前教育评价理论问题的基础。

（一）教育评价的定义

《辞海》对"评价"的解释是评论货物的价格，今亦泛指衡量人物或事物的价值。从哲学角度看，价值是一种关系，是客体与主体需要的一种关系，当主体需要时，客体在某种程度上满足了主体的需要，这就形成了客体对主体的价值。离开主体的需要谈论客体的价值是毫无意义的。评价就是主体根据一定的主体需要标准对客体的价值作出判断的活动。

对"评价"含义的正确理解有助于揭示教育评价的内涵。但究竟什么是教育评价？教育评价的本质是什么？目前没有一个比较统一的科学定义，各派学者有着不同的见解。"教育评价"是美国教育家泰勒在 1929 年首次提出的，泰勒认为："评价过程在本质上是确定课程和教学大纲实现教育目标的程度的过程，是一种确定行为发生实际变化的程度的过程。"[1] 我国学者对教育评价的界定范围更宽，一般认为教育评价是根据一定的目的和标准，采用科学的态度和方法，对教育工作中的活动、人员、管理和条件的状态与绩效，进行质和量的价值判断。[2]

显然，上述界定从评价的本义出发，将教育评价的本质定位于价值判断，教育评价就是教育价值的评判。由此，教育价值成为教育评价的关键。教育的价值主要指教育系统对社会或个人等价值主体呈现的意义，在我国理论界，一般从教育的个体发展需要和社会发展需要两个维度来讨论教育价值，前者是指教育具有满足个体发展需要的功能，后者是指教育具有满足社会发展需要的功能。因此，衡量或判断教育的价值，要看它是

---

[1] 瞿葆奎．教育学文集·教育评价［M］．北京：人民教育出版社，1989：263.
[2] 王汉澜．教育评价学［M］．石家庄：河北大学出版社，1999：15.

否满足个体发展的需要和社会发展的需要。

（二）学前教育评价的界定

基于对教育评价本质的认识和理解，可以认为学前教育评价是对学前教育的价值做出判断的过程。依照我们对学前教育的个人发展价值和社会发展价值的设定，来测量、评判学前教育的价值，这就是学前教育评价。为了更好地理解学前教育评价这个概念，我们应从以下几个方面来理解：

（1）在学前教育评价的目的上，强调促进儿童全面、和谐、整体的发展，强调幼儿园教育活动质量的不断提高。

（2）在学前教育评价的内容上，包括学前教育的一切领域或一切问题。既有宏观评价，又有微观评价；既有保育评价，又有教育评价。

（3）在学前教育评价方法上，是在占有大量信息资料基础上的价值判断，重视定性评价和定量评价相结合。

（4）在学前教育评价的手段上，坚持以儿童为本，强调合理化和科学化。

学前教育评价是伴随教育评价的展开而发展起来的，大体经历了从标准化测量到综合评价的变化[①]：

（1）测量阶段。1905年，法国心理学家比奈研制的智力量表中包含学前儿童的评价项目，被视为学前教育测验的开端；真正将学前儿童作为独立的测验对象并且产生较大影响的是美国耶鲁大学格赛尔，他研制了婴幼儿发展量表，能对0至5岁儿童的发展做出评价。

（2）综合评价阶段。形成于20世纪50年代末60年代初，包含两种评价取向。一是20世纪50年代末60年代初开始形成的以量的研究为基础、以质量标准为核心的评价阶段，开展了学前教育投资效益评价、不同课程模式的评价、托幼机构教育质量评价等。二是20世纪80年代中后期形成的以质的研究为基础、以共同建构为核心的学前教育评价，开始反思单纯目标取向及标准化评价等产生的弊端，更加关注评价结构中的过程要素，即强调在儿童一日生活，以及教师与儿童的日常互动与交流中开展真实性评

---

① 李琳. 学前教育评价的历史发展轨迹及其未来发展趋势［J］. 幼儿教育：教育科学，2012（10）：42-47.

价，其显著特征是更注重采用质性方法来描述发生在特定情境中的行为，从而获得多方位、全角度的评价信息，而不只是对行为本身进行量化评定。

我国学前教育评价开始于20世纪20年代，标志是1921年廖世承和陈鹤琴的《智力测验法》的出版。新中国成立后，受苏联教育模式以及"文化大革命"的影响，关于学前教育评价的研究一度处于停滞状态。20世纪80年代后期，我国学者除引介国外教育评价研究成果之外，还参与学前教育评价的国际合作，学前教育评价逐步受到重视，成为政府管理学前教育的内容，也成为学术界的重要研究课题。有关学前教育评价的研究呈现以下特点[1]：第一，对评价性质和功能的认识不断深化，理论探讨亦随之加深，两者相辅相成；第二，对评价方法的研究从单一向多元发展；第三，儿童发展评价仍为评价研究主体，对儿童发展评价趋向全面和科学；第四，对教师的发展性评价以及教师评价与教育过程评价的关联性受到重视；第五，幼教机构评价趋向综合评价；第六，在译介成果方面，从早期单纯译介国外评价理论和指标体系，到趋向比较性研究，侧重探讨我国评价研究呈现的特点和不足，以及探索适合我国学前教育实际的评价模式、评价指标和评价方法。

资料卡片：当代国内外学前教育评价的发展趋势与前沿特点[2]

评价涉及越来越多的相关领域。学前教育评价已从以往单纯注重对儿童的发展与学业成就进行评价，以及注重评价鉴定、选拔功能的发挥，发展到今天重视对与学前教育活动有关的各个方面的评价，以及多元化评价功能的发挥。

评价机构趋于多样化。许多国家都设立各种独立经营的评估机构、研究机构或认证机构，凭借其专业人员和技术上的实力、科学严谨而又公正客观的评价立场和程序，逐步建立起在评价领域的信誉和权威。如美国的学前教育评价主要由专门的教育评价机构或教育研究机构或学术团体与有关专家相结合的评估机构实施，具有非政府性和权威性。

---

[1] 刘彤. 1985年以来我国学前教育评价研究综述[J]. 早期教育（教师版），2008（7，8）：7-10.
[2] 王坚红. 学前教育评价[M]. 北京：人民教育出版社，2010：18-30. 有删改。

评价与研究相结合。把评价和研究结合起来进行，是当代教育评价实践的一个越来越明显的重要特点。美英等发达国家经常结合教育实践或课程方案的实施，出于进一步的决策需要，投资立项研究，以获得可靠而有效的、有价值的评价结论。

评价方法技术不断革新。教育测量与评价技术的迅猛发展，为学前教育评价提供了多方面的新方法、新手段。

评价为决策提供依据。许多国家的教育决策部门开始鼓励并支持有价值的评价项目，并把评价结果作为决策的重要依据。

发展性评价活动以及评价过程制度化。目前发展性教育评价制度已成为评价领域研究的热点，从评价的理论和评价实践上都进行了探索。

对评价工作再评价。学前教育评价的实践和尝试，如果要向着不断进步的方向发展，还必须依靠对评价工作进行再评价这一矫正反馈系统的运行。

重视评价的动态过程和反馈与前馈作用。评价的反馈作用已被人们所熟识，近年来，人们开始重视"前馈"概念的作用。

二、学前教育评价的类型

学前教育评价的类型因不同的维度或分类标准而有不同，了解学前教育评价的类型，有助于全面认识学前教育评价的内涵与外延。

（一）学前教育评价分类概述

目前国内几种主要的学前教育评价著作，对学前教育评价的分类都有介绍。王坚红认为[①]：根据评价方案目标的预定性和评价设计的系统性程度分正式评价和非正式评价；根据受评对象的范围，分为整体评价、局部评价、单纯评价、区域评价和全国评价；根据评价的功能和运行时间，分为诊断性评价、形成性评价和终结性评价；根据评价参照

---

① 王坚红. 学前教育评价[M]. 北京：人民教育出版社，2010：10-15.

体系可分为常模参照评价、标准参照评价、相对评价、绝对评价和个体内差异评价；根据收集与分析资料的方式分为质的评价、量化的评价和混合型评价；根据评价的主体可分为内部评价、外部评价和内部与外部相结合的评价；根据受评儿童的特征分为婴幼儿早期教育评价、残疾儿童教育评价、贫困儿童教育干预计划评价和弱智儿童教育评价；根据学前教育的相关领域分学前儿童课程评价、社会性教育评价、认知能力教育评价、早期教育的投入与效益评价；根据评价机构的经济性质分公共服务性评价和服务赢利性评价等。鄢超云等人主张[1]：根据评价主体的不同，分为内部人员评价和外部人员评价，或者是教师作为主体的评价、儿童作为主体的评价、家长作为主体的评价、管理人员作为主体的评价等；根据教育评价对象或对象涉及的范围，将教育评价分成学生评价、课程评价、学校评价、人事评价、特定项目评价，或者分成对人的评价、对物的评价、对活动的评价；根据评价信息的搜集方式，分为量化取向的评价和质化取向的评价；根据教育评价的功能和目的，将教育评价划分为诊断性评价、形成性评价和总结性评价；根据评价对象所涉及的范围划分为整体评价、局部评价和微观评价；根据评价的参照体系与被评者的关系，可以将评价分为相对评价、绝对评价和自身差异评价；根据评价设计、资料类型及统计分析的类型的不同，可以将评价分为硬评价和软评价；还有自我评价和他人评价，分析评价和综合评价等。胡惠闵、郭良菁认为[2]：根据评价范围分为宏观评价、中观评价和微观评价；根据评价标准来划分为绝对评价、相对评价和自身差异评价；根据评价的功能来划分为诊断性评价、形成性评价和总结性评价；根据评价的主体来划分为自我评价和他人评价等。

（二）几种典型的学前教育评价类型介绍

在学前教育的评价实践中，有以下六大类学前教育评价分类需要理解和运用。[3]

1. 按评价的范围分为宏观评价、中观评价和微观评价

（1）宏观评价。宏观评价就是指涉及的学前教育领域广泛、涉及的地域范围很大，以学前教育的全局问题或宏观决策方面的学前教育问题为对象进行的评价。如对我国当

---

[1] 鄢超云. 学前教育评价[M]. 北京：高等教育出版社，2010：19-26.
[2] 胡惠闵，郭良菁. 幼儿园教育评价[M]. 上海：华东师范大学出版社，2009：23-26.
[3] 霍力岩. 学前教育评价[M]. 北京：北京师范大学出版社，2007：35-61.

代学前教育改革和发展情况的评价，对国家、地区和某市学前教育发展战略等方面的评价。

（2）中观评价。中观评价就是指以幼儿园为评价单位，对幼儿园教育的某一个方面、幼儿园内部的一个部分作为对象进行的评价。如对办园水平、办园条件、幼儿园保育制度、幼儿园教师队伍建设以及幼儿园教学工作、后勤工作、家园联系工作等的评价。

（3）微观评价。微观评价是指评价对象涉及的范围比较小，对儿童身体和健康、语言和智力发展等发展的某一方面所进行的评价，对幼儿园班级墙饰、娃娃家的活动等进行的评价。

2. 按评价的参照体系分为相对评价、绝对评价和自身差异评价

（1）相对评价。相对评价就是指在评价中选取一个或几个对象作为基准，把各个评价对象与基准进行比较的评价方法。如幼儿园组织教育活动观摩时就常采用这种相对评价。

（2）绝对评价。绝对评价就是指在评价对象之外确定一个标准即客观标准，把各个评价对象与客观标准进行比较的评价方法。如对幼儿园分级分类的评价就是绝对评价。

（3）自身差异评价。自身差异评价就是指把评价对象的过去和现在相比较或者把某一个对象的各个侧面相比较的评价方法。自身差异评价包括两个方面：首先，可以用来评价被评对象的过去和现在，如果一个幼儿园原来的物质环境比较差，现在重新装修布置后环境有所改善了，那么我们可以说这个幼儿园就是进步了，这个对幼儿园"进步了"的评价实际上就是运用了"自身差异评价"。其次，可以用来对评价对象的某几个侧面进行比较考察。例如，一个儿童的发展情况可以从身体、认知、社会性等几方面来考察，考察之后就会发现该儿童哪一方面发展得好一些，哪一方面发展得差一些，从而提醒儿童家长和教师在差的方面多加注意和指导。

3. 按评价的层次分为分析评价和综合评价

（1）分析评价。分析评价就是指把评价内容分解成几个项目分别进行的评价。如评价儿童的绘画作品，可以把被评价的作品分解为构思、构图、色彩几个项目分别进行评

定。再比如，评价儿童的语言发展水平，可以采用把语言发展分解为语音、词汇等项目的方法分别进行评价。

（2）综合评价。综合评价就是指对评价内容整体进行的评价，而不去做分解的工作。如果一个幼儿园教师在评价儿童绘画作品时，不把作品分解成若干小项目进行评价，而是凭直观和整体印象直接把儿童的作品评价为好或不好，这时幼儿园教师运用的就是综合评价法。

在有些时候，对同一评价对象或内容的评价，采用综合评价和分析评价所得的结果并不一定一致。因此，在很多的评价方案中，都会将分析评价和综合评价结合起来使用。

4. 按评价的主体分为自我评价和他人评价

（1）自我评价。自我评价是指评价者依据一定的评价标准或准则对自己的表现进行的评价。一个幼儿园教师在完成一个教学活动的组织以后所进行的自我总结就是自我评价，在期末总结时所作的自我鉴定或工作总结也是自我评价。

（2）他人评价。他人评价就是指除自身以外的其他人或组织对该对象所进行的评价。如幼儿园教师对儿童的评价、幼儿园教师之间的相互评价、幼儿园园长对教师的评价以及上级主管部门对幼儿园的评价等都属于他人评价。

5. 按评价的功能分为诊断性评价、形成性评价和总结性评价

（1）诊断性评价。诊断性评价是指在某学前教育活动开始之前进行的测定性或预测性评价，目的在于了解对象的基础或现状并作出鉴定。

（2）形成性评价。又称作"过程性评价"，是指在某学前教育活动过程中进行的评价，其主要目的是在教育活动实施的过程中不断获得改进活动的依据，从而不断调整、修改学前教育活动，以期提高学前教育活动的质量。

（3）总结性评价。总结性评价是指在某项学前教育活动结束后对其最终结果进行的评价。其主要目的是以预先设定的教育目标为基准，对学前教育活动达到目标的程度，即最终取得的成绩和目标之间的距离进行评价。

6. 按评价中是否采用数量化方法分为数量化评价和非数量化评价

（1）数量化评价。数量化评价就是数学方法的评价，指在学前教育评价中将评价

对象进行数量化的分析，从而判断其价值。数量化评价是学前教育评价中比较常用的方法，它可以加强区分度，增加评价的说服力，如我们常用的儿童智力测验等。

（2）非数量化评价。凡在学前教育评价中不采用数量化方法的评价都是非数量化评价，常见的非数量化评价有等级法、评定法等。如我国学前教育界进行的幼儿园分级分类验收工作运用的就是等级法，它把幼儿园分成不同的等级和类别，如一级一类、一级二类、二级一类、二级二类等。

三、学前教育评价的作用与功能

学前教育评价的作用与功能有所不同。学前教育评价的作用是学前教育可以用来做什么以及做后产生什么样的重大影响。学前教育评价的功能是指学前教育评价所能发挥的特有能力和作用，换句话说，就是学前教育本身具有的能做什么的能力。

（一）学前教育评价的作用

学前教育评价作为构成学前教育活动的环节之一，或者作为一种微观和宏观的学前教育管理的方法，可由不同的主体使用，而不同的使用主体可以让学前教育评价发挥不同的作用。

1. 保证全面贯彻教育方针，实现学前教育目标

某一个幼儿园教育质量的高低，某一个地区学前教育事业的好坏，应该根据我国教育方针和教育目标的要求来评定。我国的幼儿园教育目标是保教结合，面向全体，促进儿童的全面和谐发展。对于幼儿园的工作来说，学前教育评价是保证教育目标实现的重要工具。如果说幼儿园全部工作都是为了实现教育目标，那么，学前教育评价就可以使教育目标转化成质量管理标准、保教质量标准以及幼儿园各方面工作的具体要求，从而有利于实施和逐步落实，使幼儿园管理工作、保教工作以及其他各项工作质量不断提高，并最终保证幼儿园教育目标的实现。要实现这个目标，进行学前教育评价是最基本的途径和依据。

2. 保证深化学前教育改革的顺利进行，提高学前教育质量

当前我国正处在学前教育改革的关键时期，如何使改革工作走向深入，顺利进行，提高学前教育质量？这就需要有学前教育评价来保证。学前教育评价在各部门学前教育

决策的制定和在学前教育教学改革上，都起着重要的推动作用。我们的学前教育改革是在十分广阔的领域内进行的，它包括学前教育管理体制、保育和教育的内容、方法、手段等，还包括教师的素质、在职培训和提高等，所有这些改革，都需要学前教育评价提供信息和支持。为了使学前教育改革少走弯路，在改革方案确定以前，必须进行可行性评价，在改革进行的过程中，必须不断进行形成性评价，从而保证学前教育改革朝着正确的方向前进。通过学前教育评价可以使我们认清学前教育改革情况的变化，掌握在一定时期内学前教育改革的发展趋势和倾向，以便对改革做出合乎逻辑的调整。从这个意义上说，学前教育评价是关系到学前教育改革成败的关键因素。

3. 保证促进学前教育管理的科学化

学前教育管理由教育科学研究、教育决策、教育政策执行和教育监督四个环节组成。目前在学前教育管理上，片面重视学前教育决策和政策执行的环节，忽视了决策前的教育科学研究和执行的教育监督环节。学前教育评价采用科学的方法，对学前教育评价对象进行客观、公正的反映，既为决策者提供情况，又能检查决策执行情况和效果，是一种学前教育管理科学化的重要手段。

4. 保证选择适宜的学前教育模式或方案

学前教育评价的一个重要任务是评价教育模式或方案的优劣。通过比较分析，我们就可以找出适合某一地区或适合某一教学内容的适宜模式，从而提高学前教育的质量。对幼儿园教师而言，及时、准确地评价儿童的发展，可以为活动的设计、组织提供证据，从而确保幼儿园活动更好地服务于儿童的健康成长。

（二）学前教育评价的功能

学前教育评价的功能与整体的教育评价的功能相关。关于教育评价的功能，瑞典教育家胡森认为教育评价有四个功能，即形成性功能、总结性功能、心理或社会政治功能和管理功能。[1] 我国学者认为教育评价的功能，是指评价体系的要素所能发挥的特有能力或积极作用。[2] 现介绍以下五种学前教育评价的功能：

---

[1] 许建钺，等. 简明国际教育百科全书·教育测量与评价[M]. 北京：教育科学出版社，1992：46.
[2] 刘本固. 教育评价的理论与实践[M]. 杭州：浙江教育出版社，2001：107.

1. 鉴定功能

学前教育评价的鉴定功能伴随着评价活动的产生而产生，现在仍然是学前教育评价的主要功能。学前教育评价的鉴定功能，是指通过对所搜集的信息资料的整理和分析，对评价对象的客观情况作出证明和说明，为评价对象以后的发展或晋级提供依据。这包括对儿童发展的鉴定、对教师发展的鉴定、对幼儿园工作的鉴定等。[1] 学前教育是在国家的教育目的和学前教育目标指导下施行的，学前教育活动是否已达到教育目的和学前教育目标所提出的要求，需要通过评价来作出鉴定。评价活动可以衡量被评价对象是否达到合格标准或区分其达到目标的优劣程度，并把结果作为对其进行确认或甄选的依据。学前教育评价的鉴定功能主要表现在水平鉴定、评优鉴定和资格鉴定等方面。如通过评价可以判定某个幼儿园是否达到了省级示范幼儿园，是一级幼儿园还是二级幼儿园等。

2. 改进功能

学前教育评价的改进功能是指学前教育评价本身所具有的促进评价对象为实现理想目标不断改进和完善行动的功效和能力。学前教育评价的改进功能是伴随着学前教育评价的发展，在观念上的重要突破。起初，学前教育评价是为了确定个人对知识记忆的多少和智能的水平，评价结果仅仅为了对儿童分等和选拔。为了发挥学前教育评价的改进功能，应通过评价创造向上、创新的气氛，激励教师研究学前教育实践，争取最佳的保育和教育效果。

3. 激励功能

激励就是激发动机或调动积极性。合理的、适时的评价，有利于公平竞争，能调动多方面的积极性。由于评价可能会直接或间接地影响评价对象的形象、利益等，因而能激发被评价者的成就动机，激励他们全力以赴做好有关工作，创造更大的教育成就。[2] 根据学前教育评价的结果，被评价者按其达到目标的优劣程度可分为不同等级。在被评对象比较多的情况下，这种不同的等级会使他们之间进行不自觉的比较。这对被评对象来说，是一种积极的刺激和有力的推动。为了使学前教育评价产生良好的激励作用，必

---

[1] 胡惠闵，郭良菁. 幼儿园教育评价 [M]. 上海：华东师范大学出版社，2009：21-22.
[2] 鄢超云. 学前教育评价 [M]. 北京：高等教育出版社，2010：14.

须将条件评价、过程评价和形成性评价结合起来。

4. 导向功能

由于学前教育价值取向呈现多元化的态势，所以学前教育评价的导向就特别重要。在对待学前教育价值问题上，不同价值观的人具有不同的取向，因此就要用国家和社会的主导价值观进行引导。学前教育评价的导向功能是指学前教育评价本身所具有的引导评价对象朝着理想目标前进的功效和能力。一般来讲，就是通过学前教育评价指标来发挥评价的导向功能，评价指标起一个指挥棒的作用。

为了更好地发挥学前教育评价的导向功能，首先要确定正确、科学的教育目标，并根据教育目标制定恰当的评价内容和标准，对教育效果施行全面的衡量和评价，包括儿童的知识、技能、智力、思想品德、体能等各个方面的发展水平的评价。另外，学前教育评价要顺应时代的发展，注意科技文化进展的新动向，了解教育革新的理论与信息，及时调整评价内容和重点，使之既适合教育教学实际，又体现出发展性和先进性。

5. 调控功能

学前教育评价的调控功能是指学前教育评价对评价对象的保育和教育活动或儿童学习活动进行调节和控制的功效和能力。学前教育评价的调控功能表现在以下两个方面：一是评价者为被评价者调节目标及进程，让被评价者在不同水平上朝目标前进，避免发生达到目标者停滞不前，达不到目标者沮丧气馁的情况。二是被评价者通过评价了解自己的优缺点，明确努力方向，制定改进措施，以实现自我调节。

一项具体的学前教育评价工作并非只是指向某一个评价功能。学前教育评价的多元化功能的发挥，要以评价必须依据正确的教育价值观、评价采用科学的方法和正确的途径、对评价结果作出合理的解释和说明为必要前提。[1] 开展学前教育评价，要充分发挥它的各种功能，只有这样才能利用学前教育评价这一有效的手段，端正学前教育思想，加强学前教育的科学管理，深入研究保育与教育的规律，不断创新，不断前进。另外，我们必须合理恰当地运用学前教育评价，树立正确的评价思想，明确评价目的。

---

[1] 王坚红. 学前教育评价 [M]. 北京：人民教育出版社，2010: 16-17.

四、学前教育评价的理论基础与模式

学前教育评价是教育评价的分支之一，是一个新兴的研究领域。从学科发展的角度看，学前教育评价的建立与发展需要学科理论做基础。而在学前教育评价的发展过程中，也逐渐形成了一些对学前教育评价理论和实践产生影响的理论模式。

（一）学前教育评价的学科理论基础

当代学前教育评价的学科理论基础包括哲学基础、教育学基础和心理学基础。

1. 哲学理论基础

哲学是世界观的学问，任何人的行为都受世界观的支配。哲学既是世界观又是方法论，是世界观与方法论的统一。哲学有不同的理论和流派，形成了不同的本体、知识、实践、伦理等方面的知识体系，必然要影响人们的思想。作为研究领域，学前教育评价不可避免地会受到哲学理论基础的影响。哲学理论基础主要为学前教育评价提供有关知识的来源、知识的性质、知识的类别、认识过程以及知识的价值取向等方面的理性认识，对于学前教育评价的理论和实践，特别是对学前评价的价值取向的判断、学前教育评价设计模式的确定、学前教育评价内容的组织和选择等都会起到直接的指导作用。

2. 教育学理论基础

教育学是研究教育现象和问题的学科领域，研究的目的是为教育工作提供理论上和方法上的理性依据。作为教育活动和研究领域之一的学前教育评价，也必然会受到特定的教育学理论立场的影响。我国教育学的一些独特知识，诸如"全面发展""素质教育"等，理所当然地成为学前教育评价的关键要素。这决定了我国学前教育评价必须紧盯学前教育目标，把培养全面和谐发展的完整儿童作为评价的根本指标，也必须把教育为我国政治经济文化建设服务作为研究学前教育评价的立场之一。

3. 心理学理论基础

心理学是研究心理现象及其规律的一门科学，是我们认识儿童发展的理论基础。儿童发展是学前教育评价的主要内容，心理学理论为学前教育评价提供儿童发展理论的依据，学前教育评价的理论以及整个学前教育评价的过程都离不开心理学理论基础。比如，从心理学研究的基本结论来看，学前教育评价中要注意解决两个问题：一是对儿童的评价应符合儿童生理和心理发展规律；二是要重视评价者与被评价者之间相互产生的心理效应,特别是对被评价者的心理影响。在学前教育评价过程中,产生某些心理冲突或矛盾是正常的,但解决问题的关键是学前教育评价的组织者要遵循心理活动的规律,实行有效的心理调控,调动评价者和被评价者两个积极性。①

(二)学前教育评价的理论模式

教育评价模式是教育评价基本理论与方法的总体概括,是某种教育评价类型的总体构思,是评价理论的具体表现形式。在长期的教育评价研究中,由于学前教育实践的多样化和复杂化,逐步形成多种学前教育评价的理论模式。西方较有影响的有目标模式、CIPP模式(又称为决策模式)、目标游离模式、应答模式等,我国的教育评价模式主要有资格认定模式、质量判断模式、目标达到模式、优秀遴选模式等。这些模式都是特定的历史条件下的产物,都有自身的优缺点,没有好坏之分。这里简要介绍其中对当代学前教育评价仍有影响的几种模式。

1. 目标模式

目标模式诞生于20世纪30年代,是由教育评价之父泰勒提出的,因而又称"泰勒模式"。泰勒认为"评价过程在本质上是确定课程和教学大纲在实际上实现教育目标的程度的过程"。② 目标模式是以教育目标为导向,把教育目标转化为可测量的学生的行为目标,并根据这些行为目标编制课程、教材或教学方案,开展教学活动,然后依据行为目标对教学活动的效果进行评价,判断实际教学活动的效果达到预期教育目标的程度。泰勒评价模式的评价步骤包括:第一,确定教育方案的目标;第二,根据行为和内容对每个目标加以定义;第三,确定应用目标的情境;第四,确定应用目标情境的途径;第五,设计取得记录的途径;第六,决定评定方式;第七,决定获取代表性样本的方法。③

目标模式是教育评价理论发展史上第一个比较完整的评价模式,也是最有影响的模式,它以目标为依据,检查实际活动达到目标的程度,根据反馈信息修改活动方案,具有较强的可操作性。但是,泰勒模式的不足之处是忽视对教育目标自身的评价,并忽视过程性评价和对学生个性发展的特殊性的关注。

---

① 刘本固. 教育评价的理论与实践[M]. 杭州:浙江教育出版社,2001:101.
② 瞿葆奎. 教育学文集·教育评价[M]. 北京:人民教育出版社,1989:263.
③ 瞿葆奎. 教育学文集·教育评价[M]. 北京:人民教育出版社,1989:253-254.

在具体的学前教育评价活动中，运用目标评价模式需做好以下几项工作[①]：第一，确定总目标，树立目标意识。《幼儿园工作规程》中已经确定了我国幼儿园工作的总任务和体、智、德、美的总目标。总目标确定以后，应该帮助所有的学前教育工作者树立目标意识。有了目标意识，围绕目标选择内容、确定教育方法、实施教育方案，学前教育工作就不再是以前的事倍功半，而变成了事半功倍。第二，制定目标体系。《幼儿园工作规程》在体、智、德、美几个方面提出了幼儿园教育的一般目标，而要实现"促进每个幼儿的发展"的总目标，就必须将一般目标进一步分解，分解成多层次、可操作的具体指标，制定科学、周密的目标体系。在实践中，应根据《幼儿园教育指导纲要（试行）》和《3—6岁儿童学习与发展指南》确立的各领域、各年龄段的目标来确立幼儿发展的目标体系。

2. CIPP 模式

CIPP 模式[②]由背景评价（Context Evaluation）、输入评价（Input Evaluation）、过程评价（Process Evaluation）和成果评价（Production Evaluation）四种评价组成。CIPP 是这四种评价名称的英文缩写。CIPP 模式的核心思想是把教育评价看成是"为决策提供有用信息的过程"。其中，背景评价是为计划决策服务，输入评价是为组织决策服务，过程评价是为决策的实施服务，成果评价是为再决策服务。所以，CIPP 评价模式是一种以决策为中心的评价模式。

CIPP 评价模式的基本主张有以下两点：一是教育评价不仅应该关心目标，还应关心目标是怎样筛选出来的，评价应从以目标为中心转向以决策为中心。二是评价不仅应关心目标达成程度，还应关心目标是怎样达成的，评价不仅是结果的评价，还应包括过程的评价。

运用 CIPP 评价模式进行学前教育评价，要求做到：第一，认识到学前教育评价中的一个重要工作就是评价学前教育目标本身。第二，认识到学前教育目标不是一成不变的。第三，在社会这个大系统中评价学前教育目标。

3. 应答模式

应答模式是评价者通过各种方法了解那些评价听取人的需求，并结合实际活动的情

---

① 霍力岩. 学前教育评价 [M]. 北京：北京师范大学出版社，2007: 286.
② 霍力岩. 学前教育评价 [M]. 北京：北京师范大学出版社，2007: 291.

况，对评价方案或决策作出修改，以应答绝大多数人的需要的一种评价模式。应答模式的基本步骤有四个：首先，评价者与一切跟评价对象有关的人接触，获取他们对评价对象的看法和需要；其次，制定观察与商谈计划；再次，根据不同的要求，选择不同的搜集信息的方法，并对搜集来的资料进行加工处理；最后，将所获得的信息按需要回答的问题分类，把分类评价结果写成正式报告并分发给各有关人员。

运用应答模式进行学前教育评价时需做好以下几项工作：第一，注重以自然的接触方式、非正规的观察和交往方式收集信息。第二，注意收集各方面的特别是持不同观点的人的意见。第三，强调评价应当为评价听取人服务，满足他们对信息的需求，尽可能地对他们的问题给予回答。

资料卡片："第四代教育评价"：教育评价的新动向[①]

所谓"第四代教育评价"是指20世纪80年代于美国兴起的一种教育评价理论，创立者是印第安纳大学教育学院的枯巴和维德比尔特大学的林肯。"第四代教育评价"的初步思想最早出现在他们合写的《有效的评价》（1981）和《自然主义的研究》（1985）两篇重要文章中。1989年他们正式出版《第四代教育评价》，系统地阐述了这种理论的基本观点和理论构架。

他们把教育评价分成四个阶段。第一代评价理论：1900—1930年左右，标志是"测量"理论的形成和测验技术的普遍实际运用。第二代评价理论：1950—1940年左右，标志是泰勒行为目标评价模式的形成。第三代评价理论：1950—1970年间，引入价值判断问题，"判断"是这个时期评价理论的特色。他们认为这三代评价理论有共同的不足：（1）往往把评价对象及其他一切有关的人都排除在外不予考虑，容易在评价者与评价对象之间形成紧张、对立的关系。（2）忽视其他价值体系在评价中的作用，评价往往很难为各种文化背景下的人们所普遍接受。（3）过分强调在评价中采用"科学方法"。

---

① 陈如. 教育评价模式与发展特征探析[J]. 江苏高教，2000（1）：71-74. 有删改。

> 他们认为,"第四代评价"有两个最基本的方法,即"应答性(资料)收集法"和"建构主义方法"。"应答性收集法"的,基本含义是让评价对象与其他有关的人员都有机会表达自己的意见、关心的东西及存在的问题等,而不受评价者价值观的限制。"建构主义方法"认为现实并不是纯"客观"的、"外在于人"的东西,它不过是人们与对象交互作用形成的一种心理"建构物",这种"建构物"受认识者一定的社会、心理、文化因素所制约。

第二节 学前教育评价的实施

只有当评价能够按照科学、合理的程序,采用适宜的方法加以组织实施时,才能保证其有效性和可靠性。在学前教育的不同领域,对不同的评价目的和内容应该选用相应的评价原则、步骤、内容和方法。

一、学前教育评价的基本原则

原则是行为所依据的法则或标准,它既是客观规律的反映,又是人们主观上的约定,因而原则是主观和客观统一的产物。学前教育评价原则是对学前教育评价基本规律的认识,是进行学前教育评价所必须依据的法则、要求或准绳,对学前教育评价活动具有普遍的指导意义。学前教育评价的基本原则主要有以下几种[①]:

(一)方向性原则

学前教育评价的方向性原则,是指评价必须坚持引导教育工作更好地贯彻国家的教育方针、满足社会和个体发展需要的正确方向,保证保育和教育活动沿着良性、健康的方向发展。贯彻学前教育评价的方向性原则,应做到:第一,坚持社会主义办园方向,

---

① 霍力岩. 学前教育评价[M]. 北京: 北京师范大学出版社, 2007. 63-73.

必须结合各地实际情况，因地制宜，用具体的评价目标来监督和引领幼儿园的办园方向。第二，学前教育评价应体现正确的教育价值取向，即应牢固树立为儿童和社会发展服务的方向。第三，要求学前教育评价在确定评价目的和标准时，必须以国家的教育目标和儿童发展的特点为总的依据。

（二）科学性原则

学前教育评价必须以科学的态度和方法进行评价。学前教育评价的科学性原则，是指进行评价必须把握教育和学前教育评价的客观规律，以客观事实为依据，从客观实际出发获取真实信息，依据科学的标准，对教育活动的过程和成果进行分析判断。贯彻学前教育评价的科学性原则，应做到：第一，建立一个科学合理的评价指标体系，确定的评价指标必须符合评价的目的、要求，反映被评对象的本质特征。在制定评价指标体系时，要注意评价指标的全面性，做到评价指标体系的统一性与灵活性相结合。第二，定量和定性评价相结合。这样，才能使评价信息的搜集更为全面、准确，评价结论更可靠，使评价方式和方法更科学化。

（三）客观性原则

学前教育评价客观性原则，要求在进行学前教育评价时，以真实的资料为基础，必须采取客观、实事求是的态度，对教育结果进行客观的价值判断，不能主观臆断和掺杂个人感情。这关系到评价的结果和目标的实现。所以客观性原则是做好学前教育评价的基本保证。要贯彻学前教育评价的客观性原则，应做到：第一，评价者应做到客观公正，实事求是。第二，要全面地收集资料。第三，应根据教育目标确定的评价标准来进行。

（四）可行性原则

学前教育评价非常强调实践性和操作性，必须要保证切实可行。学前教育评价的可行性原则，是指学前教育评价要在保证正确方向和科学、客观的前提下，尽量使评价简便易行。评价过于繁杂，会造成更多的人力、物力的浪费和评价对象的负担，会降低评价的实际功效。要贯彻学前教育评价的可行性原则，应做到：第一，评价指标体系要简便易测。第二，评价指标要有一致性和普遍性。第三，不能过分要求精确的评价结果。

第四，评价方法必须力求简易等。①

（五）可比性原则

学前教育评价可比性原则是指在一个一定的范围内进行评价时，要有统一的评价标准，使本范围内的教育工作都能根据这个标准进行评价。要贯彻学前教育评价的可行性原则，应做到：第一，对学前教育工作的各方面提出具体而明确的检查标准。第二，横向比较一般应在客观条件相似的同等档次中进行，不能在条件相差较大的事物间进行比较。纵向比较时要看基础、发展和提高的幅度，而不能只看与最高水平的距离。第三，指标体系中指标尽量做到数量化。

（六）全面性原则

学前教育评价的全面性原则是由我国学前教育的目标和任务决定的。学前教育作为一种社会现象，并不是孤立存在的，而是与政治、经济和文化有密切联系的。因此，对学前教育进行评价必须坚持全面性原则。学前教育评价全面性原则是指评价的项目要全面，收集的信息要全面。不论是对儿童的评价，还是对幼儿园教师或幼儿园的评价，都要有全面正确的资料作为依据，以便把握事物的整体，做出科学的全面的评价。要贯彻学前教育评价的全面性原则，应做到：第一，要抓住评价指标的全面性，全面、充分地反映教育目标，反对过分强调某一些因素而忽视其他的因素。第二，要求在学前教育评价中要全面地收集相关信息。

（七）主体性原则

学前教育评价主体性原则，是指要让幼儿园和儿童成为评价的主体。要贯彻学前教育评价的主体性原则，应做到：第一，把评价的权利还给幼儿园和儿童，增强幼儿园主体情感。第二，满足幼儿园的评价需要，提高幼儿园主体兴趣。第三，建设民主平等的师幼关系，落实儿童的主体地位。

（八）发展性原则

学前教育评价发展性原则，是指把促进儿童全面发展、协调发展、可持续发展作为学前教育评价的最高目标并落实在评价实践中。要贯彻学前教育评价的发展性原则，应

---

① 霍力岩. 学前教育评价［M］. 北京：北京师范大学出版社，2007：64-66.

做到：第一，把"是否有利于儿童的发展"作为评价教育价值的核心指标。第二，要建立起有利于儿童发展的评价机制。

（九）多元性原则

学前教育评价多元性原则指评价过程中的多样性，是指学前教育评价要从儿童发展的多样性、动态性、水平的差异性出发，多视角、多维度、多层次、多侧面地认识问题，多渠道收集信息，以达到促进评价对象发展的目的。要贯彻学前教育评价的多元性原则，应做到：第一，要把评价内容、标准、方法、主体等多元化。第二，评价既要体现个性，又要体现共性。

（十）法治性原则

学前教育评价的法治性原则是要求评价必须按照法律、法规的规定展开。《义务教育法》《教师法》《教育法》《幼儿园工作规程》等这些教育法律、法规的颁布，使我国的学前教育管理步入了"依法治教"的轨道。要贯彻学前教育评价的法治化原则，应做到：第一，要建立健全的学前教育法规体系，完善教育管理机构。第二，要依法行事，教育行政部门及工作人员必须严格地遵守、执行教育法律和法规。第三，要完善监督系统。[①]

二、学前教育评价的一般过程

学前教育评价的基本步骤可以分为准备阶段、实施阶段和总结阶段，其中每一个阶段又有若干项工作。如评价的准备阶段包括背景分析、制定评价的方案和建立评价组织，评价的实施阶段包括相互沟通、收集信息、评议评分和汇总整理等项工作，评价的总结阶段包括分析与解释资料、撰写评价报告和向有关方面提供反馈评价信息等。

（一）准备阶段

学前教育评价准备阶段的主要任务是明确评价目的、分析学前教育评价的背景、组建学前教育评价机构和设计学前教育评价方案。

---

① 刘本固. 教育评价的理论与实践 [M]. 杭州：浙江教育出版社，2001：284.

1. 明确评价目的

进行学前教育评价，首先必须明确学前教育评价的目的，解决为什么要评价的问题。学前教育评价的目的大体可以分为两大类：一类主要是以诊断、改进、促进评价对象提高和发展为目的，另一类主要是以分等、鉴定、区分评价对象优劣为目的。评价的目的不同，其评价时机、方法、搜集评价信息的渠道、评价主体、评价结果的使用等都不同。

2. 评价背景分析

背景分析是评价准备阶段的一项重要工作，它的主要任务是确定评价活动要解决的主要问题。在不同的时空，教育要解决的问题是不一样的。因而，学前教育评价要解决的问题也不相同。明确学前教育评价需要解决的问题是加强评价活动的针对性，使评价能取得实效的关键。一般来讲，对学前教育评价背景进行分析，主要包括社会发展背景分析、教育发展背景分析、教育行政管理部门政策制度要求、评价委托人的需要以及被评对象自身状况分析等。

3. 制定评价方案

学前教育评价方案是根据一定目的和教育活动、评价活动的一般规律，对评价的指导思想、内容、范围、方法、手段、程序等加以规范，作出规定的基本文件，一般包括评价的目的和指导思想、评价指标系统、权数、评价标准，对评价指标体系中方法、评价工具和评价实施程序的说明以及必要的附录等。其中，评价目标分解成评价项目、分配权数、确定评价标准等是评价方案中的核心内容。

评价方案的设计一般包括以下五个步骤：(1)确定与表述评价目的。(2)根据特定的评价目的设计评价准则。(3)按照各准则之间的内在逻辑形成分级系统，并依据它们的相对重要性，对各准则赋予相应的权重。(4)确定测定的量表和评价标准，为测量和评价提供作为参考系统的尺度。(5)设计收集各种信息的表格等。

4. 建立评价组织

组建学前教育评价组织机构和培训评价人员是评价的组织准备。组织准备主要是规定谁来评的问题。建立评价组织包括成立专门的评价委员会、设置一定形式的评价办事机构或聘请有关专家成立专家组，对评价人员进行培训等。

（二）实施阶段

学前教育评价的实施是实际开展评价活动的阶段，是学前教育评价理论、目标、方案转化为学前教育评价实践活动的关键性环节。实施阶段包括以下几个步骤[①]：

1. 宣传发动

宣传发动既是针对被评价者的，也是针对评价者的。它的主要目的是通过多种宣传方式统一评价者与被评价者的思想，防止产生各种消极因素和抵触情绪。

2. 收集评价资料

全面、真实地收集和掌握评价对象的信息，是作出客观、科学评价结论的前提。评价信息收集的多少和质量的高低直接关系到评价结果的科学性。收集评价信息的要求是真实性、准确性、全面性。收集学前教育评价信息的途径很多，最常用的有查阅文献、观察、调查、测验等。

3. 评定评分

在掌握大量有关资料的基础上，评价人员就应该给每一个具体的项目评分。评价工作需对各项指标进行科学而简便的评分，并应严格按照方案中规定的评分方式和要求，对照标准谨慎地执行评定或评分。

4. 汇总和整理

汇总和整理后的资料具有完整性、系统性和简洁性，既能系统地反映对象的客观情况，又简明集中。评价信息资料经过审核、归类和汇总后，有的是以文字形式表达的评价信息，有的是以数据形式表达的评价信息，也有录音、录像评价信息。学前教育评价信息资料整理的一般步骤和要求是：归集信息资料，审核信息资料，对信息资料进行分类、汇编、建档。

（三）总结阶段

1. 分析与解释结果

现代学前教育评价特别重视对学前教育评价结果的解释。不同性质的评价，其标准不同，解释的方法也不同。分析与解释结果包括以下几个方面：

---

① 霍力岩. 学前教育评价［M］. 北京：北京师范大学出版社，2007：200-201.

第一，形成综合判断。就是从总体上对被评对象作出关于其工作的定性或定量的综合意见。在必要时，对被评对象作出等级区分或对被评对象作出其是否达到应有标准的结论。第二，分析诊断。为了更好地帮助被评对象改进工作，在形成综合判断的基础上，还需要对评价过程得到的信息进行细致的分析，对被评对象的工作的优劣进行系统的评论，以帮助被评对象认清存在的问题和问题的症结所在，从而有针对性地改进工作。第三，估计本次评价活动的质量。在对被评对象的全部评价工作结束以后，根据评价结果和遇到的问题，估计本次评价活动的质量。

2. 撰写评价报告

作出分析与解释结果后，评价者要向相关部门和人员提供某种形式的书面报告。评价报告是表达和交流评价过程与结果的重要文件，应保证报告质量。评价报告的大致内容包括概要、背景、评价过程、结果、结果的分析与评论、费用与效益、结论与建议等。评价报告一般需要向三个方面进行报告[1]：

第一，向有关领导部门报告，为上级的决策提供依据。需要强调的是，由评价获得的信息是领导决策的一个重要依据，但它不应该成为决策的唯一依据。第二，向被评对象进行反馈，使他们能有针对性地改进工作。第三，在有些情况下，还需要在一定范围内公布评价的结果，使同行能相互借鉴、相互督促。

3. 反馈评价信息

获得学前教育评价的结果之后，不是评价工作的结束，而是要及时地将评价结果进行反馈和有效利用。这样才能充分发挥学前教育评价的作用，达到学前教育评价的目的。学前教育评价信息反馈的要求有：第一，反馈要及时；第二，反馈信息要全面；第三，反馈信息要准确；第四，反馈方式要多样；第五，反馈和指导统一。

三、学前教育评价的基本方法

所谓教育评价方法，是指在教育评价过程中确定评价指标权重和搜集、整理、分析与解释评价资料的办法和手段。因此，教育评价的方法一般分为确定评价指标权重的方

---

[1] 王坚红. 学前教育评价[M]. 北京：人民教育出版社，2010：80.

法，教育评价信息的搜集、整理方法，教育评价的分析方法和价值判断的方法。[①]

（一）评价指标设计与确定权重的方法

评价者根据指标设计的基本要求，选择切合实际的指标设计方法。指标设计方法有目标分解法、典型解剖法、专家咨询法等。

权重是指标体系中指标在完成、实现整体目标中的贡献程度和重要程度。只有确定了各指标的权重之后，才能合理地进行分析和判定。确定权重的方法主要有专家意见平均法、德尔斐法（Delphi）、秩和运算法、层次分析法等。

（二）教育评价信息搜集的方法

全面的客观的信息资料，是学前教育评价的基本条件。学前教育评价信息搜集的方法是多种多样的，如观察法、文献法、调查法、谈话法等。

1. 观察法

观察法是指研究者按照一定的目的和计划，在教育活动的自然状态下，用自己的感官和辅助工具对研究对象进行系统地观察研究的一种方法。观察既可以在整个教育过程中进行，也可以观察它的某些部分。观察法不限于肉眼观察、耳听手记，还可以利用视听工具，如录音机、录像机、电影机等作为手段。观察法的类型有自然观察研究法和实验观察研究法、直接观察研究法和间接观察研究法、参与观察研究法和非参与观察研究法、系统观察研究法和随机观察研究法。观察法的步骤是：做好准备，制订观察计划，进行实际观察。

2. 文献法

文献是指反映评价对象基本情况和价值程度的书面资料、数据、图表及音像材料等的总称。文献法也称历史文献法，就是搜集和分析研究各种现存的有关文献资料，从中选取信息，以达到某种调查研究目的的方法。教育评价文献信息的查询途径有网络查询、调查访问各地方教育行政部门等。

3. 调查法

调查法是搜集有关研究对象的现状及历史的材料，弄清事实，借以发现存在的问

[①] 王汉澜. 教育评价学[M]. 石家庄：河北大学出版社，1999：92-129.

题，探索教育规律的研究方法。调查研究法是研究者有计划地通过亲身接触和广泛了解，比较充分地掌握有关学前教育和幼教机构的历史、现状和发展趋势，并在大量掌握第一手材料的基础上，进行分析综合，找出科学的结论，以指导以后的保育和教育实践活动。调查的主要目的是对儿童、教师、保教工作、管理工作、幼儿园办园条件等各种情况或信息资料进行全面或局部的搜集、整理、分析和研究，从中找出规律，总结经验，得出客观的结论。调查的主要手段有访谈、问卷、测试等。

4. 谈话法

谈话法是通过和儿童交谈，来研究儿童的各种身心发展变化的方法。谈话法是研究儿童心理常用的方法。在运用此方法时研究者应注意：(1)把握谈话方向，内容要围绕研究目的展开。(2)主试事前要熟悉儿童，并与其建立亲密的关系。(3)提出的问题明确，使儿童容易理解和回答。

（三）教育评价的分析方法

学前教育评价中常用的分析方法有：(1)统计分析法。统计分析法就是通过数学的方法去分析和比较教育评价资料的方法。(2)模糊综合评判法。模糊综合评判法是把模糊数学应用于教育评价而形成的一种方法。(3)作品分析法。作品分析法是通过对儿童作品的分析来了解儿童发展程度的一种方法。比如通过绘画作品来分析儿童的想象力，往往起到语言和表情动作所达不到的效果。作品分析法需要有明确的目的和计划，对要分析的作品要确定范围和分析的重点。

（四）价值判断的方法

根据选取的价值标准不同，价值判断的方法可分为绝对评价、相对评价和自身差异评价三种。绝对评价是指在评价对象之外确定一个标准即客观标准，把各个评价对象与客观标准进行比较的评价方法。如对幼儿园分级分类的评价就是绝对评价。相对评价是指在评价中选取一个或几个对象作为基准，把各个评价对象与基准进行比较的评价方法。如幼儿园组织教育活动观摩时就常采用这种相对评价。自身差异评价是指把评价对象的过去和现在相比较或者把某一个对象的各个侧面相比较的评价方法。

四、学前教育评价的内容范围

学前教育评价的内容范围是什么？根据学前教育评价的定义，可以认定学前教育评价的范围是所有学前教育现象，包括其他社会现象对它的影响和制约，也包括它对其他社会现象的作用和贡献等。可以说，学前教育评价的范围很广，涉及学前教育的各个方面、各个层次、各个部门。它可以是对儿童发展情况的评价，也可以是对教师和各级管理人员素质和工作状况的评价；可以是对一个班、一个幼儿园的评价，也可以是对一个县、一个地区、一个省或一个国家范围内学前教育状况的评价，还可以是对世界学前教育发展情况的评价。如果再做分析，我们可以把学前教育评价的范围进一步划分为幼儿发展评价、幼儿园工作评价和其他评价。[1]

（一）幼儿发展评价

近年来，幼儿发展评价研究不仅在理论上逐渐受到广泛关注，而且在实践领域中，也正在成为幼儿园日常工作的重要组成部分。幼儿发展评价是依据学前教育目标以及与此相适应的幼儿发展目标，运用教育评价的理论和方法，对幼儿身体、认知、语言、品德与社会性等方面的发展进行价值判断的过程。它是学前教育评价的重要组成部分。

白爱宝编著的《幼儿发展评价手册》中，对幼儿的发展从健康与动作、认知与语言、品德与社会性、习惯与自助能力四个领域进行评价。幼儿健康与动作发展领域主要由幼儿健康发展和幼儿动作发展两部分组成。幼儿认知和语言发展分别从幼儿的感知能力、思维能力、知识经验和语言能力四个方面对幼儿的认知和语言发展进行评价。对幼儿品德与社会性发展评价从自我系统、情绪与情感、文明行为、交往行为方面对幼儿进行了全面的考察。幼儿习惯与自助能力评价分别从生活卫生习惯、学习兴趣、自我保护等方面来考察。[2] 近年来，国内外学者很重视幼儿学习品质的评价问题。[3] 表 9-1 是幼儿发展评价的指标体系举例。

---

[1] 霍力岩. 学前教育评价 [M]. 北京：北京师范大学出版社，2007：19-21.
[2] 白爱宝. 幼儿发展评价手册 [M]. 北京：教育科学出版社，2000：83-201.
[3] 鄢超云. 学前教育评价 [M]. 北京：高等教育出版社，2010：96-108.

表 9-1　幼儿发展评价指标体系举例 [1]

评价内容	内容层次
身体健康	.身高、体重、血色素达到《上海市儿童保健所条例》规定要求 .适应气候环境的变化，对疾病能配合预防和治疗，发病少 .充分活动，逐步养成运动的习惯
自理能力	.乐意接受日常清洁事项，在成人指导下会进餐等 .具有独立进餐、喝水、睡眠、盥洗等能力 .有整理自己物品的能力，有良好的生活自理习惯 .独立自信地做力所能及的事
自我意识	.知道自己的名字、年龄以及自己身体的主要部分 .能区分自己和他人 .会独立选择自己喜爱的玩具和活动 .能评价自己和同伴
适应集体	.初步适应集体生活 .习惯幼儿园生活 .喜欢幼儿园生活，体验到与同伴共处的愉快 .喜欢主动地参加各类集体活动，在不同场合不怕陌生
规则意识	.初步遵守一日生活中的固定常规 .能遵守简单的规则 .遵守公共秩序和规则，能控制自己的行为 .在生活、学习、游戏中有初步的规则意识，会商量提出规则，共同遵守
合作意识	.愿意与同伴一起玩 .愿意与同伴合作，商量着玩，能共同使用材料与玩具 .会与别人合作完成一件事
关爱情感	.亲近教师，在成人提醒下能向熟识的人打招呼 .对人有亲切感，会主动招呼 .能用适宜的方式表达自己对长辈尊敬、对他人关心的情感 .能觉察并尊重他人的情绪和需要，愿意帮助别人
实践操作	.喜欢摆弄物品 .会简单的拼搭与制作 .会借助工具运用各种材料进行制作和实验，喜欢种植、饲养等活动 .能使用材料进行多种操作，能尝试接触和运用多种媒体
运动能力	.会一些基本运动技能，避开障碍物 .会上下楼梯，对完善运动技能感兴趣 .喜欢运动，动作协调，会有节奏地做运动 .动作灵敏，有一定耐力，有初步的自我保护能力
探索精神	.以触摸、闻、品尝等方式来体验事物 .对周围较明显的刺激产生好奇 .喜欢观察，会用各种感官探索事物 .好学好问，对周围信息敏感。能主动提问，多角度寻求答案

---

[1] 胡惠闵，郭良菁. 幼儿园教育评价[M]. 上海：华东师范大学出版社，2009：99-100.

续表

评价内容	内容层次
知识经验	.能初步识别与生活密切相关的人和物体 .知道周围环境中常见的人和物体的显著特征 .了解人与动植物、自然现象、社会环境之间的简单关系 .了解周围主要文化景观和社会信息,形成周围环境中有关人和物体的初步概念
倾听阅读	.能听懂普通话,安静地听简短的故事 .能听懂教师说话的意思,乐意接触幼儿艺术作品 .能倾听别人讲话,喜欢阅读 .有良好的阅读习惯,关心常见的符号、标志和文字
表达能力	.乐意开口说话,表达自己的需求 .能用普通话表达自己的意思 .清楚表达自己的意思,并回答问题 .能围绕一个话题与人交流,进行讨论、对话
艺术表现	.乐意模仿声音、动作 .会大胆地涂画,和同伴一起表演 .能在艺术活动中自然地表达自己的情感 .初步具有艺术表现能力
想象创造	.能对玩具、材料、声音等产生联想 .在各类游戏中有想象创造 .在活动中有求异意思和表现

(二)幼儿园教师评价

幼儿园教师评价对提高学前教育质量具有重要作用。当我们不断追求完善学校教育质量的时候,就不能忽视教师评价的潜在价值。[1] 随着幼儿园教师专业发展研究的需要,对教师评价的研究愈来愈多。幼儿园教师评价是指根据教育方针、政策、法规和幼儿园教育的目标、要求,运用教育评价的理论、技术和方法,对教师的素质、工作过程及效果作出价值判断的过程。

幼儿园教师评价内容可包括:常规性行为,如服从安排、遵章守纪、工作负荷等;专业性行为,如教育活动的设计与实施、幼儿游戏的指导与帮助、幼儿发展的观察与研究、教育环境的规划与创设、家园联系的建立与开展等;发展性行为,如发展规划、学习反思、交流合作等。[2]

---

[1] 陈玉琨. 教育评价学 [M]. 北京:人民教育出版社,1999:98.
[2] 胡惠闵,郭良菁. 幼儿园教育评价 [M]. 上海:华东师范大学出版社,2009:113.

(三)幼儿园课程评价

幼儿园课程评价是一种以幼儿园课程为评价对象的特殊的认识活动,它是针对幼儿园课程的特点和组成要素,收集相关信息,对幼儿园课程的价值、适宜性、效益做出判断的过程。幼儿园课程评价的内容基于不同的研究角度,可以提出不同的观点。一般包括幼儿园课程方案评价、课程内容评价、课程实施过程评价和课程实施效果评价。如美国弗吉尼亚大学皮安塔教授等人研制的"课堂互动评估系统"(classroom assessment scoring system,简称CASS),含有情感支持、课堂组织、教学支持三个维度,可用于观察评价幼儿园到小学三年级的教室里师生互动的质量,是目前应用比较广泛的一种幼儿园课堂评价工具。

(四)幼儿园环境评价

幼儿园环境评价是指在占有信息资料的基础上对环境属性做出的价值判断,其目的在于使环境的创设朝着更有利于儿童发展的方向进行。通过环境评价,可以使我们更好地认识和利用环境中的有利因素,发现和控制不利因素,使环境保持一种良好的状态,从而更有利于儿童的发展。幼儿园环境评价的内容包括物理环境评价和社会环境评价。幼儿园物理环境的评价主要包括全园整体环境的评价、室外环境的评价和室内环境评价三个部分;对幼儿园的社会环境评价可以从组织气候和人际关系两个方面来进行。美国北卡罗来纳大学哈姆斯等人开发的《幼儿环境评量(修订版)》(Early Childhood Environment Rating Scale-Revised)是使用比较广泛的幼儿园环境评价工具。

(五)幼儿园保育评价

幼儿园保育评价是依据一定的标准和程序,对园所各个方面的保育工作进行科学调查,并做出价值判断的过程,如表9-2所示。幼儿园保育评价是园所领导与管理工作的必不可少的内容和环节。幼儿园保育评价内容主要包括:保育制度的评价,如卫生制度评价、健康制度评价、生活制度评价、体弱儿保育制度评价等;保育设施的评价,如保育设施的完善程度和服务质量等;健康教育评价,如平衡膳食和合理营养、良好的生活规律和习惯、安全教育、预防接种、预防常见病、生长发育监测和心理卫生等;保育人员的评价。

表9-2 幼儿园保健工作评价表 ①

幼儿园：　　　　　　　　　　　　　　　　　　　评价时间：

目标项目	目标指标	分数标准	自评分数	考核分数
传染病	年发病率10%以下，肝炎、痢疾、无续发			
常见病	年发病率较低			
预防接种	接种率100%			
身高、体重	增长率100%；个体增长达标率：身高90%以上，体重50%以上			
驱蛔	服药率100%			
沙眼、龋齿、贫血	矫治率100%			
近、远视，弱、斜视	矫治率100%			
体弱、偏食、肥胖	管理率100%			
进餐照顾	符合要求达95%			
户外活动	达标率达98%（2小时/日）			
卫生	达标率达98%（98分以上）			
防病宣传	每月一期专栏或板报，随时口头宣传			
晨、午检	完成率100%			
事故	发生率0.5%以下			
照明	150勒克斯以上			
桌椅配套	100%			

（六）幼儿园游戏评价

幼儿园游戏评价内容包括：游戏条件的评价，如幼儿园游戏的物质条件和精神条件；幼儿游戏行为评价，如幼儿在游戏中的情绪、兴趣、语言和社会性的表现、独立自主性等；教师游戏的指导，如对游戏组织的评价、指导水平的评价等。表9-3为幼儿角色游戏评价。

---

① 霍力岩. 学前教育评价［M］. 北京：北京师范大学出版社，2007：35.

表 9-3　幼儿角色游戏评价表 [1]

评价项目	评价等级	评价方法	说明
1. 游戏主题	1. 无主见，随大流 2. 能听从老师的指令 3. 能模仿他人 4. 独立提出或与同伴商定游戏主题	观察游戏	详细记录幼儿行为，并举出典型事例
2. 游戏情节	1. 情节简单、零星，无连续性 2. 情节内容一般 3. 情节有趣，内容丰富，有吸引力，具有内在的逻辑性与合理性	观察游戏	详细记录幼儿行为，并举出典型事例
3. 游戏材料运用	1. 能运用物品材料 2. 会用替代物进行游戏 3. 运用材料组合或者自制替代物，以不断推进游戏的展开	观察游戏	详细记录幼儿行为，并举出典型事例
4. 角色意识	1. 无角色意识 2. 有一定的角色意识，但不稳定 3. 角色意识稳定，并常有个性化的发挥	观察游戏	详细记录幼儿行为，并举出典型事例
5. 语言能力	1. 语言表达能力弱 2. 有一定的语言表达能力 3. 有很好的语言表达能力，语言流畅自然	观察游戏	详细记录幼儿行为，并举出典型事例
6. 社会性水平	1. 独自游戏多 2. 有一定的交往意识与技能 3. 能与他人合作进行游戏，并能灵活协调与他人的关系	观察游戏	详细记录幼儿行为，并举出典型事例
7. 参与程度	1. 缺乏参与的热情 2. 能参与游戏 3. 能积极参与游戏，富有热情和感染力	观察游戏	详细记录幼儿行为，并举出典型事例
8. 规则意识	1. 无规则意识，常有破坏性行为 2. 有时能遵守规则 3. 有明确的规则意识，并尝试灵活变通规则并形成新的规则	观察游戏	详细记录幼儿行为，并举出典型事例

▶ 小结

教育评价是根据一定的目的和标准，采用科学的态度和方法，对教育工作中的活动、人员、管理和条件的状态与绩效，进行质和量的价值判断。学前教育评价是对学前教育的价值做出判断的过程；它是依照对学前教育的个人发展价值和社会发展价值的设定，来测量、评判学前教育的价值的过程。典型的学前教育评价类型有六大类分类。

---

[1] 王坚红. 学前教育评价[M]. 北京：人民教育出版社，2010：270-278.

学前教育评价的作用：保证全面贯彻教育方针，实现学前教育目标；保证深化学前教育改革的顺利进行，提高学前教育质量；保证促进学前教育管理的科学化；保证选择适宜的学前教育模式或方案。学前教育评价具有鉴定、改进、激励、导向、调控等功能。

有影响的学前教育评价模式有目标模式、CIPP 模式以及应答模式等。

学前教育评价应坚持方向性、科学性、客观性、可行性、可比性、全面性、主体性、发展性、多元性、法治性等原则。学前教育评价的基本步骤可以分为准备阶段、实施阶段和总结阶段。

学前教育评价范围可包括幼儿发展、幼儿园教师、幼儿园课程、幼儿园环境、幼儿园保育、幼儿园游戏等方面的评价。

▶ 思考与实践

1. 名词解释：教育评价、学前教育评价、诊断性评价、形成性评价、总结性评价
2. 简述学前教育评价的类型。
3. 简述学前教育评价的功能。
4. 简述幼儿园评价的原则。
5. 简述幼儿园评价的一般过程。
6. 简述幼儿园评价的方法。
7. 简述幼儿园评价的内容。
8. 对见习的幼儿园课堂教育活动表进行评析。
9. 对见习的幼儿园教师发展进行评析。
10. 对见习的幼儿园环境进行评析。
11. 实践应用：
    （1）制作幼儿发展评价表，并在一所幼儿园对幼儿实施评价。
    （2）制作幼儿园环境评价表，并对一所幼儿园实施评价。

▶ 延伸阅读

1. 王坚红．学前教育评价 [M]．北京：人民教育出版社，2010．（第一章、第二章、第三章、第九章）

第一章论述了学前教育评价的概念、类型、功能和发展趋势与特点；第二章论述了当代西方学前教育评价的理论模式；第三章论述了学前教育评价的基本过

程与方法;第九章论述了幼儿园游戏评价问题。

2. 鄢超云. 学前教育评价[M]. 北京:高等教育出版社,2010.(第一章、第三章、第四章)

第一章论述了教育评价的基本理论问题;第三章论述了学前儿童的学习与发展评价问题;第四章论述了幼儿园教师及教育工作评价问题。

3. 胡惠闵,郭良菁. 幼儿园教育评价[M]. 上海:华东师范大学出版社,2009.(第一章、第二章、第四章、第五章)

第一章论述了幼儿园教育评价的沿革、含义、功能与类型;第二章论述了西方有关幼儿园教育评价的理论模式,并对这些模式进行了分析评论;第四章和第五章论述了幼儿园教育评价的具体内容,如幼儿发展评价、幼儿园教师评价、幼儿园课程评价、幼儿园环境评价和幼儿园保育评价。

4. 霍力岩. 学前教育评价[M]. 北京:北京师范大学出版社,2007.(第一章、第四章)

第一章论述了学前教育评价的理论问题,如评价的本质、学前教育评价的概念与意义、学前教育评价的历史沿革、学前教育评价的主要种类与基本原则等;第四章论述了西方学前教育评价的思潮。

第十章

学前教育中的社区与小学

>> 内容导航

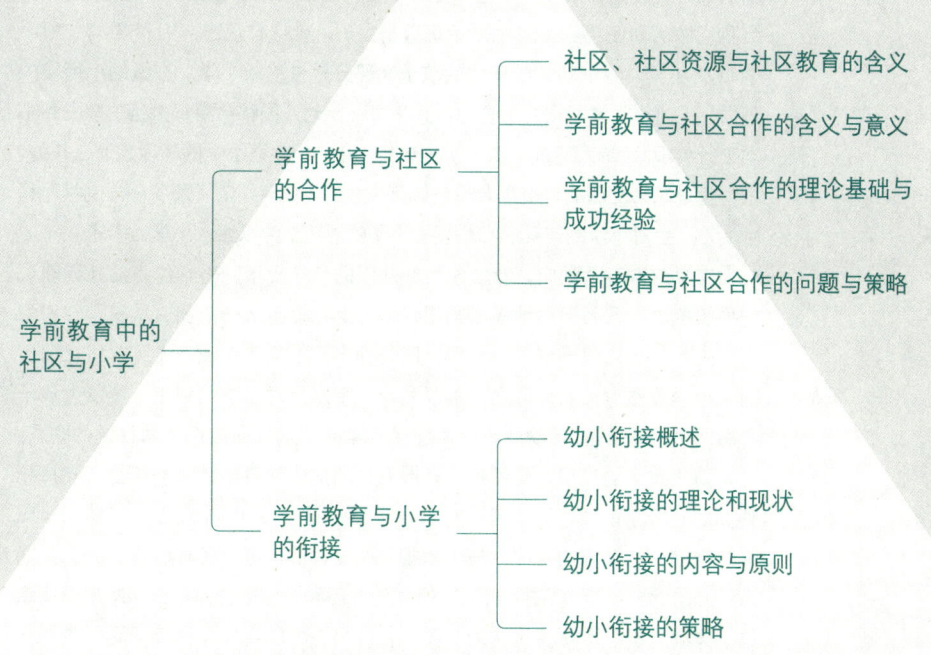

- 学前教育中的社区与小学
  - 学前教育与社区的合作
    - 社区、社区资源与社区教育的含义
    - 学前教育与社区合作的含义与意义
    - 学前教育与社区合作的理论基础与成功经验
    - 学前教育与社区合作的问题与策略
  - 学前教育与小学的衔接
    - 幼小衔接概述
    - 幼小衔接的理论和现状
    - 幼小衔接的内容与原则
    - 幼小衔接的策略

▶ **学习目标**

1. 了解社区、社区资源和幼小衔接的含义。
2. 理解幼儿园和社区合作的意义与理论基础，幼小衔接的意义与理论基础；
3. 运用学前教育与小学、社区相互关系的理论，分析幼儿园和社区合作存在的问题，提出实施策略，分析幼小衔接存在的主要问题，提出有针对性的教育策略。

▶ **引言**

　　社区中的教育机构具有丰富的物质教育资源，如教室、操场、礼堂、教学实验设备和图书馆资料设备等，这些资源都可以为幼儿园所用，以促进孩子更好发展。在访谈中，N老师谈到她曾利用过XX中学的场地资源："XX中学，是我们这个社区的，因为我们是共建单位嘛，所以他们也会提供一些场地资源，给我们做活动使用。" L老师所带班级是大班，她这样说道："社区里有一所小学叫XX小学，我们幼儿园毕业的孩子大部分是进这所小学。在做幼小衔接的时候，这所小学就是很好的资源。几乎每一年幼儿园都会组织大班的孩子到小学进行参观。"带大班孩子到小学去参观，让他们观察小学的环境是怎么样的，小学生是怎么上课的，小学老师是如何执教的，使孩子们了解了小学的学习和生活，产生对小学的崇拜感和想要上小学的愿望，为以后入小学做准备。①

　　在学前教育活动中，社区作为幼儿园的存在土壤、小学作为幼儿园教育的后续阶段，三者天然地应当紧密合作。上述资料从一个侧面反映了三者的紧密关系：幼儿园不仅可以利用社区各种丰富的物质资源，还可以将社区里的中小学校作为社区资源之一加以利用，特别是对小学的利用，可以为孩子今后入小学做准备。《幼儿园工作规程》规定："幼儿园应密切同社区的联系。宣传幼儿教育的知识，支持社区开展有益的文化教育活动，争取社区支持和参加幼儿园建设。"《幼儿园教育指导纲要（试行）》也明确提出："幼儿园应该与家庭、社区密切合作，与小学相互衔接，综合利用各种教育资源，共同为幼儿的发展创造良好的条件。"有关幼儿园和家庭的合作，已在本书第四章作了详细分析。本章将讨论幼儿园和社区、小学的合作与衔接问题，重点介绍幼儿园与社区、小学的合作与衔接的相关概念、理论、原则与方法。

---

① 王芸幼. 幼儿园利用社区教育资源的现状及其对策研究：以M幼儿园为研究个案[D]. 福州：福建师范大学，2013：30. 有删改。

第一节 学前教育与社区的合作

社区是当代人类生活的基层单元,社区中富含各种丰富的人力、物力、文化等资源。以幼儿园为代表的各类学前教育机构正是依赖社区而建立、生存和发展的,因此,幼儿园等学前教育机构和社区理当开展有效合作,促进双方互利共赢。

一、社区、社区资源与社区教育的含义

探讨幼儿园和社区的合作,要以对社区、社区资源内涵的了解为前提。

1. 社区

1887年,德国社会学家滕尼斯在《社区和社会》(也译作《共同体与社会》)一书中最早提出"社区"的概念。他指出,"社区"是指建立在血缘、地缘、情感和自然意志之上的富有人情味和认同感的传统社会生活共同体。后来,美国学者查尔斯·罗密斯把滕尼斯的"社区"从德文 gemeinschaft 译成了英文 community,包含公社、团体、共同体的意思,并不强调地域性。

自滕尼斯之后,人们对于社区及共同体的性质、类型、特征及存在形式进行了大量的研究,也有不少分歧和争论。尽管人们对于社区及共同体仍有不同的理解和解释,但是,一般都认可[1]:社区是一定地域范围内的人们基于共同的利益和需求、密切的交往而形成的具有较强认同的社会生活共同体,其中,"一定的地域""共同的纽带""社会交往"以及"认同意识"是作为社区或共同体的最基本的要素和特征。

社区概念包括三个要素:第一,特定的地理空间,包括农村村落,市镇的街道、居委会等;第二,生活在其中的一群人,涉及人口的年龄、职业、数量、素质、密度等;第三,各种社会性活动,包括个体间的认同与活动,经济、文化、教育、休闲等活动。

社区可以分为农村社区和城市社区。前者是一定村域范围内的人们形成的生活共同体,我国从2006年起,正式在农村推进社区建设试验,形成了"一村一社区""一村多社区"等多种模式。后者是在市镇街道、居委会的范围内所形成的生活共同体。

---

[1] 项继权. 论我国农村社区的范围与边界[J]. 中共福建省委党校学报,2009(7):5.

2. 社区资源

社区资源是指能为社区所利用和调动的资源,是社区赖以生存和发展的物质和社会资源的综合。社区资源既是社区公共生活所必需的,也能为社区的教育提供各种资源。

一般来说,社区资源包括社区内的物质资源、人力资源和文化资源等。物质资源主要包括社区中的公共设施,例如工厂、医院、超市、花园、绿化广场、娱乐设施等。人力资源主要包括社区的居民、街道或居委会(村委会)相关工作人员、社区内专业人士、家庭等。文化资源包括有形的文化资源和无形的文化资源两部分,有形的文化资源包括社区内的展览馆、科技馆、少年宫、图书馆等文化设施,无形的文化资源是指社区内的文化氛围和传统等。

3. 社区教育

社区不仅是特定区域人们的生活场所,也可成为社区教育的基地。顾名思义,社区教育是提高社区全体成员素质和生活质量以及实现社区发展的一种社区性的教育活动过程。[1] 这一概念体现了社区教育以下内涵:社区教育的对象是全体社区成员;社区教育的目的是实现社区全体成员素质和生活质量的提高,以及社区的整体发展;社区教育的内容是一种多元化、多层次的从社区需求出发的教育活动和教育过程;社区教育的动力机制是教育与社区的双向互动,协调发展;社区教育的体制是社区内各种教育因素和机构;社区教育的实质是沟通教育和社区,协调两者的发展,构建学习型社会。因此,社区教育是全员、全程、全方位的教育,开展社区教育是社区的功能之一。从社区居民的年龄分布来看,社区教育可以包括从学前儿童到老年的各年龄阶段群体的教育,从这个意义来看,社区和学前教育的衔接、合作就有了天然的纽带。

二、学前教育与社区合作的含义与意义

无论是从物理空间看,还是从逻辑内涵思考,幼儿园作为当代最主要的学前教育机构,只有与社区合作,才能为儿童发展、社区和谐、学前教育质量提升等夯实基础。

---

[1] 厉以贤. 社区教育的理念 [J]. 教育研究, 1999 (3): 23.

（一）幼儿园与社区合作

在本章，学前教育和社区的合作，主要是指幼儿园与社区的合作。所谓幼儿园与社区的合作是指幼儿园等学前教育机构和城乡社区之间的相互衔接与合作。幼儿园与社区的合作是双向的，一方面是社区支持、影响幼儿园的发展，另一方面是幼儿园支持、促进社区的和谐与繁荣。两者之所以要合作，是由双方的特点决定的。首先，城乡社区是幼儿园生存发展的土壤。从市镇的街道、小区，到农村的行政或自然村落，服务于学前儿童的托幼机构，就建立于其中，幼儿园天然地依托社区发展。其次，幼儿园作为社区学前教育的主体是社区教育的组成部分之一。社区教育包括社区成人教育、职业教育、学前教育、初等教育、中等教育、高等教育等，既可以由专门的社区教育机构实施，也可以是在社区生活中潜移默化地展开。最后，社区具有丰富的有形和无形资源可为幼儿园的发展所用。社区有形资源包括人力、物力、财力、信息、组织等，无形资源包括社区意识、社区归属感、良好的社区氛围和互助的伦理规范等。这些资源可成为幼儿园环境、课程、保育、管理等多种活动开展的资源。可见，幼儿园是社区教育的组成部分，而社区可为幼儿园提供丰富的发展资源。

（二）幼儿园与社区合作的意义

在幼儿园与社区的合作中，双方可互为主动方，因此，幼儿园和社区的合作就具有两方面的意义。

1. 社区可为幼儿园的发展提供支持

社区若能主动以自身的教育资源优势服务于本社区的幼儿园，将会为幼儿园的发展提供十分便利的条件；而幼儿园也可主动开发与利用社区教育资源，为儿童身心全面、健康发展创造更好的保育和教育条件。首先，社区环境中富有教育意义的自然和人文景观、历史文物、遗迹等，不仅可以扩大幼儿园教育的空间与资源，更可以丰富和深化幼儿园教育的内容。其次，社区作为一个生产功能、生活功能、文化功能兼备的居民生活小区，能为幼儿园提供所需要的人力、物力、财力、教育场所等多方面的支持，如社区的场地可以成为幼儿园的活动场所。最后，社区文化无形地影响着幼儿园的教育。优秀的社区文化更是幼儿园教育的宝贵资源。一般来说，文化和文明程度较高的社区，幼儿园的园风相对较好，教育质量相对较高，其中社区的影响无疑是一个重要因素。

2. 幼儿园能为社区提供教育和文化的支持

幼儿园作为社会专门的教育机构，拥有丰富的教育资源，在全社会都在重视学前教育的今天，应该发挥自己的专业优势，主动与社区合作，向社区辐射自己的教育功能，为社区提供教育和文化的支持，共创学前儿童发展的良好社会环境。第一，为社区每个家庭乃至所在社区的全体成员提供优生、优育、优教方面的服务和指导，尤其是对社区开展早教指导，帮助社区培育科学的、合理的早教观念。《幼儿园教育指导纲要（试行）》明确要求幼儿园要在充分利用自然环境和社区教育资源的同时，要为社区的早期教育提供服务。第二，结合社区居民实际需要组织富有地域特色的各种保健、教育与服务，提高社区的教育服务水平。第三，参与、支持社区的文化活动。幼儿园可以利用自身优势，如艺术教育优势，参与社区的文化演出活动，丰富社区的文化生活。

三、学前教育与社区合作的理论基础与成功经验

社会生态系统发展理论和社会建构理论是学前教育和社区合作的重要理论基础，瑞吉欧教育模式等国外学前教育和社区合作的成功模式也为我们提供了借鉴。

（一）学前教育和社区合作的理论基础

学前教育与社区的合作，有多种社会学、教育学、心理学的理论依据，这里重点讨论社会生态系统理论和社会建构理论。

1. 社会生态系统理论对幼儿园和社区合作的支持

社会生态系统理论的代表人物布朗芬布伦纳认为：人的成长环境是在一个生态环境系统，包括微观系统、中间系统、外在系统、宏观系统和动态变化系统五个相互依存、相互影响的复杂系统中完成的。[1] 根据他的理论，儿童的成长过程是一个主动与其成长环境互动和相互影响的过程，无论是微观系统，还是中间系统、外在系统、宏观系统和动态变化系统，都对儿童的成长会产生直接或间接的影响，只有这几个系统相互协调配合，才能最大限度地促进儿童发展。社区作为儿童成长的重要环境因素，对儿童的发展

---

[1] 劳拉·E.贝克. 儿童发展[M]. 吴颖，等，译. 5版. 南京：江苏教育出版社，2002：37.

会产生重要影响。幼儿园和社区之间通过双向的积极合作，不仅可以拓展幼儿园的活动空间，而且还可以充分利用社区内多维的儿童日常生活资源和人力资源，丰富儿童的教育内容，完善幼儿园教育的手段和途径，充分调动儿童的主动性，激发儿童的兴趣和探索欲望，同时幼儿园通过积极的辐射作用，可以提升社区文化水平，从而进一步推动幼儿园教育质量，由此可见，只有幼儿园和社区积极合作，形成合力发挥各自的优势继而弥补不足，相互衔接、配合，才能确保儿童的持续性发展。

2. 社会建构理论对幼儿园和社区合作的支持

社会建构理论的代表人物维果茨基把"发展"定义为社会共享活动向内化活动过程的转化。在他看来，儿童发展的重要源泉是儿童和同伴以及成人之间的互动，儿童正是在与他人的互动中才获得积极的社会建构，从而获得发展。他认为：个体和社会是相互联系、密不可分的；知识来源于社会的建构，学习和发展是有意义的社会协调；文化和社会情境在儿童的认知发展中起着巨大的作用。根据维果茨基的理论，社区作为儿童重要的生活环境，给儿童的认知发展提供了丰富的文化资源和人力资源，幼儿园与社区合作，可以让儿童在与丰富的社会环境的对话中感受真实的社会生活，体验生活的多样性，获得意义建构，从而实现生命的交往和融合。

（二）学前教育和社区合作的域外经验

随着教育的现代化发展，学前教育与社区的合作越来越受到许多国家的重视。比较而言，国外许多国家起步比较早，尤其是一些发达国家，无论是政府还是社会民众都非常重视幼儿园与社区的合作，而且已经形成了比较完善的合作体系。

1. 瑞吉欧教育模式中学前教育机构和社区合作的经验

意大利的瑞吉欧教育体系是世界上有重要影响的学前教育模式，它强调学前教育机构管理的多方参与合作和关系互动，形成了儿童、学校、家庭和社区共同参与全地区学前教育机构的独特的社区管理模式，构建了一个"论坛式的儿童早期教育机构"。

（1）以关系为基础的学前教育机构的管理路径

瑞吉欧学前教育机构社区管理模式最主要的特征之一就是参与管理的儿童、家长、学校和社区四方以"关系"为基础能够共同参与、相互合作，形成了一个"市政府—学校—社区（包括家庭）—市政府"的循环管理组织网络，① 在这个组织管理网络中，形成了三条管理主脉络②：自上而下的从市政府到学前教育机构的责任管理路径、分支型的学前教育机构内部的业务管理路径以及自下而上的由学校到社区到市政府的参与管理路径。三条管理路径形成了一个完善的网络运行体系，完成了权利的分配、责任的划分和评价的反馈，保证了学前教育发展的全民参与。

（2）全社区为基础的广泛参与

参与的理念是瑞吉欧获得成功的重要基础。在瑞吉欧地区，主流价值观强调"我就是我们"的理念，由此形成了儿童、家庭、社区相互协作和融合，共同参与到学前教育机构的组织管理中的民主、合作、开放的社区管理模式。在瑞吉欧的早期教育机构中，家长可以参与学校所有教育环节，家长、教师以及民众通过民主选举成立咨询委员会代表家长与教师表达需求。这种"参与"的理念也渗透到了瑞吉欧的环境布置中，每个参观者都会惊讶于那美好的、人性化的环境，同时能够感受到每个儿童和他的家庭在那里都被尊重。

（3）儿童、教师与社区各方人员共同建构

方案教学是瑞吉欧教育课程与教学的重要方式之一，它的核心要素是让儿童在小组和团体中通过长期、积极的合作和研究来解决他们真实生活中感兴趣的问题。方案教学的主题往往来自儿童在生活中自发的兴趣和教师敏锐的判断。在方案实施过程中，教师、家长和社区人员给儿童提供了充分的支持，他们和儿童积极沟通、交流，能够耐心倾听儿童并帮助儿童，与儿童一起建构和分享这一探究过程。例如在"和农民一起收成"③的活动中，为了让葡萄成熟的九月具有更深刻的意义，为了让孩子能接触农村环境，接触各类葡萄园的特色，认识各种机器和工具，了解农民的工作过程和葡萄收成的技巧以及葡萄酒制作的工具和技术，幼儿园围绕这个主题，让孩子们用一个月的时间参与农民葡萄园的活动，在农民的帮助和指导下，亲手酿制葡萄酒。历经一个月的友谊和工作，孩子们在接触带有自己文化痕迹世界的同时，增加了见闻，积累了阅历。又如在

---

① 屠美如. 向瑞吉欧学什么：儿童的一百种语言解读［M］. 北京：教育科学出版社，2013：114.
② 屠美如. 向瑞吉欧学什么：儿童的一百种语言解读［M］. 北京：教育科学出版社，2013：116.
③ Loris Malaguzzi. 孩子的一百种语言［M］. 台北：光佑文化事业股份有限公司，2009：97-98.

历时四个多月的"恐龙"① 项目中：第一个环节，教师组织儿童在工作坊相互以语言和图画等方式交流对恐龙的认识并一起讨论和分享；第二个环节，为了满足儿童更多的讯息需求，教师让儿童充分利用社区图书馆的资料获取更多关于恐龙的信息并相互交流分享，之后孩子们热烈书写邀请信请亲朋好友来学校一起分享他们所学；第三个环节是围绕如何制作大恐龙进行讨论，在此基础上通过教师的帮助，恐龙小组合作完成了实体大小恐龙的制作，同时恐龙小组为学校筹备了一个展览，并筹备了一个开幕式，在家长的参与下将制作的恐龙竖立起来。活动最后，恐龙小组召开了最后一次会议，目的是给市长写信请求一个可以吊挂恐龙的永久位置，在孩子们与市长见面后，市长称赞了孩子们的成果，并同意尽其所能找个场地来吊挂恐龙。在以上这些案例中，可以看出，瑞吉欧教育模式中有着深厚的社会支持和参与文化。

（4）创设作为社区文化设施的环境

在瑞吉欧地区，城镇中所有的一切都尽可能地体现意大利日常生活细节的共同文化价值观。为了让儿童也能够充分感受社区环境中所体现的这种文化，瑞吉欧早期教育机构结合儿童的需求创设能够充分反映社区文化价值的环境，目的是通过教育，引导儿童对社区中每一个细节的关注，激发儿童的好奇心和探究精神，提高儿童对社区共同体的历史和文化的意识。

2. 美国的学前教育与社区合作经验

美国社会对儿童的保护和教育参与意识比较强，提出了多种关于加强幼儿园与社区合作的措施。历史上，美国政府为了实现学前教育机会均等的目标，1964年实行了社区行动计划——开端计划。该计划以联邦政府以及州政府资金投入为主，各州社区服务部负责社区学前教育，规定要给90%以上的家庭生活在贫困线以下的3—5岁幼儿提供社区教育服务。可以看出，美国的幼儿园与社区合作起步比较早。目前，幼儿园与社区的合作体系已经比较完善，主要表现在以下几个方面：

（1）深入社区，充分发挥社区的资源优势。一方面，美国学前教育机构能够充分利用社区的各种教育、文化、娱乐设施、人文景观和自然环境、各种人力资源，尤其是社

---

① 卡洛琳·爱德华兹，莱拉·甘第尼，乔治·福尔曼. 儿童的一百种语言[M]. 罗雅芬，等，译. 南京：南京师范大学出版社，2006：215-235.

区的工作人员和儿童家长。同时，美国的学前教育机构十分重视把"社区"融入学前教育课程的发展中，例如在为儿童设计的"自我概念"课程中，就包含了"社区及社区助手"的主题内容。另一方面，美国社会为学前儿童社区提供了完善的社区支持系统，有为儿童免费开放的社区博物馆、展览馆、图书馆、电脑房、公园等。各社区图书馆均设有儿童专属区，博物馆基本上免费向学生开放，教师可以组织儿童到这些公益场所开展各种教育和实践活动。

（2）幼儿园、家庭和社区教育一体化建设。美国学前教育强调幼儿园、家庭和社区教育的一体化及三者的相互协调和合作。美国推行以家庭为基础的父母教育计划，它通过社区直接把培训带入家庭。同时幼儿园充分发挥自己的优势，为社区提供积极的服务，如为居民举办儿童教育班等，以促进社区的发展。

（3）重视幼儿园教师关于社区教育的培训。美国在居民生活区中设立了社区学院，培训学前教育师资。教师在设计教育活动时，不仅要以学前教育理论、儿童能力为基础，而且还要以社区的价值观为基石。如美国檀香山社区学院，它要求经过培训的教师必须具备与家庭、社区各方面联系的能力和表达能力。

3. 英国、日本的学前教育与社区合作经验

（1）英国学前教育与社区的合作经验

英国政府和学前教育机构十分重视利用社区独特的教育资源，来拓展学前教育的空间，促进儿童积极的发展。为了改善处境不利儿童的生活机会，确保让所有的孩子都尽可能拥有好的开端教育机会，英国政府于1999年春，制定、颁布了一项典型的家庭—幼儿园—社区合作的教育项目"确保开端教育项目"。它以社区为依托，地方政府、教育者、社区组织、家长以及志愿者各部门跨领域协作为弱势家庭提供广泛的帮助。同时，英国社区均有"早期教育协会"这一全国性募捐组织的分部，经常同"世界学前教育组织"合作开展活动，宣传、指导社区幼教工作。另外，英国建立了"社区玩具图书馆"，免费向社区儿童提供场所、玩具。该馆不仅把0—5岁的儿童作为服务对象，而且还把儿童家长纳入到教育生活中。

（2）日本学前教育与社区合作经验

长期以来，日本非常重视社区资源在学前教育中的作用，力图最大限度地挖掘和发

挥其教育职能。1986年,日本教育审议会提出,只有幼稚园、家庭和社区三位一体,共同对学前儿童施以教育,才能克服学前教育的封闭性。1990年日本的《幼稚园教育要领》指出:"幼儿的生活以家庭为主逐渐扩大到社区社会。"1994年12月,日本政府又颁布了《儿童养育协助基本方向》,致力于"建立社会共同支持援助、面向社会开放的儿童教育新局面"。政府为此拨款60亿日元用于托儿所等妇幼保健项目的建设,并在社区教育、学前教育等方面提出了一系列改革措施。当前,已经构成了一个全社会对儿童实施教育影响的网络化整体。具体体现在以下三个方面:

第一,家庭、社区、学校三者的横向合作。各个地区努力使幼儿园与家庭、社区的商场、老年之家以及各种社会教育设施建立密切的联系,让儿童接触社区的各类居民,让家长通过社区互动获取更多经验,让儿童在与社区联系中加强合作,同时传承社区文化传统。

第二,学前教育与中小学教育的纵向合作。让儿童去小学参加生活科的授课以及参加一些文体活动,同时鼓励幼儿园教师与保育所的保育员考取小学教师资格证书,并参加小学一年级的授课活动,为解决幼小衔接工作做好准备。

第三,与各行政部门、教育机关共同构成了一个网络式的行政体制,积极发挥社区中人力资源的职能。另外,在日本,社区幼儿教育的设施中,既有专门为儿童设立的,如儿童馆、儿童咨询所与家庭儿童咨询室、保健所与保健中心等;也有向所有社会成员开放的普通社会教育设施,如公民馆、儿童文化中心、图书馆、博物馆等。

四、学前教育与社区合作的问题与策略

虽然从理论和实践上看,学前教育和社区合作十分重要,但在实践中依然存在单向片面合作等问题,亟须采取有效策略,提升合作水平与质量。

(一)存在的问题

当前,我国幼儿园与社区合作有多种形式[1]:从合作目的看,分为生存型、应付型和拓展型;从合作的深入程度看,可由表及里分为资源利用型、服务提供型和文化交融型;

---

[1] 陈红梅. 幼儿园与社区互动行为类型及其推进策略[J]. 学前教育研究,2013(5):49-54.

从合作的性质看，可分为合作型互动与冲突型互动；从合作的主体看，可分为幼儿园为主、社区为辅型，社区为主、幼儿园为辅型，幼儿园和社区共为主体型，等等。但总体上看，幼儿园和社区的合作存在幼儿园单向合作为主、合作内容比较片面等问题。

1. 以幼儿园单向合作为主，社区合作的主动性不高

（1）有效政策和制度保障的缺失，导致社区合作的消极心态。目前，幼儿园与社区合作过程中，由于政府以及社区组织机构没有充分认识到社区学前教育的重要性，缺少幼儿园充分利用社区资源的足够政策支持和制度保障措施，导致社区在合作中处于应付性和被动性状态，合作流于形式化。

（2）幼儿园缺乏服务社区意识，导致社区合作的主动性缺失。幼儿园与社区的合作需要充分发挥双向主体的服务作用，从而促进相互的积极发展。但是，当前合作过程中往往以幼儿园单向合作为主，而且以对社区资源的利用为主，幼儿园缺乏服务社区的意识，没有使社区感受到幼儿园为其发展带来的意义，从而使社区丧失了与幼儿园深度合作的兴趣。

2. 合作的内容比较片面，以利用社区资源为主，其他合作内容不多

社区一般都拥有比较丰富的物质资源、文化资源、人力资源等。但是，当前幼儿园与社区合作的内容大多限于物质资源的表面性利用，而深层次合作和多途径合作欠缺。

（1）幼儿园对社区学前教育价值认识的偏差导致合作内容片面化。很多幼儿园目前对于与社区合作的价值持工具性理解，认为是由于外界的压力等原因所做出的被动性应答行为，从而致使合作以利用社区资源为主，而并没有从本质上真正理解与社区合作的价值，发挥幼儿园走进社区，服务社区的作用。

（2）幼儿园教师对于社区资源的开发能力不够。社区资源的有效开发和利用需要充分发挥教师的主体性作用。但是，当前很多幼儿园教师对社区资源的认识比较模糊，资源开发和利用能力比较弱，使得合作仅仅停留在教师对社区自然环境资源和设施资源如社区内的植物、绿地、公园以及其他户外空旷场地等资源的利用上，而其他社区资源例如超市、居委会、社区医院、邮局等许多重要资源很少进入幼儿园课程和儿童活动的领域。同时，教师也未充分发挥教育者的社会辐射职能，为社区早教发展和科学育儿等教育理念的宣传以及社区精神文明建设起到积极的引领作用。

（二）幼儿园与社区合作策略

提高幼儿园和社区合作的水平，要通过幼儿园主动走向社区和社区主动面向幼儿园两个策略来实现。

1. 幼儿园主动走向社区，利用社区资源，服务社区发展

（1）幼儿园主动挖掘社区资源，建立社区教育资源库

幼儿园可利用的社区资源非常丰富，不同的资源具有不同的特点，如有些资源具有即时性特点，有些资源具有长效性，有些资源可重复利用，有些资源却不具有重复性。因此，幼儿园根据不同类别搜集各种社区教育资源，建立资源库就显得非常重要，它是幼儿园充分挖掘社区资源，合理利用社区资源的基本保障。

第一，做好资源普查工作。对社区教育资源进行普查，是建立资源库的第一个环节。幼儿园可以成立"教育资源调查组"，对社区资源从物质资源、人力资源和文化资源三个维度向家长或社区人员进行问卷调查、访谈调查以及社区的实地考察，初步收集社区资源并进行粗线条的一个分类。然后根据资源本身的特性以及儿童发展的适宜性和幼儿园课程建设的需求，对收集的社区资源进行进一步的细化，并不断根据需求扩大社区资源的调查半径，让教师对相关社区资源中的物质资源、人力资源以及文化资源的分布情况有深入、细致的了解，尤其是对于人力资源的调查上，要充分挖掘与儿童生活密切相关的成人资源，如不同职业的家长、不同爱好的社区居民等。

第二，有效进行资源管理。幼儿园掌握社区资源后，资源的管理是影响幼儿园与社区合作的重要机制。幼儿园可以对所收集的社区资源进行统计分析，绘制社区资源分布图；为了充分发挥社区资源的教育价值，可根据儿童发展的需要和幼儿园课程建设的需要，对收集到的社区资源进行整合，通过文本、图片、音频或实物等多种形式建立社区教育资源库。

（2）幼儿园主动接轨社区发展需要，服务社区发展

社区文化通过多种途径在影响幼儿园。为此，幼儿园要打破传统的封闭式教育模式，增强主动获取社区资源的意识，积极将社区教育资源转变为幼儿园自身的无形资产，让社区成为幼儿园精神文明建设的促进者。

第一，幼儿园要通过多种形式主动与社区接轨。幼儿园要积极采用"走出去"和

"请进来"的模式，为充分利用社区资源提供多种平台。一方面，幼儿园要秉承陈鹤琴先生的"大自然、社会都是活教材"的教育理念，通过主动"走出去"的方式，为儿童提供与大自然对话的机会，给予儿童充分体验生活的场域，同时也为儿童服务社区提供机遇。另一方面，幼儿园可以通过"家长导师""社区居民辅助教学"等形式，将多元化的社区资源吸纳到幼儿园来，引导儿童与社区内丰富的环境、人员相互充分作用，在积极的自我建构和社会建构中扩大视野，感受社区文化，陶冶情操。

第二，幼儿园要利用幼儿园自身优势，为社区建设服务。幼儿园作为社区内专门的教育机构，对社区发展具有辐射功能，应该主动为社区服务，使自身成为社区学前教育的指导和服务中心。为此，幼儿园可以利用本园的教育资源，结合社区居民需求，有针对性地开展一系列活动，为社区早期教育和文化建设服务。如节假日向社区开放幼儿园，供社区的儿童利用园内的设施；为社区群众举办科学育儿教育讲座和咨询活动；辅导社区内的学前教育活动；开设学前教育宣传栏等活动。

2. 社区主动面向幼儿园，服务幼儿园的发展

（1）社区主动将幼儿园纳入社区的管理议程

儿童的健康发展，需要幼儿园、家长和社区等相关组织和机构的积极协调和合作。因此，学前教育不仅仅是幼儿园等专门教育机构的职责，更需要社区具有生态化教育理念，主动将幼儿园纳入社区的管理议程。具体做法如下：第一，制订详细计划，为社区与幼儿园的有效合作提供基础。要有效发挥社区资源的教育价值，社区管理者必须通过制订详细的合作计划，对与幼儿园合作的目的、合作的内容以及合作的途径等进行合理的规划，这样才能确保相互合作的有序性、方向性。

第二，完善相关政策和制度，为社区和幼儿园的积极合作提供保障。社区应根据学前教育的需求，结合已有相关政策和制度，形成与幼儿园积极合作的管理制度和组织，如社区教育委员会等，以确保相互合作的长期化、制度化和网络化。

（2）社区主动接轨幼儿园发展的需要，支持幼儿园的发展

儿童的发展需要丰富的物质环境和精神环境的支持，需要充分利用大自然和社会等活教材，让儿童与丰富多彩的自然环境和真实的生活环境对话，才能满足儿童发展的需求。因此，充分利用社区资源，弥补幼儿园资源的不足，就成为学前教育发展的必由

之路。

第一，社区成立相应组织，主动参与幼儿园的教育管理工作。社区要主动采取"走进幼儿园、融进幼儿园、服务幼儿园"的做法，经常性地和幼儿园保持联系。例如，社区可以成立社区教育委员会，主动、不定期地反馈社区居民的意见和建议，并积极为幼儿园活动提供一定的人力等方面的帮助，在适当的时候协同教育主管部门一起对幼儿园的保教活动进行评估，在合作中做到资源共享、和谐发展。

第二，优化社区内的教育环境，拓展学前教育空间。学前儿童除在园时间外，大部分都生活在社区。因此，社区应该从生态化角度理解学前教育，优化社区内育人环境的创设。一方面社区可以发动社区内的单位如超市、邮局、银行等为幼儿园的相关教育活动提供场地和其他资源；另一方面，社区还可以通过建立图书馆、游乐场、游戏中心等，开展丰富多彩的教育活动，拓展儿童的教育空间。

第二节　学前教育与小学的衔接

学前教育和小学是教育链条上前后相互联系的两个教育阶段，二者必须有效衔接，才能为儿童的学习与发展带来最大利益。《幼儿园工作规程》指出："幼儿园教育应和小学密切联系，互相配合，注意两个阶段教育的相互衔接。"《幼儿园教育指导纲要（试行）》进一步重申："幼儿园应与家庭、社区密切合作，与小学相互衔接，综合利用各种教育资源，共同为幼儿的发展创造良好的条件。"

一、幼小衔接概述

学前教育与小学教育的衔接问题，在学术界和教育实践中被简称为"幼小衔接"。什么是幼小衔接，为什么需要幼小衔接，幼小衔接有何意义，这是学习、研究幼儿园和小学的衔接与合作问题必须厘清的。

（一）幼小衔接的含义

由于在我国的学前教育和小学的衔接中，幼儿园和小学的衔接最具代表性，因此，一些研究者把"幼小衔接"简单地理解为幼儿园与小学两个阶段教育的平稳连接和过渡。① 这种理解存在"窄化"幼小衔接的危险。

所谓幼小衔接是指为了促进儿童的健康成长,幼儿园和小学通过创造良好的条件,做好一系列的工作,以帮助儿童实现从学前教育阶段到小学教育阶段的顺利过渡,并取得良好教育效果的过程。② 其主要工作表现在以下两个方面:第一,幼儿园的入学准备工作。从广义上讲,幼儿园的所有教育活动都是在为高一级的教育阶段做准备,因此,整个学前教育阶段促进儿童体、智、德、美等方面全面发展的所有活动都属于幼儿园的入学准备工作;从狭义上讲,幼儿园的入学准备工作常常表现为对大班儿童有针对性的、集中的入学准备教育,主要包括入学意识、学习习惯和学习能力等方面的准备。第二,小学的新生过渡工作,使儿童尽快消除对新环境的陌生感。

幼小衔接的实质是处理好学前教育和小学教育的连续性和阶段性问题。③ 在"幼小衔接"的过程中,儿童从学前教育阶段进入小学,从儿童身心发展来看,是学前向学龄前期发展的过渡时期。在过渡期中,儿童学习与发展要发生一定的质变,而这种质变要在一定条件下才能实现。这个条件即主导活动的转变,也即儿童的生活从游戏主导活动逐步转向正规课业学习主导活动。新的主导活动对儿童身心素质提出了新的挑战。为了处理好学前教育和小学教育的连续性和阶段性问题,必须分析新的主导活动转变的实质。研究表明,这种质变的核心体现在社会意识与抽象逻辑思维两方面的心理品质上。其中,社会意识包括任务意识、独立意识、遵守规则意识等,抽象逻辑思维包括皮亚杰所说的"具体运算的能力及理解、运用符号的能力"。④

(二)幼小衔接的必要性

幼小衔接的必要性是由幼儿园与小学间客观存在的"断层",以及学前教育和小学教育天然的联系序列所决定的。

---

① 刘东. 对幼小衔接教育的再思考[J]. 辽宁教育行政学院学报,2006,23(1):57-58.
② 朱小蔓. 中国教师新百科(小学教育卷)[M]. 北京:中国大百科全书出版社,2002:72.
③ 朱慕菊. "幼儿园与小学衔接的研究"研究报告[M]. 北京:中国少年儿童出版社,1995:21.
④ 盖笑松. 儿童入学准备研究与实践[M]. 长春:吉林教育出版社,2007:16.

1. 学前教育与小学教育之间存在"断层",必须予以衔接

幼小衔接之所以必要,是因为孩子从幼儿园到小学,不仅是学习环境的转换,也包括教师、同伴、行为规范和角色期望等因素的变化。研究表明,处于幼儿园和小学衔接时期的儿童,通常存在着下列六个方面的断层问题[①]:

(1)关系人的断层。入学后,儿童和小学教师的关系不再像和幼儿园教师那样亲密无间,小学教师对儿童要求严格、学习期望高,对儿童自主性要求的突然性使得儿童感到压力和负担。

(2)学习方式的断层。幼儿园学习方式比较松散,以游戏为主,注重学习过程的趣味性、探索性,而小学的学习方式以课堂教学为主,相对正规,对儿童的自制力提出了很高要求,儿童在课堂规则的遵守上必然出现问题,要有适当的时间加以调整和适应。

(3)行为规范的断层。儿童进入小学之后行为受到更多的制约,不能再随心所欲对教师提出要求,行为将渐渐被理性和规则所控制。

(4)社会结构的断层。孩子入小学后需要结交新朋友,学会与人交流和沟通,在班集体中确立新的人际关系。由幼儿园时的同伴、玩伴关系向同学关系转化。

(5)期望水平的断层。幼儿园里家长和教师的期望是儿童在各个方面的健全发展,入小学后家长和教师给予儿童新的期望和压力,为了儿童的学业而减少他们游戏和玩的时间。

(6)学习环境的断层。入小学后,软件环境由幼儿期自由、活泼、自发的学习环境转换成分科学习、作业、受教师支配的学习环境;硬件环境由布置的多样化、多个学习活动室,转换成有固定的桌椅摆放的单一环境。在这种环境中,儿童容易注意力难以集中,或因不适应而产生学习障碍。

这六个方面的断层构成了儿童进入小学的"陡崖",使得儿童进入小学后出现很多不适应状况。而儿童入学不适应的问题往往并不会自动消失,若不能及时很好地解决的话,还会导致恶性循环,不仅可能影响到儿童一时的学习成绩,还会不断减弱儿童的自

---

① 王余幸. 小学新生适应不良成因探析 [J]. 现代中小学教育, 2007 (8): 38-42.

尊心、自信心，甚至影响到儿童的性格转变以及身心长远的健康发展。因此，合理、成功的幼小衔接不仅能促进儿童小学阶段教育的良好开展，更是适应儿童连续性发展需要的必然要求。

2. 学前教育与小学教育在国民教育序列上前后相连、天然衔接

现代国民教育体系中，学前教育、小学教育、初中教育、高中阶段教育，以及特殊教育和青少年保护教育等组成相互衔接的有机序列。教育序列上的各教育阶段虽然从属于整个教育系统，但每一个阶段又是相对独立的，各个教育阶段之间既相互区别又相互联系，互相影响。怎样能使学习者完成一阶段的学习后，顺利进入并快速适应下一个教育阶段，这就涉及不同教育阶段间的衔接问题。

学前教育和小学教育在现代国民教育体系中，前后相接，为之后的各个阶段教育乃至终身教育奠定坚实的发展基石。儿童在学完幼儿园的课程后，按照制度化的国民教育体系的路径要求，自然而然地要进入小学继续学习。因此，学前教育阶段和小学教育阶段虽各有其特点，但二者之间的合理过渡是教育自然的连续与承接的要求。如果二者之间能够有效衔接，将为个体未来的发展打下良好的基础。

（三）幼小衔接的任务

从学前教育阶段进入小学，由于环境、学习任务等多方面的"断层"，儿童面临生理、心理以及能力等多方面的挑战，幼小衔接就要帮助儿童在这些方面做好准备。

1. 做好生理适应的衔接

生理适应是指儿童在升入小学之前，必须具备的适应小学紧张而有序的学习生活的身体条件，包括：（1）具有健康的身体。身体健康是儿童适应小学生活的条件，没有健康的身体状况，其他的适应性调节就无从谈起。（2）发展手腕的力量及协调性。升入小学之后，儿童的动手能力集中体现在写作上，儿童手腕的熟悉能力直接影响到他们的学习效果，因此，发展儿童手腕握笔、运笔的力量与耐力，有利于他们适应小学学习。（3）培养儿童手、眼、耳等的协调能力。小学课堂上，儿童要通过听教师声音的抑扬顿挫辨别课堂重点，看黑板和教师的表情，并记简单的笔记。儿童听课的效率如何，由此体现。总之，幼儿园和家长要适时了解小学的情况，和小学教师座谈，在幼儿园大班或学前班，注意儿童身体的健康成长以及各方面的协调能力。

2. 做好心理适应的衔接

心理适应是指儿童在心理上做好准备接受离开幼儿园的同伴、教师以及家长,做好进入小学当一名小学生的心理准备。在幼儿园到小学的过渡中,儿童面临人际关系、环境、学习模式等方面的变化,必然会在心理上产生不适应感。成人应帮助儿童做好接受新的学习生活的准备,这样儿童在小学面临不同于幼儿园的学习任务、同学关系等问题时,能有足够的勇气和信心去面对,并主动去解决问题,完成任务。所以,家园要充分了解小学生活,为儿童呈现小学生活的情境,培养儿童的主动性、独立性,以及规则意识、任务意识等,让儿童在进入小学之后,能够以一种积极的心态从容面对。

3. 做好能力适应的准备

能力适应是指儿童具备进入小学之后所必须具有的基本学习、交往等各项能力,包括:学习上基本的听写能力、简单的背诵和复述能力、计算能力、阅读理解等学习能力;生活中基本的交往能力,比如结交新朋友,在班集体中和大家和谐友好相处的能力;良好的学习习惯,是否能集中精力认真听讲,在教师提出问题时积极思考问题;任务意识,能否按时完成老师布置的任务、主动独立完成家庭作业等。家园以及小学教师要通力合作,共同促进儿童过渡时期各项能力的培养以提高儿童的适应性。在幼儿园大班或学前班,要特别注重儿童适应能力的内在衔接,要密切结合家长和小学教育的实际,遵循儿童身心发展的规律,促进其身心共同发展,使其发展水平达到入学儿童的一般水平。

(四)幼小衔接的意义

联合国教科文组织早在1996年的《教育:财富蕴藏其中》报告中就明确指出:"受过学前教育的孩子与没有受过这一教育的孩子相比,往往更能顺利入学,过早辍学的可能性也少得多。而学前教育的不足或缺乏这种教育,均可严重地影响终身教育的顺利进行。"[1] 可见,学前教育对于整个教育事业的整体发展有着重要的影响。幼小衔接能否顺利进行不仅影响到儿童能否尽快适应小学生活,还会影响到儿童一生的教育进程。幼小衔接具有以下四个方面的意义[2]:

---

[1] 联合国教科文组织. 教育:财富蕴藏其中 [M]. 联合国教科文组织中文科,译. 北京:教育科学出版社,1996:78.

[2] 朱宗顺,陈文华. 学前教育学 [M]. 北京:北京师范大学出版社,2012:186-187.

1. 有利于儿童身心健康

根据世界卫生组织的界定，身心健康包括生理、心理和社会适应能力的完满状态。幼小衔接减小了幼儿园与小学之间的坡度，使儿童能根据环境条件的变化，积极、主动、有效地进行身心调整，消除因环境变化所导致的主体与环境失衡的现象，减轻压力与心理焦虑，在新的环境中仍能保持稳定的情绪、愉快的心情，促进儿童身心健康发展。

2. 有利于儿童良好习惯的养成

学前儿童正处于人生的初始阶段，可塑性大，自控能力较差，是养成良好习惯的关键阶段。但是习惯的养成并非一朝一夕的事情，很多习惯一般要到小学甚至中学阶段才真正形成，如生活习惯、卫生习惯、学习习惯、语言习惯、社交习惯、劳动习惯、效率习惯、道德行为习惯、审美习惯等。做好幼小衔接，有利于形成良好的行为习惯，特别是良好的学习、人际交往的习惯。

3. 有利于增强儿童的人际交往与社会适应能力

人际交往是适应环境、适应生活、适应社会，形成完美个性的必要途径，是个人社会化的起点。通过人际交往可以促进个体的社会化发展，实现个体的社会化和人格成熟。幼儿园、小学与家庭形成教育的合力，帮助儿童适应新的环境、新的集体、新的学习生活。在相对稳定与一致的环境中，儿童乐于与教师、同学交往，在谦让、友善的交往中体验友情，形成良好的校内人际关系、巩固并健康发展。

4. 有利于增进学前儿童入学后的学业

小学时期是儿童发展历程中的一个重要时期，是儿童开始学校生活的第一个阶段，是儿童学习掌握各种基本技能、掌握人类科学文化的最基本知识并为进一步学习打基础的时期。儿童能否适应从幼儿园到小学的生活，会影响儿童入小学后的学业成绩。适应好的儿童，会较快进入小学的学习状态，取得较好的学业成就；反之，出现学习困难的概率就会增大。

由此可见，幼小衔接对于入小学的儿童能尽快适应学习生活相当重要，对于儿童的终身发展有重要的意义。当然，幼小衔接不仅仅是幼儿园和小学的事情，需要幼儿园、小学、家庭及社会等多方面共同努力。

二、幼小衔接的理论和现状

幼小衔接受到了国内外学术界和教育实践一线的重视。在国际上，形成了从人类发展社会生态学理论和社会文化理论等不同角度研究幼小衔接的理论模式。我国重视幼小衔接工作，但还存在一些问题。

（一）幼小衔接的理论

国际上，从人类发展社会生态学理论和社会文化理论的角度研究幼小衔接，形成了多种模式。[①]

1. 幼小衔接的人类发展社会生态学理论

布朗芬布伦纳人类发展社会生态学理论主张从个体与多因素、多层次的系统之间的相互关系出发，来理解个体与环境之间的相互作用对其发展的影响作用。根据布朗芬布伦纳的主张，儿童是在微观系统、中间系统、外在系统、宏观系统和动态变化系统五个相互依存、相互影响的复杂系统中成长的。[②] 布朗芬布伦纳的这一立场成为国际上开展"幼小衔接"研究的理论基础。认为"幼小衔接"问题不仅仅是局限于幼儿园和小学这两个不同的教育机构，教师和儿童这两个不同的群体之间的简单关系问题，而是涉及幼儿园和小学以外的很多因素和背景，需要全社会各方面的共同努力。

在人类发展社会生态学理论视野下，"幼小衔接"主要被赋予三种新的意义：（1）"通过仪式"，即校服、饭盒和其他个人的随身用品标志着儿童来到一个新的环境；（2）"越境"，即从物理环境或者文化意义上的一个世界进入另一个世界；（3）"制度仪式"，即制度要求儿童将在家获得的符号资本转化为在学校可以使用的符号。

国际上运用人类发展社会生态学理论研究"幼小衔接"，形成了四种主要的理论模式：（1）"儿童影响模式"（child effect model），强调在学校适应中儿童是最关键的因素，着重考察了儿童的贫困程度、认知准备和智力因素、语言能力、性别、种族、气质等个体特征对幼小衔接的影响。但研究发现，儿童个体特征只能解释他们在学校表现的不到1/4 的差异。（2）"直接影响模式"（direct effect model），强调社会背景在预测儿童学校适应时的作用。例如，学校的班级规模、分组方式、教学过程都与儿童的表现

---

① 李敏谊，刘颖，崔淑婧. 国外近10年幼小衔接理论研究综述［J］. 比较教育研究，2010（5）：86-90.
② 劳拉·E.贝克. 儿童发展［M］. 吴颖，等，译. 5版. 南京：江苏教育出版社，2002：37.

相联系；儿童的保育环境、同伴关系质量、父母的敏感性和给予刺激的丰富性、社区的特点（如暴力、青少年行为偏差或积极的教育资源）都对儿童在学校的行为和学业表现有重要影响。（3）"间接影响模式"（indirect effect model），强调儿童的社会背景之间的相互作用对学校适应的影响，包括直接影响和间接影响儿童入学适应的因素，还包括儿童与儿童社会网络的交互作用。基于间接影响模式的研究，考察学校、儿童保育、同伴、家庭和社区的影响以及它们的共同作用，明确了环境在对儿童产生影响的同时也受到儿童特征的反作用。（4）"生态学动力模式"（developmental dynamics model），描述儿童、家庭、学校、同伴和邻居之间的关系如何形成了一个对儿童幼小衔接产生直接和间接影响的动态关系网。该理论模式认为，儿童、学校、教师、家庭、社区因素进行着交互作用，这些交互作用会形成一些范式。同时，交互作用不仅使得因素之间的关系对儿童发生作用，也会使得因素之间的关系发生变化。例如，一位教师可能不会与一个有纪律问题的儿童家长接触，因为他已有的与家庭接触的经验告诉他，这种做法没有益处。同样，家长不参加学校的会议可能由于他自身以往的学校经历。当然，也有可能因为家长和教师的良性互动，使得家长和教师关系发生变化，家长积极参与幼儿园教育。

2. 幼小衔接的社会文化理论

社会文化理论源于维果茨基的人类发展的社会历史文化理论。该理论强调，发展是个体在社会文化活动中不断改变自己参与其中的角色的过程。以社会文化理论为基础，幼小衔接被视为是一个共同的、社会性的进程，涉及的不是孤立的个体或者仅仅依赖个体的技能。在这种视角下，参与活动的过程很关键，儿童可以通过参与到入学体验的活动中而进行入学准备。这些入学体验的活动不仅发生在社区、家庭中，还可能发生在其他的场所。在参与过程中，儿童受到活动的影响，同时，通过儿童与成人或他人协商、分享、创造文化等方式的参与，使活动本身得到改变。

上述两种幼小衔接的理论基础各有特点。社会生态学理论强调个体所处的背景、背景之间的关系、变化发展以及它们与儿童的相互作用，提示我们应该关注幼小衔接所根植的背景，包括儿童、家庭、社区、不同类型的学校、文化，而孤立探讨儿童个体能力的问题并不适宜。社会文化理论的视角强调个体本身的参与和体验，儿童不仅受到幼小衔接的影响，而且能够通过参与活动，主动建构和影响幼小衔接，儿童的主体性得到凸显。

（二）我国幼小衔接的现状

在我国，幼小衔接得到了学术界、管理层、教育实践一线，甚至家长的广泛重视，《幼儿园工作规程》就明确要求幼儿园和小学应该密切联系、相互衔接。但在实践中，幼小衔接存在诸多不足，主要表现在以下五个方面：

1. 单向性

只有幼儿园单向主动向小学靠拢，不少幼儿园把幼小衔接当作一项重要工作来做，积极开展儿童入学前的准备工作，无论是在教学要求、内容、方法还是作息时间方面都主动向小学靠拢，而小学却很少主动与幼儿园接触，形成幼小衔接的单向性。另外，单向性也体现在幼小衔接工作缺乏家长的支持，如很多家长都把幼小衔接工作当作是幼儿园和小学的事情，并没有意识到家庭在儿童从幼儿园过渡到小学这个阶段的重要作用。

2. 片面性

幼小衔接工作往往出现片面性，重知识准备，轻能力培养，只关注儿童认识了多少字，会做多少算术题，不关心儿童的学习兴趣、学习习惯及学习能力，不关注儿童独立生活能力、交往能力、挫折的承受能力等，只关注儿童的生理健康，忽视了儿童的心理健康。

3. 突击性

有的小学在招收新生时，进行所谓的摸底测验，内容包括识字、计算等方面，并以此为依据决定是否接受新生入学或给新生编班。摸底测验的成绩也成为小学教师、儿童家长衡量幼儿园教育、教学质量的标准。因此，幼儿园不得不对儿童进行相应的突击训练。

4. 表面性

不少幼儿园的幼小衔接工作只停留在表面，只重视幼小表面的衔接，忽视衔接的内容、过程、层次等。如在幼儿园大班，课桌的摆放形式有所改变，课节时间延长，游戏时间、活动数量减少，有些则组织儿童到小学参观或请小学生到园介绍一下小学生活，而儿童的适应能力，有意注意的持久性，学习的主动性、积极性、自制力等常常被忽略了。

5. 盲目超前性

有的幼儿园为了迎合家长，将小学的部分学习内容提前教给儿童，致使儿童入学后出现以下情况：入学初感到学习很轻松，出现上课不专心、做作业不认真等现象，形成不良的学习态度和习惯；随着学习内容的加深、难度的增加，"储备知识"用完，又缺乏认真学习的习惯，这时就出现了适应困难，导致学习"没后劲"等问题。

> 资料卡片："小学化"已成幼小衔接教育的顽疾
>
> 当前，一些地方的学前教育机构，以"幼小衔接"为名，轰轰烈烈地开展着"小学化"的教育。很多公办园，每到大班阶段，就会因不提前教拼音、识字等小学内容而导致生源大量流失，有的幼儿园中班时有6个班，可升入大班后就剩下2个班了。而一些以"小学化"教育为特色的民办园大班和小学附设的学前班则招生火爆。迫于家长压力和生存需要，一些公办园不得不在大班课程中增加小学内容。与此同时，社会教育培训机构也举办了名目繁多的幼小衔接班，它们有的以提前教授小学知识为特色，有的以小学入学考试培训为噱头来吸引生源。虽然大多价格不菲，甚至有的收费高得离谱，但家长仍然趋之若鹜。在这种环境中，一些孩子除了在幼儿园或学前班接受"小学化"教育外，节假日也被家长安排参加多个幼小衔接班，忙得不可开交。
>
> 幼小衔接教育旨在减缓幼儿园和小学教育之间的坡度，帮助儿童从幼儿期逐渐过渡到学龄期，以顺利适应小学生活。但目前的幼小衔接教育，大多超越了儿童身心发展的现有水平，违背了教育规律，这不仅会伤害孩子的身心健康发展，还会导致他们对学习的反感乃至厌恶。正因为如此，虽然近年来的幼小衔接教育搞得如火如荼，但孩子进入小学后的表现并不尽如人意：小学教师普遍反映一年级学生在遵守课堂纪律、独立完成任务、生活自理、学习习惯等方面表现很差；一些家长也反映，孩子入小学后出现体质下降、睡眠不足、厌恶上学等症状。
>
> "小学化"的幼小衔接教育，不仅不能减缓幼儿园与小学教育之间的坡度，反而会加剧儿童身心发展与教育之间的冲突，不利于儿童身心健康成长和良好学习品质的养成。[①]

---

① 原晋霞. 幼小衔接并非超前学习小学知识 [N]. 中国教育报，2011-08-26（4）.

三、幼小衔接的内容与原则

儿童从幼儿园进入小学学习,需要身心各个方面做好准备,这些入小学应该具有的条件,就是幼儿园、家庭、小学乃至社会应该帮助儿童做好的幼小衔接的内容。做好这些准备,需要遵循相应原则。

(一)幼小衔接的内容

国外学术界通过一系列纵向追踪研究,提出了对能否更好地适应学校生活有重要预测性的早期发展指标。[①] 根据具有预测作用的指标,全美教育目标委员会(NEGP)从生态学的视角将入学准备划分为三个方面:儿童自身发展方面的准备、学校为新入学儿童提供的条件、家庭和社区为儿童提供的支持。从儿童的角度来看,入学准备包括五个重要领域:身体健康与运动领域、学习方式领域、社会性与情绪发展领域、言语发展领域和认知及一般知识领域。身体健康与运动领域的内容包括有关身体健康的内容(包括身体增长率、身体适应性以及身体生理机能等方面)和有关动作技能的内容(包括精细动作、大动作等技能)。学习方式领域内容包括好奇心、主动性、坚持性和专注性、认知风格、想象力和创造性。社会性与情绪发展领域的内容包括有关社会性发展的内容(包括自我判断、不自我为中心以及遇到困难向他人寻求帮助的意识等内容)和有关情绪情感发展的内容(如良好的自我概念和自我效能感、健康稳定的情绪状态、适当的情绪表达方式等内容)。言语发展领域内容包括口语发展与书面言语发展。认知及一般知识领域内容包括自然知识、逻辑与运算知识、社会与规则性知识。

近些年来,国内学者研究发现中国儿童入学准备的发展状况基本适合用全美教育目标委员会提出的五个入学准备领域来描述,但由于中国国情,每个领域所涉及的具体内容与国外还是存在差异。因此,在借鉴全美教育目标委员会提出的关于儿童入学准备五个领域的基础上,国内许多学者对这五个方面的具体内涵进行了本地化研究。

有学者将幼小衔接内容归结为 26 个项目,其中健康与运动领域涉及身体健康与精细运动技能两个方面内容,学习方式领域涉及学习态度、学习技能、学习兴趣、坚持性以及专注性等内容,社会性发展领域涉及礼貌、不攻击他人、不自我为中心、情绪状态

---

① 盖笑松,张向葵. 儿童入学准备状态的理论模型与干预途径[J]. 心理科学进展,2005(5):614-622.

良好、乐于交往、愿意沟通、不害怕挫折、遵守规则、自我服务、独立性、自信心、自我控制、不懒惰、生活习惯以及自我保护意识等内容，言语发展领域包括理解和表达两个方面内容，认知发展领域包括认知技能和一般基础知识两个方面内容[1]。暴占光、张向葵[2]对6所小学67名小学一年级教师进行了访谈，了解小学教师认为在幼儿园期间，幼儿哪些能力培养的不够理想以及幼儿在进入小学时应该具备哪些能力，通过对访谈结果进行编码以及结合之前的研究，将访谈结果归结为28个项目，其中身体健康及运动发展领域主要包括身体健康内容，学习方式领域包括前学习技能、学习兴趣、坚持性、专注性及学习态度等内容，社会性发展领域包括有礼貌、与教师沟通、乐于交往、不撒谎、有责任心、情绪状态、生活习惯、规则意识、自信心、独立性、自我保护、自我控制、不自我为中心、自理能力、不怕挫折及创造性等内容，言语发展领域涉及理解和表达两种能力，认知发展领域包括思维水平、动手操作能力、一般基础知识等内容。

（二）幼小衔接的原则

开展幼小衔接，须遵循以下原则：

1. 连续性和阶段性

儿童的发展既是阶段性的，又是连续性的。学前儿童和小学生有不同阶段的发展特点，但发展的连续性又决定了在幼小衔接时期，两个阶段的特点同时存在，且相互交叉，教育要根据儿童不同阶段的身心发展特征，使教育的内容、方法、手段、途径等符合儿童健康发展的需要，不能一味地要求儿童适应小学生活，而要强调让教育适应儿童的发展，使儿童在轻松愉悦的氛围中顺利过渡。

2. 双向性

双向性是指小学和幼儿园相互衔接。幼小衔接不是简单的幼儿园向小学靠，也不是小学向幼儿园靠，而是双方都向儿童靠。要彼此沟通、相互衔接，双方既要保持各自的独立性、特殊性，又必须同时保持连续性，共同为儿童的发展创造最大的可能性。

3. 全面性

全面性是指衔接的内容要包括体、智、德、美各个方面。入学准备是全面素质的准

---

[1] 张向葵，孙蕾，李大维，等. 教师关于儿童入学准备的观念[J]. 心理发展与教育，2005（4）：73-77.
[2] 暴占光，张向葵. 儿童入学准备的访谈研究[J]. 调查与研究，2005（5）：36-40.

备，包括健康与运动领域、社会性与情绪发展领域、学习方式领域、言语发展领域和认知及一般知识领域方面的内容。教师和家长最关心的是儿童的学习，最苦恼的是他们的社会适应性能力，而儿童的身体素质和社会适应性能力对学习又有很大的影响。所以幼小衔接应是全面的衔接。

四、幼小衔接的策略

幼小衔接涉及家庭、幼儿园、社会、管理部门等多方面，需要通力合作、相互配合，为儿童做好顺利进入并适应小学生活的准备。从宏观角度来看，可采取以下策略：

1. 政府加强对幼小衔接的引导

一是可从制度层面，使学前教育与小学教育的联系更加紧密化。欧美发达国家往往从学制上将学前教育的高阶段和小学的低阶段融合在一起，使得二者在师资、课程、环境等方面具有更多的相近性。二是从制度、经费等方面给幼儿园、小学、家庭开展幼小衔接提供保障，特别是幼儿园和小学之间的"衔接"，需要有管理部门的介入才能有效展开。如可以通过提高幼儿园、小学教师的整体素质，做好职前与职后培训一体化，搭建幼小衔接的教师教研平台，以加强幼儿园和小学教师的互相交流。① 三是政府应加大监管力度，出台并实施纠正幼小衔接中可能出现的不良倾向，如"小学化"问题的相关政策，对幼儿园的教育内容、教育形式、教育方法和作息时间等方面提出具体要求。

> 资料卡片：防止和纠正"小学化"的政策
>
> 2011年12月28日，教育部发出《关于规范幼儿园保育教育工作 防止和纠正"小学化"现象的通知》，要求：
>
> 一、遵循幼儿身心发展规律，纠正"小学化"教育内容和方式。幼儿园（含学前班，下同）要遵循幼儿的年龄特点和身心发展规律，科学制定保教工作计划，合理安排和组织幼儿一日生活。要坚持以游戏为基本活动，灵活运用集体、

---

① 李娅菲. 法国幼小衔接教育制度研究[D]. 成都：四川外国语大学，2013：24.

小组和个别活动等多种形式，锻炼幼儿强健的体魄，激发探究欲望与学习兴趣，养成良好的品德与行为习惯，培养积极的交往与合作能力，促进幼儿身心全面和谐发展。严禁幼儿园提前教授小学教育内容。幼儿园不得以举办兴趣班、特长班和实验班为名进行各种提前学习和强化训练活动，不得给幼儿布置家庭作业。

二、创设适宜幼儿发展的良好条件，整治"小学化"教育环境。幼儿园要创设多种区域活动空间，配备丰富的玩具、游戏材料和幼儿读物，为幼儿自主游戏和学习探索提供机会和条件。严禁教育行政部门推荐和组织征订各种幼儿教材和教辅材料，严禁任何单位和个人以各种名义向幼儿园推销幼儿教材和教辅材料。幼儿园不得要求家长统一购买各种幼儿教材、读物和教辅材料。幼儿园要严格控制班额，不得违反国家相关规定超额编班，坚决纠正大班额现象。

三、严格执行义务教育招生政策，严禁一切形式的小学入学考试。规范小学招生程序，依法坚持就近免试入学制度，严禁小学举办各种形式的考核、面试、测试等招生选拔考试，不得将各种竞赛成绩作为招生的依据。严禁小学提前招收不足入学年龄的幼儿接受义务教育。

四、加强业务指导和动态监管，建立长效机制。各地要充实学前教育教研力量，建立并完善学前教育教研制度，依托城市优质幼儿园和农村乡镇中心幼儿园，形成覆盖城乡的学前教育教研指导网络，定期对各类幼儿园进行业务指导。教育行政部门要研究建立幼儿园保育教育质量监测评估机制，切实加强对各类幼儿园保育教育工作的动态监管，定期对"小学化"现象进行专项检查，对违反规定的，责令其限期整改。存在"小学化"现象的幼儿园，举办招生选拔考试的小学一律不得参与评优、评先。设立家长举报电话，加强社会监督。

五、加大社会宣传，营造良好社会氛围。各地教育行政部门要加大力度，开展多种形式的社会宣传。充分利用和引导各种传媒宣传科学的学前教育理念。幼儿园要采取多种形式开展家庭教育指导，实现家园共育，形成全社会共同关心支持的良好社会氛围。

2. 幼儿园全程做好幼小衔接工作

幼小衔接从幼儿入园开始就已经展开，幼儿园根据《幼儿园工作规程》和《幼儿园教育指导纲要（试行）》的要求，保教结合，促进幼儿身心和谐发展，为幼儿入小学打下坚实的身心条件基础。因此，幼儿园幼小衔接的首要工作是全面落实上述文件的精神，支持幼儿身心和谐、健康成长，为入小学做准备。此外，还要特别注意以下两个方面的工作：

（1）做好幼儿园大班后期的入学准备工作

到了大班，儿童离入小学越来越近，因此，幼儿园大班应更集中、更直接地对儿童进行体力、智力、品德、意志和生活习惯等各方面的入学准备。幼儿园教师要向大班儿童介绍小学情况，并创设条件，使儿童能与小学有直接的接触机会。可以从下面几个方面入手：

第一，组织儿童参观附近小学。帮助儿童逐步熟悉小学环境，观察一年级上课情况，培养儿童上小学的欲望。第二，组织儿童适当体验小学的集体活动，如参观并体验少先队活动，组织大班儿童和小学生一起春游、开联欢会或进行其他活动等。还可请一年级小学生回幼儿园谈学习体验与收获。第三，向大班儿童提出要求，逐步养成小学生应有的良好行为习惯和学习能力。如有规律的生活习惯，按时休息、按时上学，严格遵守上课纪律，注意力集中，不做小动作，不随便讲话，积极思考问题与发言，爱护书籍、文具。不断提高学习能力，培养书写能力和正确的握笔姿势，教师有计划地指导儿童阅读，使儿童学会从左到右、从上到下有顺序地看书。幼儿园大班还可以改变环境布置，调整作息时间，延长活动时间至35分钟，适当增加各种智力活动，加速学前儿童适应小学生活的步伐。

（2）协调家长、小学教师在幼小衔接方面的工作

幼儿园可以通过家长学校、幼儿园园报、家园联系栏、家长开放日等多种宣传途径使家长与幼儿园统一认识、统一方法；充分发挥家长学校作用，聘请心理学教授、幼教教研员以及对幼小衔接颇有研究的教师、有较多经验的家长给家长们做专题讲座；引导家长正确评价自己的孩子，调整好家庭教育计划，同时教师记录下儿童在幼儿园的情况，根据个人的实际情况，向家长提出有针对性的儿童的个人方案，与家长共同探讨高

效率的解决方法。

幼儿园教师要主动与小学教师联系,如通过个别访谈、组织参观活动、座谈会等,倾听意见,不断调整教学内容、方法,为小学一年级教师准备一份较为详细的儿童各方面发展的情况表,以便小学教师全面、系统了解儿童,有针对性地开展教育工作。

3. 小学应主动开展幼小衔接工作

小学应根据刚入小学儿童的年龄特点,在教育教学制度、内容等方面作适当调整,帮助儿童适应。第一,合理调整小学低年级儿童的作息时间。小学可专门为低年级儿童设计作息时间表,科学、合理安排儿童一天的学习,注意动静结合。比如适当缩短课堂教学时间、增加户外活动时间、延长午睡时间等。第二,保持教育教学活动的延续性。如小学里要重视环境创设,应尽量配合儿童长期在幼儿园生活而形成的习惯,小学教师要了解学前儿童的身心发展特点和教育的规律,在教学中适当运用游戏的方法等。如在儿童入小学初期,小学教师可以有意识地放慢教学进度,适当调整教学内容和方法,增加活动课程和具体形象、有趣的内容,弹性安排时间,逐渐对学生提出要求等。第三,主动和幼儿园沟通幼小衔接问题。小学教师可以和幼儿园教师加强合作与交流,如开展和幼儿园的互访、共同参加教研活动、共同设计幼小衔接课程等;① 可以采取主动和幼儿园教师共同备课、观摩上课等方式制定双方可衔接的教育目标、教学内容,选择适宜的教学方法,采取适宜的教学评价方法,促进儿童实现幼儿园与小学之间的平稳过渡,帮助儿童更好地适应小学生活。②

4. 家长参与幼小衔接的工作

家长在幼小衔接中作用巨大,但必须具备合理的幼小衔接观念,采取科学的方法,才能达到良好的效果。第一,家长应给孩子合理的期望以增强孩子的自信心和适应力。家长要经常鼓励和肯定孩子,对孩子做出恰如其分的评价,多倾听孩子的心声,创设环境供孩子体验成功的快乐,这样才能培养孩子入小学的信心。第二,激发孩子上小学的兴趣。为了让孩子轻松进入小学,家长要使孩子内心产生当个小学生的愿望。例如,在闲暇时间带着孩子到他们将要学习的学校去熟悉一下新环境,可以告诉孩子:"××学

---

① 邹春芹. 西方发达国家促进幼小衔接的国际经验 [J]. 比较教育研究, 2013 (2): 31.
② 鲍婷婷. 美国入学准备特点及对我国的启示 [D]. 长春: 东北师范大学, 2013: 50.

校多漂亮呀！在学校不仅可以交许多朋友，而且可以了解到更多的新东西。"家长积极肯定地谈论学校，有助于培养孩子上学的兴趣。在这方面家长要特别注意的是，绝不能用上小学对孩子施加压力，进行恐吓："瞧，你这么坐不住，将来上小学可要受罪，让小学老师好好修理你！"这样说会造成孩子对上学产生恐惧感，不利于入学的心理准备。[①]第三，调整好孩子的生活规律。家长要给孩子建立稳定的作息制度，让孩子慢慢有时间概念，形成有张有弛的生活节奏。如可以和孩子一起为他选购一款他喜爱的小闹钟，使孩子对时间概念有比较直观的了解，学会掌握时间，以后上学不迟到；按照孩子入小学的标准，制定作息制度，和孩子一起画一张表格挂在墙头，并监督孩子执行，形成良好的生活规律。第四，培养孩子的自理能力。培养孩子的自理能力可从生活中的小事做起，如指导孩子学会穿衣、洗脸、叠被、整理房间、端饭、擦桌子、扫地等，让孩子自己整理图书、玩具，收拾小书包和生活用品等。第五，创造良好的家庭学习环境。为了让孩子适应日渐紧张的学习生活，家长应在家里为孩子创造良好的学习环境，如给孩子预备固定的学习地点；儿童学习时，周围应尽量保持安静。第六，对孩子进行安全教育，增强自我保护意识。家长帮助孩子了解学校、交通、周边环境的不安全因素，提高孩子的安全意识和自我保护能力。

▶ 小结

社区是一定地域范围内的人们基于共同的利益和需求、密切的交往而形成的具有较强认同的社会生活共同体，"一定的地域""共同的纽带""社会交往"以及"认同意识"是作为社区最基本的要素和特征。社区资源是指能为社区所利用和调动的资源，包括社区内的物质资源、人力资源和文化资源等。幼儿园与社区的合作是双向的，一方面社区支持和影响着幼儿园的发展，另一方面幼儿园又可以支持和促进社区的和谐与繁荣。

从理论角度来看，社会生态系统理论和社会建构理论从不同视野解读了幼儿园与

[①] 方明. 大班幼儿家长怎样对孩子进行入学准备教育［J］. 学前教育，1998（4）：31.

社区合作的必要性，提升了幼儿园与社区合作的价值。从域外幼儿园与社区合作的实践经验来看，瑞吉欧教育模式、美国、英国以及日本等国家已经形成了比较完善的实践体系，为我国幼儿园与社区合作提供了重要的借鉴。我国幼儿园与社区合作还存在诸多问题：一方面以幼儿园单向合作为主，社区合作的主动性不高；另一方面合作的内容比较片面，以利用社区资源为主，其他合作内容不多。基于国外成功的实践经验以及国内现状，提高幼儿园与社区合作的有效性，必须要充分调动主体双方的积极参与，不仅幼儿园要主动走向社区、利用社区资源、服务社区发展，同时社区也必须要主动面向幼儿园，服务幼儿园的发展。

幼小衔接是指为了促进儿童的健康成长，幼儿园和小学通过创造良好的条件，以帮助儿童实现从学前教育阶段到小学教育阶段的顺利过渡。幼小衔接的必要性是由幼儿园与小学间客观存在的"断层"以及学前教育和小学教育天然的联系所决定的。

幼小衔接的任务包括做好生理适应的衔接、做好心理适应的衔接、做好能力适应的准备。幼小衔接的意义：有利于儿童身心健康，有利于儿童良好习惯的养成，有利于增强儿童的人际交往与社会适应力，有利于增进儿童入学后的学业。

人类发展社会生态学理论和社会文化理论是当代研究幼小衔接的主要理论基础。人类发展社会生态学理论研究幼小衔接，形成了"儿童影响模式""直接影响模式""间接影响模式""生态学动力模式"四种理论模式。

我国幼小衔接存在五个问题：单向性、片面性、突击性、表面性、盲目超前性。从儿童角度来看，入学准备包括五个领域：身体健康与运动领域、社会性与情绪发展领域、学习方式领域、言语发展领域和认知及一般知识领域。这是幼小衔接的重要内容。

幼小衔接的原则包括：连续性和阶段性、双向性、全面性。幼小衔接的策略包括：政府加强对幼小衔接的引导，幼儿园全程做好幼小衔接工作，小学应主动开展幼小衔接工作，家长参与幼小衔接的工作。

▶ 思考与实践

1. 名词解释：社区、社区资源、社区教育、幼小衔接

2. 请从社会生态系统理论的角度分析幼儿园与社区合作的意义。

3. 请从社会建构理论的角度谈谈对幼儿园与社区合作的启示。

4. 请结合瑞吉欧的社区管理模式，谈谈该模式对我国幼儿园与社区合作的启示。

5. 美、英、日幼儿园与社区合作模式对我国学前儿童社区教育有什么借鉴意义？请联系实际分析：我国的幼儿园与社区合作有什么不足？应该从哪些方面提高合作能力？

6. 简述幼小衔接的任务、意义、必要性。

7. 简述当代国外幼小衔接研究的主要理论基础及特点。

8. 简述我国幼小衔接存在的问题及实施的策略。

9. 实践应用

（1）请选择一所幼儿园所在社区，以小组为单位就其社区资源的状况进行调查。并根据你们所掌握的社区资源情况，形成一个适合该园幼儿发展需求和课程建设需求的社区资源库。

（2）调查一所幼儿园的幼小衔接实施状况，分析其策略的特点，提出改进措施。

▶ 延伸阅读

1. 卡洛琳·爱德华兹，莱拉·甘第尼，乔治·福尔曼. 儿童的一百种语言[M]. 罗雅芬，等，译. 南京：南京师范大学出版社，2006.（第二部分第四章）

该章通过对瑞吉欧·艾蜜莉亚教育主管瑟吉欧·斯拜吉亚利的访问，详细地介绍了瑞吉欧教育取向系统中对于社区（或社区）参与的理解，并介绍了社区管理模式与瑞吉欧教育取向能够相互配合的原因，提出社区咨询委员的任务、家长参与婴幼儿中心与学前学校实务的途径。

2. 薛烨，朱家雄. 生态学视野下的学前教育[M]. 上海：华东师范大学出版社，2007.（第二部分）

该部分主要探讨了社区与早期教育机构之间的关系。对"社区"和"社区文化"的概念、关系等做了梳理，分析了现代主义视野和后现代主义视野两种视野下社区与早期教育机构之间的关系，结合瑞吉欧学前教育实践和英国的"确保开端"计划，探讨我国建立以社区为基础的学前教育服务网络。

3. Janet Gonzalez-Mena. 儿童、家庭和社区：家庭中心的早期教育[M]. 郑福明，等，译. 北京：高等教育出版社，2012.（第十二、十三章）

第十二章探讨了家长和早期儿童教育工作者的伙伴关系；第十三章分析了社区中其他社区资源、社区网络和机构与儿童早期教育的关系，讨论了服务和支持家庭的方法以及儿童虐待的问题。

4. 盖笑松. 儿童入学准备研究与实践［M］. 长春：吉林教育出版社，2007.（第一、二、六章）

这三章分别论述了国外入学准备研究的理论背景，中国儿童入学准备的本土化研究，提高儿童入学准备水平的实践探索等内容。

第十一章

学前教育管理

>> 内容导航

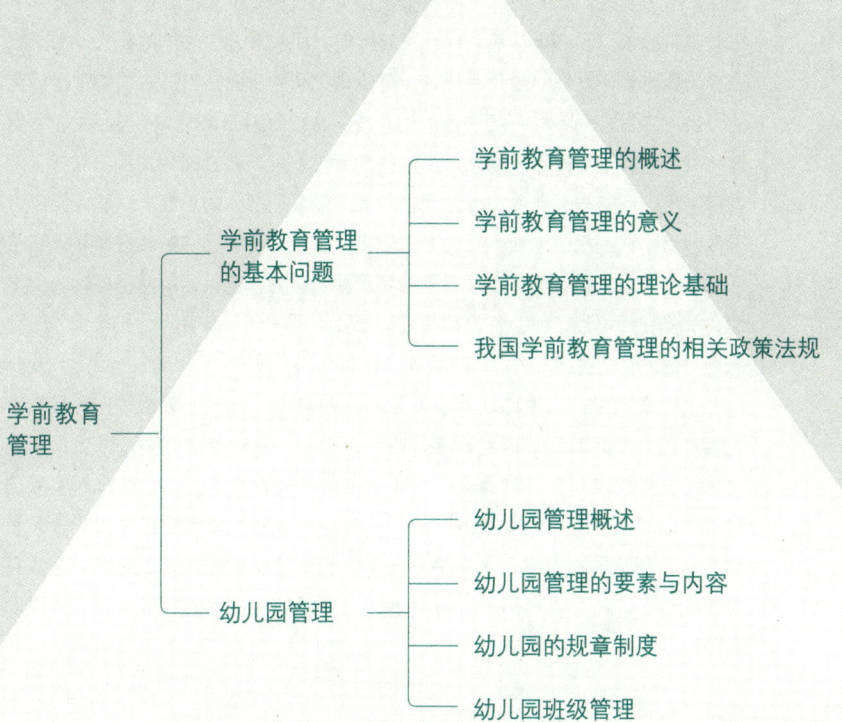

▶ **学习目标**

1. 了解学前教育管理的相关政策与法规、幼儿园管理的要素与内容。
2. 理解学前教育管理的概念、意义,幼儿园管理的任务,幼儿园班级管理的内容、方法。
3. 运用学前教育管理的理论基础、幼儿园班级管理的方法,分析实践中的问题。

▶ **引言**

  2012年10月24日,某幼儿园教师"虐童"事件被媒体曝光,引起社会的广泛关注,教育厅对此高度重视,派出调查组彻查此事。教育厅强调,要痛定思痛,举一反三,以此作为反面典型,切实加强和改进教师工作。一是要求各级教育行政部门和各类学校、幼儿园对师德师风和教师依法从教行为立即进行一次全面排查,发现问题及时处置,坚决防止和制止以任何形式伤害学生行为的发生。二是督促各级各类学校、幼儿园完善校园内部管理,完善相关教师管理制度,尤其是师德师风和依法从教行为管理制度,并会同相关部门完善教师录用制度,严格教师准入门槛,严格对教师爱心、师德的考察。对幼儿园未取得教师资格证的相关从业人员,通过培训、考试,争取尽快解决在岗教师资格证不达标问题。新进教师必须具有教师资格证,并作为录用的前提条件。三是切实加强教师培训工作,各类教师培训都要把师德师风教育作为必修课,充实培训内容,改进培训方法,提高培训的针对性和实效性。[①]

  上述案例中,当地方幼儿园发生幼儿园教师"虐童"事件后,各级教育主管部门,立即启动了应对程序,组织调查组,查清事情原委,做出相关处理决定,并要求广泛开展师德教育,加强督促检查。这反映了教育部门管理针对一项学前教育事件管理的全过程,管理是学前教育事业和具体的学前教育活动顺利开展的保障。本章将围绕学前教育管理展开讨论,分析学前教育管理的概念、特点、学科发展等基本理论问题,介绍相关政策法规,讨论幼儿园日常各环节的管理要求。

---

① 朱振岳,蒋亦丰. 浙江严惩"温岭虐童事件"责任人 开展师德师风专项大检查 [N]. 中国教育报, 2012-10-27(2). 有删改。

第一节 学前教育管理的基本问题

管理自古有之,从家庭主妇的家务管理,到国家元首的国务管理,管理活动包罗万象。在管理科学中,管理主要指组织中的管理,即协调他人,为取得单个人行动无法获得的效果而进行的各种活动。① 学前教育作为社会活动的重要领域,必然存在管理问题。

一、学前教育管理的概述

学前教育活动涉及复杂的要素组合关系,其活动效益、效率,取决于各要素的协调、配合,这就需要管理。学前教育管理是社会管理活动的组成部分,它有自身的内涵与特征,学习者须首先辨明。

(一)学前教育管理的内涵

要界定"学前教育管理"的概念必先界定"教育管理"的概念。教育管理是教育管理主体为了实现明确的教育管理目标,利用有效的教育管理方式,协调各种教育管理客体,从而取得预期教育管理结果的一种人类社会实践活动。

1. 学前教育管理的定义

学前教育管理是教育管理的有机组成部分,它既具有教育管理的共性,又具有自身的个性。学前教育管理的概念是什么?可谓仁者见仁,智者见智。张燕认为,"学前教育管理是有关幼教行政人员和管理者按照教养工作的客观规律,以党的教育方针为准则,根据一定的指导原则,采用科学的工作方式,将人、财、物等各因素合理组织起来,调动各方面的积极性,从而获得最大的兴办学前教育的效益"。② 邢利娅认为,"学前教育管理是指有关幼教行政人员和托幼机构管理者按照教养工作的客观规律,根据一定的指导原则,采用科学的工作方式,将人、财、物等资源组织起来,调动各方面积极性,从而获得良好的教育质量效果的过程"。③ 综合上述观点并结合"教育管理"的概念,所谓学前教育管理是学前教育管理主体为了实现明确的学前教育管理目标,遵循学前儿

---

① 黄志成,程晋宽. 教育管理论[M]. 上海:上海教育出版社,2001:2.
② 张燕. 学前教育管理学[M]. 北京:北京师范大学出版社,1995:12.
③ 邢利娅. 幼儿园管理[M]. 北京:高等教育出版社,2010:9.

童的身心发展规律和保育教育工作的客观规律，利用有效的学前教育管理方式，协调各种学前教育管理客体，从而取得预期学前教育管理结果的一种教育管理活动。

2. 理解学前教育管理的三个关键点

（1）学前教育管理含有五大要素，即学前教育管理主体、学前教育管理目标、学前教育管理方式、学前教育管理客体和学前教育管理结果，它们从不同的方面参与学前教育管理过程，发挥其独特的作用。学前教育管理主体是指有关幼教行政人员和托幼机构管理者，是从事学前教育管理活动的个人或团体；学前教育管理目标是指学前教育管理主体所期望达到的目的或成就，就是按照一定社会的目的来发展学前教育；学前教育管理方式是指学前教育管理主体从事学前教育管理活动时所采取的一切措施，通过一定的管理环节去有效行使管理职能；学前教育管理客体是指学前教育管理主体所作用的客观对象，它包括与学前教育密切相关的人、财、物、信息、时空等资源；学前教育管理结果是指学前教育管理活动结束时所产生的效果或成果。上述这些因素联结起来，就构成了学前教育管理的一个有机整体或完整过程。

（2）学前教育管理包括学前教育事业的宏观管理和幼儿园内部的微观管理两部分。学前教育事业的宏观管理包括国家及地方各级政府对学前教育的管理体制、规划、监督、控制以及奖惩等。幼儿园内部的微观管理包括保育教育管理、卫生保健管理、安全管理、财务管理、人事管理、课程管理、教学管理、科研管理与档案管理等。

（3）学前教育管理是具有一般性和特殊性的管理活动。学前教育管理具有教育管理的一般特性，它是一个由计划、实施、检评、总结四个环节所组成的过程，任何学前教育管理都要依靠这些管理环节，完成整个管理过程；其管理的内容仍然是人、财、物、信息、时空等资源，任何学前教育管理都要认真分析、科学利用和有效配置这些资源，力求以最少的资源获得最大的效益。

（二）学前教育管理的特点

学前教育管理具有自身的特点：(1)管理对象具有特殊性。学前教育最终和最根本的对象是学前教育机构，幼儿园是学前教育的主要机构。儿童在幼儿园的学习是以游戏为主、以兴趣为导向，而不是系统地学习书本知识。(2)管理目标具有特殊性。学前教育不是义务教育，不带有强制性，不以升学率为追求目标。(3)管理方式具有特殊性。

学前教育行政部门对幼儿园只是进行一些规范性管理和业务指导。家长参与管理是学前教育管理的一个重要特点。(4)学前教育管理最终要落实在计划、组织、领导和控制等一系列管理职能上。管理职能是教育管理主体从事管理活动时所要发挥的功能或作用。计划职能是指预先谋划未来活动，包括预测未来、决策目标、确定战略以及选择实现目标的最佳方案。组织职能是指合理组织管理活动中的各个要素，建立科学合理的组织体系，不断实现决策目标。领导职能是指教育管理主体根据管理目标，利用组织所赋予的权力去指挥、影响和激励组织成员，实现决策目标的管理行为。控制职能是指保证组织各部门、各环节能按预定要求运作而实现决策目标的管理行为。这些管理职能是教育管理主体必须要做的事情，是管理理论研究和管理实践探究的重点。

二、学前教育管理的意义

学前教育管理在学前教育发展中具有重要意义，表现为能管理学前教育事业、提升学前教育质量、解决学前教育实际问题等。

（一）管理学前教育事业

学前教育事业是国家教育事业的重要组成部分，国家通过行政、政策、法规和监督等手段管理学前教育事业。首先，设立学前教育管理机构，运用行政手段管理。中华人民共和国教育部设有基础教育二司，承担学前教育的宏观管理工作，拟定学前教育的发展政策和基础教育的基本文件。各地方也设有相应的学前教育管理机构，管理学前教育事业。其次，制定学前教育政策，运用政策手段管理。2010年，国务院制定并颁布《关于当前发展学前教育的若干意见》，要求加强幼儿园准入管理；强化幼儿园安全监管；规范幼儿园收费管理；完善工作机制，加强组织领导；统筹规划，实施学前教育三年行动计划等。再次，制定学前教育法规，运用法规手段管理。我国重视完善学前教育法规，规范学前教育管理。如国家教育委员会于1989年颁布《幼儿园管理条例》，确立幼儿园管理体制，即幼儿园的管理实行地方负责、分级管理和各有关部门分工负责的原则。最后，加强学前教育督导，运用督导手段管理。国务院设立国家教育督导团，指导全国的教育督导工作。教育部设立教育督导团办公室，承担国家教育督导团的具体工作，还拟定教育督导的规章制度和标准，指导全国教育督导工作。1991年，国家教育委员会发布《教育督导暂行规定》，规定教育督导的范围主要是中小学教育、幼儿教育及其有关工作。2012年，教育部公布《学前教育督导评估暂行办法》，旨在"促进地方人民政府及相关部门切实履行发展学前教育的职责，全面实施学前教育三年行动计划，有效缓解'入园难'问题，满足适龄儿童入园需求，推进学前教育事业加快发展"，"督导评估工作由国家教育督导团组织实施"。

（二）提升学前教育质量

学前教育是我国基础教育事业的重要组成部分，是国家教育制度的起始阶段，是学校教育和终身教育的奠基阶段，事关国家和民族的未来。其根本任务是为儿童的一生发展打好基础，为社会的持续发展打好基础。良好的学前教育对人的后继学习和终身发展具有重要意义。随着经济社会的快速发展和人民生活水平的不断提高，让孩子接受良好的学前教育日益成为广大人民群众的迫切要求。各级政府为了满足社会诉求和群众要求，明确并强化其学前教育管理职责，全面提高学前教育质量。《国家中长期教育改革和发展规划纲要（2010—2020年）》规定：加强学前教育管理，规范办园行为；制定学前教育办园标准，建立幼儿园准入制度；完善幼儿园收费管理办法；严格执行幼儿园教师资格标准，切实加强幼儿园教师培养培训，提高幼儿园教师队伍整体素质，依法落实幼儿园教师地位和待遇；教育行政部门加强对学前教育的宏观指导和管理，相关部门履行各自职责，充分调动各方面力量发展学前教育。

（三）解决学前教育问题

解决学前教育实践中的问题，是学前教育管理的重要任务。如针对近年来各地出现幼儿"入园难""入园贵"及幼儿园教育"小学化"倾向等问题，只有加强学前教育管理，才能解决上述问题。针对幼儿"入园难"问题，国务院要求努力构建覆盖城乡、布局合理的学前教育公共服务体系，保障适龄儿童接受基本的、有质量的学前教育，为幼儿和家长提供方便就近、灵活多样、多种层次的学前教育服务。各地采取了政策的或法规的措施，解决幼儿"入园难"问题。如《浙江省人民政府关于进一步加快学前教育发展 全面提升学前教育质量的意见》规定：各地在旧城改造、新区建设和实施农居工程时，要规划建设好与居住人口相适应的公建配套幼儿园；乡镇政府要切实办好乡镇中心幼儿园，积极筹措办园经费，努力改善办园条件；因地制宜办好村幼儿园（班）；继续办好公办幼儿园；继续鼓励和扶持民办幼儿园的发展。《江苏省学前教育条例》规定：学前教育设施的布局，应当体现本行政区域内学龄前儿童的数量分布、流动趋势、保育教育需求等情况，每一万至一万五千常住人口至少设置1所幼儿园；人口较为分散的农村地区，应当根据条件适当增设幼儿园。针对幼儿"入园贵"问题，国务院要求不得用政府投入建设超标准、高收费的幼儿园；积极扶持民办幼儿园特别是面向大众、收费较低的普惠性民办幼儿园的发展。《江苏省学前教育条例》规定"举办幼儿园应当以公办幼儿园和普惠性民办幼儿园为主"，幼儿园不得收取书本费，不得以推销或者变相推销玩教具、图书、被褥、服装等方式谋取利益，不得以开办各种特长班、兴趣班、实验班为名收取费用，不得收取或者变相收取与入园相关的赞助费、捐资助学费、建园费等费用。针对幼儿园教育"小学化"倾向的问题，教育部于2011年12月颁布的《关于规范幼儿园保育教育工作 防止和纠正"小学化"现象的通知》规定：遵循幼儿身心发展规律，纠正"小学化"教育内容和方式；创设适宜幼儿发展的良好条件，整治"小学化"教育环境；严格执行义务教育招生政策，严禁一切形式的小学入学考试；加强业务指导和动态监管，建立长效机制；加大社会宣传，营造良好社会氛围。

三、学前教育管理的理论基础

学前教育管理是一门年轻的研究领域，但管理学、心理学、教育学、教育管理学等领域的研究，为学前教育管理提供了理论基础。以下三个方面的理论基础对我国当代学前教育管理有借鉴作用。

（一）现代管理理论

第二次世界大战以后，形成了多种现代管理理论。1980年，美国管理学家孔茨把丰富多样的管理理论划分为十个学派，即管理过程学派、社会合作学派、经验或案例学派、人际关系行为学派、群体行为学派、社会技术系统学派、决策理论学派、沟通（信息）中心学派、数学学派和权变理论学派。

各流派对学前教育管理具有不同的启发意义。用管理过程学派管理学前教育，学前教育管理主体必须注重学前教育的过程管理，实现管理过程的职能。用社会合作学派管理学前教育，学前教育管理主体必须注重幼儿园与家庭、社区和小学的合作，建立互惠共赢的合作系统。用经验或案例学派管理学前教育，学前教育管理主体必须注重建设示范性幼儿园，充分发挥各级示范性幼儿园的示范和辐射作用。用人际关系行为学派管理学前教育，学前教育管理主体必须注重构建平等、和谐的人际关系，尤其要构建平等、和谐、融洽的师幼关系。用群体行为学派管理学前教育，学前教育管理主体必须注重儿童集体、教师集体的行为方式与行为特点，引导他们按照管理目标的方式行事。用社会技术系统学派管理学前教育，学前教育管理主体必须注重社会合作系统与技术系统的相互协调。用决策理论学派管理学前教育，学前教育管理主体必须注重集思广益，慎重做出决策。用沟通（信息）中心学派管理学前教育，学前教育管理主体必须注重把自己锻炼成为一个信息中心，不断接收、储存和传布信息。用数学学派管理学前教育，学前教育管理主体必须注重利用数学符号或关系式来描述决策制定的逻辑过程。用权变理论学派管理学前教育，学前教育管理主体必须注重根据自身所处的内外条件随机应变，管理手段和方法应因人而异，因时而治。所以，现代管理理论为学前教育管理提供了必要的理论基础和科学、系统的研究方法。

（二）儿童管理思想

"儿童管理思想是教育机构制定儿童发展目标、实现管理儿童的主要依据。在学前教育发展史上，重要的教育变革从来都有儿童发展取得的新进展作为重要理论支持。"① 法国杰出的启蒙思想家和教育家卢梭提出了"自然教育论"，自然教育的目的是培养自然人。培养自然人，教育既要遵循儿童身心发展的特点，又要尊重儿童的个性特点。美国著名的实用主义哲学家、社会学家和教育家杜威提出了儿童中心论。他认为，儿童生来就潜存着四种本能，分别表现为四种活动：语言和社会的本能及其活动、制作的本能及其活动、研究和探索的本能及其活动、艺术的本能及其活动。教育的任务就是为儿童本能的生长和儿童活动的开展创造条件。教育应该充分重视儿童，应该尊重并发展儿童的天性，教育工作务必照顾到儿童的健康和身心条件。卢梭和杜威让人们重新认识了学前儿童，树立了学前儿童的崭新形象。19世纪末到20世纪初各国兴起的"儿童研究运动"则改变了人们的教育观念，改进了教育方法。儿童研究运动具有两个目标、三个领

---

① 肖玉，周丛笑．我国"十五"以来学前教育管理研究综述［J］．当代教育论坛，2009（10）（上半月刊）：21．

域和三个思想成果。两个目标是：为教育服务，提供科学的教育方法，指导教育实践；为父母提供改变教养儿童方法的知识。三个领域是：儿童的身体与健康，儿童的兴趣、情感和态度，儿童的智力问题。三个思想成果是：证明了儿童的个性差异，确立了"整个儿童"的概念，明晰了儿童身心的发展性与阶段性特点。"儿童研究运动"极力主张教育应该适应儿童，而不是让儿童适应学校。所以，"儿童研究运动"引发了一场儿童观的巨大变革，从而确立了现代儿童观。可见，儿童研究运动让儿童在社会上的地位发生了"哥白尼式的变革"，由重视儿童被动接受到尊重儿童主体建构，由重视教师上课教学到重视游戏和儿童自发活动，学前教育的关键——师幼关系因此发生了巨大改变，学前教育的管理评价有了新的标尺。①

（三）主体教育管理观

20世纪90年代，国内教育管理学者提出了"主体教育管理观"。所谓主体教育管理观，是一种把受教育者培养成为教育活动的主体和社会生活主体的教育管理观。在这种管理观的指导下，我们需要寻求一种科学而合理的管理方式来促使受教育者主体性的形成。这种方式就是：在宏观管理上，国家应以指导服务为主，监督管理为辅的方式来管理教育；在微观管理上，应把严格管理与创造宽松和谐的气氛结合起来，使地方和学校拥有更多的自主权，更好地发挥管理者、施教者的主动性，达到把受教育者培养成为教育活动的主体和社会生活的主体的目的。主体教育管理观不仅着眼于培养受教育者成为社会生活的主体，要求教育管理有助于他们主体性的发展，而且承认管理者、施教者的主体地位，要求教育管理有助于他们主体性的发挥，使教育活动、教育事业更有生命力，真正成为推动社会发展的积极力量。②主体教育管理观有其教育理论基础：一方面，主体教育管理观是建立在一定的教育本质观之上的，认为教育的本质是促使个体个性化与社会化统一的过程；另一方面，主体教育管理观是建立在一定的教育价值观之上的，认为教育的价值在于把个体培养成为具有能动性的社会生活的主体，从而使教育达到促进个体发展与社会发展的统一。"主体教育管理观，一方面强调严格管理，将已有的社

---

① 肖玉，周丛笑. 我国"十五"以来学前教育管理研究综述[J]. 当代教育论坛，2009（10）（上半月刊）：21.
② 孙绵涛. 主体教育管理观初论[J]. 教育研究与实验，1993（1）：6.

会规范灌输给儿童，同时注意发挥管理者、施教者的创造性，尊重儿童的志趣，使儿童在社会化与个性化统一的过程中得到发展。"①用主体教育管理观管理学前教育，学前教育才能真正做到促进人的发展与社会发展的统一。用主体教育管理观组织幼儿园活动，要求幼儿园活动坚持以游戏为基本形式，注重活动的生活性、趣味性和多样性，促进儿童身心全面和谐发展。可见，主体教育管理观为学前教育管理提供了强大的理论基础。

四、我国学前教育管理的相关政策法规

学前教育政策是国家或政党为实现特定时期的学前教育目标和任务而作出的旨在调节学前教育领域及其与外部的公共利益和关系，解决普遍性的学前教育问题和矛盾的措施。学前教育法规是指国家立法机关及依法授权的政府机关制定的，调整和规定学前教育活动、学前教育关系的法律、法令、条例、规程、规则等各种规范性文件的总称。学前教育政策与法规是从事学前教育管理工作必须掌握的。

（一）学前教育管理的相关政策

新中国成立后，根据学前教育发展过程出现的问题，中央层面制定了一系列相应的学前教育管理的相关政策。

1956年2月，教育部、卫生部、内务部发布《关于托儿所幼儿园几个问题的联合通知》，指出：今后应当按照"全面规划、加强领导"和"又快、又多、又好、又省"的方针，同时根据需要和可能的条件积极发展托儿所和幼儿园。对各种类型的托儿所、幼儿园应以统一领导分级管理为原则。

1956年3月，教育部、教育工会全国委员会发出《关于中小学、师范学校的托儿所工作的指示》，指出：各地中小学、师范学校的托儿所（幼儿园）应根据上述内务部、教育部、卫生部联合通知的规定，以统一领导分级管理为原则管理托儿所（幼儿园）。

1979年10月，中共中央、国务院转发《全国托幼工作会议纪要》的通知，规定：加强托幼工作的统一领导和分工合作；积极解决托幼工作的经费和保教人员工资、劳动保险、福利待遇问题；坚持"两条腿走路"的方针，恢复、发展、整顿、提高各类托幼

---

① 孙绵涛. 主体教育管理观初论[J]. 教育研究与实验，1993，(1)：7.

组织；建设一支又红又专的保教队伍，努力提高保教质量。

1983年9月，教育部公布了《关于发展农村幼儿教育的几点意见》，规定：加强对农村幼儿教育工作的领导和管理。各省、市、自治区教育行政部门应配备和充实幼教专职干部，定期对农村幼教工作进行检查督促。县教育部门要负责农村幼教工作的业务指导和园长、教师的培训，办好示范性幼儿园和公社中心幼儿园，加强对幼儿教育的研究，组织交流经验。各级教育行政部门要在当地党委和政府的领导下，与妇联、卫生、农业等有关部门明确职责、密切配合、协调一致、共同努力，积极推动农村幼儿教育事业健康发展。

1987年10月，国务院办公厅转发国家教育委员会等部门《关于明确幼儿教育事业领导管理职责分工请示的通知》，指出：幼儿教育既是教育事业的一个重要组成部分，又具有福利事业的性质，因此，必须在政府统一领导下，除地方政府举办幼儿园外，主要依靠部门、单位和集体、个人等方面力量发展幼儿教育事业，实行"地方负责，分级管理"和有关部门分工负责的原则。幼儿园的行政领导由主办单位负责。

1991年6月，国家教育委员会发布《关于改进和加强学前班管理的意见》，就学前班的性质、举办学前班的原则、学前班的领导和管理、学前班保育和教育的要求、改善学前班办班条件的要求，以及学前班教师的管理和培训等方面做出了相应的说明和规定。

1995年9月，国家教育委员会、全国妇联等单位联合发出《关于企业办幼儿园的若干意见》，指出：当前，要加强企业幼儿园内部管理运行机制的改革，增加办园活力。各级政府和教育行政部门要加强对企业办园的业务指导。加强社区对幼儿教育的扶持与管理。

1997年7月，国家教育委员会拟定了《全国幼儿教育事业"九五"发展目标实施意见》，指出：提高认识，切实加强幼儿教育的领导和管理；深化幼儿园办园体制的改革；教育行政部门要管理与监督幼儿教育经费，管好用好资金。

2001年5月，国务院颁布《关于基础教育改革与发展的决定》，规定：大力发展以社区为依托，公办与民办相结合的多种形式的学前教育和儿童早期教育服务。加强乡（镇）中心幼儿园建设并发挥其对村办幼儿园（班）指导作用。学前教育以政府办园为骨干，积极鼓励社会力量举办幼儿园。各级教育行政部门要加强对民办幼儿园教育教学的指导和监督。

2001年9月,国家教育督导团公布《关于加强基础教育督导工作的意见》,指出:根据各省(自治区、直辖市)发展学前教育的规划,由各省督导部门开展督导评估工作,国家教育督导团进行宏观指导。坚持督政与督学相结合。

2003年3月,国务院办公厅转发教育部等部门(单位)《关于幼儿教育改革与发展指导意见的通知》,规定:进一步完善幼儿教育管理体制和机制,切实履行政府职责;加强管理,保证幼儿教育事业健康发展;加强领导,保证幼儿教育改革与发展的顺利进行。

2007年9月,教育部发布《关于加强民办学前教育机构管理工作的通知》,指出:对现有民办学前教育机构进行全面清理整顿;严格审批程序,明确监管责任;加强民办学前教育机构从业人员管理;加强对民办学前教育机构校车的安全管理;加强领导,落实责任。

2010年11月,国务院颁布《关于当前发展学前教育的若干意见》,规定:加强幼儿园准入管理,严格执行幼儿园准入制度。各地制定各种类型幼儿园的办园标准,实行分类管理、分类指导。强化幼儿园安全监管,建立全覆盖的幼儿园安全防护体系。完善工作机制,加强组织领导,形成推动学前教育发展的合力。统筹规划,实施学前教育三年行动计划。

2011年7月,我国政府颁布《国家中长期教育改革和发展规划纲要(2010—2020年)》,规定:明确政府职责,建立政府主导、社会参与、公办民办并举的办园体制。积极发展公办幼儿园,大力扶持民办幼儿园。完善幼儿园工作制度和管理办法。建立幼儿园准入和督导制度,加强学前教育管理,规范办园行为。教育行政部门宏观指导和管理学前教育,相关部门履行各自职责,充分调动各方面力量发展学前教育。完善投入机制,学前教育实行政府投入、社会举办者投入、家庭合理负担的投入机制。制定学前教育办园标准和收费标准。加强经费管理,坚持依法理财,严格执行国家财政资金管理法律制度和财经纪律。建立科学化精细化预算管理机制,科学编制预算,提高预算执行效率。

2011年12月,教育部发布《关于规范幼儿园保育教育工作 防止和纠正"小学化"

现象的通知》，指出：加强业务指导和动态监管，建立长效机制。教育行政部门要研究建立幼儿园保育教育质量监测评估机制，切实加强对各类幼儿园保育教育工作的动态监管，定期对"小学化"现象进行专项检查，对违反规定的，责令其限期整改。设立家长举报电话，加强社会监督。

（二）学前教育管理的相关法规

新中国成立后，为了规范学前教育管理、维护学前教育秩序，国家层面制定了一系列相应的学前教育管理的相关法规。

1952年3月，教育部颁发试行《幼儿园暂行规程（草案）》，规定：幼儿园由市、县人民政府教育行政部门统一领导。机关、团体、学校，公营企业所办的幼儿园的人事、经费等日常行政，由设立者领导。幼儿园采取园长责任制，设园长一人，领导全园工作，必要时设副园长。

1956年11月，教育部公布《关于组织幼儿教育义务视导员进行视导工作的办法》，就义务视导员应有的条件、义务视导员的职责、义务视导工作的组织与方法等做出规定。

1979年11月，教育部印发《城市幼儿园工作条例（试行草案）》，规定：各级党委要加强对幼儿教育的领导。各级教育行政部门应建立幼儿教育的领导机构或专职干部，领导本地区各种类型幼儿园（包括机关、部队、学校、厂矿、企业、事业单位主办的和民办的幼儿园）的保教业务、师资培训和科研工作。各级教育行政部门要认真办好示范幼儿园。幼儿园园长在上级党委和教育行政部门领导下负责领导全园工作。

1988年10月，国家教育委员会发布《社会力量办学教学管理暂行规定》，旨在鼓励和支持社会力量办学，提高办学质量和效益，促进其健康发展。规范了社会力量办幼儿园。

1989年6月，国家教育委员会颁布《幼儿园工作规程（试行）》，旨在加强幼儿园的科学管理，提高保育和教育质量。规定：幼儿园实行园长负责制。园长在设置者和教育行政部门领导下，依据本规程负责领导全园工作。

1989年9月，国家教育委员会颁布《幼儿园管理条例》，旨在加强幼儿园的管理，促进幼儿教育事业的发展。规定：幼儿园的管理实行地方负责、分级管理和各有关部门分工负责的原则。国家教育委员会主管全国的幼儿园管理工作；地方各级人民政府的教育行政部门，主管本行政辖区内的幼儿园管理工作；幼儿园园长负责幼儿园的工作。该条例是新中国成立以来第一个经国务院批准的有关幼儿教育的行政法规。

1991年4月，国家教育委员会发布《教育督导暂行规定》，旨在建立教育督导制度，加强对教育工作的行政监督。规定：教育督导的范围，现阶段主要是中小学教育、幼儿教育及其有关工作。其任务是监督、检查、评估、指导下级人民政府的教育工作、下级教育行政部门和学校的工作，保证国家有关教育的方针、政策、法规的贯彻执行和教育目标的实现。

1996年3月，国家教育委员会发布《幼儿园工作规程》，同时废止《幼儿园工作规程（试行）》，旨在加强幼儿园的科学管理，提高保育和教育质量。规定：幼儿园实行园长负责制。园长在举办者和教育行政部门领导下，依据本规程负责领导全园工作。党在幼儿园的基层组织要发挥政治核心作用。

2002年6月，教育部发布《学生伤害事故处理办法》，旨在积极预防、妥善处理在校学生伤害事故，保护学生、学校的合法权益。规定：幼儿园发生的幼儿伤害事故，应当根据幼儿为完全无行为能力人的特点，参照本办法处理。

2002年12月，第九届全国人民代表大会常务委员会第31次会议通过《中华人民共和国民办教育促进法》，规定：国家对民办教育实行积极鼓励、大力支持、正确引导、依法管理的方针。举办实施学前教育的民办学校，由县级以上人民政府教育行政部门按照国家规定的权限审批；实施学前教育的民办学校可以自主开展教育教学活动，但是，该民办学校不得违反有关法律、行政法规的规定。

2003年2月，国务院第68次常务会议通过《中华人民共和国中外合作办学条例》，规定：申请设立实施中等学历教育和学前教育等的中外合作办学机构，由拟设立机构所在地的省、自治区、直辖市人民政府教育行政部门审批。外国教育机构同中国教育机构在中国境内合作举办以中国公民为主要招生对象的实施学历教育和学前教育等的合作办学项目的具体审批和管理办法，由国务院教育行政部门制定。2004年6月，教育部制定《中华人民共和国中外合作办学条例实施办法》。

2006年6月，教育部、公安部、司法部等联合制定《中小学幼儿园安全管理办法》，旨在加强中小学、幼儿园安全管理，保障学校及其学生和教职工的人身、财产安全，维护中小学、幼儿园正常的教育教学秩序。规定：学校安全管理遵循积极预防、依法管理、社会参与、各负其责的方针。

2010年3月，教育部和卫生部联合颁布《托儿所幼儿园卫生保健管理办法》，旨在提高托儿所、幼儿园卫生保健工作水平，预防和减少疾病发生，保障儿童身心健康。规定：本办法适用于招收0—6岁儿童的各级各类托儿所、幼儿园（以下简称托幼机构）。托幼机构应当贯彻保教结合、预防为主的方针，认真做好卫生保健工作。

2011年12月，教育部和财政部联合颁布《幼儿园收费管理暂行办法》，旨在加强幼儿园收费管理工作，规范幼儿园收费行为，保障受教育者和幼儿园的合法权益。规定：公办幼儿园的保教费、住宿费收入纳入行政事业性收费管理，民办幼儿园的保教费、住宿费收入纳入经营服务性收费管理。

2012年2月，教育部颁布《学前教育督导评估暂行办法》，旨在促进地方人民政府及相关部门切实履行发展学前教育的职责，全面实施学前教育三年行动计划，有效缓解"入园难"问题，满足适龄儿童入园需求，推进学前教育事业加快发展。规定：督导评估工作由国家教育督导团组织实施。督导评估对象为地方人民政府。要遵循发展性、激励性、客观性和实效性的督导评估原则。

第二节　幼儿园管理

幼儿园是我国学前教育实施的主要场所，科学、高效的幼儿园管理是幼儿园服务质量的保障。幼儿园管理是学前教育管理的微观组成部分，有其自身的独特要求。

一、幼儿园管理概述

幼儿园管理的含义是什么，学习幼儿园管理有何意义，对初学者是个必要知识基础的准备，有助于后续的学习和实践的展开。

（一）幼儿园管理的概念界定

幼儿园管理有广义、狭义之分。广义的幼儿园管理可以理解为自上而下的各级教育行政部门通过制定国家教育方针政策与制度法规，规定教育行政体制，实施教育规划与督导等方式对幼儿园进行管理的宏观调控过程。狭义的幼儿园管理，是指在幼儿园管理者的组织领导下，以国家教育方针和保教工作的客观规律为依据，采用科学的管理方法和管理手段对人、财、物等各种管理要素进行良好的组织与应用，以优质高效地完成幼儿园工作任务。本节侧重于分析狭义的幼儿园内部管理过程。

（二）学习幼儿园管理的意义

"向管理要质量""向管理要效益"已经成为许多人的共识，幼儿园工作内容琐碎而又复杂，学习幼儿园管理理论并灵活应用于幼儿园的管理实践，才能使幼儿园管理更加科学、规范、有效。

1. 更好地了解学前教育，树立幼儿园教师职业荣誉感

通过学习幼儿园管理，可以更好地理解学前教育的性质，把握学前教育的目标，明确学前教育的社会意义，认识到幼儿园教师职业的崇高和伟大，形成职业光荣感和使命感，树立为我国学前教育事业发展而努力学习的信心和责任心。

2. 更好地了解幼儿园，认识自己未来的工作环境

学习幼儿园管理一方面可以帮助未来的幼儿园教师更好地了解幼儿园，了解幼儿园各项工作的主要内容及其运行机制，认识自己未来的工作环境，以便在真正走上工作岗位之后，更快地渡过职业适应阶段，更好地成熟和成长。另一方面，了解幼儿园的各种管理工作，有利于树立全局观念，认识到在日后的工作中，不仅要踏实、认真地做好本职工作，还要树立合作意识，与园长和其他教师互相支持、互相配合、协调一致地工作，取得整体工作效益。还有利于日后在幼儿园教师岗位上，发挥自己的聪明才智，民主参与幼儿园的管理。因为要管理好一所幼儿园，不是靠领导者个人的力量就能实现的，必须依靠全体教职工的参与和共同努力。

3. 有利于丰富知识，提高个人素质

幼儿园工作涉及保教、卫生、总务等方面，幼儿园管理涉及人员管理、财务管理、公共关系管理以及对人对事的评价，其中既具有丰富的理论知识，又具有较强的实践操

作性，还蕴含着深刻的为人处世的道理。学习幼儿园管理，可以丰富知识、感悟社会、体察人生，明白许多做人的道理。

总之，学习幼儿园管理可以开阔未来幼儿园教师的视野，扩大未来幼儿园教师的知识面，以便以后更好地工作，同时促进幼儿园管理水平的提高。

（三）幼儿园管理的任务

幼儿园管理的任务就是通过发挥计划、组织、指挥、协调和控制等管理职能，充分利用园内、外的各种教育资源，优质高效地实现幼儿园的教育工作目标，较好地完成教育好儿童、服务好家长的双重任务。

幼儿园各项管理活动的根本目标就是实现幼儿园的双重任务，这是幼儿园管理活动的出发点，也是衡量幼儿园管理活动成败的主要依据。所以幼儿园领导和管理者必须全面理解和把握幼儿园的任务、目标、要求，采取适当的管理措施，充分利用园内外的人力、物力、财力等资源，协调好各方面的关系，努力提高幼儿园的保教工作质量，办好人民满意的学前教育。

二、幼儿园管理的要素与内容

管理活动有基本的要素构成，幼儿园管理同样是由各种要素组成，并因自身的独特性而有不同于其他管理的内容要求。

（一）管理的要素

目前管理理论学界对管理要素的划分主要有："资源要素说"，即管理由人、财、物、事等组成；"职能要素说"，即管理包括计划、组织、协调和控制等；"过程要素说"，即管理包括管理者、管理手段与管理对象等。以下我们从资源要素角度阐述幼儿园管理要素的问题。

最传统的资源是以物质形态存在的，主要包括人、财、物三个方面，这是管理活动最基本的要素。如想开办一所幼儿园，必须有保教工作人员、资金和房屋、桌椅、玩具等设施。如果说支持社会发展的传统资源是人、财、物的话，那么支撑21世纪社会发展的资源当属信息了。在这个信息膨胀的时代，掌握了丰富的信息、运用了信息，就能走在时代发展的前列。除此以外，对空间进行有效的利用，对时间进行科学的管理，协调安排好各项具体的工作任务，也是管理工作的重要内容。综上所述，我们把管理的要素分为人、财、物、事、时间、空间、信息七类。

（二）幼儿园管理的内容

幼儿园管理的人、财、物、事、时间、空间、信息七类基本要素，在不同的幼儿园实际工作中，各有不同的具体内容。因此，幼儿园管理的内容可做如下分析：

1. 对幼儿园"人"要素的管理

人是管理的核心要素，事在人为、财在人理、物在人管、信息在人用，只有做好了人的工作，才能真正利用好各种教育资源，提高管理的效能。人是最能动、最有潜力的管理要素。一个人的热情被调动起来，强烈的责任心、忘我的工作必然随之而来；一个组织群体中每个人的积极性都被调动起来了，他们协调配合之后所形成的合力，必然锐不可当，所向披靡。

幼儿园中的人主要有园长、副园长、各类部门负责人教师、保育员、医务人员和其他后勤工作人员。每一个人工作质量的好坏都直接影响幼儿园的整体管理水平，所以园长在对教职工进行管理的工作中，要注意充分地尊重、关心、信任教职工，给教职工自主发展的空间。只有真正做到"以人为本"，投入真诚的情感和关怀，才能增进领导与教职工之间的友谊，有效地调动教职工的工作积极性，发挥教职工的潜能。

> 资料卡片：从"阿姨"到"老师"[1]
>
> 长期以来，保育员在幼儿园被统称为"阿姨"，专门照顾幼儿的饮食起居和负责幼儿园的环境卫生。她们戏称自己是"三把手"（拖把、扫把、抹一把），觉得自己在幼儿园的地位低下，因此，自卑感很强。为此，浙江省交通厅幼儿园组织全园学习《幼儿园工作规程》，大家认识到保育员的一言一行、一举一动也直接影响着幼儿，要做好幼儿园的工作，贯彻保教结合的原则，必须有保育员的积极配合。为此，该园改变了习惯上的称呼，让孩子们也称保育

---

[1] 张燕，邢利娅. 幼儿园管理案例及评析［M］. 北京：北京师范大学出版社，2002：59.

员为"老师",此举有效地改变了保育员自觉低人一等的心态。该园还经常有计划地开展培训活动,提高保育员的素质与保教能力。从1993年开始,幼儿园分期、分批地组织保育员参加省劳动厅举办的保育员技术等级培训。到目前为止,该园14位保育员中的13位取得了高级保育员技术等级资格,1位取得了中级保育员资格。该园建立了隔周例会制度,组织保育员进行学习,并要求保育员每两周写一篇保育笔记,期末将优秀的保育笔记张贴在幼儿园的橱窗里。这些工作不仅增强了保育员努力学习、提高自身素质的自觉性,而且使全园教师加深了对保育员工作的理解。此外,该园还通过评优活动来锻炼保育员的实际工作能力(如讲故事、带游戏等),努力让保育员成为"教师教育活动的好助手、孩子生活中的好妈妈"。

2. 对幼儿园"财"、"物"要素的管理

幼儿园财、物是有效开展各项工作的物质基础。对于生产部门来说,能否做到低收入、高产出、高回报、快速的经济增长是衡量其经济管理效能高低的主要指标。幼儿园不是生产部门,不直接生产物质财富。因此,对于幼儿园而言,在资金管理方面,幼儿园一方面要通过多种途径筹措资金,如争取上级部门拨款和企业捐助,通过多种形式的教育服务合理收取费用等;另一方面要坚持勤俭办园,合理利用有限的资金,尽可能节省不必要的开支。如用孩子们奇思妙想的绘画作品代替价格昂贵的装饰画等。在物品管理方面,一方面要充分发挥现有物品的功能,做到物尽其用;另一方面还要做好物品的维修和保养,延长其使用寿命。

3. 对幼儿园"事"要素的管理

任何一个组织机构,管理的重要内容之一就是要处理好内外、上下、左右各种具体的事务工作。这种事务工作的处理必须围绕既定目标,注意各项工作的全面安排和协调,做到有条不紊,幼儿园工作更应如此。这是由于幼儿园的工作相对复杂多样,有保育与教育、卫生保健、总务后勤等各方面的工作。为使这些事务性工作能够有序进行,幼儿园对"事"要素的管理必须围绕幼儿园保教工作总目标进行,注意各项工作的全面安排与协调。

4. 对幼儿园"空间"要素的管理

幼儿园的空间可以划分为物理性的空间环境和精神性、文化性的空间环境，其中前者为有形环境，后者为无形环境。幼儿园是育人的场所，不仅优美的物理空间环境具有重要的教育作用，良好的人际关系、诚信、友爱、积极向上的园风所营造的心理空间环境也会对儿童产生深远的影响。这些软环境，反映了幼儿园的整体风貌，可以使置身其中的每一名成员受到熏陶和感染。所以，幼儿园要做好空间规划和管理，充分发挥空间环境的教育作用。

5. 对幼儿园"时间"要素的管理

幼儿园的工作细致、琐碎，这就要求管理人员做好时间管理工作，才能优质高效地实现幼儿园的保教工作任务。对时间的管理要善于抓住"主、重、急"的工作，放下"次、轻、缓"的工作，学会统筹时间。这样才能避免出现频繁抓小事，贻误主要工作，因小失大的现象。如园长用在开会、检查等事务性工作上的时间太多，用在规划、决策等影响幼儿园发展方向问题上的时间太少，就会影响幼儿园的整体发展。

6. 对幼儿园"信息"要素的管理

有人形容 21 世纪是信息爆炸的世纪。在信息社会里，谁先掌握了信息，谁就掌握了优先发展的机会。所以，幼儿园要善于收集以下几个方面的信息：第一，随着国内外幼教事业的飞速发展，新思想、新理念、新方法层出不穷，幼儿园要保持自己的敏感性，必须注意及时获取多种教育信息，与时俱进、开拓创新。第二，目前幼儿园普遍面临着激烈的竞争和巨大的生存挑战，因此，及时捕捉市场信息、了解市场需求可以为幼儿园找到更大的发展空间。例如，有的幼儿园与当地质量高、信誉好的专业培训机构合作，为其主办的保姆训练班进行科学育儿方面的培训，为幼儿园开辟了不断发展的新路。第三，还要注意信息量应适度，并非多多益善。信息量过少，造成幼儿园不能及时把握学前教育与管理方面的前沿动态，不利于幼儿园正确认识本园与同行的差距，久而久之，影响幼儿园发展；信息量过大容易在信息的海洋中迷失方向，无所适从。因此，幼儿园应对信息管理提高认识，最大化地发挥信息流通的作用。

幼儿园管理各要素是相互联系、相互制约的整体，不可忽视任何一个方面，否则将影响幼儿园工作的正常运转。而对诸要素的管理必须以育人为中心。科学管理幼儿园就是要全面、合理、高效地组织和协调幼儿园管理的各个要素，实现幼儿园管理的育人的最终目的。

三、幼儿园的规章制度

没有规矩不成方圆，大到国家的治理，小到儿童的游戏，无一不是靠规则维系的。幼儿园人多事杂，更需要相应的规章制度，以确保各项工作正常有序运转。

（一）幼儿园规章制度的作用

幼儿园的规章制度是指为了实现幼儿园的保教工作目标而制定的一系列要求教职工共同遵守的办事规程或行为准则，是幼儿园各项工作正常运转的重要保证。幼儿园规章制度作为一种有效的管理手段，主要具有以下作用：

1. 保障作用

只有在不同的职能部门的人员一起协调地工作，才能实现幼儿园的整体工作目标。这就需要制定一个统一的制度去约束和规范各个部门及所有成员的行为，以协调各方面工作，做到时时、事事有规可循、有章可依，从而保证幼儿园正常的工作秩序，提高管理成效。

2. 制约作用

幼儿园人多事杂，每个人的想法不可能完全相同，有时候还会出现集体的利益和个人利益相矛盾的情况，这就需要通过规章制度来加强人的组织纪律性，使每一个组织成员自觉地约束与集体目标不一致的、有损集体形象和集体利益的言行，使大家齐心协力，形成集体合力，保证幼儿园教育总目标的实现。

3. 导向作用

规章制度是教职工行为的标准和准则，以条文的形式明确规定哪些事可以做、哪些事不可以做，引导教职工更多地从幼儿园的集体利益出发，激励教职工积极地为幼儿园的长远发展做出自己的贡献。

4. 调控作用

科学的规章制度是根据客观规律和针对可能出现的不良行为而建立的，由于其针对性强，可以防患于未然，对人们的认识和行为起到调节、控制的作用，可以减少人们工作中疏于职责、不按章办事的不良现象，使管理活动能正常运行，有序发展。

（二）幼儿园规章制度的内容

幼儿园的规章制度是对幼儿园各方面工作的管理，它是由一系列规章制度组成的，主要包括全园性规章制度、各部门规章制度、各类人员岗位责任制以及幼儿园考核奖励制度等。当然，根据幼儿园的情况还可以设立其他的规章制度，如工资分配制度等。大体来讲，幼儿园的规章制度内容可以分为四大类，见表11-1。

表11-1 幼儿园各类规章制度举例

类别		具体项目
全园性制度		教职工考勤制度，交接班、值班制度，学习制度，办公制度，上班制度，幼儿园教职工职业行为规范，收托儿童制度，安全制度，家长联系制度
部门性制度	行政会议制度	园务会、全员会、中层会、班务会、教代会、伙委会、卫委会、家委会等
	卫生保健制度	生活作息制度、健康检查制度、体格锻炼制度、卫生防病制度、伙食营养卫生制度
	保教制度	计划与记录制度、备课制度、教研活动制度、常规工作检查制度、保教质量全面检查制度
	总务制度	财务财产管理制度、伙食管理制度、门卫制度、庭院管理制度、档案资料管理制度等
岗位责任制		园长职责、保教主任职责，教师、保育员职责，保健员职责，炊事员职责，财会人员职责，事务人员职责，门卫职责，等等
考核与奖惩制度		考核评价制度、奖惩制度

理解幼儿园规章制度要把握好以下两点：第一，把握完整的幼儿园规章制度体系。幼儿园规章制度是对幼儿园各项工作和各类人员的要求加以条理化、系统化，规定出必须遵守的行为准则和工作规程。需要注意的是幼儿园各类规章制度都是必不可少、相互联系的。如果只有全员规章制度，没有相应部门规章制度，全园规章制度也难以落实，同时也缺乏一定的针对性。相反，假如只有部门制度，没有全园制度，部门规章制度则会缺乏一定的方向性，各行其是，难以形成合力。所以，全园规章制度和部门规章制度是相辅相成的。第二，岗位责任制度是幼儿园规章制度的核心。岗位责任制包括工作

任务、内容、方法和工作质量要求。确立岗位责任制可以让幼儿园全体教职工明确自己的岗位职责要求，保质保量地完成自己的工作任务，从而有利于幼儿园总体教育目标的实现。

（三）幼儿园规章制度的制定与执行

科学、民主的制定过程，是幼儿园规章制度发挥效益的基础；而不折不扣地执行，是幼儿园规章制度发挥作用的保障。

1. 幼儿园规章制度的制定

幼儿园规章制度的制定一般包括以下程序：第一，确定将要制定的规章制度的目的、范围。这个步骤一般可由园长或园务委员会确定，明确为什么要制定规章制度，规章制度将约束什么行为等。第二，广泛动员，使教职工认识规章制度的作用和意义，了解制定规章制度的目的，并请全体教职工就本次规章制度的内容和要求进行讨论，充分吸纳教职工的意见和建议。第三，园务委员会在广泛听取教职工的意见和建议的基础上负责制定规章制度草案。第四，组织全体教职工对规章制度草案进行充分的讨论，让大家仔细分析并提出意见。园务委员会成员对教职工提出的每一条意见和建议要认真听取、详细记录。第五，园务会对教职工提出的意见认真分析，吸收合理化建议，用以修正规章制度草案，提出规章制度初稿。不予接受的意见要向教职工解释，以求得他们的理解，为统一认识奠定基础。第六，公布规章制度初稿，经教职工讨论认可后试行，试行过程中管理者要注意观察，发现不合理的地方再进行调整。教职工讨论认可之后也可以直接进入实行阶段，在实行过程中不断完善和调整。

2. 幼儿园规章制度的执行

幼儿园规章制度的执行要注意以下几点：第一，广泛宣传。幼儿园制定了规章制度，若宣传不够，则制度难以执行。第二，严格执行。规章制度一旦确定，就要严格执行，不能一味地迁就，使规章制度失去了严肃性和规范性；也不能擅自更改甚至"打折"，使规章制度失去了客观的标准。长期的有令不行、有禁不止，必将导致严重的后果。第三，调整完善。由于幼儿园管理过程比较复杂，常常会出现预想不到的问题。所以，在执行规章制度的过程中，管理者要随时注意、随时观察，一旦发现问题，应作出相应处理，不合理的地方要进行调整。此外，还要严格监督，保证规章制度的实施效果。如果规章制度不健全，要及时补充。

四、幼儿园班级管理

幼儿园班级管理是幼儿园管理的落脚点，有序、丰富的班级管理，会给儿童提供良好的成长环境。了解幼儿园班级管理的主要内容和基本方法，对做好班级管理十分重要。

（一）幼儿园班级管理的主要内容

所谓幼儿园班级管理是指幼儿园班级中的保教人员通过计划、组织、实施、协调等过程，充分利用人、财、物、时间、空间、信息等资源，采取适当的方法以达到高效率实现教育和保育目的，使儿童获得全面、健康发展的管理活动。其目的是培养儿童良好的行为习惯，为他们树立正确的人生观、价值观奠定良好的基础。

我国幼儿园班级管理的主要内容包括以下两个方面：

1. 制订详细的班级计划

管理职能流派代表人物孔茨认为，管理就是设计和维护一种环境，使身处其间的人们能够在集体内一同工作，以完成预定的使命和目标。由此看来，计划工作在管理过程中具有重要的地位。要达到预期的发展目标，首先就必须把实现目标的计划制订出来，管理者在管理过程中才知道应该按照什么方针，选择什么样的组织和人选，采取什么样的管理方法等来开展管理工作。所以说"计划"是对未来的各种行为做出抉择的职能。因此，从某种意义上说，幼儿园班级管理工作的主要内容之一就是制订班级计划。

幼儿园班级计划是班级管理者结合本班实际，确立本班儿童培养目标和工作的任务要求，并提出具体实施步骤与方法等行动方案的管理活动。班级计划可以分为年度和学期计划，分别规划不同时段班级的发展目标。制订计划后，班级教师应如实执行计划，在计划执行过程中不断进行检查指导，根据实际情况灵活调整计划，并对计划执行情况予以及时总结，以确保班级计划的实效性。

2. 创设良好的班级环境

班级环境对置身于其中的儿童会产生潜移默化的影响。班级环境包括两个方面：一是教师和儿童之间、儿童之间所构成的教育氛围与人际关系，可称之为精神环境；二是在教学情境中具有重要功用的物质条件，可称之为物质环境。

世界学前教育组织和国际儿童教育协会联合发布的《全球幼儿教育大纲》曾指出，学前教育应为儿童提供安全的环境和活动空间以及积极向上、进取的环境。这个环境应鼓励儿童玩耍、探索、发现，这个环境应是令儿童愉悦的，对他们是具有吸引力的。我国的《幼儿园教育指导纲要（试行）》也非常重视幼儿园的环境创设，"环境是重要的教育资源，应通过环境的创设和利用，有效地促进幼儿的发展"，"幼儿同伴群体及幼儿园教师集体是宝贵的教育资源，应充分发挥这一资源的作用"。可见，创设良好的班级环境是幼儿园班级管理工作的基础。

（二）幼儿园班级管理的基本策略

从我国的学前教育实践来看，幼儿园班级管理要通过各种对班级要素的充分协调策略，为儿童健康成长创造良好的班级环境。基本策略如下：

1. 充分利用家长资源推进班级管理工作

《幼儿园教育指导纲要（试行）》指出：家庭是幼儿园重要的合作伙伴，应本着尊重、对等、合作的准则，争取家长的理解、支持和自动参与，并积极支持、帮助家长提高教育能力。可见，幼儿园的班级管理工作是离不开家长的理解、支持和参与的。所以，在日常的幼儿园管理过程当中，幼儿园要充分利用家长资源促进班级管理。

2. 转换角色观念是班级管理的有效方法

幼儿园教师既是儿童的引路人，也是终身学习的主体之一。如果想让儿童有一瓶水，教师就要有一桶水，教师要勤于从书本中不断地学习，并且勤于向儿童学习，勤于向专家以及家长学习。另外，儿童自身即是一本生动的"书"，每个教师对这本"书"要认真地"看"，细心地"读"，并且深入地进行研讨、剖析。在实践的工作学习中，教师应当长期运用多种手段进行调查，并且及时地记载，遇到疑问时能积极思考、剖析应对，以积累更多、更好的教育经验。

3. 营建宽松、愉悦、温馨的家庭式保教气氛是搞好班级管理工作的重要条件

宽松、愉悦、温馨的家庭式保教气氛的创设，对于儿童习惯的养成是非常重要的。一个班级行动习惯的不断养成，需要班级的教师和保育员以及家长几个方面的力量一起合作完成，因此，班级管理者首先要处理好人际关系，尽量与家长做好协调工作。

只有营建起宽松、愉悦、温馨的家庭式保教氛围，才能够让儿童们有一个非常开心的学习环境。尤其小班阶段是儿童养成各种习惯的关键性时期，在这个时期的儿童情感眷恋强烈，这就非常需要教师要营建好与家庭类似的宽松、愉悦、温馨的保教环境，以便于让儿童尽快习惯幼儿园的集体生活，并且养成优良的习惯。

▶ 小结

学前教育管理是学前教育管理主体为实现学前教育管理目标，遵循学前儿童的身心发展规律和保育、教育工作的客观规律，利用有效的学前教育管理方式，协调各种学前教育管理客体，从而取得预期学前教育管理结果的一种教育管理活动。

学前教育管理的特点：管理对象具有特殊性，管理目标具有特殊性，管理方式具有特殊性。学前教育管理的意义：管理学前教育事业，提升学前教育质量，解决学前教育实际问题。现代管理理论、儿童管理思想、主体教育管理观是我国当代学前教育管理的理论基础。

学前教育法规是指国家立法机关及依法授权的政府机关制定的，调整和规定学前教育活动、学前教育关系的法律、法令、条例、规程、规则等各种规范性文件的总称。新中国成立后，制定了一系列相应的学前教育管理的相关政策。

广义的幼儿园管理是指自上而下的各级教育行政部门通过制定国家教育方针政策与制度法规，规定教育行政体制，实施教育规划与督导等方式对幼儿园进行管理的宏观调控过程。狭义的幼儿园管理，是指在幼儿园管理者的组织领导下，以国家教育方针和保教工作的客观规律为依据，采用科学的管理方法和管理手段对人、财、物等各种管理要素进行良好的组织与应用，以优质高效地完成幼儿园工作任务。幼儿园各项管理活动的根本目标就是实现幼儿园的双重任务。幼儿园管理包括人、财、物、事、时间、空间、信息七类基本要素。

幼儿园的规章制度是为了实现幼儿园的保教工作目标而制定的一系列要求教职工共同遵守的办事规程或行为准则，是幼儿园各项工作正常运转的重要保证。幼儿园的规章制度有以下作用：保障作用、制约作用、导向作用、调控作用。

幼儿园班级管理是指幼儿园班级中的保教人员通过计划、组织、实施、协调等过程，充分利用人、财、物、时间、空间、信息等资源，采取适当的方法以达到高效率实现教育和保育目的，使儿童获得全面、健康发展的管理活动。幼儿园班级管理主要内容包括：制订详细的班级计划，创设良好的班级环境。基本策略包括：充分利用家长资源推进班级管理工作，转换角色观念是班级管理的有效方法，营建宽松、愉悦、温馨的家庭式教学气氛是搞好班级管理工作的重要条件。

▶ 思考与实践

1. 名词解释：教育管理、学前教育管理、幼儿园管理、幼儿园规章制度、幼儿园班级管理
2. 简述学前教育管理的意义。
3. 简述学前教育管理的理论基础。
4. 简述幼儿园管理和幼儿园班级管理的内容。
5. 简述幼儿园规章制度的作用。
6. 案例分析

　　A幼儿与B幼儿平时在幼儿园里是一对好朋友，经常一起玩游戏，有时也会因一些小事而发生争执。这一天，他们为了一件玩具吵了起来。争吵之中，A幼儿在B幼儿的腿上抓了一道伤痕，B幼儿也不甘示弱地抓伤了A幼儿。由于两个幼儿并没有向教师报告这件事，教师完全不知情，直到双方家长来接孩子时才发现各自孩子身上的伤痕，于是双方家长就争吵了起来。教师则认为孩子已经交到了家长手中，幼儿又不曾向她报告，就没有对这件事进行调查和劝架，导致双方家长越吵越激烈，谁也不肯让谁。A幼儿的家长甚至还恐吓B幼儿的家长说："如果我的孩子有什么问题，你的孩子也别想活！"结果，B幼儿的家长就因为这句话感到既害怕又担心而报了警。

　　请用学前教育管理原理对上述案例进行分析。

▶ 延伸阅读

　　1. 简楚瑛. 幼儿教育与保育的行政与政策（欧美澳篇）[M]. 上海：华东师范大学出版社，2005.

　　该书从各国的生态及文化脉络中了解学前教育与保育政策的形成，例如，社会对于儿童的看法会影响到国家对于幼儿的照顾。

　　2. 张燕，邢利娅. 幼儿园管理案例及评析 [M]. 北京：北京师范大学出版社，

2002.

该书是我国幼儿园管理科学的教学实践中倡导个案教学的一种尝试,从幼儿园管理的宏观和微观方面入手,自390余个案例中精选出154个,逐个地加以分析和点评,以引导读者思考。

参考文献

一、著作

[1] A.B.查包洛塞兹,T.A.马尔科娃.学前教育学原理[M].李子卓,等,译.北京:人民教育出版社,1984.

[2] 白爱宝.幼儿发展评价手册[M].北京:教育科学出版社,2000.

[3] 蔡迎旗.学前教育概论[M].武汉:华中师范大学出版社,2006.

[4] 陈帼眉.学前儿童发展与教育评价手册[M].北京:北京师范大学出版社,1994.

[5] 陈鹤琴.陈鹤琴全集(第5卷)[M].南京:江苏教育出版社,1991.

[6] 陈杰琦,玛拉·克瑞克维斯基,朱莉·维恩斯.多元智能的理论与实践:让每个儿童在自己强项的基础上发展[M].方均君,译.北京:北京师范大学出版社,2004.

[7] 陈玉琨.教育评价学[M].北京:人民教育出版社,1999.

[8] 大卫·帕金翰.童年之死:在电子媒体时代成长的儿童[M].张建中,译.北京:华夏出版社,2005.

[9] 杜威.杜威教育论著选[M].赵祥麟,王承绪,编译.上海:华东师范大学出版社,1981.

[10] 丁海东.学前游戏论[M].济南:山东人民出版社,2001.

[11] 福禄培尔.人的教育[M].孙祖复,译.北京:人民教育出版社,2001.

[12] 盖笑松.儿童入学准备研究与实践[M].长春:吉林教育出版社,2007.

[13] 顾荣芳,等.竹节的力量:关键事件与幼儿教师专业成长研究[M].南京:南京师范大学出版社,2011.

[14] 洪银兴,刘建平.公共经济学导论[M].北京:经济科学出版社,2003.

[15] 黄人颂.学前教育学[M].北京:人民教育出版社,1989.

[16] 胡惠闵,郭良菁.幼儿园教育评价[M].上海:华东师范大学出版社,2009.

[17] 怀特海.教育的目的[M].徐汝舟,译.北京:生活·读书·新知三联书店,

2002.

[18] 霍力岩. 学前教育评价[M]. 北京：北京师范大学出版社，2007.

[19] Janet Gonzalez-Mena. 儿童、家庭和社区：家庭中心的早期教育[M]. 北京：高等教育出版社，2012.

[20] 杰克·肖可夫，戴博拉·菲利普斯. 从神经细胞到社会成员：儿童早期发展的科学[M]. 方俊明，李伟亚，译. 南京：南京师范大学出版社，2007.

[21] 教育部基础教育司.《幼儿园教育指导纲要（试行）》解读[M]. 南京：江苏教育出版社，2010.

[22] 教育部教师工作司.《幼儿园教师专业标准（试行）》解读[M]. 北京：北京师范大学出版社，2013.

[23] 卡洛琳·爱德华兹，莱拉·甘第尼，乔治·福尔曼. 儿童的一百种语言[M]. 罗雅芬，等，译. 南京：南京师范大学出版社，2006.

[24] 劳拉·E. 贝克. 儿童发展[M]. 吴颖，等，译. 5版. 南京：江苏教育出版社，2002.

[25] 丽莲·凯兹. 与幼儿园教师对话：迈向专业成长之路[M]. 廖凤瑞，译. 南京：南京师范大学出版社，2004.

[26] 李季湄，冯晓霞.《3—6岁儿童学习与发展指南》解读[M]. 北京：人民教育出版社，2013.

[27] 李生兰. 幼儿园与家庭、社区共育的研究[M]. 上海：华东师范大学出版社，2003.

[28] 李燕. 游戏与儿童发展[M]. 杭州：浙江教育出版社，2008.

[29] 联合国教科文组织. 教育：财富蕴藏其中[M]. 联合国教科文组织中文科，译. 北京：教育科学出版社，1996.

[30] 刘俐敏. 幼儿发展评价研究[M]. 北京：人民教育出版社，2004.

[31] 刘晓东. 儿童教育新论[M]. 南京：江苏教育出版社，1998.

[32] 刘晓东，卢乐珍，等. 学前教育学[M]. 南京：江苏教育出版社，2009.

[33] 刘焱. 儿童游戏通论[M]. 北京：北京师范大学出版社，2004.

［34］卢梭．爱弥儿［M］．李平沤，译．北京：商务印书馆，1994．

［35］马克思，恩格斯．马克思恩格斯选集（第1卷）［M］．北京：人民出版社，1995．

［36］玛拉·克瑞克维斯基．多元智能理论与学前儿童能力评价［M］．李季湄，等，译．北京：北京师范大学出版社，2003．

［37］蒙台梭利．蒙台梭利幼儿教育科学方法［M］．任代文，主译校．北京：人民教育出版社，1993．

［38］彭尼·塔索尼，卡林·哈克．儿童早期游戏规划［M］．朱运致，译．2版．南京：南京师范大学出版社，2009．

［39］秦金亮．儿童发展概论［M］．北京：高等教育出版社，2008．

［40］邱学青．学前儿童游戏［M］．南京：江苏教育出版社，2005．

［41］瞿葆奎．教育学文集·教育评价［M］．北京：人民教育出版社，1989．

［42］苏罗金娜．学前教育学［M］．高天浪，译．北京：人民教育出版社，1953．

［43］苏珊·纽曼．学前教育改革与国家防贫困战略：美国的经验［M］．李敏谊，等，译．北京：教育科学出版社，2011．

［44］Thelma Harms, Richard M. Clifford, Debby Cryer．幼儿学习环境评量表［M］．郭李宗文，陈淑芳，译．修订版．台北：心理出版社，2006．

［45］王春燕．幼儿园课程概论［M］．北京：高等教育出版社，2007．

［46］斯卡雷特，等．儿童游戏：在游戏中成长［M］．谭晨，译．北京：中国轻工业出版社，2008．

［47］王坚红．学前教育评价［M］．北京：人民教育出版社，2010．

［48］王普华．幼儿园管理［M］．北京：高等教育出版社，2005．

［49］王相荣．幼儿教育政策与法规［M］．北京：新时代出版社，2008．

［50］吴放．和孩子一起跳舞：给中国幼儿教师的50封信［M］．南京：南京师范大学出版社，2006．

［51］夏勇．人权概念起源［M］．北京：中国社会科学出版社，2007．

［52］邢利娅．幼儿园管理［M］．北京：高等教育出版社，2010．

[53] 鄢超云. 学前教育评价 [M]. 北京：高等教育出版社，2010.

[54] 阎水金. 学前教育学 [M]. 上海：上海教育出版社，1998.

[55] 杨莉君. 学前教育政策法规概论 [M]. 长沙：湖南师范大学出版社，2008.

[56] 喻本伐. 中国幼儿教育史 [M]. 郑州：大象出版社，2000.

[57] 虞永平. 幼儿教育观新论 [M]. 北京：人民教育出版社，2006.

[58] 虞永平，张辉娟，钱雨. 幼儿园课程评价 [M]. 南京：江苏教育出版社，2009.

[59] 岳亚平. 学前教育学 [M]. 郑州：郑州大学出版社，2012.

[60] 张燕. 学前教育管理学 [M]. 北京：北京师范大学出版社，1995.

[61] 周采，杨汉麟. 外国学前教育史 [M]. 北京：北京师范大学出版社，1999.

[62] 周梅林. 学前儿童社会教育活动指导 [M]. 2版. 上海：复旦大学出版社，2012.

[63] 朱家雄. 幼儿园课程 [M]. 上海：华东师范大学出版社，2003.

[64] 朱慕菊. "幼儿园与小学衔接的研究"研究报告 [M]. 北京：中国少年儿童出版社，1995.

[65] 朱小蔓. 中国教师新百科（小学教育卷）[M]. 北京：中国大百科全书出版社，2002.

[66] 朱宗顺. 学前教育原理 [M]. 北京：中央广播电视大学出版社，2011.

[67] Ann S. Epetein. The Intentional Teacher: Choosing the Best Strategies for Young Children's Learning [M]. Washington, D. C. : NAEYC, 2007.

[68] Carol Seefeldt, Nita Barbour. Early Childhood Education: An Introduction [M]. 4th ed. Upper Saddle River, New Jersey: Prentice-Hall, Inc. 1998.

[69] Verna Hildebrand. Introduction to Early Childhood Education [M]. 6th ed. N. J. : Merrill, Prentice Hall, 1997.

二、学位论文

[1] 鲍婷婷. 美国入学准备特点及对我国的启示 [D]. 长春：东北师范大学，2013.

[2] 管倚. 幼儿园墙面环境创设及其教育功能的研究[D]. 上海: 华东师范大学, 2005.

[3] 李春微. 色彩在现代城市幼儿园环境设计中的应用研究[D]. 长春: 东北师范大学, 2007.

[4] 刘爱云. H省A市幼儿园利用家庭、社区教育资源的研究[D]. 上海: 华东师范大学, 2007.

[5] 柳倩. 世界三国以社区为基础的整合性早期服务机构运行模式的比较研究[D]. 上海: 华东师范大学, 2004.

[6] 孔小琴. 上海高校附属幼儿园利用家庭、社区资源的研究[D]. 上海: 华东师范大学, 2006.

[7] 宋晓宇. 幼儿园建筑设计研究与实践: 相关环境处理方法的融入与运用[D]. 重庆: 重庆大学, 2005.

[8] 宋睿. 家、园、社区合作共育的实践研究[D]. 南京: 南京师范大学, 2008.

[9] 吴航. 游戏与教育: 兼论教育的游戏性[D]. 武汉: 华中师范大学, 2001.

[10] 王芸. 幼儿园利用社区教育资源的现状及其对策研究: 以M幼儿园为个案研究[D]. 福州: 福建师范大学, 2013.

[11] 沙燕. 幼儿园教育小学化的冷思考[D]. 济南: 山东师范大学, 2008.

后记

"学前教育概论"是学前教育专业的专业核心课。本书根据国内外学前教育理论和实践的发展变化,既充分吸纳了国内外学前教育领域的最新研究成果,也照应了我国学前教育改革和发展的动向,根本目的在于向读者揭示能满足当代学前教育发展需要的有关学前教育理论和实践的基本观点、原则、方法和政策。

本书由浙江师范大学、宁波大学、温州大学、台州学院、绍兴文理学院、湖州师范学院、丽水学院等高校的学前教育理论工作者共同编写。全书由朱宗顺负责统稿。各章编写分工如下:

绪论(浙江师范大学朱宗顺)、第一章 学前教育概述(浙江师范大学朱宗顺),第二章 学前教育中的儿童(浙江师范大学秦元东),第三章 学前教育中的教育者(台州学院粟高燕),第四章 学前教育中的家庭(宁波大学林剑影),第五章 学前教育目的(浙江师范大学甘剑梅),第六章 学前教育机构的环境(浙江师范大学秦元东),第七章 学前教育内容及其实施(浙江师范大学甘剑梅),第八章 儿童游戏与学前教育(丽水学院靳岑),第九章 学前教育评价(温州大学黄亨奎),第十章 学前教育中的社区与小学(湖州师范学院张文桂、浙江师范大学李玲玲),第十一章 学前教育管理(绍兴文理学院王玉生、刘雄英)。

在编写本书的过程中,我们借鉴了大量的国内外专家的研究成果,书中已注明。虽然作了相应的注释,但仍恐挂一漏万。在此,我们对本书所参考的各类文献的研究者们,表示最由衷的感谢。

由于各院校学前教育专业的培养方案不尽相同,"学前教育概论"的课时安排也不一致,再加上当今学前教育学科发展迅速,许多原属本课程的内容已独立成课,因此,我们建议在使用本教材时,可以视各院校实际需要,确定要教学的章节,不必恪守僵化一体的固定格局。

由于我们的学术水平和学术视野存在局限,因此,书中不当之处在所难免。我们真诚欢迎专家、学者批评指正,但闻教益,诚恳领受。

朱宗顺

2014 年 10 月

郑重声明

　　高等教育出版社依法对本书享有专有出版权。任何未经许可的复制、销售行为均违反《中华人民共和国著作权法》，其行为人将承担相应的民事责任和行政责任；构成犯罪的，将被依法追究刑事责任。为了维护市场秩序，保护读者的合法权益，避免读者误用盗版书造成不良后果，我社将配合行政执法部门和司法机关对违法犯罪的单位和个人进行严厉打击。社会各界人士如发现上述侵权行为，希望及时举报，本社将奖励举报有功人员。

　　反盗版举报电话　　（010）58581897　58582371　58581879
　　反盗版举报传真　　（010）82086060
　　反盗版举报邮箱　　dd@hep.com.cn
　　通信地址　北京市西城区德外大街4号　高等教育出版社法务部
　　邮政编码　100120